기부 수업

A PATH APPEARS Copyright © 2015 by Sheryl Wudunn and Nicholas D. Kristof All rights reserved.

This Korean edition was published by INVICTUS MEDIA Co. in 2017년 by arrangement with Alfred A.Knopf, an imprint of The Knopf Doubleday Group, a division of Penguin Random House, LLC through KCC(Korea Copyright Center Inc.), Seoul.

이 책은 (주)한국저작권센터(KCC)를 통한 저작권자와의 독점계약으로 (주)인빅투스미디어에서 출간되었습니다. 저작권법에 의해 한국 내에서 보호를 받는 저작물이므로 무단전재와 복제를 금합니다.

기부 수업

니콜라스 D. 크리스토프 | 쉐릴 우든 지음
홍영만 | 권승 옮김

인빅투스

희망이란 시골길과 같다. 처음엔 길이 없지만
사람들이 계속 다니다보면 길이 생기는 법이다

- 루쉰

○ 차례

● 1부. 서문

    1. 의미 있는 삶 11
    2. 양동이에 물 한 방울 33
        구슬을 엮어 인생역전 48
    3. 에피소드에서 증거로 52
        CARE와 함께하는 도넛 사업 65
    4. 기회의 땅-당신이 일찍 잡는다면 70
        미국의 세이브더칠드런(Save the children) 98
    5. 3천만 단어의 격차 104
        어린이를 위한 여름 도약대 120
    6. 누가 마시멜로를 집었나? 126
        그래디 여사와 그녀를 울린 소년 142
    7. 십대 문제아 코칭 147
        제시카의 이정표 160
    8. 희망의 힘 165
        케냐 사람 케네디 181
    9. 폭력을 치료하는 의사 196
        혁신적인 기부자 209
    10. 성매매 근절 214
        샤나의 컴백 224

● 2부. 원조 기술의 개선

    11. 혁신을 찾아서 231
        인도주의적 지원의 최고 효과 254
    12. 매디슨가의 사람들이 불우이웃을 돕다 257
        담임 목사로부터 얻은 교훈 278
    13. 사회적 선행의 확대 284
        불가능해 보이지만 가능한 과제 행복하고 건강한 급식 298
    14. 성장하면서 선행(善行)하기 301
        완벽한 제품 320

- 3부. 베풀고, 받고, 살아가기

  15. 베풂의 신경과학-최고의 행복감   325
     세상에서 가장 지루한 원조   338
  16. 소셜 네트워크를 통한 우물 파주기 모금운동   342
     한 소녀를 기리며   364
  17. 이타주의자들의 생존   366
     가난한 사람들의 자선활동   377
  18. 기부를 통한 자기치유   381
     경력 활용을 통한 인생 이모작   395
  19. 백만 송이의 꽃을 피우다   399
     1억 권의 책   412
  20. 베풂의 코드   417
     여러분이 6분 동안 읽고 실행할 수있는 기부의 6단계   438

  역자 후기   441
  A Gift List   447
  List of Useful Organizations   449

1부

・

서문

1

의미 있는 삶

> 부지런한 것만으로는 충분하지 않다.
> 개미 역시 그렇다. 당신은 무엇 때문에 바쁜가?
>
> 헨리 데이빗 소로

레이첼 벡위드(Rachel Beckwith)는 자신의 아홉 살 생일에 솔직히 조금 실망했다. 시애틀 교외에 살고 있는 어린 소녀 레이첼은 교회에서 전세계 물부족으로 고통받는 사람들에 대한 설교를 듣고 쇼크를 받았다. 그래서 레이첼은 사람들에게 생일선물 대신 '채리티:워터(물자선, charity:water)'라고 불리는 한 단체에 기부해달라고 요청했다. 그 단체는 전세계 가난한 지역에서 우물을 파는 단체였다. 레이첼은 자신의 생일에 300달러 모금을 목표로 세웠다. 그리고는 '채리티:워터' 웹사이트 내 자신의 생일페이지에 들어온 기금을 세심하게 살펴보았다.

사람들은 지구 반대편에 살고 있는 빈곤한 사람들을 위해 우물 파는 돈을 모금하면서 파티를 즐기고 있었다. 리즈와 컬크 워드는 결혼 후 그들의 우물기부 페이지를 결혼식 방명록으로 사용했다. 에즈라 마가람은 그의 바르미츠바(유대교에서 13세가 된 소년의 성인식)를 통해서 목표보다 두 배 이상 많은 5,804달러를 모금했다.

프랭크와 메간 다나는 '채리티:워터' 페이지를 만들어 735달러를 모금해 딸 엠마의 출생을 기념했다. 티미 호는 일년 동안 술을 끊고 1,306달러를 모았다. 에리카 하나는 체중감량 투쟁을 우물파주기 모금 노력으로 전환했다. 레이첼은 모두가 성공적으로 모금을 하는 것을 알고 매우 들떠 있었지만 자신의 생일에 시도한 캠페인의 결과에는 다소 실망했다. 목표치에 훨씬 못미친 단 220달러만 모금됐다. 레이첼은 가족들의 응원 덕분에 일찍부터 기부에 대한 열망을 보였다. 이 꼬마 숙녀는 다섯 살때 학교에서 '록스오브러브(사랑의 자물쇠, Locks of Love)'라는 단체에 관해서 알게 되었다. 그 단체는 머리카락을 기부받아 암이나 다른 질병으로 인해 탈모를 겪는 아이들을 위해서 가발을 만들었다. 이 꼬마는 긴 머리카락을 잘라서 '록스오브러브'로 보냈다.

"그것이 그애의 첫 번째 머리카락 자르기였는데, 내 딸은 아주 긴 머리카락을 가지고 있었지만 암에 걸린 아이들을 돕기 원했습니다."

레이첼 어머니 사만다 폴은 회상한다.

머리카락을 자른 후 레이첼은 머리카락이 자라면 다시 몇 년 후에 '록스오브러브'에 기부하겠다고 말했다. 그리고 그렇게 했다. 기부가 엄청나게 만족스러운 일이라는 것을 알았던 이 꼬마는 '채리티:워터'를 통해서 열렬히 생일모금을 하고자 했던 것이다. 그런데 이 꼬마가 기대하며 생일페이지를 보기 위해서 인터넷에 접속할 때마다 총액은 변동이 없었고 목표에는 미달했다. 그리고 아홉 살 생일이 지난지 6주도 안 되어 불행이 닥쳤다. 레이첼이 가족들과 함께 고속도로 위를 달리고 있을 때 트럭 두 대가 충돌했다.

그중 한 트럭이 고속도로 위에 통나무를 떨어뜨려 13대의 차가 연쇄충돌을 일으켰다. 레이첼의 가족은 중간에 있었다. 다른 가족들은 심하게 다치

의미 있는 삶

아홉 살 생일파티 동안 레이첼 벡위드는 '채리티:워터'라는
단체를 통해 300달러를 모금하고자 했다.

지 않았는데 레이첼은 중상을 입었다. 그 후 며칠은 친구들과 교회의 교우들이 레이첼의 가족을 위로하고 레이첼을 위해서 기도를 했다. 기도하면서 그들은 유대감을 보여줄 수 있는 보다 가까운 방법을 찾았다. 그들은 레이첼이 생일이 될 때마다 해왔던 깨끗한 물 캠페인을 기억하고 '채리티:워터' 웹사이트에 기부하기 시작했다. 기부금은 당초 목표치 300달러를 넘어서 1,000달러를 지나쳤다. 어린 소녀가 병상에서 생의 기로에서 사투를 벌이는 동안, 그리고 모든 사람들이 가망이 없다고 느끼는 순간에도 기부금은 5,000달러를 넘고, 그리고는 10,000달러 이상으로 치솟았다. 레이첼의 병상 주위에 모인 가족들이—혼수상태에서 알아들을 지는 모른 채—레이첼이 저스틴 비버라는 아이돌 가수가 그의 생일에 모금했던 '채리티:워터' 모금 기록 47,544달러를 넘어서는 새로운 기록을 세웠다고 귓속말을 했주었다.

"나는 내 딸이 사고나기 전에 저스틴 비버에게 완전히 푹 빠져있었다고 생각했었죠. 그런데 그애는 새침을 떼며 결코 인정하지 않았지요."

어머니 사만다 폴은 말했다.

"내 딸이 저스틴 비버의 기록을 깼다는 사실을 알았더라면 아주 행복해 했을 거라고 생각합니다."

이제 레이첼이 결코 회복하지 못할 것이라는 사실은 명백해졌다. 가족들은 가슴아프지만 생명연장 장치를 떼기로 결정했다. 레이첼은 사랑하는 가족에게 둘러싸여 그리고 한 소녀의 마지막 모금에 관한 전설을 만들면서 숨을 거두었다. 레이첼의 따뜻한 마음에 감동한 전세계의 사람들은 그 웹사이트를 방문해 9달러씩 늘려가며 기부를 했다.

한 다섯 살짜리 여자 아이는 돼지저금통 전부를 헐어 2달러 27센트를 기부했다. 사만다 폴은 딸의 꿈에 관해 힘주어 말했다. 그것은 언론을 통해서 더 큰 반향을 일으켰다. 총 모금액은 이미 10만 달러를 넘고 50만 달러를 넘어섰다.

마침내 레이첼의 캠페인은 126만 5,823달러를 모았고 이는 37,000명에게 깨끗한 물을 공급하기에 충분했다. 레이첼의 삶과 가치의 찬양이 지구 반대편의 어린이들이 삶을 구하고 건강하게 만드는 것처럼 사회적 네트워크는 불행을 승리의 무엇인가로 전환시킨다.

레이첼이 죽고 일년 후 사만다는 아프리카를 여행하면서 그녀의 딸이 에티오피아의 여러 마을에 미친 영향을 보고 깜짝 놀랐다. 물론 엄마로서 아홉 살 딸을 잃은 아픔을 지울 만한 위로는 없다. 그러나 사만다 폴은 딸이 이룬 것을 보고 기뻤다. 또 그녀는 마을 주민들이 깨끗한 물을 얻은 것에 대해 매우 행복해하고 딸의 죽음에 대해 애석해 하는 것에 감명받았다. 우물을 주는 것으로 슬픔을 날려버릴 수는 없었지만, 그렇지 않으면 시도 때도 없이 느꼈을 슬픔을 적어도 딸의 죽음을 기리기 위하여, 희비가 교차되고 의미의 물결을 만들어내는 무엇인가로 전환시킬 수는 있었다.

"때때로 그것은 나를 압도했습니다. 아이를 둔 엄마와 얘기를 나눠보면 그들은 눈물을 보였습니다. 그들은 진심으로 감동했고 레이첼이 원했던 것에 대해 고마워했습니다. 자기 아이들에게 레이첼을 사랑과 나눔의 가르침

의미 있는 삶

으로 얘기한다고 말했습니다. 이 사람들은 레이첼이 가졌던 것보다 훨씬 덜 가지고 있으면서도 레이첼에게서 나눔과 조건없는 사랑의 교훈을 배웠습니다. 그것은 정말로 감동적입니다."

이렇게 사만다는 회상한다.

차가 울퉁불퉁한 길을 지나 마을에서 멀어질 때 사만다 폴은 몸을 앞으로 구부린 채 울고 있었다.

레스터 스트롱은 아주 힘든 어린 시절을 보냈다. 그가 3학년일 때 선생님이 그의 부모에게 당신 아들은 수업을 따라가지 못하며 기초적인 것도 가르칠 수 없다고 말했다. 학교는 "정신적으로 뒤떨어졌다."는 용어를 사용했다. 그의 부모는 레스터가 단순노동이나 하면서 기껏해야 혼자 살아가는 방법 정도만 배우게 하려는 것은 "시간낭비일 뿐야."라고 말하며 정규교육을 받도록 하는데 애쓰지 않았다.

선생님은 책상을 복도에 내다놓고 혼자 거기 앉게 하고, 가르칠 수 없는 지진아로 낙인 찍어 레스터에게 굴욕감을 주었다. 레스터는 피츠버그 외곽에 사는 스트롱 씨의 여덟 자녀 중 한 명이었다. 부모는(아버지는 단지 8학

레스터 스트롱.

15

년까지밖에 다니지 못했다.) 자식들에게 매우 헌신적이었지만 그는 결코 양질의 교육을 받을 수 없는 또다른 흑인소년처럼 보였다.

다행히도 레스터에게는 세 사람의 멘토가 있었다. 이발사, 목사, 그리고 친구의 엄마였는데 그들 모두 그에게 배움의 길이 있다고 말해주었다. 그들은 저녁이면 숙제를 봐주고, 희망을 갖고 성적표를 살피고, 학교에서 어떻게 행동할 지를 가르쳤다. 더 중요한 점은 그가 성공할 수 있다고 말해주었다. 이들 어른 멘토들이 레스터의 인생을 바꿨다. 그는 3학년을 다시 다녔지만 이내 성적이 올라 4학년때 우등생이 되었고 나중에는 고등학교를 최우등으로 졸업했다. 그는 국가장학생으로 선발되어 전액장학금으로 데이비슨 대학교를 마치고 컬럼비아 경영대학원으로 진학했다. 그는 TV 기자와 간부로 일하며 승진을 거듭하여 보스톤 저녁뉴스 앵커가 되었다.

나이가 들면서 그는 더 큰 목표를 추구했다.

"저는 보다 의미 있는 일, 즉 되돌려주는 일을 해야겠다는 강한 열망을 느꼈습니다."

그는 회상한다.

"저는 제가 거의 그랬듯이 아이들이 도중에 방치되지 않기를 바랍니다."

예순 살이 되자 스트롱은 그가 예전에 멘토를 받았듯이 아이들을 멘토할 55세 이상 자원봉사자들을 활용한 '익스피어리언스코프스(경험봉사단, Experience Corps)'의 대표가 되어 새로운 일을 시작했다.

"나이 든 사람들이 사랑을 받아보지 못한 아이들에게 진정으로 사랑을 주고 체계적인 관심을 쏟을 수 있는 능력을 가지고 있다는 것을 압니다."

스트롱은 말한다.

'익스피어리언스코프스'는 이제 1,700명의 자원봉사자들과 함께 미국 전역의 유치원생부터 3학년까지 특히 저소득층 자녀 3만 명의 학생들을 멘토링하고 있다. 한 자원봉사자는 작은 그룹의 아이들을 주 15시간씩 한 학년 동안 지도하고 있다. 그들은 도서관 이용법, 책 선택, 그리고 무엇보다 독서의 행복감을 느끼도록 도와주고 있다.

게리 슬러트킨 박사는 심신이 지쳐서 고향인 시카고로 돌아왔다. 그는 복잡한 전염병의 전문가였다. 그는 결핵, 에이즈, 콜레라와 싸우면서 경력의 대부분을 샌프란시스코와 아프리카에서 보냈다. 그는 난민수용소에서 자신을 불살랐고, 결혼생활은 파탄났지만 지금은 나이 든 부모님 곁에 있어야 할 시기였다. 여기서 그는 무슨 일을 해야 할지 몰랐다.

그는 여러 선택지를 분석하다가 열 살밖에 되지 않은 아이들이 친구를 총으로 쏘는 시카고의 갱단 폭력에 관해 듣게 되었다. 그것은 충격적이었다. 소말리아나 다른 지역의 얘기처럼 들렸다. 슬러트킨은 도심폭력을 공부하게 되었고 살인과 총격의 그래프를 열심히 쳐다보았다. 전염병학자에게 그것들은 모두 이상하리만큼 친숙하게 보였다.

"내게 이것은 전염병이라는 생각이 들었습니다."

그는 도시폭력을 바라볼수록 많은 면에서 콜레라에 비유되는 전염병인데도 단순한 범죄로 잘못 진단된다고 느꼈다. 전염병의 경우와 마찬가지로 폭력감염은 저항력이 낮고 쉽게 타협하는 취약한 사람들이 폭력에 얼마나 노출되느냐에 달려 있다. 슬러트킨은 폭력의 전염을 단순한 은유 이상으로 즉 어떤 면에서 살인은 실제로 전염병처럼 퍼져나간다고 보았다.

"마치 결핵이 결핵을 걸리게 하고, 감기가 감기를 유발하며, 폭력이 폭력을 낳습니다."

일단 폭력이 일부 전염병으로 여겨진다는 통찰력을 갖게 되자 슬러트킨은 그것을 공중보건의 문제로 대응하면서 전염 속도를 늦추기로 결정했

게리 슬러트킨 박사는 전염병에 관한 그의 지식을 미국 내
도심폭력문제를 해결하는데 응용했다.

다. 그는 '큐어바이올런스(폭력치료, Cure Violence)'라는 조직을 발족시켰다. 그리고 전과자와 갱단의 옛 소속원에게 일선보건지도자로서 일해 줄 것을 요청해 전염을 막았다. 누군가 총에 맞았을 때 그들은 병실로 찾아가 보복을 자제하라고 조언했다. 그들은 보복에 관한 정보를 수집하고 평화적인 해결방안을 협의했다. 더 광범위하게 그들은 폭력을 사용하는 사람은 존경받기보다는 경멸당하도록 지역사회의 규범을 바꾸었다.

"폭력은 후천적으로 습득하는 행위입니다. 폭력은 또한 배우지 못한 행동이기도 합니다."

게리 슬러트킨은 말한다.

최근에 '큐어바이올런스' 모델은 미국 내 다른 도시와 이라크나 콜롬비아 같은 외국에도 확산되었다. 그 성과는 괄목할 만하다. 진지한 평가에 따르면 '큐어바이올런스'는 비용을 아주 적게 들이면서 심각한 폭력을 4분의 1 이상 줄인 것으로 나타난다. 게리 슬러트킨은 약간의 기능조정과 충분한 재정만 뒷받침된다면 이 모델이 살인을 70% 정도 줄일 것이라고 생각한다.

의미 있는 삶

레이첼 벡위드, 레스터 스트롱, 그리고 게리 슬러트킨 박사는 사회에 되돌려주는 창조적이고 효과적인 방법을 찾아내어 우리가 가진 인간애를 나타내고자 하는 열망을 반영하고 있다. 우리는 삶에 있어 의미와 목적을 갈구한다. 그것을 찾아내는 하나의 길은 우리 자신보다 더 큰 대의에 연결되는 것이다.

이 책은 폭력예방, 보건증진, 교육개선, 국내와 전세계적인 기회확대를 위해서 그리고 세상에 변화를 가져올 수 있는 특별한 방법들을 제시하기 위해서 연구, 증거에 입각한 전략, 그리고 그들 고유의 탁월한 아이디어를 활용하는 혁신가에 관한 이야기이다. 우리가 예시한 사람들의 몇 명은 돈을 모금하거나 기부했다. 레이첼과 그녀의 가족, 그리고 불행으로부터 영감을 주는 뭔가를 만들어내는 찬미자들처럼. 슬러트킨과 스트롱처럼 몇 명은 조직가였다. 많은 사람들은 그들을 따라하는 사람들(보병)이었다. 이러한 것들이 가난과 권리침해를 경감시키기 위해서 사회문제를 찾아내고, 부분적으로 새로운 기술과 원칙과 경험을 적용하면서 전체적으로 하나의 큰 변혁이 된다.

미국의 실패한 교육부터 아프리카의 기생충 문제에 이르기까지 많은 이슈와 관련하여 변화를 가져올 매력적인 새로운 접근법이 있다. 몇몇 사례에 있어서는 그 진전이 매우 놀랄 만하다.

21세기의 많은 사회적인 문제들은 원인을 찾아내기도 해결을 하기도 어렵다. 우리는 화성을 탐사하고 전화를 손목시계에 장착하지만 도시 내에서조차 우리의 가족들을 안전하게 보호하지 못한다. 우리는 글루온 같은 원자보다 작은 입자들의 조직도를 그리고, 차를 운전할 수 있고, 연설에 응답할 수 있으며, 체스 챔피언을 이길 수 있는 로봇을 디자인할 수 있지만 우리는 자녀들을 학교에 머물게 하고, 마약에서 손 떼게 하고, 갱조직에 가입하지 않게 하는데 실패했다는 점을 어쩔수 없이 인정해야 한다. 우리들 중 많은 사람들은 특정 지역에서 자란 아이들이 결국 대학보다는 교도소로 가게 되는 현실이 잘못되었고 공정하지 않다는 것을 안다. 그러나 우리는 빈민가의 어려운 환경에 두 손 들고 굴복하고 있다. 폭력과 가난은 콩고에서든 시카고에서든 벽이 높은 현실로 남아있다.

우리는 둘 다 〈뉴욕타임스〉 해외특파원으로 결혼생활을 시작했다. 그리고 우리는 수년간 어떻게 하면 주변의 필요를 보다 잘 언급하는 일을 할까하고 고민해왔다. 모든 사람이 도시 우범지역에서 범죄와 싸우거나 학교에서 자원봉사를 하는 것을 도울 수는 없다. 그래서 대부분 우리는 여기저기에 기부하는 정도의 작은 노력에 관여하는 일들을 하게 된다. 많은 미국인들처럼, 우리는 낮에는 일을 해야 하고 또 아이들을 양육하느라 바쁘게 지낸다. 그러다 보니 우리는 고작 대의를 갈망할 뿐이고 다른 사람들도 자 잘한 방법으로 지원을 하고 있다. 우리 부부는 특정 종교기관에 기부를 집중하는 교회신자들은 아니다. 그리고 우리는 도움을 주고싶어도 쇄도하는 비영리단체로부터의 요청 가운데서 어떤 것을 선정을 해야 하는지 전혀 알지 못했다. 기본적으로 우리는 해외는 물론 국내에서도 어떻게 도와야 하는지 몰랐다. 그래서 우리는 어떻게 하면 세상을 바꾸는 일을 잘할 수 있는지, 어떻게 하면 효과적인 변화를 이루어 낼 수 있는지 조사했다. 이 책은 우리의 이런 노력의 결실이다.

미국인들은 비록 가장 관대한 사람들은 아니더라도 비교적 관대한 국민이다. 국가별 관대함을 측정하는 세계기부지수(The World Giving Index)는 매년 결과가 다른데 지난 5년간 호주가 최상위였고, 아일랜드가 2위, 미국이 3위였다. 미국민이 자선단체에 기부한 3,350만 불의 4분의 3 정도가 개인이 기부한 것이었다. 자선은 사회의 전계층에서 이루어졌는데 특히 저소득층과 중산층이 상대적으로 더 관대하다. 눈에 띄는 것은 하위 20%의 소득계층(3.2%)이 상위 20%의 소득계층(1.3%)보다 소득대비 더 많은 비율로 기부하고 있다는 점이다. 전체 미국민의 약 3분의 2가 매년 일인당(남녀, 어린이 공히) 평균 1,000불을 자선단체에 기부하고 있다.

그러나 사람을 돕는다는 것은 보기보다 어려운 일이며 단지 선의만으로 충분하지 않다. 사람들은 돈을 벌 때만큼 똑똑하게 기부하지 못한다. 그리고 솔직히 말해 많은 자선기부가 매우 효과적이지도 않다. 우리는 세계로 기회를 넓히는 쪽으로 초점을 맞추기로 결정했다. 왜냐하면 재능 있는 사람들은 전세계에 퍼져 있는데 기회는 그렇지 않기 때문이다. 우리는 많은 재능 있는 사람들이 켄터키의 이동식 주택에, 다퍼(Darfur)의 나무 아래, 그리고 버마의 언덕 위 외딴 초가집에 살고 있는 것을 목격했다. 기회확대를 저지하는 장애는 세계 여러 지역에서 자행되는 여성과 소녀들에 대한 억압이다. 우리는 그런 심각한 도전을 〈Half the Sky〉라는 저서에서 기술한 바 있다. 이제 우리는 우리의 시야를 넓혀서 기회를 막는 다른 장애물을 살펴보고 그런 것들이 어떻게 극복될 수 있는지 살펴보고자 한다.

기회가 따르지 않아도 좋은 대의 명분과 해결책이 되는 일은 분명히 있다. 죽어가는 암환자에 대한 호스피스 돌봄 서비스에 돈을 대주고, 학대받는 동물을 보호하고, 예술을 장려하고, 교회나 절을 지원하고, '메이크어위시파운데이션(소원성취재단, Make a Wish Foundation)'의 정신을 받들어 소아암환자를 위하여 꿈을 성취시키는 일 등은 모두 추천할 만한 일들이고 우리는 그것들을 적극 지지한다.

그러나 우리는 개인의 미래가 출생이라는 운에 덜 의존하도록 기회를 넓혀나가야 하는 매우 어려운 도전에 직면하고 있다. 올해 전세계에서 태어난 아이들의 절반 가량이 밝지 않은 전망에 맞닥뜨릴 것이다. 여성인 것이 핸디캡인 사회에서 태어난 소녀들, 좋은 학교에 갈 수 없는 아이들, 소말리아 같은 폭력의 소용돌이 속에서 태어난 아이들, 또는 갱이 활개치는 볼티모어에서 태어난 아이들이 그러하다. 모두 하나같이 자신의 가능성을 펼쳐 보이는 것이 매우 어려운 환경이다.

그들은 실패자이지만 세상도 실패자이다. 왜냐하면 세상은 그들이 기여할 기회를 잃어버리기 때문이다. 기회를 넓혀야 한다. 그러면 이 사람들이 활약하고 성장할 것이다. 우리는 빈곤의 상처를 치유하는데 수조 달러의 돈을 쓰고 있다.(미국에서만 1965년부터 재산에 따른 선별적인 사회복지 프로그램에 20조 달러를 써왔다.) 그리고 그것의 대부분은 꼭 필요한 것이다. 그러나 더 중요한 도전은 빈곤의 근본적인 원인을 규명하는 것이며, 출생의 행운을 거머쥔 우리가 우리의 사재를 털어서 근본적인 불평등을 해결하도록 도울 책임이 있다.

좋은 소식은 전문가들이 어떻게 영향을 줄 것인지에 대해서 훨씬 이해를 많이 하게 되었다는 점이다. 연구원들은 새롭게 증거에 기초한 접근법들을 개발하고 있고, 더 많은 자선단체들이 그들의 성과를 측정하고 추적하기 시작했다. 그래서 얼마나 잘 변화를 만들 수 있는지를 연구하는 학문이 나타났다. 누구든 이런 학문으로 무장하고, 최근까지는 생각하기 어렵거나 불확실한 개입을 통해서 기부는 효과를 낼 수 있다는 확신을 합리적으로 할 수 있게 되었다.

'에비던스액션(Evidence Action)'이라는 원조그룹은 개발경제학자인 하버드대학교의 마이클 크레머, MIT의 에스더 더플로, 그리고 예일대학교의 칼란 학장의 연구에 기초하고 있는데, 기부자가 일년에 50센트만 내면 아프리카나 아시아의 한 아이를 기생충으로부터 구제할 수 있다. 최근의 연구는 이것이 어린이를 건강하게 하고 좀 더 학교에 보낼 수 있게 하는 비용대비 효과가 있는 방법이라는 것을 알아냈다. 이렇게 구충을 통해 개선된 건강과 교육은 그 어린이로 하여금 성인이 되었을 때 소득을 20% 증대시키게 되는데, 이는 지금 일주일에 1센트를 투자하면 얻을 수 있는 것이다. 또는 1.98 달러의 기부를 받으면 '에비던스액션'은 가난한 가정이 일년 동안 깨끗한 물을 마실 수 있는 클로린 정수기를 공급할 수 있다. 이것은 유아사망의 주요 요인인 설사를 40% 줄일 수 있다.

만약 당신이 미국의 어린이를 돕고 싶다면, 25달러 프로그램이 있는데 이는 담배를 피우는 임신부를 찾아내서 담배를 피우는 것이 얼마나 태아를 위험하게 만드는 지 설명할 수 있게 한다. 그러면 약 14%의 임신부가 담배를 끊게 된다. 임신중 흡연은 자궁 내 테스토스테론의 분비를 증가시켜 특히 남자아이의 행동에 장기적인 영향을 미친다. 뱃속에 있는 동안 어머니가 흡연을 한 남자아이의 경우 성인이 되어서 교도소에 수감될 가능성이 매우 높은 것으로 나타났다. 우리는 임신중 담배같은 화학물질 남용을 줄이거나 또는 십대 임신을 막으려는 계획은 사회 전체적으로 광범위한 혜택을 얻게 된다는 것을 알게 될 것이다.

일년에 20달러를 기부하면 당신은 미국 내 가난한 어린이들이 소아과를 방문할 때 아동도서와 함께 독서처방전, 즉 도서목록을 의사에게 받을 수 있도록 도와주게 된다. '리치아웃앤드리드(Reach Out and Read)'라는 이 프로그램은 일단의 의사와 의료공급자에 의해서 운영되고 있는데 두뇌발달을 위해서 어린아이들에게는 책을 주고 부모들에게는 자식에게 책을 읽어주는 것에 대해 조언을 하고 있다. 이 프로그램은 자녀들에게 규칙적으로 책을 읽어주는 부모의 비율을 증가시켰으며 또 자녀들의 어휘실력을 실질적으로 향상시켰다. 이같은 프로그램이 하루아침에 문제를 없어지게 만드는 요술방망이는 아니지만 주위의 도전을 이겨낼 수 있는 엄격한 검증을 거친 비법이다. 달리 말하면 일련의 이런 프로그램이야말로 기회에 이르게 하는 길인 것이다.

오늘날 인터넷을 통해서 당신이 한 기부의 영향을 확인하는 일은 훨씬 쉬워졌다. 왜냐하면 일단의 사회적 기업가들이 기부자와 수혜자 사이의 가

교역할을 하는 조직을 만들었기 때문이다. 코너 보란이란 젊은 미국인은 대학졸업 후 스키장을 배회하며 시간을 보내던 중 뭔가 다른 일거리를 찾다가 1996년 아이티에서 영어선생님 직업을 얻었다.

그가 가르치던 학교에서 가장 뛰어난 여학생으로 이세몬드 조셉이 있었다. 그는 이 여학생이 졸업 후 비서과정을 밟을 것이라는 얘기를 듣고 매우 당황해 했다. 여학생에게 왜 좀 더 높은 꿈을 갖지 않느냐고 물었다. 의사가 되는 것이 꿈이었는데 초등학교도 졸업 못한 부모님이 대학학비를 댈 수 없기 때문이라고 답했다. 코너는 그녀에게 30달러를 빌려주면서 의과대학에 지원하게 했다(아이티에서는 의과대학이 대학원과정이 아니라 학부과정이다.). 그녀가 합격하자 코너는 저금을 털어서 이스몬드의 일년치 의대학비 3,000달러를 지불했다. 이스몬드는 기대를 저버리지 않고 촛불을 켜고 공부하고 차비 12센트를 아끼기 위해서 편도 5마일의 통학거리를 걸어다녔다.

이스몬드 같은 학생들을 도와주기 위해서 코너는 아이티교육 리더십 프로그램을 만들어 아이티 전역에서 전과목 A학점을 받은 고등학교 졸업자들에게 대학학비를 지원하고 있다. 이 프로그램을 지속가능하게 하기 위해서 장학금 수혜자는 취직 후 9년간 봉급의 15%를 다시 이 프로그램에 기부하기로 약속했다. 현재 150명이 넘는 학생이 이 장학금을 받아 학교에 다니고 있고, 이스몬드는 현재 의사로 근무하고 있다.

타인에 대한 봉사의 이익은 쌍방 모두에게 생겨난다. 혜택을 받은 사람은 이스몬드뿐 아니라 도움을 준 사람들도 해당된다. 점점 많은 미국의 학생들은 그들이 다니는 학교가 가난한 나라의 학교를 지원하고 때로는 그 나라에 학교를 설립해 주기 때문에 세상에 관해서 그리고 공공서비스에 관해서 배우고 있다. 세계캄보디아지원기구(World Assistance for Cambodia)를 통해서 45,000달러를 내면 캄보디아에 교실 세 개짜리 학교를 설립하는 것이 가능하다.

다른 미국인들은 각자 나름의 시작점을 발견한다. 캘리포니아 로스알토고등학교의 교사인 세트 도넬리는 아이티의 게스트하우스에서 그 지역의 교장선생님 레아 돌을 알게 되었다. 우연한 만남 이후 현재까지 계속 관계를 이어가고 있는데 로스알토고등학교는 돌이 세운 아이티 빈곤학생 학교를 위해서 20만 달러를 모금하였다.

"로스알토고등학교의 학생들이 없었다면 우리는 도저히 이 일을 할 수 없었습니다."

돌이 새로 지은 학교에 나타나 말했다.

매년 여름 일단의 로스알토고등학교 학생들이 아이티를 방문해서 자매결연 학생들을 만나고 영어공부도 도와준다. 로스알토고등학교 학생들이 아이티 학생들만큼 얻는 것이 많다고 얘기하는 것은 다소 과장된 측면이 있지만 그런 교환 프로그램은 캘리포니아 학생들에게 교실에서는 얻을 수 없는 세상에 관한 또 다른 시각을 준다는 점은 의심의 여지가 없다.

요즘 원조 프로젝트 또한 이전보다 투명하게 잘 운영된다. 왜냐하면 돌과 같이 현지사정에 밝고 외국인보다 적은 비용으로 프로젝트를 운영할 수 있는 지역 태생의 프로젝트 리더들이 점점 많아지기 때문이다. 브롱스가 되었든 아이티가 되었든 새 프로젝트를 위해서 지역사회에서 싼 가격의 지원을 획득할 수 있는 지역지도자들 중심으로 해결책을 만들어 내는 것이 매우 중요하다.

우리는 초등학교 일학년만 다녔지만 지금은 새로운 무엇인가를 창조하고 있는 짐바브웨의 농부 테레라이 트랜트에 관해서 글을 쓴 적이 있었다. 테레라이는 11살에 결혼했는데 남편은 그녀를 폭행하기 일쑤였다. 당시 하이퍼 국제단체의 단장 조 러크가 테레라이를 만났을 때, 그녀는 교육받지 못한 소몰이 여성이었다. 그는 그녀의 목표를 적어 보라고 했다. 말도 안 되는 듯했지만 테레라이는 미국에서 대학을 다니고 석사와 박사학위까지 받고 싶은 꿈에 관해서 적었다.

그리고 나서 그녀는 이런 목표가 적힌 종이를 비닐포장해서 깡통에 넣어 그녀가 소몰이를 하던 들판의 바위 밑에 묻었다. 그녀는 방송통신강좌를 듣기 시작했다. 열심히 공부한 결과 마침내 오클라호마대학교에서 장학금과 함께 입학허가를 받았다. 그녀는 학사를 마친 뒤 짐바브웨에 돌아와 그 깡통을 꺼내 첫 번째 목표에 대해 점검했다. 마침내 2009년 트렌트는 웨스턴미시간대학교에서 박사학위를 받았으며 짐바브웨의 그 들판으로 되돌아가 다시 깡통을 꺼내 그녀의 마지막 목표를 확인했다.

현재 테레라이 트렌트 박사는 어린이 구호단체인 '세이브더칠드런(Save the Children)'에서 일하면서 어린이들이 자신들의 꿈을 실현할 수 있도록 해줄 학교를 설립하고 있다. 그녀는 티노고나 소나(Shona)어로 '달성가능'이라고 하는 뜻을 가진 그녀의 개인적 신념이라고 하는 재단을 발족시켜서 2014년 고향마을에 첫 학교를 설립하였다. 테레라이가 짐바브웨의 부모와 아이들에게 어린 여성교육의 중요성에 관해 역설하면서 멀리 떨어진 지역에 새로운 학교를 설립할 때, 그녀는 어떤 외부인들보다 더 많은 신뢰를 얻었다.

테레라이 트렌트 박사 자신이 짐바브웨에 설립한 학교 앞에서 학생들을 만나고 있다.

의미 있는 삶

성공한 사람들은 종종 가난하고 집이 없는 사람들을 우습게 여긴다. 프린스턴대학교의 수잔 피스크는 뇌스캔을 통해 성공한 사람들의 뇌가 가난한 사람들의 이미지를 보고 마치 그들이 인간이 아니라 사물인 것처럼 인식한다는 것을 알게 됐다. 그런 반응을 보이는 사람들은 가난을 도덕적 실패로 바라보고 그 속에서 다음의 간단한 주장이 설득력이 있다고 느낀다. 당신은 공부를 열심히 하고, 일을 열심히 하고, 미래를 위해서 희생하며, 법을 준수하고 당신의 운명을 개척해 나가야 한다.

그러나 당신이 임신중에 음주를 일삼는 십대 어머니의 뱃속에서 자랐고 그래서 치명적인 알코올 후유증을 갖고 태어났다면 그런 과정은 당신에게 주어지기 어려울 것이다. 마찬가지로 당신이 가난한 지역에서 당신을 사랑으로 안아주기보다는 항상 혼내는 불우한 편모 아래서 태어나거나 어린이도서 한 권 없는 가정에서 태어났다면 당신은 엄청난 핸디캡을 안게 된다. 우리가 보게 될 미네소타대학교의 한 연구는 아이가 태어나 첫 3년 6개월 동안 부모로부터 받은 교육이 IQ보다 상급학교 졸업 가능성의 더 나은 지표라는 것을 발견했다.

결론은 지금으로서는 가난하게 되는 사람을 결정하는 가장 확실한 요인은 가난하게 태어난 사람이라는 것이다. 워렌 버핏이 말하듯이 인생의 결과는 종종 어머니의 뱃속에서 결정된다. 우리가 아메리칸 드림을 얘기하지만 그것은 이제 외국으로 옮겨가서 지금은 미국보다 유럽이 경제적인 지위 상승이 더 크다. 소득분포상 하위 20%에 속하는 미국의 어린이는 일생 동안 상위 20%로 상승할 가능성이 1/12에 불과하다. 이는 계급의식이 더 강한 영국의 1/8보다 낮은 수준이다.

우리는 미국과 다른 국가에서 엄청난 해를 끼치는 가난과 교육부족의 악순환을 깊이 파고 들어갈 것이다. 그런 악순환을 끊은 성공사례를 보여주는 전략을 깊이 탐색할 것이다. 우리가 보듯이 임신이나 유아때 시작하여 취학 이전까지 계속하는 조기개입은 가난의 사슬을 끊는데 비용대비 특히 효과적이다. 우리가 과거에 했던 노력은 너무 늦게 시작해서 부분적으로 실패했다.

20세기의 유명한 철학자 존 롤스는 '무지의 장막'의 뒤에서 사회의 공정성을 판단할 것을 강력하게 주장하였다. 무지의 장막이란 우리가 투자은행가의 집안에서 태어날지, 십대 엄마에게서 태어날지, 나무가 많은 교외에서 아니면 갱이 활개치는 도심에서, 건강하게 또는 장애인으로, 똑똑하게 아니면 지능이 모자라게, 많은 것을 누리며 아니면 가진 것이 없이 태어날지 모른다는 것을 의미한다. 무지의 장막은 예리한 분석의 도구이다.

만약 우리가 학교를 다니고 싶어하는 가난한 어린이라고 가정한다면 우리 중 누가 학교에 자금지원을 하는 것을 반대하겠는가?

사랑을 나누는 가정에서 사는 것과 길거리에서 집 없이 사는 것의 차이는 자신의 미덕과 자제에 의해서 결정되기도 하지만 설명할 수 없는 행운의 조합, 뇌의 능력, 유아기훈련, 유전자, 그리고 외부도움에 의해서 결정된다는 사실을 기억하자.

삶의 성공은 노력과 의지의 반영일 뿐만 아니라 기회와 조기교육의 반영이며 공감은 나약함의 징표가 아니라 문명의 지표라는 것을 인정하자.

도전은 사회참여의 본능을 널리 심어주기를 바라며 이타와 공감의 문화를 배양하는 것이다. 즉 그것은 '너 또는 내'가 아니라 '우리'이다. 그것은 이미 발생하고 있으며 지난 250년 동안 공감을 확대하는 과정은 매우 놀랍다.

자기 자신을 위해 더 많은 것을 요구한다기보다 다른 사람을 위한 최초의 사회운동은 영국에서 1780년대에 시작된 반노예주의 운동이었다. 그리고 전세계적인 빈곤에 대응한 최초의 국제적인 빈곤퇴치운동은 1840년대 아일랜드의 감자기근 동안에 시작되었다.(동정은 제한적이었다. 빅토리아 여왕

의미 있는 삶

은 아일랜드를 구하기 위해서 10,000 파운드를 기부하려던 오토만제국의 왕에게 기부하지 말아 달라고 요청했다. 이유는 여왕 자신의 기부액 2,000파운드보다 많았기 때문이었다.)

오늘날 대부분의 대학교 게시판에는 멀리 떨어진 곳에 있는 외국 구호단체의 지원을 호소하는 포스터가 붙여지는데 역사적으로 이는 최근의 현상이다. 아마도 오늘날 닭과 소에 대한 관심은 수세기 전 노예나 외국인에 대한 관심보다 더 큰 듯하다. 프린스턴대학교의 피터 싱어교수는 이처럼 점점 커지는 박애주의의 철학자이고, 하버드대학교의 심리학자 스티븐 핑커는 그에 관한 역사가였으며, 가수 보노는 숙고하는 실천가였고, 그밖에도 일반인 가운데 늘어나는 기부자와 자원봉사자들이 많았다.

이것은 때때로 좌절감을 안겨주는 영역으로 인식되지만 그렇지는 않다. 세계가 경험한 몇몇 커다란 성공은 노예문제에서부터 기근의 문제에 이르기까지 불공평과 불공정을 다루는 운동으로부터 기인한다. 지난 세대에 '음주운전퇴치어머니모임'은 음주와 운전의 기준을 바꾸어 매년 수천 명의 생명을 구하는데 도움을 주었다.

환경운동가들은 유연휘발유를 금지하여 발달중인 어린이들의 뇌가 납성분에 노출되는 것을 줄여서 미국과 해외의 아이들의 평균 IQ를 몇 점 상승시켰다. 피임약을 구하기 쉽게 하여 1991년 미국에서 10대 출산율을 50% 이상 감소시켰다. 영아사망 감소혁명은 백신, 설사치료, (철분같은) 미량영양소, 개선된 영양에 힘입어 전세계적으로 1960년 2천만 명의 유아사망이 오늘날 6백 6십만 명으로 줄었다. 어린이 인구가 늘었는데도 말이다.

세계은행은 최근 극단적인 빈곤을 퇴치하기 위해서 2030년까지 실질적인 노력을 하려고 한다. 그런 노력이야말로 하나의 종(種)으로서 우리의 생존을 위한 대다수 인류의 조건이다. 미국을 포함한 부유한 국가와 세계 각국에는 포함하여 각국에 엄청난 과제와 불공정이 남아 있다. 그러나 앞에서 본 것 같은 성과는 우리가 노력한다면 무엇이 가능한 것인지를 상기시킨다. 우리는 개인 또는 국가로서, 완벽한 해결책이나 무한정의 자원을 갖고 있지 않지만 우리가 열과 성을 다한다면 더 잘할 수 있을 것이다.

우리는 세상을 개선시키려는 이런 움직임에 다른 사람들이 동참하도록 독려하기 위해서 이 책을 썼다. 우리는 먼저 기부하거나 자원봉사활동을 하는 것이 진정으로 변화를 가져올지에 관해서 많은 사람이 가지고 있는 기본적인 회의를 언급할 것이다. 또한 우리는 사회변화를 꿈꾸는 지도자와 실행자들이 최선의 지원방법을 어떻게 재고할지 고찰할 것이며, 몇몇 경우에는 지속적 운영이 가능하도록 자금을 창출할 수 있는 영리회사를 활용하는 것 같은 새로운 접근법을 지원하는 것에 관해서 고찰할 것이다.

자선단체에 대해서 많은 냉소가 있으며 일부는 그럴 만하다. 그러나 결점들이 있다고 해서 다른 사람들의 삶에 실질적인 영향을 주는 일을 하고자 하는 것을 막을 필요는 없다. 매 장의 후기에서 우리는 어떻게 변화가 일어나는지 보여주는 사람과 조직을 조명할 것이다.

다른 사람을 돕는 얘기는 자칫 맥없는 감상주의나 성스런 감정에 빠질 수도 있다. 그러나 가장 중요한 대비는 도움의 손을 내미는 것이 간디 스타일의 희생이 아니라는 것이다. 특히 우리가 그 일을 사회적인 활동으로 할 때 더욱 그렇다. 그것은 만족 더 나가서 기쁨의 원천이다.

지난 수십 년 동안 쌓인 많은 증거가 다른 사람을 도와주는 것을 포함한 사회적 행태는 우리의 정신적, 육체적 건강을 개선시키고 기대수명을 연장시킨다는 점을 보여준다. 7,000명을 추적한 사망에 관한 한 연구는 육체적인 건강을 고려하지 않았을 때, 사회적 유대가 가장 적은 남성과 여성의 사망확률은 사회적 유대가 가장 많은 남녀보다 두 배에 이른다고 밝혀냈다. 아마 이런 우리의 내심에 있는 뿌리깊은 사회적 요인들이 우리의 의미 있는 삶에 대한 바람을 설명한다. 우리는 목표에 대해 궁금해하지만 우리

의미 있는 삶

가 물려줄 유산에 관심을 갖는다.

분명 실제적인 증거는 엄청 많다. 관상동맥질병이 있는 성인 가운데 사회적으로 고립된 사람들은 심장마비로 사망할 확률이 2.4배가 된다. 인간에게도 같은 영향을 가져다주는지는 알 수 없지만, 사회적으로 고립된 암컷 쥐의 경우 노화가 빨라지고, 유방종양에 걸리기 쉽고, 수명이 단축된다. 최근의 연구는 사회적 고립으로 인한 이런 영향에 대응한 생리적 과정이 특히 남성에게는 만성염증을 증가시키고 그것이 질병과 사망을 가져온다고 제시하고 있다. 물론 기부를 하지 않고도 사회인이 되는 많은 방법이 있다. 단순히 골프클럽에 가입하는 것처럼. 그러나 증거에 따르면 다른 사람을 도와주는 사회적 활동은 특별히 건강에 좋고 만족을 주는 것으로 알려졌다. 이타주의는 건강과 행복을 위해서 매우 막강한 힘을 가지며 인간의 신경화학에 깊이 자리잡는 것처럼 보인다.

실험에 따르면 아직 말 못하는 영아들도 손가락을 다쳐 아파하는 어른에게 위로를 하고 때로는 자신이 가지고 놀던 테디베어 곰인형을 주기까지 하는 이타적인 행동을 보인다. 다친 사람과 다친 것을 목격한 사람의 뇌를 조사하면 활성화되는 영역이 비슷하다. 즉 신경학적 수준에서 우리는 다른 사람의 고통으로 인해 아파할 수 있다. 뇌 속의 '기쁨센터(Pleasure Centers)'는 우리가 선물을 받거나, 좋은 음식을 먹거나, 남들과 희희낙락하거나, 섹스를 할 때 활성화되는데 남을 도울 때도 활성화된다. 우리는 자선기부를 할 때 기쁨센터가 모니터되도록 뇌 속을 조사했다.

아! 그러나 우리가 너무 앞서 나가고 있다. 지금은 그냥 남을 돕는 것은 영웅적인 부담이 아니라 우리의 바쁜, 물질적인 삶 속에서 초월적인 성취의 원천이라는 점만 강조하고 지나가자. 이타심보다 더 이기적인 기쁨은 많지 않다.

그래서 사회에 되돌려주는 것을 세금공제를 받는 무미건조한 수단으로 생각하지 말고 삶에 의미, 경이, 그리고 즐거움을 부여하는 기회로 간주하자. 다수의 사회조직이 생겨나 때론 만찬을 주최하거나('Dining for Woman' 단체) 또는 바에서 파티를 열어서('Beers for Books' 단체) 남을 돕고 있다. 그 밖에도 다양한 기부가 있다. 초등학생들을 위한 것부터 할머니들을 위한 것 그리고 그 중간의 사람들을 위한 것까지 말이다.

한 세기 전만 해도 우리가 세상을 바꾸고 더 의미 있고 만족스런 삶을 만들기 위해서 노력하는데 우리를 안내할 만한 것으로 단순한 직감 이상을 가지지 못했다. 그 당시 '되돌려 주는 것'은 12월에 우리가 한 것, 즉 수표책을 펴놓고 기부금으로 얼마를 쓸 것인가를 생각하는 것이었다.

최근에는 우리가 얘기했듯이 신경과학과 경제학의 진전으로 무엇이 기회를 전세계적으로 만들어 내고 있는지에 대한 통찰과 기부로부터 더 많은 개인적 만족을 이룰 수 있는 전망에 대한 통찰이 가능해졌다. 그게 우리가 중국의 위대한 문필가 루신이 쓴 에세이에서 제목을 가져온 이유이다.

이제 우리들에게 어떻게 하면 이 세상에 긍정적인 영향을 미칠 방법을 알려주는 길이 모습을 드러내고 있다. 이것은 희망의 길이며 성취의 길이다. 우리는 다른 사람들에게 힘을 북돋우며 시작하고 나중에는 우리 자신에게도 힘을 북돋우며 끝낼 것이다.

2

양동이에 물 한 방울

> 한 사람이 변화를 만들 수 있다.
> 우리 모두 그렇게 해야 한다.
>
> 존 F. 케네디

서부아프리카 니제르에 사는 소녀 라시다 야예는 출생시 가장 흔한 장애인 내반족(발바닥이 안쪽으로 휜 상태)을 가지고 태어났다. 천 명 중 한 명은 발의 한쪽 또는 양쪽이 앞이 아닌 잘못된 방향을 가리키는 이런 기형으로 태어난다. 실제로 저자인 크리스토퍼의 어머니, 제인 크리스토퍼도 내반족인 상태로 태어났다. 미국이나 유럽의 의사들은 그런 아이의 발을 한달 정도면 깁스 몇 번으로 신속하게 고친다. 그런 효과적인 치료법이 있고 기형이 얼마 오래가지 않기 때문에 서구에서는 내반족을 거의 보지 못하고 그것이 얼마나 흔히 있는지 알지 못한다. 우리도 이 책을 쓰게 되면서 어머니가 내반족이었다는 것을 알았다. 지금 80대인데도 매우 활기차게 걷기 때문에 우리는 어머니가 내반족이었다고는 상상도 못했다.

이런 일은 서구에서는 보통이다. 우아하고 아름다운 피겨스케이트 올림픽 금메달리스트인 크리스티 야마구찌도 내반족을 갖고 태어났다. 축구 역사상 누구보다 많은 골을 기록한 미아 함이라는 선수도 내반족이었다. 찰스 우슨이라는 축구선수도 그랬다. 그는 미식축구 최우수선수에게 주어지는 하이즈만 트로피를 받았으며 그린베이 패커팀 소속으로 제 14회 수퍼볼 우승을 차지했다. 미국 프로선수들은 이런 조건(내반족)으로 태어난 사람이 많다. 심지어 샌프란시스코 자이언츠 팀은 내반족을 가지고 태어난 선수가 가장 많은 팀이라고까지 주장했다.

가난한 나라에서는 라시다 같은 아이들이 교정치료를 받지 못하는 경우가 가끔 있다. 그들은 걷는데도 어려움이 있고 서 있는 것조차 힘들어 한다. 그들은 장애인으로 낙인찍히거나 저주받기까지 한다. 내반족을 가진 아이들 대부분 학교에 보내지 않으며 그들이 성장했을 때 결혼을 하거나 직업을 구할 가능성도 매우 낮다. 그들은 약 250달러가 드는 간단한 시술을 고대하며, 거지꼴로 부끄러움과 조롱의 대상이 되어 근근이 살아간다.

우리는 50달러, 75달러, 또는 250달러를 기부해 달라고 간청하는 우편물을 넘쳐나게 받는다. 도와주고 싶기는 하지만 미국 도심의 조직폭력에서 인도의 질병까지 오늘의 문제가 너무 심각하고 지속적이어서 우리는 관심을 돌려버리게 된다.

작은 기부가 어떤 선을 행할 수 있을까?

분명한 진실은 이렇게 모인 상당한 액수가 질병을 극복하고 영양실조를 완화하는데 도움이 되며, 혁신이 구호조직을 보다 효과적으로 만들어서 생명을 구하고 가난의 악순환을 끊게 한다는 것이다. 시민을 미친 총잡이로부터 구하는 경찰관은 제대로 칭송을 받는다. 그러나 인간의 생명을 살리는 다른 길도 많이 있다.

케냐에서 이루어진 한 연구는 무작위로 가장 표준적인 증거를 제시했다. 탐탐(TAMTAM)이라는 단체에서 전달된 말라리아 방지 모기장 비용 284달러가 한 어린 생명을 구한다는 것을 밝혀냈다. 적은 돈으로 계속 그

양동이에 물 한 방울

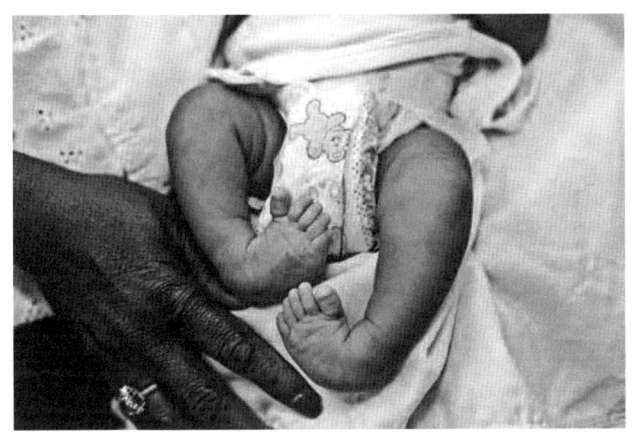

내반족을 가진 어린이가 치료를 받지 못하면 그들은 결코 걷지도 못하고 성인으로 일도 못한다.

만한 결과를 내기는 어렵겠지만 정부 등 많은 개입―어린이에게 비타민A, 아연, 또는 다른 미세영양소를 주거나 모기장을 나누어 주거나 또는 예방접종을 하는 것 같은 개입―은 2,000달러가 안 되는 돈으로 생명을 구하는 일이다.

빌 게이츠는 그가 운영하는 재단에서 한 사람당 2,000달러를 투자해 한 생명을 구하고 있다고 말한다. 이런 계산의 전문가인 캐나다 워털루대학교의 경제학자 수잔 홀튼은 이보다 훨씬 많은 돈이 들어가더라도 그것은 가성비가 높은 것이라고 강조한다. "5,000달러에 한 생명을 구한다면 그것은 정말 대단한 것이다."라고 말이다.

이런 프로그램들은 단순히 생명만 구하는 것이 아니라 건강한 아이들을 만든다. 그 예로 5,000달러 상당의 모기장은 수십 명의 어린이가 아프거나 발육장애를 겪지 않게 한다. 비타민A를 나누어주는데 쓰여진 돈은 실명을 막는다. 라시다 야예의 삶을 바꾼 수술처럼 어린이의 건강에 투자하는 것보다 더 좋은 거래는 없다.

A PATH APPEARS

캘리포니아 베니스에 사는 쇼샤나 클라인은 미국의 구호단체인 '퍼스트스텝(첫걸음, FirstStep)'에서 내반족에 대한 편지를 받았을 때 호기심을 느꼈다. 그녀의 우편함에는 세상의 다른 수많은 요구(needs)에 관심을 가져달라는 호소들로 가득했었지만 전단지에 찍힌 사진에 그녀의 시선이 머물렀다. 그것은 클라인 스스로가 심한 내반족을 가지고 태어났기 때문이었다. 그녀의 부모가 처음 찾아간 소아과 의사는 내반족은 가족의 내력이기 때문에 그녀가 걷지 못할 것이라고 말했다.

"부모님은 엄청나게 놀랐습니다. 2만 장도 넘는 내 사진이 있는데 어릴 적 사진은 모두가 다리에 깁스를 하고 있는 것들이죠."

그런 깁스 치료 끝에 클라인은 내반족에서 벗어났으며 고등학교와 대학교에 다니면서 운동에 뛰어난 학생이 됐다.

"나는 남들과 같은 다리를 가지게 되었고 탁월한 운동선수가 됐죠. 다른 나라에서 그 병을 가진 사람이 치료받지 못해 고칠 수 없다는 얘기를 들으면 내 얘기처럼 들립니다."

'퍼스트스텝'에서 온 편지는 언청이를 도와주는 구호단체인 '스마일트레인(Smile Train)'의 전임대표였던 멀러니가 보냈는데, 클라인은 이미 그를 알

어려서 내반족을 가졌던 캘리포니아 출신의 쇼샤나 클라인은 해외의 어린이 내반족을 고치는 비용을 부담하기로 결정했다.

고 존경하고 있었기 때문에 그 단체에 250달러의 수표를 보냈다.

"이것은 내 인생에 영향을 준 중요한 사건이며, 내가 관심을 갖고 있는 분야로 내가 기부하고 싶은 대상입니다."

'퍼스트스텝'은 그 돈을 펜실베이니아 자선단체인 '큐어(CURE)'로 보냈다. '큐어'는 2010년에 니제르의 수도 니아메이에 내반족을 고치는 병원을 설립했다. 니제르는 세계에서 가장 가난한 나라여서 내반족을 갖고 태어난 아이들 대부분 도움을 받지 못한다. 우리가 그 병원을 방문했을 때 원무과 직원인 무타리 말람 사디가 말했다.

"길거리에 나가보면 여러분들은 내반족을 가진 아이들이 구걸을 하고 있는 것을 보게 됩니다. 그들은 학교에 가지 않고 가족들의 애물단지가 되어 점차 운명으로 받아들입니다. 그들은 자신들이 쓸모없으며 구걸이나 해야 한다고 생각합니다."

그건 라시다의 운명인 듯했다. 그녀는 두 다리가 모두 내반족인 상태로 니제르의 서부 버키나 파소와 접하고 있는 토로디의 외진 농촌마을에서 태어났기 때문이다. 토로디에는 볏집으로 지붕을 한 흙집이 모여 있고, 우물이 몇 개 있으며, 흙으로 지은 교회와 잡곡밭으로 둘러싸여 있다. 농민들 중에 문자를 해독하는 사람은 많지 않으며 전기도 수도도 없었다. 수년 동안 토로디의 많은 아이들이 내반족을 가지고 태어났지만 아무도 치료를 받지 못했다. 남아선호가 심한 나라의 딸인 라시다는 걸을 수도 없고, 일도 못하고, 학교에도 못 가는 또 다른 유형의 장애아가 될 운명이었다.

차(tea) 농사꾼인 아버지 야예 함마는 이렇게 말했다.

"나는 내 딸이 나을 것이라고 생각도 못했습니다."

원래 그는 라시다의 상태를 운명으로 받아들였다. 함마는 대부분의 부락민보다 적은 세 자녀를 두고 있었는데 그중에서도 쾌활하고 정이 많은 라시다를 좋아했다. 그는 아이가 조롱거리가 되고 거지가 될 것이라는 상상을 하면 가슴이 찢어졌다. 그래서 그는 아이를 데리고 지역병원 의사에게 갔다. 그 의사는 자신이 도와줄 수는 없지만 얼마 전 니아메이에 내반족을 치료하는 외국병원이 개원했다는 얘기를 들었다고 했다. 하지만 치료 가능성은 희박했다. 그러나 야예는 이 병원을 찾아가 이제 두 살인 라시다를 위해서 도움받기로 마음먹었다. 그는 친구들에게 차비를 도와달라고 부탁했지만 그들은 비웃었다.

"사람들은 내가 돈을 낭비한다고 말했어요. 아무도 도와주지 않았어요."

그러나 그는 라시다를 너무 사랑해서 포기할 수 없었다. 그는 아이들은 엄마에게 맡기고 니아메이행 버스에 올랐다. 근 수마일을 걸어 도시를 뒤지고 끊임없이 물어서 마침내 큐어병원을 찾아냈다. 그가 병원을 들어서자 라시다같은 아이들이 수십 명 눈에 띄었다. 그 아이들은 이미 많이 교정된 상태였다. 야예는 희망을 갖기 시작했다.

치료비 250달러는 그의 가족에게는 감당이 어려운 금액이었지만 쇼샤나 클라인의 기부로 모든 비용을 지불할 수 있었다. 의사들은 라시다의 발을 일차로 조금 펴기 위해서 깁스를 했다. 2주 후에 발을 더 펴기 위해서 다시 깁스를 했다. 이런 식으로 7주에 걸쳐 6번을 새롭게 깁스한 후에 힘줄

니제르에서 수술 직후의 라시다와 아빠.
라시다는 정상적으로 성장해서 학교에도 갈 수 있을 것이다.

양동이에 물 한 방울

해부(tendonotomy)라고 불리는 간단한 시술을 거쳤다. 이것은 발이 좀 더 벌어질 수 있도록 하는 시술로 아킬레스건을 완화하기 위해서 국소마취를 하고 절개를 했다. 아프리카에서 선교의사로 일하는 캐나다의 정형외과의사인 크리스 카터가 라시다의 발에 간단한 시술을 했다. 수술간호사를 맡은 그의 부인 다니엘이 라시다의 손을 꼭잡고 있었다. 20분 만에 라시다의 발에 붕대를 감았고 이틀 후에 깁스를 풀도록 되어 있었다. 그것으로 치료는 끝이 났다. 곧 라시다는 병원 정원에서 아빠의 무릎에 앉아 있었다. 그 때 니아메이 위로 해가 지고 있었다. 두 사람은 행복하게 미소 짓고 있었다.

"저는 제딸이 완전히 나을 것이라고 믿었습니다. 저는 딸애를 너무 너무 사랑합니다. 그래서 여기까지 올 수 있었습니다."

이것이 캘리포니아의 한 여인이 250달러를 기부하여 지구 반대편에 있는 한 생명의 인생전환 비용을 부담하게 된 방식이다. 토로디에서 라시다는 그 지역에서 최초로 내반족을 치료받은 어린이로서 정상적으로 걷고 뛰놀며 학교에도 갈 수 있게 되었다. 라시다는 좋은 선례가 되어 다른 부모들도 따라하게 될 것이다. 이전에 숙명적인 삶을 살아야 했던 마을 사람들이 이제 선생님, 간호사, 부락지도자로 성장할 것이다. 클라인의 기부는 사회전체로 파급되어 갈 것이다. 250달러가 그렇게 큰 것을 이룰 수 있다는 것은 매우 고무적인 일이다. 그것은 희생이 아니라 기회이다.

모든 기부가 클라인의 경우처럼 영향을 미치지는 않는다. 그리고 우리가 자선사업을 효과적으로 만드는 어려움을 숨기고 미화하고 싶지는 않다. 인류애적인 지원사업에 있어 많은 것이 잘못되고 있다. 안구스 디튼(프린스턴대학교 경제학교수)과 윌리엄 이스터리(뉴욕대학교 경제학교수)같은 회의론자들은 자생적이며 지속적인 경제성장을 하는데 지원의 효과에 대해서 명백한 우려를 표명한다

A PATH APPEARS

자선 '사업'은 취약점이 있는데 그중 하나가 대부분의 자선적 기부가 정작 필요한 사람들에게 향하지 않고 있다는 점이다. 자선의 가장 큰 수령자는 교회, 대학, 기타 교육기관 순이다. 물론 거기에 문제는 없다. 그러나 우리는 인디애나대학교의 박애센터가 종교단체에 기부한 돈 가운데 얼마가 가난한 사람에게 가는지, 또 대학에 준 기부금의 얼마가 학생들의 장학금으로 사용되는지 추정해보니 다른 수령자와 다르게 그런 단체에 기부한 돈의 3분의 1이 안 되는 돈만이 진정으로 필요한 사람들에게 전달된다는 사실에 당혹해 한다.

자선단체들은 미국 전역에 걸쳐 1,300만 명을 고용하고 있으며, 기부뿐 아니라 노숙자와 저소득자녀를 위한 정부지원금을 포함하여 매년 1조 5000억 달러를 받는다. 이는 자선사업 분야가 미국 경제의 약 10%를 차지한다는 것인데 이는 국방비의 2배에 해당한다. 그러나 감사나 책임은 거의 없으며, 교회를 포함한 미국 내 140만 개의 자선단체들 가운데 상당수는 그 단체의 설립자들에게 이익을 주는 것에 불과하다.

여기에서 얻는 교훈은 송금할 때 신중해야 한다는 것이며 대형구매가 동반되는 자선단체에 기부할 때는 특별한 주의를 기울여야 한다는 점이다. 대형스크린 TV를 살 때 당신은 돈을 가치 있게 쓰는 것인가를 따져보기 위해 시장조사를 한다. 당신의 기부와 관련해서도 같은 일을 해야 한다. 유명한 자선단체와 유사한 이름을 사용하는 단체, 배경이나 자금의 용처가 분명하지 않은 단체를 유의해야 하며, 자선과 관련한 사기를 피하기 위해서는 연방무역위원회 웹사이트(www.ftc.gov/charityfraud)에 문의하라. 뒤에서 우리는 자선적 기부를 위한 구체적인 정보를 더 제공할 것이다. 그러나 사기의 위험은 있지만 제대로 된 그룹에 기부를 하면 그 효과는 엄청나다는 것을 기억해야 한다.

해결책이 단순히 송금하는 것이 전부는 아니다. 기부는 헌혈도 있고 장

양동이에 물 한 방울

기기부 약속도 있다. 기부의 가장 중요한 방법은 자원봉사이다. 이는 당신의 노력으로부터 혜택을 받는 사람들을 직접 대면할 수 있기 때문에 더욱 만족을 준다. 가끔 젊은이들 사이의 자원봉사는 신랄하고 이기적인 동기에서 시작한다. 마치 고등학생이 봉사활동에 열정을 보이면 대학에 쉽게 들어갈 수 있다고 생각하는 것처럼. 그러나 도시의 부유한 아이들이 부자는 아니지만 남을 돕는 다른 아이들을 만나게 되면, 자신은 전혀 기대하지 않았지만 남을 돕는다는 것이 매우 만족스럽다는 것을 발견하게 된다. 자선활동 또한 미국에서는 가난과 불평등을 언급하여 다루는 방법이다. 미국과 전세계에서 검색가능한 자선활동 기회의 시발점은 www.idealist.org와 www.omprakash.org에서 찾을 수 있다.

많은 자원봉사자들은 저소득층 젊은이들에게 대학이나 전문적인 직업으로 나아가는 길을 알려주는 시민학교라고 불리는 방과후학교 프로그램에서 일주일에 몇 시간씩 도움을 준다. 몇 사람의 나이든 성인은 '체험기업'에서의 자원봉사기회에 의존하고 있다. 젊은이들은 www.DoSomething.org에 시도해 본다. 다른 사람들은 교도소 내에서 기술을 가르치거나, '리치아웃앤드리드(Reach Out And Read, 손길 뻗어 책 읽어주기)' 프로그램을 통해서 병원의 대기실에서 상태가 심각한 어린이들에게 책을 읽어준다. 멘토링은 충분한 롤모델이나 성인의 지원이 결핍된 저소득 지역사회 내의 문제아들에게 매우 필요한 것이며, '빅브라더앤드빅씨스터(Big Brother and Big Sister, 큰형 또는 왕언니)' 프로그램은 돈으로 살 수 없는 영향력을 갖는 방법이다.

자원봉사를 보다 쉽게 만드는 새로운 방법은 '아이멘토(iMentor)'인데 이것은 대학교 졸업생들과 저소득층의 고등학생들을 연계하여 수년간 함께 공부할 수 있게 하는 것이다. 멘토인 대학 졸업생과 멘티인 고등학생은 직접 또는 온라인을 통해서 만나며 이메일도 주고받는다. 이 아이디어는 고교생들이 대학진학에 관해서 진지하게 생각하게 만들고 입학과정을 함께 헤쳐나가게 도와준다. 1999년 이래로 '아이멘토'는 11,000명의 학생을 멘토에게 연결시켜 중산층 가정에서 자라는 아이들이 받고 있는 일상적인 그런 종류의 지원과 격려를 제공했다.

기부나 자선활동 이외에도 변화를 가져오는 세 번째 방법은 지지하는 것이다. 그리고 이것은 앞의 것들 못지않게 중요하다. 지지를 통해서 다른 사람들에게 우리의 목소리를 빌려주는 기회는 참으로 많다. 우리는 정부가 행하든 다른 기관이 행하든, 창조적이고 증거에 기반한 프로그램을 광범위하게 필요로 하는데 이는 프로그램을 성공시키기 위한 영리한 로비가 필요하다는 점을 의미한다. ONE같은 지지집단들은 국회의원을 접촉하며 우리 주변을 보다 평등한 세상으로 만들기 위해서 취할 행동들에 관한 세련된 안내를 제공하고 있다.

우리는 언젠가 지구촌 건강에 관한 전문가 중 한 사람에게 그가 만약 백만 달러 규모의 재단을 운영한다면 어디에 지원하겠냐고 물었다.

어린이의 영양을 돕기 위해서 유아밀을 공급하는데 써야 하나?

백신에 써야 하나?

모기장을 사야 하나?

"나 같으면 더 많은 돈을 모으기 위해서 그 돈을 대대적인 공공홍보나 로비 캠페인에 사용하겠습니다."

"사람들은 그 필요를 잘 모르고 있어요. 그래서 나는 그런 용도로 백만 달러를 써서 일억 달러를 모금할 수 있도록 할 것입니다."

거기에는 그럴 만한 이유가 있다.

왜 미국은 일년에 200억 달러가 넘는 돈은 농업 프로그램에 쓰고, 교육과 생후 2살 미만 어린이 돌봄에는 채 40억 달러도 안 쓰고 있는가?

미국의 미래를 위해서 옥수수와 콩이 우리의 아이들보다 더 중요하단

양동이에 물 한 방울

말인가?

　물론 해답은 강력한 농업 분야의 로비 때문이다. 취약한 아이들을 위한 로비는 훨씬 더 약하다. 그래서 미국은 노숙자들에게 음식물을 전달하는 자원봉사자가 필요할 뿐만 아니라, 대통령, 국회의원, 내각, 주지사, 주의회, 그리고 시장들에게 어린이를 최우선 정책순위로 할 것을 요구할 자원봉사자가 필요하다.

　RESULTS는 많이 알려지지는 않은 그룹이지만 또 다른 효과적인 지지 단체이다. 1980년에 전세계적인 기근과 그것을 치유할 정치적인 압박의 부족을 심히 고민했던 샘 데일리-해리스라는 음악가에 의해서 창립되었다. 데일리-해리스는 많은 미국인들이 원칙적으로 지구촌의 고통에 관해 우려하지만 어떻게 그 우려를 변화로 전환시킬 지를 모르고 있다고 믿었다. 그래서 그는 시민의 지지를 위한 하나의 플랫폼으로 RESULTS와 그 자매기관인 RESULTS 교육펀드를 세웠다. 그곳은 시민 로비스트 자원자를 모집하여 그들에게 각종 매체의 편집자에게 어떻게 편지를 쓰고, 사설을 요청는 지, 국회의원을 만나 프로답게 자신들의 주장을 어떻게 펼지를 가르쳤다.

　RESULTS 자원자들이 했던 대형 캠페인 가운데 하나는 유니세프의 '어린이 생존 혁명'에 대한 풀뿌리 지원을 창조해 낸 것이다. 이것은 백신과 경구용 수화치료법을 사용하여 어린이들의 생명을 구하는 것이다. 내용을 잘 아는 1,000명의 RESULTS 자원자들이 신문편집인들을 만나 한 해에만 100개의 사설을 싣게 했는데, 일부 이러한 노력 덕분에 전세계 어린이 생존을 위한 미국의 재정지원이 1980년대 2,500만 달러에서 지금은 6,000만 달러로 늘었다. 1980년대 이래 어린이 생존을 위한 미국의 누적 지출은 거의 50억 달러에 달한다. 그 결과 다섯 살 미만 영아의 하루 사망자가 41,000명에서 18,000명으로 줄었다. 거의 일년에 전세계적으로 840만 명의 생명을 구하는 것이다. 분명 RESULTS의 캠페인만으로 생존하는 어린이의 숫자를 늘린 것은 아니다. 그러나 RESULTS는 효과를 냈다. 지구촌의 변화추구기관의 연대기작가인 데이비드 본스타인은 RESULTS는 의회가 전세계적으로 아직도 엄청난 사망원인이 되는 결핵에 관심을 쏟게 하는데 큰 역할을 했다고 강조한다.

"나는 오하이오의 오벌린과 메디나에 사는 일단의 RESULTS 자원자들이 찾아와서 결핵퇴치에 관여하게 되었죠."

셔로드 브라운 오하이오 상원의원은 말한다.

"그들은 설득력이 있었고, 그 문제에 관해 잘 알고 있었으며, 그리고 그들은 집요했습니다."

그 결과로 연방정부의 결핵지원이 1997년 연간 100만 달러에서 지금은 연간 2억 5,000만 달러로 늘어났다. 전적으로 RESULTS의 공으로 돌릴 수만은 없지만 관료들과 국회의원들은 RESULTS가 추가적인 재원을 확보하는데 핵심적인 역할을 했다고 이구동성으로 말하고 있다. 지금까지 미국은 한때 관심을 두지 않았던 결핵퇴치를 위해 누적으로 18억 달러를 쏟아부었고 그래서 수백만 명의 생명을 살렸다.

미국 전역에 취학전 학교를 확대하는 것은 RESULTS가 하고 있는 또 다른 도전이다. 의회를 압박하여 2009년 금융위기 후 경제활성화 대책에서 헤드스타트나 조기헤드스타트 프로그램에 종전보다 더 많은 재원을 배정하게 하고 있다. 그 후에는 RESULTS가 아동들의 등록을 유지할 수 있게 더 많은 재원을 요구하며 로비를 했다. RESULTS는 미국 내 100개 시에 자원봉사자 지부를 두고 국회의원 선거구의 절반을 커버하고 있으며, 영국, 캐나다, 호주, 멕시코, 일본 등 해외에도 지부를 두고 있다.

옹호는 비활동적이고, 현장의 영웅적인 구호자들에 비하면 형편없는 아마추어 애호가가 의존하는 수단으로 들릴 수 있다. 그러나

양동이에 물 한 방울

말없는 사람들을 대변하여 목소리를 높이는 것은 마치 에이즈 치료제를 전달하는 것만큼이나 생명을 구하는 일이다. 인권을 고집하는 것은 체제거부를 이유로 개인들을 구금하게 할 수 있지만 보다 넓게 보면 독재체제 안에 책임감이 생겨나 소수를 억압하는 것을 어렵게 한다. 사실 당신이 한 국회의원에게 편지를 쓴다고 정책이 달라지지는 않으며 당신이 지구촌의 문제를 해결할 수도 없다. 그러나 어떤 문제를 아주 없애버리는 것 못지않게 문제를 완화하는 것의 가치 즉 모든 곳에서 한 개인을 도울 수 있는 인권옹호의 가치를 평가절하하지 말아야 한다. 단지 우리가 모든 사람을 도울 수 없다고 해서 아무도 도울 필요가 없다고 말할 수는 없다.

그것은 간단한 쪽지 덕분에 영원히 인생이 바뀐 루마니아에 살고 있는 폴란드 출신 미국인 난민이야기에서 배우는 교훈이다. 그의 이름은 블라디슬로 크리쯔토포비츠이다. 2차대전의 후유증으로 유럽 전역에 난민문제가 넘쳐나고 있을 때였다. 그는 옷 속에 튜브를 넣고 다뉴브 강을 건너 공산세계에서 벗어나 유고슬라비아로 탈출하려고 했다. 그런데 강을 반쯤 건넜을 때 튜브가 터졌다. 그는 가쁜 숨을 몰아쉬며 유고슬라비아쪽 강변에서 체포되었고 석면광산에 있는 수형자 노동캠프에 보내졌다. 당국이 그를 비롯한 다른 동유럽에서 탈출한 자들에게 무슨 일을 시킬 것인지 고민하는 동안 그는 나무를 벌목했다. 2년쯤 지난 후에 유고슬라비아는 서방세계의 호의를 얻기 위해서 이 난민들의 일부를 이탈리아로 방면하기로 결정했다. 반면에 유고슬라비아는 나머지 다른 난민들은 총살했는데 이는 스탈린에게 유고슬라비아는 아직도 정치적 동지로서 믿을 만하다는 것을 확인시키려는 의도에서였다.

크리쯔토포비츠는 산악지대의 노동캠프에서 옮겨져 다른 수형자들과 함께 소 운반칸에 실렸다. 벽쪽에 있는 수형자들은 작은 틈을 통해 다음역의 이름을 보고 다른 수형자들에게 그것을 소리쳐 알려줬다. 만약 그들이 서쪽으로 간다면 그들은 이탈리아를 향해서 그리고 자유를 향해서 가는 것이었다. 만약 동쪽으로 간다면 그들은 처형될 운명을 맞이할 것이었다.

크리쯔토포비츠는 벨그라드 주재 프랑스 대사관에 유창한 불어로, 그가 억류되어 있는데, 프랑스에 친척들이 있다고 알렸다. 그러자 한 프랑스 외교관이 그의 이름을 언급하며 그의 근황에 관해서 묻는 메모를 유고슬라비아 정부에 보냈다. 그것은 단순한 질문에 불과한 간단한 메모였지만 그의 생명을 살리기에 충분했다. 크리쯔토포비츠가 타고 있는 소 운반차량은 서쪽으로 향했다. 일주일 후 그를 포함한 수형자들은 이탈리아에 도착했고, 그가 살아난 것은 프랑스 외교관이 쓴 짧은 메모 덕분이라고 생각했다. 그런데 사실 그 외교관은 자신이 어떤 역할을 했는지 전혀 몰랐다.

크리쯔토포비츠는 프랑스까지 갔다. 그는 아파트 관리인 직업을 구했지만 이내 더 큰 기회를 갖고 싶어했고, 미국을 그 기회의 땅으로 생각했다. 그는 마샬플랜 덕에 파리에서 일하고 있는 마기 카메론이라는 오레곤 주 포틀랜드에서 온 젊은 여인의 방을 청소해 주었다. 그들은 서로 친해졌고 그녀는 부모님께 크리쯔토포비츠의 이민신청을 지원해 달라고 요청했다. 그는 영어를 전혀 못했지만 카메론의 가족은 이전에 전혀 만난 적이 없는 그를 오레곤 주로 이주할 기회를 만들어 주었다. 카톨릭 신자인 그를 포틀랜드의 장로교회 지원금으로 도왔다. 그리고 교회신자 한 사람이 그에게 오레곤 주 발세츠의 목재공장에 일자리를 마련해 주었다. 1951년 그는 배와 기차를 타고 오레곤으로 갔다.

프랑스 외교관의 메모와 카메론 가족의 친절이 지구촌 난민문제를 해결하지는 못하지만 그들이 크리쯔토포비츠의 인생을 바꾸고 우리의 인생을 바꾸는데는 영향력을 미쳤다. 포틀랜드에 도착한 후에 크리쯔토포비츠는 자신의 이름이 미국에서는 적절치 않다고 생각하고 발음하기 쉬운 라디스 크리스토프로 개명했다. 그는 이 책의 저자인 니콜라스 크리스토프의

양동이에 물 한 방울

아버지였다.

 우리에게서 배워라. 편지 한 통의 영향력을 과소평가하거나 물통 안의 물 한 방울을 우습게 보지 마라. 물 한 방울이 모여서 물통이 채워지고, 그것이 삶이 바뀌는 이치이며 기회가 만들어지는 방식이다.

구슬을 엮어 인생역전

토킨 웨이크필드는 예전에 평화봉사단의 일원이었고 오랫동안 국제 구호원이었다. 그녀가 우간다의 수도 캄팔라를 성인이 된 그녀의 딸 데빈 히바드와 딸의 친구 지니 조르단과 걷고 있었다. 그들은 편안하게 쉬면서 밀리 아케나라는 우간다 여인이 휴지를 이용하여 구슬장신구를 만드는 것을 지켜보고 있었다. 구슬 하나하나는 잡지의 채색된 부분을 말아서 이어붙여 만들었다. 종이구슬에는 색을 칠하지 않았고 그냥 종이가 가진 색 그대로였으며 때로는 글씨가 희미하게 보였다. 그래서인지 그것들은 매우 깜찍해 보였다. 세 여자는 흙벽집 밖 공터에 자리잡은 가게를 운영하는 아케나와 말을 나누고 그 화려한 목걸이를 하나에 75센트씩 주고 서너 개를 샀다. 그 이후 며칠간 그들은 자기들이 산 목걸이에 대해서 쏟아지는 많은 찬사, 특히 그 구슬이 빈민가에서 만들어졌으며 폐기물로 만든 것이라고 설명했을 때 듣는 찬사에 놀랐다.

아이디어 하나가 떠올랐다. 그들은 아케나의 집으로 되돌아가 미국의 친구들에게 팔려고 225개 이상의 구슬목걸이를 구매했다. 미국인들은 그 목걸이를 좋아했다. 세 여인은 매우 고무되어, 미국에서 우간다 여인들이 만든 장신구를 팔아 우간다의 여인들을 도와주는 '비드포라이프(삶을 위한 구슬, Bead for life)'라는 비영리단체를 만들었다. 그들은 관세를 피하기 위해서 미국으로 되돌아오는 여행자들에게 여행용 가방에 목걸이를 담은 여러 개의 가방을 몰래 가져오라고 요청했다(그러나 나중에 그들은 그럴 필요가 없었다는 것을 깨달았다. 왜냐하면 미국법상 목걸이는 면세품이었기 때문이다.). 그들은 미국 내에서 마치 '타파웨어파티'처럼 '구슬파티'를 통해서 그 장신구들을 팔기 시작했다. 한 여인이 친구들을 초대해서 목걸이, 팔찌, 귀고리들을 자랑하고 5달러부터 30달러까지 지불하고 그것들을 사게 했다. 지금은

구슬을 엮어 인생역전

폐지로 만든 장신구를 착용한 토킨 웨이크필드와
'비드포라이프' 설립자 딸 데빈 히바드.

매년 이런 파티가 수천 건 열리고 10만 명 이상이 참석하고 있으며 매 파티마다 한 우간다 소녀를 미국의 기숙사립학교에 보낼 만큼의 돈을 모으고 있다.

히바드는 이렇게 말한다.

"이것은 단순한 적선이 아니에요. 우리는 적선이라는 말에 동의하지 않아요."

현재 그녀는 우간다에 체류하고 있다.

"종이구슬은 우리에게 여성들이 진정으로 열심히 일하고 있다는 상징입니다."

도움을 주고자 하는 사람들과 도움을 필요로 하는 사람들을 연결하는 '비드포라이프'같은 조직들이 많이 생겨나고 있다. 이런 조직에는 GlobalGiving, Kiva, Givology 같은 온라인 사이트들도 있다. 이들 모두 여러분의 기부나 대출을 통해서 지원할 대상자를 물색해 준다. 당신이 교육에 열정이 있으면 DonorsChoose.org를 통해서 도움이 필요한 미국 학생을 지원하거나, 과거 고문실이 있던 곳에 세워진 SOPUDEP 학교를 통해서 포또프린스의 가난한 아이티의 학생을 지원할 수 있다. 그런 그룹들은 사람들의 최소한의 요구만을 제시하지만 국내와 해외의 문제들에 관해 더 많이 배울 수 있는 기회를 제공한다. 단순히 송금하는 것은 불확실하고 헛된 것처럼 보인다. 그러나 '비드포라이프'같은 그룹은 일반인들에게 더 친근한 방식으로 남을 돕는 일에 참여하게 만든다.

우간다에서 '비드포라이프' 프로그램은 하루 1달러도 못 벌지만 매우 열심히 일하고 사업기질이 있는 여성들로부터 시작되었다. 채용된 여성들은 고급 구슬을 만들기 위해서 적합한 재료를 찾아내는 일부터 시작해 여러 가지 정교한 교육을 받는다. 잡지의 광고와 원조그룹의 소책자는 언제나 풍부한 색깔 때문에 높이 평가된다. 웨이크필드는 잠시 머뭇거리다 한 소녀가 에이즈예방에 관한 소책자를 이용하여 신이 나서 구슬을 만들던 모습을 떠올렸다.

"나는 그 책자가 폐기되기 전에 누군가가 보기를 원했어요."

이제 이 구슬제작자들은 월 200달러를 버는데 그중의 일부는 그녀들이 관리하는 저축계좌로 예치된다. 그녀들이 금융자산을 지니고 있다는 사실은 남편들에게 더 많은 존경을 받게 해주었다. 왜냐하면 이제 남편들은 머리맡의 저금통과 달리 부인의 은행계좌는 손을 댈 수 없기 때문이다.

'비드포라이프'는 여성들이 말라리아 예방 모기장, 콘돔, 벌레퇴치 약품, 그리고 가족계획기구 같은 건강관련 제품들에 접근할 수 있게 했다. 이 여성들을 위한 18개월의 구슬제작 코스의 중요한 요소는 그들이 다른 사업을 할 수 있도록 훈련시킨다는 점이다. 여성들이 사업경영에 관해 코치를 받고, 일부는 잼을 만들거나 양계하는 것 같은 지역사업을 배운다. 그 이후 그들은 소기업을 시작하며 도움을 받고 다시 새로운 사업으로 옮겨간다. 목표는 평생 장신구 제조자를 만들어 내는 것이 아니라 여성을 매우 활동적인 기업가로 만드는 것이다.

구슬을 엮어 인생역전

'비드포라이프'는 현 이상 폐지에서 만든 장신구를 팔고 있으며, 미국 내 장신구파티를 통해 미국인들에게 지구촌빈곤에 관해 가르치고 있다. 또한 그 프로그램은 미국인들을 장신구 제작자들에게 데리고 가서 아프리카에 관해 배우게 한다.

웨이크필드는 말한다.

"처음에 우리는 '비드포라이프'가 우간다인을 위한 것이라고 생각했죠. 나중에야 이 프로그램의 많은 부분이 오히려 이 일에 참여한 미국인들을 돕는다는 점을 깨달았습니다."

3

에피소드에서 증거로

> 우리는 단지 우리가 준 것을 소유하고 있을 뿐이다.
>
> 이사벨 아옌데

가난한 사람, 특히 가난한 여성을 돕는 가장 빠른 방법은 연료를 적게 쓰고 연기가 덜 나는 '클린 조리기구'를 제공하는 것이다. 전세계 절반에 달하는 인구가 조리나 난방 때문에 비효율적이고 연기 나는 구식 난로를 사용하고, 옥외에서는 나무와 석탄 또는 동물의 배설물을 태우고 있다. 이는 엄청난 양의 나무나 다른 연료를 사용하게 된다. 이로 인해 주부들은 땔감을 구하기 위해 많은 시간을 쓰고 여자 아이들은 학업을 그만두고 이 일을 돕기도 한다. 이러한 연료채취는 벌목과 토양침식을 초래한다. 또 이런 전통적인 조리화덕은 쉽게 흔들거리고 자주 넘어져 뜨거운 국물이 난로 밖으로 넘치게 된다. 이 때문에 기어다니는 영아들이 화상을 입게 된다. 우리는 끔찍하게 덴 아이들을 너무나 많이 봤다.

전통적인 조리기구의 또다른 큰 결함은 건강에 나쁜 영향을 주는 연기가 난다는 점이다. 2012년 한 연구는 집 안의 공기오염이 인도에서는 가장 큰 건강위협 요인이었으며, 아프리카에서는 두 번째로 큰 건강위협 요인이었다고 결론냈다. 이 연기는 호흡기질환, 심장과 폐질환을 유발하여 매년 4백만 명의 조기사망 원인이 되고 있다. 또 이 연기는 백내장을 일으켜 실명을 초래하기도 한다. 이 연구는 구식 조리기구가 매년 에이즈, 말라리아, 그리고 결핵을 모두 합한 것보다 더 많은 사망자를 내고 있다고 말한다.

기술자들은 표면상으로 그런 문제들을 해결할 수 있는 단순하고 비싸지 않은 요리용 클린 스토브를 고안해냈다. 요리용 클린 스토브는 과거 미국의 구식 나무 스토브처럼 밀폐되어 있었다. 옥외 취사보다 연료를 매우 효율적으로 태우며 집 밖으로 연기를 빼내기 위해서 굴뚝을 사용하였다. 최근 세계적인 구호단체들이 요리용 클린 스토브를 적극적으로 보급하고 있다.

남부 말라위의 한 마을에 사는 농부 윌리암 마함바는 우리를 그의 집안으로 안내하고 구호단체의 도움으로 설치한 버너가 둘 있는 요리용 클린 스토브를 보여주었다. 그것은 흙으로 만든 것인데 연기는 '이론적으로는' 뒷벽의 구멍을 통해서 배출되도록 되어 있었다.(실제로 방에는 너무 연기가 자욱해 우리가 노트를 할 수 없을 정도였다. 그런데도 그는 계속해서 예전에는 이것보다 훨씬 더했다고 말했다.)

여성 발전의 열정적 옹호자인 힐러리 클린턴이 '클린쿡스토브지구촌연맹(Global Alliance for Creen Cookstoves)'을 창립했다. 이는 공공부문과 민간부문의 협력사업으로 세계 38개의 정부를 포함하여 600명 이상의 파트너를 갖게 되었다. 클린턴은 클린 쿡스토브의 개념에 대해 말했다.

"이것이 세계평화와 번영, 인권과 민주주의 그리고 자유와 무슨 관련이 있을까요? 그래요. 사실 모든 것과 관련 있습니다."

그녀의 주장은 여성에게 권한을 부여하고 한계상황에서 벗어나게 하는 정책이 사회 전체를 위해서 좋을 것이라는 것이다. 그리고 동아프리카에 클린 쿡스토브 보급을 위하여 7,000만 달러 투자 계획을 세웠다. 계획의 목표는 2020년까지 1억 개의 클린 쿡스토브를 설치하는 것이다.

MIT대학의 개발경제학자인 에스더 더플로는 클린 쿡스토브를 신뢰하였고, 무작위 통제방식을 이용하여 그 영향을 정밀하게 측정하기로 결정했다. 더플러는 인도 오리사주에 있는 구호단체 '그람비카스(Gram Vikas)'와 함께 클린 쿡스토브가 농민의 건강과 생산성을 얼마나 향상시키는지 측정하는 작업을 했다. 그 지역의 어린이들은 조리과정에서 하루에 담배 7개피에 해당하는 연기를 흡입하고 있었는데 더플러는 클린 쿡스토브를 설치한 뒤에는 얼마나 호흡기질환이 줄어드는지 그래서 얼마나 더 많은 농부들이 농사를 지을 수 있는지 밝히고 싶었다.

"우리는 새 스토브가 상당한 차이를 가져올 것이라고 확신하고 클린 쿡스토브에 접근했습니다."

더플러는 회상했다.

"우리는 실험실 내에서 이것을 시험했는데 작동도 잘됐죠."

그러나 이 연구는 클린 쿡스토브가 적어도 이 실험에서는 전적으로 실패였다는 것을 발견했다. 미국의 개발전문가들은 이 스토브를 좋아했지만 인도의 마을사람들은 그다지 관심이 없었고 크게 의존하지 않았다. 스토브는 고장이 잘나고, 금이 가거나 잘 기능하지 못했고, 가족들은 점점 그 스토브를 덜 사용하였다. 때로는 굴뚝이 막혔는데 청소하지 않았다. 어떤 때는 주부가 한 버너에서 요리를 하면서 다른 버너의 뚜껑을 덮지 않아 연기가 그곳에서 새어나왔다. 결과는 대부분의 가정에 연기노출이라는 면에서는 아무런 차이가 없었다. 또 연구결과는 나무소비에서도 차이가 없다는 점을 보여 주었다.

더 중요한 점은 더플러와 동료들이 폐활량측정과 날숨의 일산화탄소 시험 등을 기초로 한 호흡기기능, 혈압, 영아사망률, 어린이 체격지수와 같은 건강측정결과에서 개선이 없었다는 점을 발견하였다. 게다가 기침이나 감기같은 자가진단 건강결과에서도 차이가 없었다.

연구결과가 발표되자 현장에서 클린 쿡스토브의 더 많은 문제점들에 관한 보고들이 댐이 무너지듯 쏟아졌다. 다른 연구자들은 가나에서 클린 쿡스토브가 도입된 지 일년이 지난 지금 오직 절반만이 사용하고 있다는 것을 알아냈다. 세네갈의 한 연구결과는 기술예찬론자들이 나무소각을 줄일 수 있는 방안이라며 흥분했던 태양열을 이용한 요리 스토브의 설치가 단지 1%의 벌목을 줄이는 결과만을 가져와 마을사람들에게 거의 영향을 미치지 않았음을 보여줬다.

이 이야기는 탁월한 아이디어조차 항상 의도한 대로 작동하지 않으며, 더 나은 세상을 만드는데 어느 분야에 투자할 것인지를 알기 위하여 사전에 매우 조심스런 실험을 해야 한다는 점을 일깨워 주었다. 역사적으로 우리는 빈곤퇴치 전략을 수립할 때 확실한 증거에 의존하기보다는 주로 직관과 에피소드에 의존해 왔다. 인류 역사상 모든 구호단체가 그들의 관여는 비용대비 효과적이라고 주장해왔지만 그런 평가는 할아버지가 손주를 평가하는 정도의 신빙성밖에는 없다.

그러나 부분적으로는 더플러 교수의 연구 덕분에 상황이 바뀌기 시작했다. 그녀는 차분하며 수동적인 성격이어서 이 글을 읽는다면 그녀는 수줍어하며 본인은 단지 팀의 일원이었을 뿐 다른 팀원들이 찬사를 받아야 한다고 주장할 것이다. 41세의 더플러 교수는 호리호리하며 조용한 목소리를 가졌고, 중간 길이의 갈색 금발머리가 그녀의 심각한 얼굴을 에워싸고 있다. 그녀는 길에서 그냥 지나쳐도 기억하기 어려운 사람이다. 그러나 그녀는 빈곤퇴치의 영향과 비용대비 효과를 측정하는 도구들을 발전시킴으로써 빈곤경제학에 혁명을 가져오는데 기여하고 있다.

더플러는 파리에서 태어나고 자랐지만 인생의 절반 이상을 미국에서 보

에스터 더플러, 빈곤퇴치에 무엇이 작동하고 안 하는지를 결정하기 위해
선구적으로 보다 엄밀한 실험을 한 MIT 경제학자.

냈다. 그러나 그녀는 프랑스 액센트를 자랑스럽게 생각한다. 소아과의사 어머니와 수학자 아버지의 딸로서 규칙적으로 지구촌 빈곤문제에 접하면서 자랐다. 그녀의 삼촌은 '세계의 의사(Doctors of the World)'라는 조직을 공동 설립하였으며, 어머니는 엘살바도르처럼 전쟁으로 상처받은 국가의 어린이들을 정기적으로 치료해 주었다.

더플러의 개도국에 대한 관심은 부분적으로 그녀가 6살때 인도 콜카타에 관한 만화책을 보고 그곳 주민들의 일인당 주거공간이 $1m^2$에 불과하다는 것을 알고 소스라치게 놀란 후에 시작되었다. 그녀는 수학적 상상력으로 그들에게 주어진 조그마한 정방형의 주어진 거대한 바둑판을 상상했다. 그 이후로 더플러는 지구촌 빈곤의 수수께끼를 풀기 위해 노력했다. 그녀는 파리의 노르말쉬페리외르대학(Ecole Normale Superieure)에서 역사를 전공했다. 그러나 러시아와 마다가스카르에서 시간을 보내면서 이 세상을 바꾸는데는 역사학보다 경제학이 더 나은 도구가 될 것이라고 확신하게 되었다. 그녀는 파리에서 경제학 석사학위를 받고 박사학위를 위해 MIT에 지원했다. MIT의 교수들은 그녀의 입학을 거부하기로 했는데 마지막 단계에서 경제학과 내의 프랑스 출신 교수가 그녀를 적극 추천해 어렵게 입학하게 되었다.

더플러는 MIT 조교수였는데 몇년 후는 다른 대학들이 그녀를 모셔가기 위해서 경쟁하는 상황이 되었다. 그녀는 29살의 나이에 MIT 역사학과 종신교수가 되었다. 그리고 그녀는 중동의 한 갑부의 재정지원으로 '압둘라 티프자밀빈곤실천연구소(Abdul Latif Jameel Poverty Action Lab)'를 창설하는 것을 도왔다. 그 연구소는 빈곤퇴치를 위해 비용대비 가장 효과적인 방법을 찾고자 무작위 대조군 연구실험(실험 결과를 도출하기 위해 인위적 또는 어떤 조작을 통해 환경 설정을 한 집단이 실험군이고 이와 달리 실험 결과가 제대로 도출되었는지의 여부를 판단하기 위해 어떤 조작이나 조건도 가하지 않은 집단을 통제집단(대조군)이라고 한다.)을 사용하는 개발경제학자들의 네트워크를 구축했다. 이 방법은 마치 의학의 임상실험과 유사하다. 사람들이 무작위적으로 실험집단과 통제집단(대조군)에 배정되고 두 그룹은 변화여부에 대하여 조심스럽게 측정되어진다. 목적은 과학, 측정, 그리고 정확성을 전세계 빈곤과의 전쟁에 활용하는 것이다.

이 실험적 접근법은 더플러를 그 분야 최고의 학자로 만들었다. 그녀는 맥아더 천재 장학금을 받았으며, 40세 이하 최고 경제학자에게 수여하는 존 베이츠 클라크 메달(노벨 경제학상과 함께 경제학 분야에서 가장 영광으로 여겨지는 상.)을 받았다. 빈곤실천연구소는 350개가 넘는 무작위 대조군 실험에 관여했으며, 범죄와 국내 빈곤을 포함한 다른 분야에서도 유사한 제안들에 영감을 주었다.

한 실험에서 어린이 구충으로 놀랄 만한 혜택을 받게 된다는 것을 발견했다. 서구의 우리들은 자녀들이 그런 기생충을 갖고 있지 않기 때문에 회충이 교육에 장애가 된다는 점을 잘 모른다. 그러나 기생충은 어린이들을 허약하고 무기력하게 만든다. 특히 생리 때문에 무기력하기 쉬운 여고생은 더욱 그렇다. 1900년대 초 많은 미국 어린이들 특히 남부 아이들은 기생충을 가지고 있었다. 그래서 록펠러재단이 첫 사업으로 내걸고 미국 내 어린이들을 대상으로 구충을 시행하였다. 그러자 해당 지역 학생들은 갑자기 학업성적이 개선되었다.

개도국의 대부분의 어린이들은 뱃속에 기생충을 지니고 있다. 회충을 죽이는데는 구충제 한두 알이면 충분한데 그것은 국제거래에서 대량으로 사면 한 알에 2센트이다. 한 어린이의 일년치 약값은 배송비까지 포함해서 50센트 이하이다. 아프리카의 학교는 아이들이 자주 아파서 높은 결석률을 보이는데 구충을 하게 되면 결석률이 4분의 1 가량 줄어든다. 하버드대학의 마이클 크레머 교수와 동료 에드워드 미구엘은 전교생이 구충을 받는 몇몇 학교가 있는 케냐의 한 지역을 대상으로 구충 효과에 관한 실험을 했다. 크레머와 미구엘은 일년에 한 학생을 구충시켜 다시 등교하게 하는데 3달러 50센트가 든다는 것을 발견했다.(대략 구충된 일곱 명 중 한 명이 학교에 다시 출석했다.) 다음으로 비용이 적게 드는 방법은 교복을 사주는 것인데, 이 방법으로 한 학생을 더 등교하게 하는데 약 100달러가 소요됐다. 학교를 지어 한 학생을 더 교육하는데는 수백 달러의 비용이 든다.

모든 연구가 구충과 관련하여 그렇게 인상적인 결과를 밝혀내는 것은 아니지만 케냐에서의 몇몇 후속 실험은 장기적인 이득을 조명하였다. 구충되지 않은 아이들은 어른이 되어서 문맹으로 남아 있을 확률이 13%나 높았다. 게다가 구충은 그런 치료를 받지 않은 사람들에게도 이득을 주었는데 아마도 구충이 지역 내 기생충을 줄여주어 단체면역 효과를 가져다주었기 때문으로 풀이된다.

이런 결론이 전과 후의 비교에 불과하다면 우리는 의심할 수 있다. 결국 전체지역이 아마 다른 이유 때문에 개선되고 있는 것이 아닌가 하고 말이다. 그러나 무작위 대조군 실험의 특성상 구충이 차이를 만드는 요인이라는 확신을 더 쉽게 가지게 되었다.

엄격한 실험의 중요성은 더플러와 아비짓 바네르지의 소액대출에 관한 공동연구에서도 명백해졌다. 지난 수년간 소액대출은 지구촌 빈곤을 퇴치할 묘안으로 환호를 받았다. 우리의 영웅인 무하마드 유누스는 방글라데시에서 세계에서 가장 가난한 사람들에 대한 대출을 앞장서 시행한 공로로 노벨평화상을 받았다. Kiva라는 웹사이트는 미국인들이 전 세계 사업자들에게 소액을 빌려줄 수 있도록 하여 큰 성공을 거두었다. 그러나 더플러가 소액대출의 효과를 조심스럽게 측정해보고 그것이 결코 만병통치약 같은 묘안이 아니라는 것을 알아냈다. 그녀는 히데라바드라에 소재한 스판다나라는 인도의 소액대출기관의 성장을 조사했다. 스판다나는 104명의 주민 가운데 무작위로 뽑힌 절반에게 대출을 해준 반면 나머지 절반은 소액대출의 영향력을 비교하기 위해 실험집단이 아닌 통제집단으로 삼았다. 더플러는 스판다나의 소액대출이 약 7%에 해당하는 몇 사람에게는 사업을 시작하는데 도움이 되었다는 사실을 발견했다. 그런데 그것은 통제집단에서 5%의 사람이 사업을 시작한 것에 비하면 약간 높은 수준에 불과했다. 대출을 받는 지역의 사람들이 어린이 교육에 더 많은 투자를 하는 것 같지 않았고, 그 지역 여성들에게 더 많은 권한이 주어지는 것도 아닌 듯했다. 종합해 보면 소액대출은 그 분야의 많은 사람들이 기대한 획기적인 개선이 아닌 미미한 효과밖에 가져다주지 못했다.

더플러와 바네르지는 그들이 쓴 〈빈곤 경제학(Poor Economics)〉이라는 책에서 "우리는 이런 결과에 아주 만족했다."며 "소액대출의 주요 목적은 달성된 것으로 보였다. 소액대출은 기적적이진 않지만 기능하고 있었다."고 기술했다. 그밖의 거의 모든 사람들은 엄청난 실망을 느꼈다. 소액대출기관

스스로는 그 연구의 결과에 대하여 의문을 가지는 것으로 대응했다. 그런데 에티오피아, 몽고, 멕시코, 보스니아, 그리고 필리핀에서 시행된 다른 무작위 대조군 실험에서 동일한 결론에 이르게 되자 더 이상 연구결과에 대해 의문을 갖는 것이 점점 어려워졌다.

한편, 무작위 대조군 실험은 소액대출 프로그램에서 놀랄 만한 긍정적인 효과를 발견했는데, 그것은 가난한 사람들이 적은 돈을 저축하게 돕는다는 점이다. 전세계 인구 3분의 1은 은행에 구좌를 틀 수 없어서 잠금장치도 없는 오두막집 속 어딘가에 현금을 감춰두어야 한다. 게다가 가난한 농부들은 일년에 한두 번 추수 후에 목돈을 받게 되는데 그러고 나면 주위에서 돈을 꾸어달라는 요청이 쇄도한다. 그 결과는 돈을 저축하기보다는 소비하게 되는 압력이 된다. 그리고 그 돈은 술, 담배, 매춘 등에 쓰여진다. 그러자 대출뿐만 아니라 저축에 대해서도 고리대금업이 나타난다. 서아프리카에서는 마을주민이 '수수'라는 자금중개상에게 돈을 맡길 수 있는데 일년에 저축액의 40%를 이자로 내야 한다. 지금 100달러를 맡기는 사람은 도둑이나 대부요청에서 보호되지만 일년 후에 단지 60달러밖에 돌려받지 못한다.

소액저축의 창안은 사람들이 돈을 안전하게 보유하고 이윤도 창출하게 함으로써 이런 문제들에 해법을 제시한다. 스탠포드대학교의 파스칼린이 수행한 2013년 연구에서, 케냐의 농촌에 있는 여성 시장상인에게 저축구좌가 주어졌다. 이 구좌는 이자를 지급하지 않았고 되찾을 때 수수료를 부과했지만 여성의 87%가 가입했다. 6개월이 채 지나지 않아 그 프로그램에 가입한 여성상인은 통제집단의 여성상인보다 50% 더 많이 사업에 투자하고 있었다.

소액저축의 가장 일반적인 모델은 마을단위의 저축과 대부이다. 그것은 매우 단순하여 1991년 니제르에서 CARE에 의해서 시작된 이래 전세계로 퍼져나갔다. 그 모델은 '빌과멜린다게이츠재단'의 후원을 받았으며 '오퍼튜니티 인터내셔널(Opportunity International)', '옥스팜(Oxfam)', '가톨릭 릴리프 서비스(Catholic Relief Services)' 같은 기관들이 그 모델을 채택했다. 전형적으로 구호단체는 세 개의 자물쇠를 채운 간단한 현금상자를 제공한다. 내용물을 꺼내려면 세 자물쇠 모두 열어야 한다. 약 20명의 마을여성(때론 남성)들이 회원으로서 5센트나 그 이하의 금액을 가져와 그 상자에 적립하기 위해 일주일에 한 번 만난다. 세 개의 열쇠는 각기 다른 회원들에게 주어지고, 상자는 열쇠를 가지지 않은 제4의 여성의 집에 보관된다. 휴 에이프릴이라는 카톨릭 구호단체의 회원은 니카라과 지방에서 이 프로그램이 어떻게 작동되는지를 우리에게 보여주면서 마을단위 저축과 대부는 마을주민이 자본을 제공하기 때문에 시작하는데 비용이 들지 않는다는 점을 강조했다. 그는 이렇게 말했다.

"주민들이 생각했던 것보다 더 많은 것을 이룰 수 있는 것은 사람들이 자신의 돈을 사용한다는 점입니다."

CARE를 통해 소액저축기관을 시작하는데 참가자별로 25달러가 소요된다. 우리는 사람들이 자기 스스로를 돕는 매우 효율적인 방법이라고 생각한다. CARE에 기부하면서 '마을저축과 대부' 프로그램용으로 특정할 수 있다.

소액저축은 매우 강력해서 외부 구호단체의 지원이 없이도 작동한다. 1999년과 2001년 사이에 WORTH라는 여성인권신장 프로그램은 35,000명의 네팔 여성들을 저축그룹에 가입시켰다. 얼마 후 그곳에서 공산주의 소요사태가 일어나 후원자들이 모두 철수하고 그 프로젝트를 포기했다. 소요사태가 진정되면서 구호직원들이 되돌아와 보니 저축그룹은 스스로의 힘으로 명맥을 유지하고 있었으며 몇몇은 확장하고 있었다. 후속연구에 의하면 저축그룹의 3분의 2는 외부의 지원이 끊긴 지 6년이 지난 후인 2007년에도 운영되고 있었으며, 마을주민들이 외부의 지원 없이 425개의 저축그룹을 추가적으로 설립했다.

물론 무작위 대조군 실험은 제약점을 갖고 있다. 그런 실험은 비용이 많이 들고 때로 실제적이지 않다. 또 케냐에서 행한 실험은 에티오피아에서 작동한 것을 보여주지 못할 수도 있다. 결과에 영향을 미칠 수 있는 수천 가지의 변화가 있으며, 그들을 모두 실험할 수도 없고 완만한 변화가 나타나길 기다리며 무작정 실험기간을 늘릴 수도 없다. 이런 실험들이 특정한 접근법을 검증하는데는 유용하지만 여러 요소를 가진 복잡한 프로그램을 평가하는 것을 포함해 다른 영역에서는 덜 유용할 수 있다. 그러다 보니 무작위 대조군 실험법에 대한 광범위한 불만은 그것이 외국원조가 제기능을 할 것인가와 같은 크고 근본적인 질문들보다는 단지 작은 질문들만을 다루고 있다는 점이다. 산자이 레디라는 뉴욕의 사회연구모임의 경제전문가는 그런 실험이 답을 구해야 하는 질문을 심히 제한하여 활력보다는 오히려 경직을 초래한다고 비난한다.

우리는 전적으로 그런 비평에 동의하지는 않는다. 왜냐하면 우리는 그런 실험이 가능한 한 많은 핵심적인 질문들에 관하여 지침을 얻는데 도움이 된다고 생각하기 때문이다. 예를 들어 수천 만 달러를 클린 쿡스토브에 투자할 것인지와 같은 질문이 대표적이다. 더플러의 무작위 대조군 실험이 수년간 클린 쿡스토브를 주창해 온 옹호자들을 좌절시켰다는 점은 이해할 만하다. 결국 그들은 연간 400만 명에 달하는 조기사망자에 대한 기술적인 해결방안을 연구하고 있으며 이미 더플러가 조사한 난로보다 더 나은 것들을 개발했다고 말한다. 더플러의 실험은 한 세대 앞선 난로를 사용하는 한 지역을 대상으로 이루어진 것이므로 그녀의 모든 노력은 폐기되어야 하는 것인가? 우리의 견해는 지속적으로 난로에 대한 실험이 계속 이루어지는 것을 보게 될 것이지만 그 난로의 성공이 입증될 때까지는 매우 낮은 수준의 실험이 될 것이다. 그러나 장담하건데 언젠가는 난로의 새로운 기술이 인도의 마을 주민들로부터 인정을 받고, 커다란 변화를 가져올 것이다. 그러나 아직은 좀 더 시간이 지나야 가능한 일이다.

우리가 인도에서의 빈곤을 이야기하든 미국에서의 빈곤을 이야기하든 정밀한 평가가 필수적이다. 이해관계의 범위가 너무 커서 단순히 느낌이나 직관에 기초해서 지구촌 빈곤과의 전쟁을 수행할 수는 없다. 마치 투자의 세계가 점점 더 정밀해지듯이 비영리의 세계도 정밀해지고 있다. 만약 새로운 사업을 계획할 때 세밀하게 따지는 것이 중요하다면, 말라리아를 퇴치하거나 아이들을 교육시키는 최선의 방법을 강구하는데 구호단체나 기부자들이 주의깊은 증거에 의존하는 것은 훨씬 더 중요하다. 이 책에서 우리는 기회를 창출할 최선의 방법에 관해 해묵은 논쟁을 피하기 위해 무작위 대조군 실험과 다른 강력한 증거를 언급할 것이다.

예일대학교의 딘 칼란 교수를 포함한 더플러의 학생들과 동료들은 연구나 학술비 지원에서 한발 더 나아가 '에비던스액션(증거행동, Evidence Action)'이라는 조직을 만들었다. 그 조직은 종종 빈곤행동연구소 같은 곳에서 행하는 무작위 대조군 실험에 의해서 효과가 입증된 프로그램에만 투자하고 있다. 앞서 우리가 강조하였듯이 '에비던스액션'은 연간 1,98달러에 안전한 물을 공급할 수 있는 염소 분사기를 사용하는 프로그램과 함께 27개국에서 3,700만 어린이를 치료한 바 있는 구충계획을 포함하고 있다.

미국 내를 보면 MDRC라고 불리는 뉴욕시의 비영리 연구기관은 미국 내 사회적인 이슈를 어떻게 잘 다룰 것인지에 관해 무작위 대조군 실험을 시행했다. 증거에 근거한 정책연대는 부모돌봄, 정신건강, 그리고 노숙자 같은 분야에서 주로 무작위 대조군 실험으로부터 가장 강력한 지원을 받는 뛰어난 웹 등재 프로그램을 제공한다. 이러한 연구기관들은 LA에서든 남수단에서든 빈곤을 완화시키려는 일반 기부자들이 어떻게 해야 하는지에 관해서 더 이상 추측에 의존하지 않고, 록펠러재단이나 포드재단 같은 대형 자선단체에서나 사용가능했던 엄격한 증거를 이용할 수 있게 되었다. 정보혁명이 그 효과를 나타내고 있다.

CARE와 함께하는 도넛 사업

남아프리카 국가 말라위에 사는 농부, 비티 로즈 나소니는 짧은 머리를 스타킹 모자로 싸맨 39세 여성이다. 그녀의 턱은 뒤로 밀려나 있고, 이빨은 대부분 없거나 삐뚜로 나 있지만 그런 모든 것이 그녀의 온화한 미소에 의해 압도된다. 예전에 그녀는 잘 웃지 않았다. 그녀와 남편 알프레드 나소미는 찢어지게 가난했기 때문이었다. 가끔 그들은 씨앗 살 돈이 없어 그들 소유의 땅 2.5 에이커 중 일부에만 농사를 지은 적도 있었다. 그들은 수도인 리롱웨에서 멀지 않은 마쿰바라는 시골에 살았다. 그곳에는 짚으로 된 지붕을 한 흙집이 모여 있었다. 비티 로즈는 학교에 가본 적이 없어서 완전 문맹이다. 반면에 남편 알프레드는 5학년 중퇴자이다. 가족계획을 모르는 그들은 일곱 명의 자녀를 두었는데 그중 두 명은 의사를 보지도 못하고 죽었다. 영양실조가 사망의 한 원인이었을 것이다.

"나는 애들을 병원에 데려갈 수 없었어요. 거리가 멀어서. 우리가 돈이 없어서.."

두 아이 가운데 큰아이 얘기를 할 때 그녀는 목이 메어 말했다.

비티 로즈 나소니는 CARE 소액저축 프로그램 덕분에 말라위의
그녀의 마을에서 도너츠 판매업을 하고 있다.

"우리는 아들이 심하게 아픈 나흘 동안 집에만 두어야 했고 그래서 그 아이는 죽었어요."

먹고살기 위해서 비티 로즈는 다른 집 농사를 거드는 날품팔이 노동자로 일했다. 때때로 그녀는 일당을 콩으로 받아와 아이들에게 나눠먹이며 근근이 생명을 부지했다. 때론 품삯으로 옥수수줄기를 받기도 했다. 보통은 동물사료로 쓰이는 것인데 아주 궁핍한 때는 사람이 먹기도 했다. 그녀는 옥수수줄기를 햇볕에 말린 후 빻아 가루를 만들었다. 그런 것들조차도 없을 때는 야생의 잎을 삶아서 가족에게 먹였다. 가난은 대물림되는 듯했다. 알프레드와 비티 로즈는 5달러나 하는 교복을 사줄 수 없어서 4학년이던 장남을 중퇴시켰다. 그리고는 그 아들을 다른 마을로 보내 목동 일을 하게 했다. 왜냐하면 목장 주인이 먹여는 주겠다고 약속했기 때문이다.

알프레드는 아이들이 굶어죽어 가는데도 일주일에 2달러치 밀주를 사서 마시고 50센트를 담뱃값으로 썼다고 말했다. 그는 에이즈가 만연했는데도 일주일에 2달러 이상을 들여 지역 소녀와 섹스하는데 사용했다고 덧붙였다. 이런 모든 일들이 알프레드는 게으르고 낭비하며 남에게 상처를 주는 사람이라는 느낌과 함께 비티 로즈를 화나고 치욕적으로 만들었다.

"우리의 결혼은 거의 파탄지경이었습니다."

그녀는 항상 남편에게 욕을 퍼부어댔다고 인정했다.

"집에 먹을 것이 없는데도 그가 친구들과 빈둥거리면 참을 수가 없었습니다. 남편이 가족을 돌보지 않는다고 비난했기 때문에 거의 매일 우리는 말다툼을 했습니다. ... 우리는 싸우느라 밤새우는 날도 많았습니다."

2005년에 비티 로즈는 CARE가 그녀의 마을에서 시작한 '마을저축과 대부'에 관한 이야기를 들었다.

"결혼한 사람이기에 남편의 동의가 필요했습니다. 그래서 남편의 승인하에 나는 그 일에 합류했습니다."

CARE와 함께하는 도넛 사업

그녀와 19명의 여성들이 매주 화요일 모임을 갖고 각자 10센트 정도의 돈을 모임때 들고왔다. 대개의 경우 이 돈은 소규모 사업을 시작하거나 확장하려는 회원들에게 빌려줬다. 비티 로즈는 CARE의 코치를 받아 2달러를 빌려서 그 지역에서 도넛을 만들기 시작해 하나에 2센트를 받고 팔았다.

"사람들이 진짜 내가 만든 도넛을 좋아했어요."

그녀는 자랑스럽게 말했다. 곧 하루에 100개씩 팔았다. 하루에 250개로 판매개수가 늘게 되자 가격을 하나에 4센트로 올렸다. 그러자 그녀는 하루에 2달러 이상의 이익을 얻게 되었다. 이는 옥수수 겉껍질로 돈을 벌던 때와 비교하면 비약적인 진전이었다. 비티는 알프레드에게 7달러를 주고 마을의 토마토를 사서 시장에 가서 팔라고 했다. 거래 첫날 그는 3달러의 순익을 남겼다. 그는 채소를 길러 팔기 시작하면서 사업가로서의 기질을 보였다.

비티 로즈는 그녀가 번 것을 '마을저축과 대부'에 예금했으며 지금은 알프레드와 새 사업을 하기 위해서 100달러를 인출했다. 그 돈으로 그들은 땅콩밭에 쓸 비료를 샀다. 그들은 땅콩의 산출량을 종전의 한두 자루에서 일곱 자루로 늘릴 수 있었다.

"그렇게 많은 수확을 거둔 것은 처음이었어요."

비티 로즈는 힘주어 말했다.

그들은 꾸준히 열심히 일해서 그들 소유의 땅 전부를 경작하고 그것도 부족해서 지금은 다른 사람에게서 2 에이커의 땅을 임차했다.

비티 로즈는 자랑스럽게 말한다.

"한창 추수 때 나는 7명에서 10명의 인부를 고용해야만 합니다."

우리가 그들을 방문했을 때 그들은 땅콩 64자루라는 기록적인 수확을 거두었다. 알프레드는 따로 20명으로 구성된 소액저축그룹에 가입했다. 그것은 여자들의 그룹만큼이나 성공적이지 못했다. 몇몇 남자들은 가끔 모임을 걸렀고, 또 대부를 받은 사람이 때때로 도망가 버리기 때문이었다. 그러나 그 그룹은 알프레드가 술집에서 술을 마셔 돈을 탕진하는 대신 돈을 안전하게 맡길 곳을 제공해 주었다. 게다가 알프레드는 가족의 생활수준이 향상되는 것을 보고, 그의 신분이 상승되는 것을 느끼면서 여자친구와도 헤어지고 담배와 술을 끊게 되었다. 이는 아이들 교육에 더 많은 돈을 쓸 수 있게 해주었으며, 알프레드와 비티 로즈는 그들의 막내 아이를 대학에 보낼 희망을 갖게 되었다. 또한 그들은 진정한 부부가 되었다.

"우리는 이제 다투지 않아요. 우리가 의사결정할 때는 가족을 생각해서 결정해요."

비티 로즈는 말한다.

"알프레드는 내게 매우 친절하고, 어떤 결정도 나와 상의하지 않고 하지 않아요. 그는 나를 가족의 소득을 벌어들이는 일원으로 바라봅니다. 그는 내가 없었다면 우리가 지금과 같이 되지 못했을 거라고 생각합니다. 당신이 보시다시피 우리는 마을에서 가장 훌륭한 가정입니다."

그것은 사실이었다. 알프레드와 비티 로즈는 물이 새는 초가지붕을 양철로 교체하고, 그럴 듯한 나무문을 달았다. 그들은 쥐가 드나들지 못하는 창고를 지었다. 이제 그들은 추수를 하는 10월에 굳이 농작물을 내다팔아야 할 필요가 없어졌다. 대신에 그들은 작물을 보관했다가 다음해 2월에 60퍼센트 더 높은 가격에 팔 수 있게 되었다. 물론 비티 로즈의 성공이 일반적인 것은 아니다. 그녀는 특별하게 사업가 기질이 있었고 기민했으며 지금은 소달구지를 구입하려 한다. 그것으로 그녀의 작물을 시장까지 실어나르고, 다른 마을사람들에게 임대하려고 한다. 또한 태양광에 의해 작동되는 TV를 사려고 한다. 그것은 마을의 첫 TV가 될 것인데, 비티 로즈는 TV로 어떻게 돈을 벌지 고민하고 있다.

CARE와 함께하는 도넛 사업

그녀는 이렇게 말한다.

"나는 사업가입니다. 나는 어떤 일도 그냥 허투루 하지 않습니다. 만약에 축구경기 같은 것이 있으면, 그 경기를 보러 우리 집에 오는 사람은 누구든 돈을 지불해야 합니다."

4

기회의 땅 — 당신이 일찍 잡는다면

> 어린이는 어른의 아버지
>
> 윌리엄 워즈워스

우리 아이들이 클 때 놀이친구 중에 제시카라는 여자 아이가 있었다. 그애는 니콜라스(이하 닉, 이 책의 저자)가 자란 오레곤의 가족 농장 근처에 살았다. 매년 여름 우리 가족은 닉의 부모님 농장에서 함께 지냈다. 아이들은 제시카와 그애의 오빠와 함께 숲속으로 사라지곤 했다. 그애의 오빠인 네이던은 요새를 만들기 위해서 통나무로 집을 만들었고, 그런 놀이를 하면서 서로의 꿈을 공유했다. 우리는 항상 조금은 걱정을 했다. 이렇게 말하면 도리에 어긋나지만, 제시카는 품행이 바르지 않아 보였다.

그애의 어머니는 교도소 안팎으로 필로폰을 거래했고, 제시카는 아버지가 누구인지도 몰랐다. 어린 나이지만 그애는 교도소에 가거나 임신할 것 같았다. 그애를 보고 있으면 미국에서의 가난도 방글라데시처럼 완고할 것이라는 점을 상기시켰다. 중앙아프리카나 차드 같은 나라에 엄청난 수준의 절대적인 궁핍이 존재하는 것이 사실이지만 우리 같은 선진국도 커다란 도전을 맞고 있다. 빈곤한 미국인도 자가용을 소유하고 TV를 볼 수는 있지만, 21세기에도 가난은 미국과 몇몇 서구 국가에서 기본적인 삶의 한 형태로 남아 있다.

우리는 여기서 미국과 그 외 부자나라에서의 가난 문제와 무엇이 가난을 극복하는데 제기능을 하는지에 관한 놀라운 증거와 맞닥뜨릴 것이다. 먼저 우리는 출생전 가정교육(부모에 의한 자녀교육)을 포함한 초기단계의 가정교육을 살펴볼 것이고, 다음에는 취학전 학교와 독서력향상 문제를 다루게 될 것이다. 좋은 성품을 형성시키는데 도움이 되고 10대들에게 범죄나 실업으로 점철된 삶에서 벗어날 마지막 기회를 제공하는 훌륭한 프로그램들이 있다. 마지막으로 우리는 미국의 취약한 성인들을 교화시키는 뛰어난 프로그램을 다룰 것이다.

이것은 보통 정부의 손에 맡겨진 사회정책 분야이다. 따라서 어떻게 하면 사회를 변화시킬 수 있는지에 관한 책에서 그런 문제를 다룬다는 것은 다소 어색할 수도 있다. 그러나 사실 우리 중 누구도 국가적인 프로그램의 비용을 부담할 재원은 없지만, 무엇이 가장 효과적인지에 관한 통찰은 우선 순위를 제시할 수 있다. 우리는 모든 대학에 자금지원을 할 수 없지만, 더 나은 교육에 기부하는 것조차 못하게 하지는 않는다. 마찬가지로 우리는 제3의 다른 교육보다 더 높은 경제적인 효과를 가져오는, 곧 소개할 조기 아동프로그램을 지원하는 데 열성을 다할 수 있다. 우리는 또한 도움이 필요한 아이들에게 공정한 삶의 기회를 제공하기 위해 자원봉사를 하거나 가정교육의 중요성을 강조할 수 있다. 아이가 대학에 진학하는지 아니면 교도소에 가는지가 상당한 정도 출생환경에 의해 결정되어서는 안 된다. 우리는 그보다는 더 나은 결과를 가져올 수 있다. 만약 기회를 새롭게 만들기 위해서 보다 현명한 사회정책이 요구된다면 그 정책을 입안해야 한다. 우리가 그렇게 하지 못하면 사회는 계속해서 엄청난 비용을 치르게 될 것이다.

　우리에게 선진국의 문제는 어려서부터 우리가 잘 아는 제시카에 의해 상징화되고 있다. 제시카의 엄마는 열여섯 살에 첫아이 네이던을 낳았다. 그녀의 아버지는 만약에 또다시 임신하면 그녀와 아이를 죽여버리겠다고 경고했다. 그러나 일년이 안 돼 그녀는 다시 임신을 했고, 머지않아 의사도 없이 이웃의 목욕탕에서 제시카가 태어났다. 제시카의 엄마가 필로폰 관련 범죄로 인해 수감되었을 때 아이들은 오레곤에 사는 조부모에게 맡겨졌다. 조부모 특히 할머니는 아이들을 바르게 키우기 위해서 노력했다. 그 당시 할머니는 전일근무를 했으며 말기환자인 할아버지를 돌보고 있었다. 네이던은 온화하고 진지하며 성품이 좋은 할머니 밑에서 잘 자라났다. 네이던과 아버지가 서로 다른 제시카는 머리가 비상했지만 반항적이고 통제하기 어려운 아이였다. 그 작은 농촌마을에서 모든 사람은 서로를 알고 있었고 다른 아이들은 가끔 네이던과 제시카를 괴롭히고 부모에 관해서 놀리기도 하였다. 만약 당신이 초등학교 2학년이고 수업시간에 어머니날 카드를 만들 때 어머니가 교도소에 있다면 매우 고통스러울 것이다. 게다가 아버지날에 아버지가 누군지 모른다면 더 참담할 것이다.

　제시카는 학교에서 버릇없고, 싸움을 하고, 부도덕한 짓을 저질러서 상황이 나빴다. 머리는 핑핑 돌아갔지만 자신의 똑똑함을 번지르하고 터무니없는 거짓말을 하는데 사용했다. 한 이웃은 자기 딸을 그녀와 놀지 못하게 했고, 우리도 같은 조치를 취해야 하나하고 고민했다. 제시카는 6학년 때 학교에 술을 가져왔다는 이유로 퇴학처분을 받았다. 그녀는 또 방화혐의로 붙잡히게 되었고 마침내 할머니도 포기했다. 제시카와 네이던은 출소한 엄마와 함께 근처 마을로 이사했다. 집은 마약사용자들로 들끓었고 전기도 수도도 없었다. 아이들이 먹을 것을 요구하면 어른들은 대신에 마약을 주었다. 제시카는 주로 네이던과 함께 다녔다. 그러나 하루는 오빠에게 매우

기회의 땅 — 당신이 일찍 잡는다면

화가 나서 칼을 들고 식탁 주위를 돌며 찌르려고 했다. 오빠는 목숨을 부지한 걸 다행으로 생각했다.

닉의 가족은 수십 년간 샘물, 채소밭, 그리고 노루사냥 같은 얘기를 나누면서 제시카 남매와 더불어 농장에서 살았었다. 그러나 우리 애들이 제시카나 네이던과 놀게 되면서 그들은 우리와 전혀 다른 세계에서 왔다는 점이 명백해졌다. 아이들 할아버지인 닉의 아버지는 대학교수였는데 농장의 부속건물들을 도서관으로 바꾸고 8개 국어, 약 3만 권의 책을 모았다. 네이던과 제시카는 우리가 생일선물로 준 책들 이외에는 책에 관심을 보일 것 같지 않았다. 둘은 책에 관심이 없었다. 우리는 어쩔 수 없었다.

우리는 짐바브웨와 캄보디아 같은 나라의 주민들을 도와주기 위해서 전세계를 여행하곤 했다. 그런데 이제 우리는 미국 내에서 벽에 부딪히고 있다는 것을 알았다. 많은 사람들이 부자 나라의 빈곤문제가 더 다루기가 어렵게 느껴진다는 점에 동조했다. 플로리다에 사는 페니말킨 베커 선생님은 네팔의 농촌에서 아이들을 가르치던 시절 이야기를 들려주었다.

"나는 일주일에 6일간 등산하는 것 같은 한 시간 남짓 걸리는 학교까지의 등하교와, 농촌 마을에서 맛보는 삶의 리듬을 좋아하게 되었습니다. 그리고 과밀학교에다가 부족한 기초시설, 장비와 교재를 사명감으로 보완했습니다."

그녀는 미국으로 돌아와 플로리다 농촌의 가난한 지역에서 가르치기 시작했다. 그리고 그녀는 결론 내렸다.

"네팔의 시골마을에서 가르치는 것은 고국에서 가르치는 것에 비하면 식은 죽 먹기에 불과합니다."

우리는 빈곤에 대한 관심을 넓혀서 미국과 선진국 내에서의 범죄증가,

가정붕괴, 마약중독을 포함하기로 했다. 이런 도전의 한 예는 미국 내 최저 주민소득을 가진 사우스다코타 주의 파인리지 인디언보호구역 내 새논카운티다. 그 보호구역은 엄청난 크기여서 사이즈가 코네티컷주 만하고, 비록 교통량이 없는 몇몇 고속도로로 나뉘어져 있지만 목초지와 지평선까지 펼쳐진 산등성이로 둘러싸여 있다. 미국의 최대 인디언보호구역인 파인리지는 전설적인 전사였던 오그라라 라코타 수의 고향인 곳이다. 오늘날 보호구역에는 끊임없이 뭔가를 그 지역에 유치하려고 노력하는 마흔 살 먹은 벤 메스테스 같은 남자들이 있다.

우리가 폐허가 된 그의 집 밖에서 담소하는 동안 그는 물었다.

"여기 사는 남자, 여자가 무엇을 할 수 있을까요?"

그는 덩치가 크고 과체중으로 비만과 싸우고 있었다. 그리고 그는 파인리지 주민들이 직면하고 있는 도전에 관해서도 매우 직설적이었다. 그는 다른 보호구역의 동년배들처럼 열두 살 때부터 음주를 시작했다고 말했다.

"나는 사람들에게 어떤 도움도 안 되고 쓸모없다고 느껴서 그 고통을 이겨내기 위해서 술을 마시기 시작했습니다."

"그러나 그래봤자 더 많은 고통을 겪게 되지요."

십대 후반에 가끔 마리화나나 코카인을 함께하는 알코올 중독자가 되었다고 말했다. 합법적으로 돈을 벌 수 있는 방법이 없는 상황에서 그는 마약자금을 마련하기 위해 범죄와 폭력에 의존하게 됐다.

"나는 술값을 벌기 위해 여러 가지 나쁜 짓을 했습니다."

그는 후회하며 말했다. 사채업자, 폭행, 포주 등의 일을 했으며 여자들을 맥주집으로 유인하여 섹스를 하게 했다.

6년 전 메스테스는 술을 끊었다. 그는 아직도 월급받는 직업을 구할 가능성이 없다. 보호구역 내 실업률은 약 70%에 이른다. 그는 지금 노인들을 돕는 자원봉사 사회사업가로 활동하면서 장애보조금에 의존해 살고 있다.

기회의 땅 — 당신이 일찍 잡는다면

그는 파인리지에서는 미래가 없다고 보고 가족들을 보호구역 밖으로 내보냈다. 그는 백인사회의 인종차별주의를 비난한다. 그리고 인디언 부족장들을 부패하고 무능하다고 비난한다.

메스테스 같은 사람들은 다른 사람들과 같은 권리와 재능과 꿈을 가지고 여기 미국에서 태어났다. 그러나 그들은 동등한 기회를 가지고 시작하지 못했다. 그들은 결코 같은 출발선상에 서보지 못했다. 파인리지는 마치 월풀같아서 자살을 하는 경우 이외에는 빠져 나오기가 매우 어려웠다. 보호구역 내 40세 이상의 주민들 가운데 절반이 비만에 시달리고 결핵환자는 전국 평균의 8배에 달한다. 부족들이 추측하기에 성인의 3분의 2는 알코올 중독자이고 어린이의 4분의 1은 치명적인 알코올 후유증을 가지고 태어난다. 존 옐로 버드 스틸리 부족장은 말한다.

"보호구역 내 모든 사람은 개인적으로 사랑하는 사람이든 자기 자신이든 알코올의 부정적인 효과를 보아왔습니다."

부분적으로 알코올 중독 때문에 기대수명은 선진국의 모습이라기보다는 개도국의 모습을 띠고 있다. 보호구역 내에서 체포되는 경우 90% 이상은 술과 관련되어 있다고 경찰은 말한다. 아버지를 간경화증으로 잃고 아들은 맥주 한 병 때문에 일어난 칼부림으로 잃고, 그 절망감과 우울증 때문에 딸이 열여섯 살에 자살한 가정과 상담했다. 그 모든 것이 불과 수주일 사이에 일어났다. 여기에서 가난은 돈의 부족뿐 아니라 직업의 부족, 희망의 부재, 가정의 부재, 그리고 사회구조의 부재이다. 이런 것들은 세대를 거치면서 점점 재생산되는 사회병리현상의 해악적인 발현이다.

보호구역에도 몇몇 밝은 면이 있다. 파인리지 안에 있는 사립 기독교학교인 레드클라우드인디언학교는 로버트 브레이브 하트가 운영하고 있다. 그는 파인리지의 문제 해결을 위해 청소년들이 대학에 진학한 후 다시 지역 지도자로 되돌아오게 하고 있고, 더불어 자기규율, 자신감, 희망을 키우게 하는 훌륭한 교육을 제공하고 있다. 5명의 졸업생은 박사학위를 취득했으며, 57명의 학생은 빌과멜린다게이츠재단이 지원하는 게이츠 새천년 장학생이 되었다. 예수회원과 수 지도자간의 파트너쉽인 레드클라우드인디언학교는 징후뿐만 아니라 그 근본원인도 치유하는 자선의 모델이 됐다. 그 학교는 사적 기부에 의해서 지원되고 있으며, 1~2년 동안 학교에서 일하겠다고 전국에서 찾아온 자원봉사자들에 의해서 또 그 학교의 온라인 가게에서 인디언 보석이나 다른 품목을 구매하는 사람들에 의해서 도움을 받고 있다.

파인리지 인디언보호구역은 미국 내에서 빈곤에 대한 도전을 일견할 수 있는 다소 극단적이기는 하지만 유용한 지역이다. 여기에서 분명한 것은 예전의 노력은 전혀 두드러지게 작동하지 못했고 새로운 뭔가가 요구된다는 점이다. 수십 년간의 노력이 우리가 원한 만큼 성과를 내지 못한 이유는 일반적으로 우리의 선의의 개입들이 너무 늦게 시도된다는 것이다. 만약 미국에서 빈곤의 악순환을 끊는 방법에 관한 수십 년간의 연구에서 얻은 핵심적인 교훈이 있다면 그것은 조기개입의 중요성이다. 즉 이상적으로는 태

로버트 브레이브 허트는 사우스 다코다의 파인리지 보호구역에서
레드클라우드인디언학교를 운영하고 있다.

어나서 한두 살일 때 아니면 아이가 태어나기도 전에 말이다. 그때가 종종 우리의 지원이 가장 효율적이고 효과적인 때이다.

임신 후 4주 내에 인간의 배아는 신경계를 형성하고, 그것은 다시 뇌세포를 형성하게 된다. 이때 뇌는 자궁의 환경에 의해 형성되는데 그것은 그 아이의 전 생애를 통해 영향을 미치게 된다. 술을 마시는 산모는 아이에게 치명적인 알코올 증후군을 남겨주게 되거나, 좀 덜한 경우에도 치명적인 알코올 후유증을 물려준다. 알코올 증후군을 가지고 태어난 사람들은 얼굴이 정상이 아니어서 쉽게 알아볼 수 있으며 그 아이들은 훨씬 더 많이 마약중독에 빠지기 쉽다. 그 아이들은 종종 기억, 사고, 충동억제와 관련된 즉 범죄시스템과 관련된 문제를 갖고 있다. 워싱톤주립대학교의 앤 스트라이스거스의 연구에 따르면 치명적인 알코올 증후군이나 후유증을 갖고 태어난 아이들 가운데 60%는 14세가 되면 학교에서 정학을 받거나 퇴학을 당하는 것으로 나타났다. 절반 정도는 공공연한 자위행위와 같은 부적절한 성적 태도를 보였다. 한 추정연구에 따르면 치명적인 알코올 증후군을 가지고 태어난 아이와 연관된 평생비용이 약 80만 달러에 달하는 것으로 나타났다. 분명 그 문제에 대처하는 비용대비 가장 효과적이고 인간적인 방법은 산모가 임신하면 술을 마시지 못하도록 하여 애시당초 문제가 발생하지 못하게 막는 것이다.

그리고 임신중 금연하게 해야 한다. 치명적인 알코올 증후군을 가지고 태어나는 아이는 총 출생아의 1%를 차지한다. 미국 내 출생아의 20%는 임신중 흡연하는 산모에게서 태어난다. 이런 아이는 담배가 태아의 뇌에 미치는 생화학적 효과 때문에 몇 년이 지난 후 문제가 나타난다. 이런 아이들은 비교적 머리통이 작고, 니코틴이 산모의 자궁 내 테스토스테론이라는 남성 호르몬을 증가시켜 특히 아들의 공격적인 성향을 크게 증대시킨다고 일부 학자는 주장한다. 에모리대학교의 페트리카 브레넌은 엄마가 임신중에 하루 한 갑의 담배를 피울 때 그 엄마가 낳은 아이들은 어른이 되어 두 배 이상 폭력적인 범죄자가 될 가능성이 높다는 사실을 발견했다. 실제로 임신 기간중 한두 개피의 담배도 범죄자 자녀를 출생할 위험을 상당히 늘리게 된다.

'임신중 흡연중지와 감소치료'(SCRIPT)라는 임신여성들의 금연을 돕는 단순한 개입 프로그램이 있다. 그것은 비디오 하나와 집이나 병원에서의 20분짜리 일대일 상담으로 이루어져 있고, 모든 여성은 금연에 관한 간단한 팜플렛을 받게 된다. 비용은 25달러가 든다. 저소득 공중보건소에서 무작위로 시행해본 결과 비교집단의 여성 가운데 8%만이 담배를 끊은 반면에 프로그램을 이수한 여성의 14%는 담배를 끊었다. 그 프로그램이 매우 비용이 적게 들고 매우 간단하다는 점을 고려하면 그것은 매우 해볼 만한 프로그램으로 여겨진다.

영양공급은 우리가 자궁 안에서 일어나는 일 가운데 평생 얼마나 중요한가를 알 수 있는 또다른 영역이다. 연구원들은 자궁 안의 태아가 영양이 부족하면 수십 년 후 어른이 되어 건강에 심각한 영향을 미친다는 점을 발견했다. 예를 들어 한 연구는 라마단 기간 동안에 임신한 우간다와 이라크의 무슬림을 조사했다. 라마단 기간중 많은 경우 임신부들이 낮에는 금식을 해야 한다. 물론 이것은 기근 때문이 결코 아니다. 왜냐하면 관습상 낮에 못 먹은 것을 보충하기 위해서 밤에 많은 양을 먹고, 금식기간이 한 달에 불과하거나 자신이 임신했다는 것을 인지하기 이전에 라마단을 겪기 때문이다. 그러나 연구에 따르면 라마단 기간 동안에 태아형성 초기를 경험한 아이들은 어른이 되어서 불구가 될 확률이 20%정도 높은 것으로 나타났다. 특히 정신적인 장애와 학습장애에 있어서 그 확률은 더 높았다.

마찬가지로 임신부가 오래된 페인트나 공기오염으로 인해 납성분에 노출되면 태아는 납성분을 흡수해서 뇌 발달이 손상된다. 몇몇 연구는 20세

기회의 땅 — 당신이 일찍 잡는다면

기 중반 범죄의 증가는 부분적으로 생활환경에서 납성분 증가 때문이며, 1990년대 이후 범죄의 감소는 20년 전부터 시작된 휘발유 무연화(그래서 공기 중 납성분 감소) 때문이라고 주장한다. 많은 학자들은 휘발유의 무연화가 범죄를 줄이는 동시에 인간의 IQ를 수십 억점 이상 향상시켰기 때문에 가장 위대한 현대 공중보건의 성공이라고 믿고 있다. 그러나 오늘날에도 미국 내 약 5%의 어린이들은, 주로 저소득 지역 어린이들은 혈액 속에 과다한 납성분을 지니고 있다.

태아 때 겪은 일이 평생에 영향을 미친다는 점은 캐나다 맥길대학교의 마이클 미니가 행한 일련의 쥐 실험에서도 더욱 확실해졌다. 미니 교수는 일부 엄마쥐는 항상 새끼쥐를 핥아주고 쓰다듬어 주는데 반해 나머지 엄마쥐들은 덜 보살핀다는 사실을 알아차렸다. 그는 이렇게 핥아주는 것이 장기적으로 어떤 영향을 미치는지 실험해 보기로 했다. 그는 새끼쥐들이 자라기를 기다려 일련의 사회성 시험과 지능시험을 하고 그 결과를 엄마쥐들의 돌봄 유형에 따라 비교했다. 어려서 어미가 많이 핥아주고 보살펴준 쥐의 경우 훨씬 자신감에 넘치고, 매사에 관심이 있으며 더 영리했다. 그들은 미로 속에서도 길을 더 잘 찾았고 더 건강하고 수명이 길었다.

미니는 새끼쥐들을 섞어서 잘 핥아주는 엄마쥐의 새끼쥐를 태어나자마자 덜 핥아주는 엄마쥐에게 맡겼다. 한편으로는 그 반대로 했다. 새끼쥐들이 자라고나서 그는 마찬가지 실험을 했다. 그 결과 중요한 것은 어미쥐가 누구냐가 아니라 새끼쥐가 얼마나 어미쥐의 관심 속에서 핥아지고 쓰다듬어졌느냐였다. 유전자는 어려서 사랑을 받으면서 키워졌느냐에 비해서 덜 중요했다.

핥고 쓰다듬는 것이 스트레스를 지배하는 뇌구조의 발달에 영향을 미치는 것 같았다. 어린쥐가 실험실에서 보내는 것은 매우 스트레스를 받는 일이어서 코르티솔같은 스트레스 호르몬의 분비를 초래한다. 특히 실험실 연구원이 새끼쥐를 집어들고 처치할 때 두드러진다. 그러나 잘 돌보는 어미쥐는 즉시 새끼쥐들을 편안하게 해주기 위해서 모성적인 핥음과 쓰다듬음을 이용하여 코르티솔을 분산시키고 아기쥐들의 뇌가 스트레스로 인해 손상을 받지 않게 한다.

지난 20년간 일련의 연구는 인간에게 있어서도 유사한 패턴을 발견하였다. 과학자들은 어린아이의 타액 속에 코르티솔을 측정할 수 있는데 그러면 아기들은 쉽게 스트레스를 받는 것으로 나타났다. 시끄러운 소리, 배고픔, 젖은 기저귀 등은 아이들의 뇌에 코르티솔이 넘쳐나게 만든다. 그러나 엄마나 아빠가 아이를 보듬어주면 스트레스와 코르티솔은 거의 사라진다. 만약 어린아이가 요람 안에서 주사를 맞으면 코르티솔의 수준이 급등한다. 만약 그때 엄마가 아이를 잡고 있으면 코르티솔의 수준은 상승하지만 훨씬 제한적으로 올라간다. 그리고 엄마가 정서적으로 교감하거나 가까이에 있으면 아이의 코르티솔 수준은 소음이나 위협에 반응하여 크게 오르지 않는다.

하버드대학의 '어린이발달센터'의 잭 숀코프 박사는 이런 연구의 선구자이다. 그는 어린 시절 강한 스트레스를 받아 지속적으로 코르티솔이 넘쳐난 경우 그 아이는 매우 위험한 환경에 늘 대비하게 된다. 이처럼 코르티솔은 개인이 평생 싸울거나 피할거나 하는 예민한 반응을 하게 만들 만큼 뇌구조에 영향을 미친다. 이는 선사시대부터 유용했던 적응기제이다.

숀코프는 이것을 "독소적인 스트레스"라고 칭하며 그것을 가난이 대물림되는 하나의 요인으로 지적한다. 가난한 엄마는 종종 수많은 일을 동시에 처리하면서 스트레스가 많은 가정에서 생활한다. 그리고 그들은 도와줄 배우자가 없는 십대 엄마일 가능성이 크다. 그런 환경에 놓인 어린아이의

기회의 땅 — 당신이 일찍 잡는다면

웨스트 버지니아에 사는 3살 조니 위티와 엄마 트러플.

경우 뇌에 코르티솔이 넘치는 가운데 성장할 가능성이 매우 크다. 숀코프는 가정교육이 이루어질 시기는 뇌가 형성되는 어릴 때인데 아이가 학교에 들어갈 때까지 늦추면 사회적 비용이 커진다고 강하게 주장한다. 2012년 미국 소아과학회는 이러한 연구결과를 지지하면서, 독소적 스트레스와 그것이 초래하는 평생해악을 줄이기 위해서 조기어린이정책의 근본적인 변화를 추구하는 '소아단체연합'을 주창했다.

어린이 빈곤은 뇌검사에서 쉽게 보여지는 해부학적인 결과를 가져온다는 점을 강조할 필요가 있다. 연구원들은 다섯 살 어린이에 대해서 일련의 인지검사와 언어검사를 수행하고 나서 어린이들의 두뇌가 부모의 사회경제적인 지위에 따라 다르게 기능한다는 것을 발견하였다. 가난한 집안에서 자란 아이들은 뇌의 특성화가 덜 되었다. 특히 언어발달과 관련한 영역에서 특성화가 덜 발달했다.

"환경적인 효과는 기능적으로 뿐 아니라 해부학적으로도 두드러질 수 있다."

전문학술잡지인 〈뉴로이미지(NeuroImage)〉는 주장한다. 신경과학자 마사 페라는 더 과감하게 말한다.

"가난하게 자라는 것은 뇌에 나쁩니다."

우리는 웨스트버지니아의 아팔라치아 산맥 자락의 시골마을에서 이동식 집에 사는 조니 위티라는 노랑색 머리의 소년을 만났을 때, 조기 가정교육의 중요성을 실감할 수 있었다. 지금은 세 살이 된 조니는 사람들에게 잘 안기고, 매우 붙임성이 있으며 호기심이 많은 아이이지만 발달장애가 있어 아직 말을 못한다. 엄마 터플스는 아들 조니가 생후 18개월 만에 발견될 때까지 예방할 수 있었던 청각장애로 인해 귀머거리가 되었다고 설명했다. 그 때 아이의 귀에 작은 튜브를 넣었다. 조니가 한쪽 귀는 완전히 청력을 회복하고 나머지도 거의 회복했지만, 결과는 뇌발달의 중요한 시기에 아직도 들을 수 없다는 것이었다. 그가 정상적으로 말을 하고 태어나서 겪었던 좌절을 이겨낼 수 있는지는 아직 확실하지 않다.

모든 신생아에 대해 청력검사를 하면 되지 않느냐고 하면 상황은 매우 간단해 보이지만, 아직도 조니같은 아이들이 불행의 나락에 떨어지고 있는 것이 현실이다. 웨스트버지니아주는 신생아 모두에 대해서 청력검사를 의무화하고 있지만 그 문제는 때론 발견되지 않거나 검사 후 나중에 진행되기도 한다. 또 한 가지는 그 지역 저소득층 엄마 3분의 1 정도만 모유로 기르고 있기 때문에, 그것이 이유식과 관련되어 있다는 점이다. 더 많은 엄마들이 금전적으로 절약할 수 있어서 모유로 키우고 싶어하지만, 한두 가지라도 문제에 부닥치는 터플스 같은 엄마들을 도울 방법은 없다. 그래서 대부분의 엄마들은 우유로 키우는데 이런 아이들은 귓병에 걸릴 확률이 70% 더 높다. 이런 귓병은 조니같이 정부의 의료구호를 받기 때문에 믿을 만한 의료서비스에 어쩌다 접근할 수 있는 아이들에게는 특히 우려가 된다. 왜냐하면 단순한 귓병이 합병증이나 귀머거리로 진행될 수 있기 때문이다. 터플스는 조니의 청력에 뭔가 문제가 있다는 것을 알아차리고 소아과의사에게 치료를 요청했다. 그러나 소아과 의사는 문제를 발견하지 못했다고 그녀는 말한다. 그 당시 터플스는 차는 고장 나고, 직장을 구하고 있었으며, 난방파이프는 얼어터져서 스트레스를 받고 있었다. 조니의 청력상실은 '세이브더칠드런(Save the Children)'이라는 구호단체가 검사를 주선하면서 비로소 다뤄지기 시작했다.

이것이 바로 모든 것이 출생환경에 달렸다고 하는 이유이다. 잘 돌봐주는 소아과 의사를 가까이에 둔 중산층의 아이는 이런 문제에 즉각적으로 치료를 받을 수 있다. 반면에 조니같이 불우한 아이는 치료를 받더라도 뇌 발달 시기보다 너무 늦게서야 이루어진다.

"가난한 아이들은 언제나 불리한 상황이 되지요."

컬럼비아대학교 어린이 건강기금의 총재인 어윈 레들러너 박사는 말한다.

"만성적인 귓병을 치료 안 하면 언어발달이 충분히 이루어지지 않을 위험성이 있으며 궁극적으로 학습장애와 학교적응실패의 확률이 높아집니다."

레들러너 박사는 그런 불행을 막으려면 모든 아이들의 여덟 개의 학습장애요소에 대해 점검해주는 일차 돌봄 소아과 의사가 있어야 한다고 말한다. 그 여덟 요소는 시력, 청력, 기침, 빈혈, 치아통증, 배고픔, 납성분 노출, 그리고 행동장애이다.

어린 시절의 장기영향을 고찰하는 하나의 프리즘은 "부정적인 어린 시절의 경험(adverse childhood experience:ACEs)"이다. 이것은 육체적, 성적, 언어적 폭력 같은 트라우마, 알코올이나 마약중독자와 같이 사는 것, 또는 죽음이나 이혼으로 인한 낳아준 부모와의 이별 등이다. 10개의 질문을 담은 조사는 얼마나 많은 ACEs를 사람들이 경험하는지 알아봤다. 대부분의 사람들은 적어도 한 개의 경험은 있었으며 응답자의 12%는 4개 이상의 경험을 가진 것으로 나타났다. 1998년에 출간된 첫 번째 대규모 ACEs 연구는 사람이 어렸을 때 더 많은 ACEs를 경험할수록 어른이 되어서 비만에서부터 폐질환에 이르기까지 육체적 정신적 무능력에 빠질 위험이 더 크다는 것을 발견했다. 4개 이상의 경험이 있는 경우는 간염이나 황달에 걸릴 위험은 230%, 우울증은 460%, 자살은 1220%나 증가한다. 그 이후로 20편이 넘는 연구가 진행되어 더 많은 ACEs 경험이 있으면 수십 년 후에 더 많은 건강상의 문제를 갖게 된다는 점을 확인했다. 또한 4개 이상의 경험을 가진 사람은 십대에 임신할 가능성이 훨씬 높고 성인이 돼서 알코올 중독자가 되거나 금전적인 문제에 봉착하기 쉽고, 직장에서도 결근율이 증가하였다. 성인의 육체적, 정신적 건강을 증진하기 위해서는 어려서 트라우마를 줄이는 것이 필수적이다.

범죄학자이자 신경과학자인 아드리안 레인은 많은 살인자와 범죄자의 뇌를 세밀히 살핀 후 아주 어린 시절의 발달과정에서 가시적인 차이를 발견하였다. 많은 살인자들은 전두엽에서 보통사람보다 적은 활동이 있었다. 이 점은 매우 중요한데, 전두엽이 충동억제와 전체적인 사고와 의사결정과정을 지배하는 '실행기능'을 담당하기 때문이다. 미국과 멕시코에서 이루어진 많은 연구는 빈곤가정의 자녀들이 분명히 스트레스에 지속적으로 노출되기 때문에 낮은 수준의 실행기능을 가질 가능성이 높다는 것을 보여주었다. 그리고 이것은 낮은 학업성취도, 위험한 청춘기 행동, 그리고 성인의 흡연, 과음, 자기통제불능과도 연계되어 있다는 점도 밝혀냈다.

어린이가 가난이나 무관심 속에서 자라면 기억과 길찾기에 영향을 미치는 뇌의 해마가 위험에 놓이는 것과 같다. 어린 시절 엄청난 스트레스에 노출된 사람들은 수십 년 후 어른이 되어서 더 작은 해마를 갖고 있었다. 반대로 양육에 신경 쓰는 엄마 밑에서 자란 아이는 그렇지 않은 엄마 밑에서 자란 아이보다 평균적으로 10% 정도 해마가 컸다. 스트레스는 또한 해마 다음으로 화나 근심같은 감정을 처리하는 편도선의 구조적인 변화와도 연관돼 있다. 보스톤 어린이 병원의 찰스 넬슨 3세와 마가렛 세리단은 다음과 같이 쓰고 있다.

"트라우마성 스트레스와 만성적인 스트레스는 편도선과 해마의 크기와 기능에 지속적인 영향을 미치고 있어서 감정통제 곤란과 화나 근심같은 정신적 질환의 위험성을 높이고 있다."

물론 조기 발달이 그대로 결정적이진 않으며, 우리는 아직 뇌의 이해에 있어 초기단계에 있다. 그러나 1989년 말 공산주의 붕괴 후 부카레스트와 몇몇 도시에서 열악한 조건에서 살다가 발견된 루마니아 고아원 아이들의 비극을 보면서 조기 가정교육의 중요성이 새삼 부각된다. 수천 명의 고아원 아이들에게 빵과 물은 공급됐지만 인간적인 접촉은 거의 무시할 정도로 없었다. 그들이 울 때 누구도 그들을 안아주지 않았고, 아무도 따뜻하게 포옹해주지 않았다. 공산주의 붕괴 후 무작위로 뽑힌 68명의 고아원 아이들이 좋은 양육가정에 입양되었지만 나머지 68명은 가슴 아프게도 고아원에 잔류하게 되었다. 그 결과가 '부카레스트 조기개입 프로젝트'라고 불려진 무작위 대조군 실험이었다. 연구원들은 어린이들이 발달을 회복하는데 중요한 것은 두 살 전에 고아원에서 나오는 것임을 발견했다. 두 살 전에 고아원에서 나와 좋은 양육보살핌을 받은 아이들은 발달을 회복해 상당한 정도 적응해 나갔다. 반면에 두 살 이후 고아원을 나온 아이들은 회복이 더뎠으며 IQ가 70점대를 벗어나지 못했다. 뇌검사도 차이를 보여 주었는데, 두 살 이후에도 고아원에 남은 아이들은 뇌의 활동이 상대적으로 적었으며 훨씬 낮은 지능을 갖고 있었고, 몇몇 뇌구조는 축소돼 있었다.

이것의 함의는 어린이의 뇌는 두 살이 넘으면 유연성이 떨어지고 잃어버린 발달을 회복하기는 점점 어려워진다는 점이다. 또다른 함의는 보통의 경우 아무리 잘 운영되는 고아원일지라도 입양가정의 부모나 가정환경이 아이들을 위해 훨씬 낫다는 점이다. 대학살 이후 가난한 르완다에서 살아 남은 아이들의 경우 고아원같은 기관에서보다 소년소녀 가장이 이끄는 가정에서 더 잘 컸다. 유니세프는 세계적으로 800만 명의 아이들이 기관에서 양육되고 있다고 말한다. 대다수 엄마들은 자식들과 진정한 정서적인 친밀감을 형성하고 있다.

그러나 소수지만 몇몇 엄마들은 아이들에게 관심이 덜하고, 너무 어리거나 미성숙하고, 마약중독에 빠져 있고, 자신들이 너무 스트레스나 우울증에 걸려 있어 자식들의 스트레스를 덜어줄 수 없다. 한때 어린이들은 어려운 초기시절을 극복할 수 있으며, 응석받이로 큰 아이들이 수줍고 겁 많은 울보로 클 수 있다고 생각되었다. 그러나 존스홉킨스대학에서 친밀감의 현대적 중요성을 연구하는 메리 에인스워스라는 선구적 학자는 엄마가 잘 보살펴준 아이는 커가면서 더 적게 운다는 것을 발견했다. 에인스워스는 엄마의 친밀감이 아이에게 안정감을 느끼게 해서 모험심을 가지고 새로운 것을 시도하는 더 자신감 있는 아이를 만들어 낸다고 주장한다. 이것은 미니 교수가 새끼쥐를 더 많이 핥아주는 쥐 실험에서 발견한 것을 다시 조명한 것이다. 미네소타대학의 연구팀은 조기 친밀감의 장기영향에 관한 선구적인 연구를 통해서 에인스워스의 연구를 뒷받침했다. 연구원들은 180명의 저소득 가정의 구성원을 그들이 아직 엄마 뱃속에서 형성될 때부터 시작해서 30년 동안 조사했다. 엄마가 스트레스받는 아이를 즉시 안아주고 아이가 원하는 것을 알아낼 정도로 잘 보살피는 여부에서부터 초기의 부모역할이 중요한 것으로 나타났다. 엄마에 의해서 조심스럽게 보살핌을 받는 아이들은, 마치 어미쥐에게서 핥음을 많이 받은 새끼쥐처럼, 더 잘 적응하고, 더 자신이 있으며, 학업에도 뛰어났다. 놀랍게도 생애 첫 42개월 동안의 부모역할이 77%의 정확도를 가지고 아이가 고등학교를 졸업할 수 있는지를 예측하는 것으로 관찰되었다.

"그래서 세 살 반이 될 때면 학교중퇴 여부가 실질적으로 예측가능했다."

연구원들은 〈인간의 발달(The Development of the Person)〉이라는 책에서 기술하고 있다. 이런 심리사회학적 평가는 어린아이가 고등학교를 졸업할 수 있는지를 예측 할 수 있는 IQ보다 더 나은 지표이다.

실제로 잘 보살펴주는 부모를 둔 아이들은 그들이 울면 엄마가 달려온다는 사실, 즉 그들이 환경을 바꿀 수 있다는 것을 안다는 것이다. 그렇다고 그들이 버릇이 없거나 조종당하는 것이 아니라 강해진다. 반대로 반응을 제때 받지 못한 사람은 어쩔 수 없다고 결론을 내리고, 몇몇 경우에 있어서는 주도성, 배짱, 자율성을 갉아먹는 수동성에 굴복하고 만다. 이것은 세대간에 유전될 수 있다. 연구대상 학생이었던 세레나는 가난한 십대 미혼모에게서 태어났다. 그녀의 엄마는 세레나가 태어난 후 곧 결혼했다. 세레나의 조부모는 금전적으로 도움을 주었고, 세레나의 엄마와 아빠는 딸에게 헌신했으며 완벽한 양육에 힘썼다. 저자들은 세레나와 훗날 그녀의 아들에 관해 다음과 같이 기술했다.

세레나는 두 살 때, 지렛대 문제를 열심히 풀고 있었는데, 엄마 제시카는 아이가 판대기를 내려 사탕을 박스에서 꺼낼 때까지 끝까지 지지해 주었다. 그녀는 웃으며 활기찬 목소리로 "그래 이제 네가 사탕을 꺼냈구나. 네가 그것을 손에 쥐었어!"라고 말했다. 20년 후 세레나는 두 살 난 아들 더스틴이 똑같은 문제를 푸는 것을 바라보고 있다. 마침내 아이는 문제를 풀었고 환하게 웃고 있었다. "그렇지. 잘했다!"라고 말하면서 그녀는 아들을 보며 따뜻하게 웃고 있었다.

엘리스라는 사내아이는 엄마에게 세레나같은 지원을 받지 못했고, 다시 한 번 그 결과는 한 세대 후에 반복하고 있었다.

엘리스가 그 문제와 씨름하면서 엄마에게 도움을 청할 때 엄마는 천정으로 눈을 돌리고 웃기만 했다. 마침내 그가 근근이 문제를 풀었을 때 엄마는 "이제 네가 얼마나 고집 센지 보여주는구나."하고 말했다. 20년 후 엘리스가 아들 칼이 같은 문제로 끙끙댈 때 그는 아이에게서 멀리 떨어져 기대어서 웃으면서 고개를 흔들고 있다. 나중에는 그가 상자에서 사탕을 꺼낼 것처럼 하다가 아이가 그것을 잡기 위해 달려오면 박스에 떨어뜨려 아이를 조롱했다. 결국 그는 칼을 위해 문제를 풀었지만 "너는 못했지. 내가 했다. 너는 나만큼 똑똑하지 못해."라고 말했다.

분명 우리는 위험성이 높은 부모가 세레나같은 아이를 더 많이 낳게 도와줄 필요가 있다. 우리는 문제부모가 자식들을 사랑과 포용으로 키우게 도와줄 필요가 있다. 많은 사람이 가난은 절망적인 원인이라고 느끼는 이유는 그들이 생각하기에 몇몇 부모는 궁극적으로 형편없는 역할을 할 것이고, 이에 대해 외부인이나 정부가 상황을 개선시킬 방도가 없다는 점이다. 다행스럽게도 데이비드 올즈라는 학자는 그들이 틀렸다는 것을 보여줬다.

올즈는 1950년대와 1960년대 오하이오 코네티컷의 기차길 옆 작은 마을의 미국인 가정에서 자랐다. 그 후 불우한 어린 시절을 겪었던 아버지가 점차 술과 향락에 빠져들면서 그의 인생은 흔들리기 시작했다. 데이비드가 열한 살이 되었을 때 부모님은 이혼했다. 아버지는 플로리다 주로 옮겨간 후 가족과 거의 단절되었다. 어머니는 전자제품 공장에서 일하면서 그와 여동생을 혼자 힘으로 키웠다. 그 당시 즉 1950년대 미국의 소도시에서 이

혼은 매우 고통스럽고 부끄러운 일이었다. 그 시련 속에서 올즈는 다른 사람들을 도울 수 있는 뭔가를 하고 싶다고 다짐했다.

"나는 십대 때 내 일생에 뭔가 좋은 일을 하겠다는 낭만적인 열정을 가졌다는 점입니다."

그는 이렇게 회상한다.

"이것은 나를 국제관계 문제로 인도했습니다. 나는 아프리카나 인도로 가서 가난한 아이들을 구제하겠다는 비전을 가졌습니다."

올즈는 볼티모어의 존스홉킨스대학교에서 국제관계론을 공부할 장학금을 받았다. 그러나 1학년 때 그는 교과목이 주로 강대국간의 마찰이나 핵선언에 관한 것이라는 것을 알고 그의 국제관계 관련 초점이 제자리를 못 찾았다는 점을 걱정하기 시작했다. 그는 심리학 강의를 듣고 메리 에인스워스 밑에서 공부했다. 자신감 있는 아이들로 성장시키는 것이 국제안전 연구보다 더 급하고 다른 사람을 돕는 것에 부합하는 것 같았다. 그래서 올즈는 그의 초점을 발달심리학으로 바꾸었다.

1970년 대학을 졸업한 올즈는 볼티모어 서쪽의 폐허가 된 이웃 어린이 돌봄센터에서 네 살 아이들을 돌보는 직업을 가졌고 그것으로 그의 이상이 실현되었다. '유니온스퀘어 주간보호센터'는 교회건물 지하 방 3개를 빽빽하게 차지하고 있으면서 세 살에서 다섯 살까지의 빈곤층 아이들을 돌봐주었다. 열정으로 가득 찬 올즈는 이 어린이들을 완전히 바꿔놓으려고 노력했다. 그는 부모 역할에 대해 논의하고자 부모들을 아이들 낮잠시간에 초청했다. 그는 어린이들의 인지기능을 개선시키기 위해서 특별히 아이들의 열정을 자극하는 프로그램을 도입하였다. 그러나 진전은 그가 생각했던 것보다 훨씬 더딘 것으로 나타났다. 상담하러 오는 학부모는 자식들이 잘하는 부모였고, 정작 도움이 필요한 아이들의 부모는 볼 수가 없었다. 이 아이들이 그가 지원하고자 했던 아이들이었다. 이 아이들 중 다수는 학대받

앉으며 결손가정 출신이었다. 그들의 부모들은 종종 알코올이나 마약과 씨름하고 있었다. 몇몇 아이들은 너무나 큰 문제로 고통을 받아서 그들에게 제공되는 도움도 이용할 수 없는 정도였다. 상냥했던 한 네 살짜리 남자애는 단지 짖는 소리나 꿀꿀거리는 소리로 의사소통을 할 수 있었다. 그애 엄마가 임신중에 알콜과 향정신성 물질을 남용했던 마약중독자였기 때문이다. 보비라는 두꺼운 안경을 쓴 네 살짜리 다른 남자애는 낮잠시간에도 쉬지 않고 잠을 자지 않으려 했다. 올즈가 보비에게 왜 그러냐고 묻자 그 아이는 격렬하게 올즈를 비난했다. 보비는 잠잘 때 오줌 싸는 아이인데 엄마가 오줌 쌀 때마다 회초리로 때렸고 그래서 잠자는 것을 두려워한다는 것을 알아냈다. 중간에 부모가 데려간 여자애도 있었는데 그때 아이가 하는 행동을 보고 올즈는 그애가 성적 학대를 받고 있는지 모른다는 걱정을 했다.

올즈는 어린이들을 치유한다기보다 응급처치를 한다고 느꼈다. 센터 직원들은 이따금 건강식의 중요성을 얘기하곤 했다. 그러나 주변 7마일 안에 신선한 야채를 파는 수퍼마켓이 하나도 없었다. 직장은 거의 없었고 부모들은 끊임없이 스트레스를 받고, 참을성이 없었으며 한 가지 문제를 해결하면 또 다른 문제를 처리해야 했다. 그러는 동안 이곳은 높은 범죄율로 고통받았으며 모든 주민을 불안하게 했다. 아동전문가들은 오랫동안 가난한 노동자 가정은 때리거나 단호한 명령을 하여 중산층 가정보다 권위적인 방식으로 아이들을 가르친다는 것을 강조해왔다. 이 권위적인 방식이 어린이의 감정발달을 손상시킬 수 있지만 올즈는 그것은 위험한 지역에서 살기에 당연한 결과라고 여겼다. 그는 말했다.

"만약에 아이들이 규칙을 따르지 않으면 살해당할 위험에 놓이게 됩니다."

그는 아이들이 도움이 필요하다는 것을 알면서도 그들의 삶을 크게 바꿀 수 있는 충분한 일을 할 수 없다는 것에 매우 좌절했다. 그것은 미화된 아기돌봄 같이 느껴졌다. 네 살 때도 이 아이들은 도움받기가 어려웠다. 올즈는 위험에 처한 아이들을 돕는 취학전 학교에 들어갈 때까지 기다리는 것조차 비도덕적인 지연이라고 결론지었다. 그는 학교로 다시 돌아와 코넬 대학교에서 심리학 박사학위를 받았다. 학위취득 과정에서 올즈는 쇠락하는 제조업 경제로 인해 고통받는 노동자의 도시, 뉴욕의 엘미라에서 시행되는 한 어린이 프로그램을 평가하는 작업을 했다. 위험에 처한 아이들을 선별해서 별도의 도움을 주고자하는 이 프로그램의 책임자는 올즈에게 그런 시도에 관한 의견을 물었다. 올즈는 직설적이었다.

"저는 이 프로그램이 큰 변화를 가져올 것이라고 생각하지 않습니다. 그리고 우리가 가용한 데이터를 가지고 있어도 알 수 없을 겁니다. 그러나 저는 우리가 변화를 만들어 낼 조기개입을 설계할 수 있으며 그것이 제대로 작동하는지 평가할 수 있다고 생각합니다."

다행스럽게 책임자는 그의 반항을 참아주었다. 그는 올즈에게 제안을 모아달라고 요청했다. 올즈는 엄마 아빠들에게 부모역할에 관해 지도할 무작위 대조군 실험의 개요를 설명했다. 기본적인 아이디어는 간호사를 고용해서 가난하게 사는 위험한 첫 엄마를 임신해서부터 아이가 두 살이 될 때까지 몇 차례에 걸쳐 만나게 하는 것이었다. 간호사는 해당 여성의 집으로 가곤 했다. 올즈는 볼티모어에 있을 때부터 가정은 행동이 일어나는 곳이고, 위험한 엄마를 지정된 장소로 가게 한다는 것이 어렵다는 것을 알고 있었다. 임신 기간에 간호사는 엄마에게 알코올, 마약, 담배를 피하라고 권했고 그러면 무엇을 기대할 수 있는지를 제시해 신뢰를 얻었다. 출산 후에도 간호사는 계속해서 방문하여 육체적인 위험에 관한 조언을 했다. 자식들이 삼킬 수 있는 조약돌에 유의해라. 납이 들어간 페인트 조각에 조심해라 등등.

A PATH APPEARS

영유아들이 더 나은 미래를 가질 수 있도록 도와주는 것으로 좋은 평가를 받는 프로그램인 '간호사-가정 동반사업'의 설립자 데이비드 올즈 교수.

    간호사는 또한 모유수유를 장려하고 슬플 때 어깨를 내어주기도 하며 엄마의 (아빠가 있으면 아빠의) 친밀감을 강조하였다. 연방 정부는 올즈에게, 후에 로버트우드존슨재단에서 지원된, 그 프로그램을 수행할 지원금을 주었다. 엘미라 프로젝트는 1978년 여성들을 이 프로그램에 등록시키기 시작했다. 올즈는 원래 이 프로그램을 평가하도록 되어 있었다. 절반은 무작위로 배정된 간호사의 방문을 받았고, 나머지 절반은 심사를 거쳐 사회적 기관에 보내졌다. 간호사들에게 신뢰를 형성할 수 있게 친절하고 따뜻하게 행동하라는 지침이 내려졌다. 그들은 지시하지 않았고 안내하고 격려하도록 되어 있었다 스테이시라는 간호사는 보니라는 17세의 임신부를 방문했는데 바퀴벌레가 득실대는 지하방의 지저분한 마루 위에서 살고 있었다. 보니는 담배를 피우고, 술을 마시고, 주먹다짐까지 했으며 정기적으로 위법행위를 했다. 스테이시가 보니에게 임신중 흡연 중지를 제안하자 보니는 간호사의 뺨을 때리려 했다.

    "이 아이가 내게서 나머지 모든 것을 앗아갔어. 그러나 담배까지 빼앗지는 못할 거야."

기회의 땅 — 당신이 일찍 잡는다면

　스테이시는 한발 물러서서 계속 신뢰를 형성하려고 노력했다. 나중에 밝혀졌지만 보니는 어린 시절 육체적으로 고문당했고, 보모가 되어서는 다른 아이들을 학대했다. 스테이시가 매주 방문하던 어느 날 보니는 울며 말했다.

　"저는 제 자식에게 그 짓을 다시 하게 될까 두려워요. 특히 아이가 울보일 경우 말예요."

　스테이시는 다정하게 대처방법을 제안하면서 아이가 울기 시작할 때 도움을 청하기 위해서 누구에게 전화하겠냐고 물었다. 보니는 아무 생각이 없었다. 스테이시는 다시 물었고, 마침내 보니는 이웃에 사는 할머니를 지목했다. 스테이시의 제안에 따라 보니는 종이 위에 그녀의 이름과 전화번호를 적어서 위기시에 대비해 벽에 붙여 놓았다. 스테이시의 독려로 그 할머니는 보니를 도왔고 보니의 애인도 부모역할에 관심을 보이기 시작했다. 많은 어려움 속에서도 보니와 애인은 아기를 잘 돌봤는데 그것이 수년 후 그 아이가 고등학교를 졸업한 이유라고 보여진다.

　엘미라에서 올즈의 개입 결과는 처음부터 매우 인상적이었다. 태어나서 첫 두 해 동안 최상의 위험에 있는 가난한 미혼모의 자녀들은 정부가 인정한 아동학대나 무시를 한 통제집단에 비해서 5분의 1의 빈도로 간호사의 방문이 적었다. 아이가 아장아장 걷고 삼키지 말아야 할 것을 주워먹는 전통적으로 위험한 때인 두 살까지도 응급실에 실려갔을 때에 비해 간호사가 56% 적게 방문했다.

　두 그룹의 어린이와 엄마는 두 살이 지나 간호사의 방문이 종료된 후에도 계속 평가되었다. 특히 이 프로그램에 참가했을 때 저소득 미혼모의 가정에 관해서는 차이점이 두드러졌다. 15년을 추적조사해 보니 그 범주의 여성들이 간호사의 방문을 받은 경우 통제집단에 무작위로 배정된 유사한 여성들에 비해 69% 적게 체포됐다. 또 간호사 방문을 받은 사람들은 아동

학대나 방임을 79% 덜하는 것으로 나타났다. 이후 15년을 추적조사해 보니 부분적으로 간호사들이 피임 상담을 해주기 때문에 이 엄마들은 통제집단의 엄마들에 비해 연이어 아이를 낳는 경우가 32%나 적었고, 복지지원을 받는 기간도 30개월이나 짧았다. 자녀들을 보더라도 15세까지 체포되는 경우가 절반도 채 되지 않았다.

데이비드 올즈의 실험은 '간호사-가정 동반사업'이 되어 엘미라에서 지금도 예전에 못지않게 운영되고 있다. 조기개입이 기회를 만들어 낸다는 것을 입증하는 주요 증거인 셈이다. 프로그램은 한 엄마 당 일년에 4,500달러의 비용이 소요되어 한 엄마가 2년 몇 개월 그 프로그램에 있게 되면 약 10,000달러가 든다. 랜드 공사는 그 숫자를 분석하고 그 프로그램이 커다란 혜택을 가져온다는 것을 알았다. 즉 저소득 미혼모에게 있어 간호사 방문에 1달러를 투자하면 5.7달러의 혜택을 가져오게 된다. 트레이시 팔란지안은 비영리사업의 재원조달을 위해 사회영향채권을 발행하는 조직 책임자로서 비영리사업을 모니터하는데, 그는 입증이나 경영 차원에서 보면 '간호사-가정 동반사업'을 "비영리사업 중 경쟁자가 없을 정도"라고 기술하고 있다.

켄터키에 사는 브리트니 헐리와 아들 랜던은 '세이브더칠드런' 프로그램에 등록했다.

기회의 땅 — 당신이 일찍 잡는다면

 엘미라의 주민은 대부분이 백인이고 반도시적이었다. '간호사-가정 동반사업'이 도심지역에서 성공할까 아니면 소수주민에게 성공할까? 올즈는 1988년 흑인이 압도적으로 많은 테네시주 멤피스의 도시지역 주민을 시작으로 다시 무작위 대조군 실험을 했다. 결과는 매우 비슷했다. 그리고 1994년 올즈는 히스패닉이 많은 덴버에서 같은 실험을 했다. 마찬가지로 결과는 매우 고무적이었다.

 지방정부들은 가난을 퇴치하고 복지비용을 절약하는 방안으로 '-가정 동반사업'에 관심을 갖게 됐다. 오클라호마 주는 그 프로그램을 도입한 후 간호사가 방문하는 가정은 영아사망률이 절반으로 떨어진 것을 알게 되었다. '간호사-가정 동반사업'은 이제 40개가 넘는 주에서 시행되고 있으며 영국, 네덜란드, 캐나다, 호주 같은 다른 나라로 퍼져나가고 있다. 그러나 재원부족 때문에 그 프로그램은 미국 내에서조차 필요한 사람들의 2~3%밖에 지원을 못해주고 있다. 그것이야말로 잘못된 우선 순위의 대표적인 본보기이다. 우리는 여기 미국에 가장 강력한 빈곤퇴치 프로그램을 가지고 있는데 그것은 나중에 경비절감의 형태로 몇 배에 달하는 보상을 해준다. 이런 상황(2~3%밖에 지원하지 못하는 상황)이 매우 개탄스럽다.

 이처럼 명백한 성공의 증거를 보여준 '간호사-가정 동반사업'과 다른 프로그램으로부터 우리는 두 가지 교훈을 배웠다. 첫째는 뇌가 발달하고 성인이 된 후의 삶의 기초가 형성되는 매우 중요한 시기인 생애 초기단계에서 개입하는 것이 결정적이라는 점이다. 구체적으로 여성들이 원하지 않을 때는 임신을 피하게 도와주고, 임신한 경우에는 그들이 약물중독, 알코올, 흡연을 피해 가도록 도와주는 것이다. 임신과 영아는 빈곤퇴치에 관한 공공정책 논의에서 거의 다루어지지 않는다. 그러나 신경과학과 경제학이 행한 새로운 연구는 그 분야야 말로 가장 보상이 큰 영역이라는 것을 지적하고 있다. 시카고대학의 노벨경제학상 수상자인 제임스 헤커만은 우리 사회가 고등학교와 대학에 투자하는 총액을 생후 다섯 살 내의 형편이 어려운 아이들을 돕는데 재배치하면 훨씬 더 나은 사회가 될 것이라고 말한다. 우리는 분명 교육예산을 삭감하기를 원하지 않지만, 그러나 예산압박을 받는다면 10억 달러를 어려움에 처한 젊은 엄마들을 위해서 가정방문을 하는데 사용하는 것이 이익을 추구하는 대학에 간접 지원하는 것보다 빈곤의 사슬을 끊는데 훨씬 낫다는 점에 동의해야 할 것이다. 지금 자원은 최선의 사용처와 반대되는 방향으로 가고 있다. 즉 대학이 가장 많은 예산을 받고 영유아는 최소액을 받아가고 있다.

둘째로 어린이 프로그램은 이 세상에서 가장 어려우면서도 가장 중요한 직업인 부모노릇을 활용할 때 성공할 수 있다. 부모들에게 어린아이들을 양육할 수단을 제공하라. 그러면 향후 수십 년간 자신에 가득 찬 그리고 어떤 어려움도 극복가능한 사람을 길러낼 것이다. 부모들에게 아이들을 키우는 방식을 가르치는 것이 수년 후에 교도소를 유지하는 것보다 훨씬 비용이 적게 소요된다.

이것이 우리 모두에게 무엇을 의미하는가? 우리가 대학졸업자를 잘 교육하기를 원한다면 아마 비용대비 가장 효과적인 방법은 대학에 기부를 하는 것이 아니라 유치원이나 부모방문 프로그램에 기부하는 것이다. 우리는 더 많은 기부자가 교수뿐 아니라 위험에 처한 부모를 방문하는 간호사에게도 재정지원하기를 바라고, 재벌이 콘서트홀이나 박물관에만 이름을 새겨 넣고 싶어하지 말고 유치원에도 이름을 새기기를 바란다. 이미 많은 교회와 각종 예배당이 그들의 공간을 유치원이나 취학전학교 용도로 개방을 하고 있다. 만약 교회나 시민단체가 한 발 더 나가서 장기적인 관점에서 지역사회에 투자를 하고자 한다면 어려운 엄마들이 자식들을 더 사랑스럽게 돌볼 수 있게 도와주는 것보다 더 나은 길은 없어 보인다. 또한 연방 고속도로망이 개인 스폰서들에 의해서 건설되는 것처럼 유아 때 무관심이 민간의 기부에 의해서 해결되기는 어렵다. 우리는 연방정부와 지방정부가 생애 첫 두 해에 투자하고, 가정방문 비용을 부담하며, 임신과 영아 시기에 부모를 지원하는 것을 옹호할 필요가 있다. 우리가 초기단계에서 그 기회를 잃게 되면 나중에 그 손상을 복구하기가 훨씬 더 어렵고 비용이 많이 들게 된다.

미국의 세이브더칠드런(Save the Children)

소녀 브리트니 헐리는 소아과 의사가 되고 싶었다. 그녀가 중산층 가정에서 컸다면 그 꿈을 이룰 수도 있었을 것이다. 그녀가 이따금 이해하기 힘든 아팔라치아 지역의 심한 사투리로 말하지만 그녀의 머리는 매우 샤프하다. 그러나 그녀의 삶은 어려움으로 가득했다. 왜냐하면 그녀는 언덕과 푸른 동굴이 있는 켄터키 브레팃 카운티의 마약중독으로 찌든 가정에서 자랐기 때문이었다 그곳은 예전부터 전투적 성향이 커서 "피의 브레팃"라고 불릴 정도로 불행한 과거를 가지고 있다.

그곳의 거의 모든 가정은 메틸알코올, 알코올 중독, 사전처방된 진통제, 그밖에 다른 중독제들에 찌들어 있었다. 한때 목재와 석탄에 의존했던 지역경제는 완전히 황폐화됐고 일자리는 거의 없었다. 그곳의 일인당 소득은 15,500달러이고 인구는 1940년 이래 거의 절반으로 줄었다. 많은 가정의 주택은 외부에 잡동사니가 달려 있는 폐차된 트레일러였다. 그 내부에는 대부분 제기능을 못하는 가정이 자리하고 있었다. 브리트니가 열두 살 때 가족구성원 중 한 사람이 그녀를 강간했다고 한다. 그녀가 위안과 도움을 요청했을 때 다른 가족구성원들은 아픔을 달래라며 진통제와 다른 마약을 주었다. 그래서 그녀는 열두 살에 마약중독자가 되었다.

물질적으로 보면 브레팃 카운티는 지난 두 세대에 걸쳐 많이 발전하였다. 대부분의 가정은 1960년대는 없었던 전기와 수도를 가지고 있다. 한 연구에 따르면 미국의 빈곤계층의 80%는(특히 남부에서) 이제 적어도 한 개 이상의 에어컨을 보유하고 있으며 거의 모든 빈곤가정은 전자오븐을 보유하고 있는 것으로 밝혀졌다. 그들 중 다수 가정이 세탁기와 건조기를 가지고 있다. 그러나 미국의 빈곤가정이 그러한 물질적인 충족을 향유하고 있지만 그들에게 부족한 것은 희망이다. 브레팃 카운티는 99%가 백인이지만,

미국의 세이브더칠드런

사우스 다코다의 파인리지 보호구역이나 라고스나 뭄바이의 슬럼가처럼 굴욕과 절망의 느낌을 풍기고 있다. 우리는 마약남용, 가정파괴, 고교중퇴, 야간에 켄터키 강의 북쪽 갈래에 서 있다가 지나가는 운전자에게 성을 팔고 마약을 얻는 십대 소녀들에게서 자포자기를 보고 있다.

우리는 '세이브더칠드런(어린이 구호기관, Save the Children)'을 마치 소말리아 지역의 굶주린 아이들을 지원하는 구호단체 정도로 생각하는 경향이 있다. 그들은 그런 일도 하지만 또한 '간호사-가정 프로그램'과 유사한 프로그램을 미국 내에서 운영하고 있다. 뇌가 형성되는 시기에 어린이가 조기 도움을 받을 수 있도록 월 28달러로 미국 내 한 아이를 후원할 수 있다. 우리는 브레팃 카운티의 '세이브더칠드런'이 어떻게 운영되는지 알아보기 위해서 추적취재하며 브리트니 헐리와 시간을 보냈다.

짙은 갈색 머리, 파란 눈, 인상적이며 따뜻한 미소를 지닌 브리트니는 학교에서 똑똑하지만 문제 학생으로 평판이 나 있었다. 고등학교 2학년 때 학교를 중퇴하고 켄터키 렉싱턴의 리지라고 불리는 마약재활원까지 가게 됐다. 그곳에서 그녀는 다시 정신 차려 인생에서 진정으로 원하는 것이 무엇인지 깊이 생각하게 독려해준 멘토와 인생코치를 만났다. 그녀는 새로운 목표를 가지고 리지에서 나왔다. 깨끗한 생활, 취업, 교육이 목표였다. 그녀는 이전에 알코올 중독자였다가 지금은 가장 안정적인 가족구성원인 할머니와 함께 살기 위해 이사를 했다. 브리트니는 자신이 겪었던 강간을 당하지 않도록 여동생을 함께 데리고 왔다. 한편 브리트니는 스물여섯 살인 자동차 정비공 스탠리와 연애를 시작했다.

스탠리는 중학교를 중퇴했는데 우리가 만났을 때 신뢰를 보여주지 못했다. 짙은 색 머리, 구부정하고 말이 없는 그는 자신을 지금은 금주중인 알코올 중독자라고 소개했다. 그러나 곧 지금도 그는 술을 마시는 것으로 드러났다. 그는 "자주는 아니다."고 말했다. 다행인 점은 그가 브리트니를 마음속 깊이 사랑하는 듯했고 그래서 그녀와 결혼했다는 것이다. 그는 정착에 성공해서 브리팃 카운티에서는 좋은 일자리인 탄탄한 직업을 갖게 됐다. 그들은 브리트니가 열일곱 살 때 랜든이라는 아이도 가졌다. 우리는 지금 열아홉 살이 된 브리트니를 방문했다. 그녀는 작은 트레일러 공원에서 스탠리와 랜든과 함께 트레일러 집에 살고 있었다. 우리는 그녀와 12개월 된 아들이 '세이브더칠드런'의 지부 직원인 코트니 트렌트의 가정방문을 받는 것을 지켜보고 있었다. 금발에 소곤소곤 말하는 트렌트는 스물두 살이었고 우리가 만난 대다수 지역주민들의 먼 친척쯤으로 보였다. 그녀는 여기서 자라 그들 뒷얘기를 잘 알고 있었다. 누가 메틸알코올을 애용하고, 누가 진정으로 직업을 갖고 싶어하고, 누가 장애인을 학대하고, 누가 알코올 중독자인지 알았다. 트렌트의 생활은 깨끗했고, 학사학위를 받고자 일하고 있어서 지역의 롤모델이었다.

브리트니와 코트니는 얼마동안 바닥에서 랜든과 함께 놀았고 신변얘기도 주고받았다. 그때 코트니는 브리트니에게 현재 문제가 뭐냐고 물었다. 그것은 브리트니의 가족 중 한 사람이 최근에 메틸알코올 실험실을 운영한 혐의로 체포됐는데 교도소에서 그녀에게 전화를 해서 석방시켜달라고 요청했다는 것이다. 그녀는 이렇게 말했다.

"저는 그 사람에게 나가 죽으라고 말하고 나서 전화를 끊었어요."

그녀는 웬디라는 햄버거 가게에서 일하고 있으며 아들 랜든에게 그녀가 전혀 받아보지 못했던 보살핌을 해주기로 마음먹었다. 그녀는 이 지역을 떠날 계획에 관해 얘기를 나누었다. 그 이유는 더 나은 직장을 잡기 위해서, 그리고 절망과 마약의 소굴에서 벗어나기 위해서였다. 브리트니와 코트니는 아들 랜든이 이전에 어떻게 해왔는지에 관해서 말하고 또 아이가 얼마나 똑똑한지 귓속말로 속삭였다.

브레팃 카운티에서 어린이 도서를 가진 가정은 거의 없는 것처럼 보였지만 트렌트는 걸어다니는 도서관이었다. 가정을 방문할 때마다 그녀는 여섯 권 남짓의 그림책을 가져다주고, 지난번 방문 때 가져다준 책들을 수거해 간다. 그리고 그녀와 엄마들은 아이들과 함께 그 책들을 읽는다.

"만약 엄마가 읽을 수 없으면 또는 잘 읽지 못하면, 나는 엄마들에게 그림을 보고 그냥 이야기를 지어내라고 합니다."

"어린아이들은 차이를 알지 못하죠. 중요한 것은 아이들에게 얘기를 건네고 그것으로 놀이를 하는 것이에요."

브리트니는 어떤 준비도 필요하지 않았다. 왜냐하면 그녀는 잘 읽었고 랜든에게 이야기해 주는 것을 좋아했기 때문이다. 랜든과 마루에서 놀고 있는데 브리트니와 코트니는 여성스러운 잡담을 나누고 있었다. 브리트니는 대학에 가서 간호사가 되고자 하는 그녀의 희망을 털어놨다. 코트니는 그녀를 격려하면서 이것은 가능한 일이라고 말해주었다. 랜든이 시끄럽게 떠들며 거실 주위를 질주하는 동안 그들은 흡족하게 그리고 꿈에 젖어 웃었다.

"20개월밖에 되지 않은 아이가 말하기 어려운 단어로 이야기를 합니다. 나는 아이가 정말 자랑스러워요."

브리트니 헐리가 들떠서 말했다.

전문가들 사이에서 가정방문 프로그램이 상당히 효과적이라는 광범위한 동의가 있지만 적용가능한 최적의 전략에 관해서는 많은 논쟁이 있다. '간호사-가정 협력 프로그램'은 간호사가 권위 때문에 다른 누구보다도 큰 영향을 미친다는 것을 보여준다. 다른 연구에 따르면 대학 또는 대학원 교육을 받지 않은 일선근무자나 가정방문자들도 가정교육 스타일, 어린이 학대, 어린이 건강, 그리고 인지발달 등에 있어서 매우 중요한 영향을 미치는 것으로 알려졌다. '세이브더칠드런(Save the Children)' 프로그램은 간호사들이 상대적으로 인건비가 비싸기 때문에, 지역사회의 구성원들과 신뢰를 구축할 수 있는 코트니 트렌트 같은 지역주민을 활용하는 것이 비용대비 보다 좋은 효과를 얻을 수 있다고 주장한다. 특히 시골지역에서는 조사와 평가를 시작했는데 잠정적인 결과는 매우 유망하다는 것이다.

'증거에 기초한 정책연합(The Coalition for Evidence-Based Police)'은 8개의 가정방문 프로그램을 점검했는데 '간호사-가정 협력 프로그램'을 가장 강하게 지지하는 경험적 근거를 발견했다. 반면에 다른 두 프로그램, 즉 '조기개입'과 '가족 점검'에 대해서는 성공의 근거가 상대적으로 미약했다. 다른 가정방문 이니셔티브의 영향에 관한 입증은 취약했다. 시카고대학의 데보라 다로는 이 영역에 존재하는 많은 단체들에 효과적인 요소들이 다수 있다고 주장한다. 일부 사람들은 엄마가 특수한 스트레스 상황하에 있으면 둘째나 셋째 아이들에 대해서도 가정방문을 계속해야 한다고 주장한다. '헬시패밀리아메리카(Healthy Families America)'와 '차일드퍼스트(Child First)'란 단체는 가정방문과 부모코칭을 통해서 이런 방식으로 운영했던 두 개의 주요 조직이다. 이 모든 기관들은 장기적으로 재정을 절약하면서 기회와 평등을 만들어 내는 국가의 핵심기능의 일부를 수행하려고 했다. 그들을 지원할 수 있는 방법은 수없이 많으며 그들의 웹사이트는 랜든 같은 어린이를 후원하는 일을 포함해 다양한 방식을 제시하고 있다. 공개적인 옹호 또한 주나 시정부로 하여금 가정방문 프로그램을 도입하도록 독려함으로써 큰 변화를 가져올 수 있다.

'세이브더칠드런'을 통해서 우리가 브리트니 헐리와 함께 켄터키에서 만난 한 여성은 아나스타시아 맥코믹이라는 트레일러 집에 사는 젊은 엄마였다. 그녀는 여섯 살과 9개월된 딸이 있었고, 곧 쌍둥이를 낳을 예정이었다. 맥코믹은 일주일에 2~3일 피자가게에서 일하면서 근근이 살아가고 있었다. 우리가 방문했을 때 그녀는 자동차가 고장 나서 직장까지 편도 2마일 이상 걸어다녀야 했다. 배가 불러오면서 어느 순간 직장을 그만두어야겠다고 생각했다. 지금 그녀는 요금 청구서와 크고 작은 위기 속에서 살고 있다. 할부금을 못 내서 식기세척기와 빨래건조기를 환수당할 것을 걱정하며, 전기요금도 제때 내지 못하고 있다.

"저는 단전통보를 받았어요. 그러나 한 달 뒤에나 갚을 수 있어요."

그녀의 남자친구 또한 중학교 중퇴로 취직이 어려운데다 다리의 장애를 극복해야 하는 처지다.

아나스타시아와 그녀의 남자친구를 가난에서 구하려는 노력은 매우 어려운 도전일 수 있다. 그것은 현실이다. 그러나 그녀가 임신하고 있는 쌍둥이 아들의 운명을 바꿀 시간은 남아 있다. 작은 도움만으로도 아이들을 빈곤의 대물림에서 벗어나게 할 수 있다. 이 아이들과 비슷한 처지에 빠져 있는 수백 만 아이들을 돕는 일은 국가의 최우선 과제가 되어야 한다. 방치해 두기에는 아이들이 너무 어리기 때문이다.

5

3천만 단어의 격차

> 학교를 여는 사람은 감옥을 닫는다.
> 빅토르 위고

베티 하트와 토드 리슬리라는 선구적인 두 학자는 2년 이상을 42가구의 가정을 관찰하면서 보냈다. 하트와 리슬리는 부모와 아이들과의 대화내용을 녹음하고 옮겨 적은 다음 단어를 셌다. 아이들이 말을 시작하는 나이는 부모의 소득과 무관하지만, 그들이 듣는 단어는 부모의 사회경제적인 지위에 크게 의존한다는 것을 발견했다. 정부지원을 받는 가정의 아이는 부모와 대화하면서 일년에 약 300만 단어를 듣고, 중산서민층의 경우 600만 단어, 전문직 가정의 아이는 약 1,100만 단어를 듣는다.

네 살 때까지 전문직 가정의 아이는 정부지원 가정의 아이보다 3,200만 단어를 더 듣는 것이다. 이 '3천만 단어의 격차'는 어린이의 발달에 엄청난 영향을 미친다.

"거의 예외 없이 부모가 아이에게 더 많은 단어를 사용하면 세 살 이후 아이들의 단어는 훨씬 빠르게 증가하고 아이들의 IQ도 더 높았다."

하트와 리슬리는 연구결과를 발표했다. 그들은 아이들이 아홉 살이 될 때까지 계속해서 추적한 뒤 어려서 들었던 단어의 수가 아이의 두뇌발달과 IQ, 학업성적에 실질적인 영향을 미친다는 점을 알아냈다. 후속연구는 취학시점에 가난한 가정의 아이들은 많이 뒤떨어져서 따라잡기가 어려운 지경에 이른다는 결론과 함께 두 사람의 연구결과들을 재차 확인했다. 게다가 저소득층의 아이들이 듣는 단어는 꾸짖는 것같은 경직된 언어인데 반해 전문직 부모들은 기회 있을 때마다 아이들을 칭찬해 주었다. 가난한 집 아이들은 한 번의 격려성 단어에 두 번의 좌절성 단어를 듣는데 반해 전문직 부모의 아이들은 한 번의 좌절성 단어에 여섯 번의 격려성 단어를 들었다.

데이비드 올즈와 다른 연구자들이 발견한 것처럼 이는 가난한 가정의 부모들이 자녀들과 대화하고 칭찬하는 것을 회피해서 그런 것은 아니다. 아무도 나쁜 엄마 아빠가 되고 싶지는 않다. 대체로 모든 부모들은 자기 자식을 사랑하고 그들이 성공하기를 바라며 그들이 잘되도록 도와주고 싶어 한다. 문제는 가난 속에서 스트레스를 받으며 바쁘게 살아야 하는 외벌이 엄마는 아이에게 말을 거는 것이 얼마나 중요한 지 깨닫지 못하고, 권위적인 가정교육 스타일에 익숙해 있다는 점이다. 몇몇 엄마는 아이들에게 TV를 켜주는 것이 대화의 대용물이 될 수 있다고 생각한다. 하트와 리슬리는 그들의 데이터에서 중요한 것은 사람이 직접 아이에게 얘기하는 것이라는 점을 발견했다. 즉 TV는 단어나 인지발달에 아무런 영향을 미치지 못한다. 시애틀의 뇌 연구소 I-LABS는 유아용으로 전세계에 하나밖에 없는 4백만 달러짜리 자기뇌파촬영 검사시설을 갖춘 방에서 아기들의 두뇌를 검사했는데 같은 결과를 발견했다. 아이가 진짜 사람의 말을 들을 때는 이것을 사회적 상호작용으로 취급해서 그 정보를 처리한다. 그러나 아이가 TV 화면 앞에 있으면 그 아이의 두뇌는 TV에서 나오는 소리를 불규칙 잡음으로 취급한다.

우리는 이미 장기적인 결과를 개선시키고 가난의 악순환을 조금씩 깨뜨리도록 도움을 주는 조기개입에 관해서 논의를 해왔다. 어린이들이 유치원 전까지 가독력과 단어실력을 기를 수 있도록 도와주는 효과적인 방법들을 지향하는 연구도 해왔다. 책을 읽을 수 있는 아이들은 스스로를 잘 도왔다. 그러므로 독서의 기쁨을 주는 것 이상 취학준비를 잘 시키는 것은 없었다. 오클라호마, 조지아, 웨스트버지니아와 많은 다른 주들은 유년기교육 프로그램을 통해서 광범위한 기회를 만드는데 무엇이 성공할 수 있는지를 보여줬다. 그 프로그램의 몇몇은 이런 목표를 향해 나아갈 때 우리 개개인이 역할할 수 있는 길을 제시하고 있다.

로사 로라도르는 16개월된 아들 캘빈과 함께 보스톤에 사는 열아홉 살의 미혼모인데 매우 정열적이고 수다스러운 여성이다. 그녀는 영세민을 위한 무료식당을 전전하며 자랐으며 노숙자를 위한 쉼터에서 살았고, 나중에 고등학교 때 임신을 해서 졸업식 날에 아이를 낳았다. 그녀는 그 이후로 근근이 끼니를 해결하며 살아왔던 터라 아이에게 책을 사줄 돈이 없었지만, 언어습득의 격차를 개선하려는 창의적 자선단체, 즉 '리치아웃앤드리드(독서도움손길, Reach Out and Read, www.reachoutandread.org)'로부터 아이에게 책 읽어주는 법에 관한 수업을 듣고 어린이 책도 받았다. 이 자선단체는 의사들이 대부분의 시간을 아동의 정신적 발달보다는 감기 치료나 기침 완화에만 쓰고 있는 것을 보고 불만을 느낀 소아과 의사와 교육자들에 의해서 1989년 보스톤의료센터에 설립되었다. 그래서 그 그룹은 전국의 소아과 의사들을 위한 시스템을 정립해서 정기검진의 일환으로 저소득 부모들에게 어린이 도서를 나눠주었고, 나중에는 이 책을 이용해 어린이 독서의 중요성을 널리 알렸다.

로사는 소아과 의사 가브리엘라 무스콜로에게 정기적으로 캘빈을 데리고 갔는데 그 여의사는 '리치아웃앤드리드'라는 프로그램을 통해서 거의 17년 동안 어린이 도서를 나눠주고 있었다. 무스콜로 박사는 수천 명의 갓 출산한 엄마에게 큰소리로 아기들에게 책을 읽어주라고 가르쳤다. 그리고 그 책을 이용하여 신체검사를 했다. 아이가 어떻게 책을 쥐는지를 보면서 운동기능을 평가했다. 아이들을 독서와 대화에 끌어들이는 방법을 놓고 부모들이 열띤 토론을 하게 만들었다. 무스콜로 박사는 처음에 많은 부모들은 그들에게 해결해야 할 기본적인 문제들이 있는데 그렇게 많은 책과 독서에 집중하는 것은 웃기는 일로 치부했다고 말한다.

"저녁거리가 없거나 학대와 맞서 싸워야 하는데 왜 저에게 독서에 관해서 말하냐'는 불만이 무척 많았다."

무스콜로 박사는 덧붙였다. 그녀는 엄마들에게 아이들은 많은 욕구를 가지고 있으며, 가난의 사슬에서 벗어나려면 자녀에게 튼튼한 뇌 구조를 만들어 주는 것이 무엇보다 중요하다는 것을 알려줬다고 말했다.

그녀는 이렇게 물었다.

"당신이라면 어떻게 하겠습니까?"

"성공적인 학창시절을 보내려면 책 읽는 법을 배워야 합니다."

실제로 '리치아웃앤드리드' 프로그램에서 활동하는 의사들은 책읽기를 마치 약처럼 처방했다.

'리치아웃앤드리드'의 전속의사인 페리 클라스는 대다수 저소득층 부모들은 아이들이 어렸을 때 누구도 책을 읽어주지 않았고 그래서 소아과 의사가 강조할 때까지 독서의 중요성에 관해 전혀 알지 못한다고 말한다.

"어려서 교육받지 못한 것을 부모가 돼서 해야 한다고 깨닫기는 매우 어렵습니다."

그는 다시 말했다.

A PATH APPEARS

"많은 부모 입장에서 보자면, 6개월된 아이에게 말하기도 전에 책을 읽어준다는 것은 도저히 이해가 안 되는 일일 것입니다. 그리고 대다수 가정에서 유일한 책은 높은 서고 위의 성경뿐이며 책을 꺼내기 전에 손을 닦아야 합니다. 당신은 겨우 걸음마를 하는 꼬마에게 그것을 주지는 않을 것입니다."

의사가 책을 나누어주고 큰소리로 읽는 것을 처방하는 것은 매우 단순하고 비용이 적게 드는 개입이지만 그것은 엄청난 효과를 낳는다. 로드아일랜드에서 시행된 무작위대조군연구는 205명의 저소득층 아기로부터 시작됐다. 그들 중 절반은 '리치아웃앤드리드' 프로그램에 배정됐다. 프로그램에 등록한 아이들은 〈아기들〉, 〈한밤의 달〉, 〈음매(소울음)〉, 〈매에(염소울음)〉, 〈토끼의 잠자리〉, 〈병아리 세 마리〉 등의 책을 받았다. 부모들도 초등학교 3학년 수준으로 매우 단순하게 쓰여진 한 페이지로 된 유인물을 받았는데, 거기에는 저녁 일과로 자녀들의 잠자리에서 책 읽어줄 것을 제안하면서 자녀에게 책 읽어줄 때의 장점이 적혀 있었다. 생후 18개월 기간의 아기가 평균

메사추세츠병원 첼시건강관리센터에서 19살 로사 로라도를(왼쪽)이 아들 캐빈과 함께
'리치아웃앤드리드'의 자원봉사자와 놀이를 하고 있다.

3,4회의 '웰차일드비지트(좋은 어린이 돌봄방문, well-child visits)'를 받은 후에 그 효과는 대단했다. 이 프로그램 실험집단에 배정된 부모들은 자녀들이 좋아하는 활동에 책 읽어 주기를 포함시킬 가능성이 높았으며 그중 78%는 자녀들에게 일주일에 3회 이상 책을 읽어주었다. 이는 프로그램에 배정되지 않은 통제집단의 부모들 중 오직 46%만이 그렇게 한 것과 대비된다. 아이들이 두 살이 되었을 때 두 그룹의 후속관찰 결과는 '리치아웃앤드리드' 프로그램에 참여한 실험집단의 아이들이 그렇지 않은 통제집단의 아이들에 비해 훨씬 더 많은 어휘력을 갖는다는 것을 밝혀냈다.

〈소아과〉라는 잡지의 보고내용이다.

"'리치아웃앤드리드'의 한 형태로서 전달되는, 이 단순하며 비용도 얼마 안 드는 개입이 젖먹이나 걸음마를 배우는 아기들에게 책 읽어주기의 중요성을 일깨워주는 방향으로 부모의 태도를 바꾸었다."

다른 정밀한 실험은 저소득층의 히스패닉 아이들에게 초점이 맞춰졌다. 무작위로 '리치아웃앤드리드'에 실험집단으로 참여한 아이와 부모는 2개 언어로 된 책과 유인물을 받았다. 시작할 때 64%의 가정은 집에 어린이 책이 한 권도 없다고 보고했다. 실험집단과 통제집단 모두 4분의 1도 안 되는 가정만이 주 3회 이상 책을 읽어주고 있었다. 10개월 후에 통제집단에서는 여전히 4분의 1이 안 되는 부모가 책을 읽어주고 있었다. 그러나 이제 '리치아웃앤드리드' 프로그램 실험집단의 가족들 3분의 2가 자녀들에게 주 3회 이상 책을 읽어주고 있었다. 또 프로그램에 참여중인 부모들은 "책 읽어주기는 자신들이 아이들과 함께하는 좋아하는 활동"이라고 말하는 사람이 이전보다 3배나 늘었다.

의사들이 이 프로그램에 참여하면서 별도의 보수를 받지 않는데다가 어린이 출판사 '스콜라스틱'이 수백만 권의 책을 기증해준 덕분에 '리치아웃앤드리드' 프로그램은 일년에 한 어린이당 20달러 정도의 비용만 지불한다. 그야말로 성장단계에서 매우 중요한 나이에 있는 어린이들을 도와주는 프로그램으로써 비용대비 효과면에서 뛰어나고 증거에 근거한 우수한 사례이다. 28,000명 이상의 의사가 '리치아웃앤드리드' 훈련을 이수했으며 미국 내 가난한 아이들의 3분의 1이 참가하고 있다. 비용이 매우 낮다는 점을 고려하면 참가비율이 높지 않은 것은 다소 불합리해 보인다. 클라스 박사는 말한다.

"제약은 역시 자금확보입니다. 우리가 자금이 확보되면 더 많은 아이들에게 지원을 할 수 있습니다. 우리는 책과 돈이 필요한데 그것을 구걸하느라고 많은 시간을 쓰고 있습니다."

'리치아웃앤드리드'는 재정지원뿐만 아니라 의사진료 대기실에 비치할 책, 책장, 이야기책을 읽고 들을 때 모일 수 있는 카펫의 기부를 원하고 있다. '리치아웃앤드리드'의 홈페이지에서는 의사 진료실에서 진료를 기다리고 있는 저소득층의 아이들에게 큰소리로 책을 읽어줄 수 있는 자원봉사자도 구하고 있다.

미국에서 빈곤은 강한 인종 관련성을 갖지만 성취의 격차가 단순히 인종의 문제만은 아니다. 오히려 인종적인 격차는 줄고 있다. 대신에 부자와 가난한 자의 성취격차가 벌어지고 있다. 그리고 그것은 재능의 차이 때문만은 아니다. 스탠포드대학교의 숀 리어든 교수는 소득 상위 10%와 하위 10% 사이의 성취격차는 흑백 간의 성취격차의 거의 두 배에 이른다는 것을 발견했다. 50년 전에는 흑백 간의 차이가 소득에 따른 차이의 두 배였다. 리어든은 2001년에 태어난 어린이의 경우, 부자와 가난한 자 사이의 성취격차는 1970년에 태어난 어린이보다 약 3분의 1이 더 크다고 주장한다. 오늘날 미국에서 가난하게 태어난다는 것은 중산층으로 편입될 가능성이 한 세대 전에 비해서 통계적으로 훨씬 작다는 의미이다.

3천만 단어의 격차

이렇게 격차가 벌어지는 유일한 이유는 부모들이 자녀들에게 투자하는 패턴이 바뀌었기 때문이다. 예전에는 부자 부모든 가난한 부모든 거의 손을 놓고 있었다. 한 연구에 따르면 21세기 전반기 동안에 대중잡지에서 부모노릇 조언을 다룬 기사들은 주로 의학적인 이슈들이었다. 1960년대 이후 그런 기사의 초점은 자녀의 두뇌를 어떻게 발전시킬 것인지 하는 것으로 옮겨갔다. 부자 부모들이 자녀들과 보내는 시간의 양이 늘었으며 최상급의 취학전학교에 다니는 아이들의 비중이 부자들 사이에서 급증했다. 가난한 부모들은 자녀교육에 소홀한 상태로 남아 있는 반면에 부자 엄마 아빠는 자녀들을 바이올린 연습에서 축구장까지 끌고다니고 그 사이사이 아이들이 아이패드를 통해 긴장을 푸는 게임을 즐기게 한다. 1970년대 초 상위 20% 가정은 하위 20%에 비해서 자녀교육에 4배의 지출을 하였다. 지금은 거의 7배로 늘었다. 마찬가지로 최근 몇십 년 사이에 대학진학률은 가난한 가정보다 부자 가정이 더 높아졌다.

이런 모든 것은 취학전학교가 이미 지적 자극을 받고 있는 중산층의 아이들에게는 혜택을 제공하는 정도인 반면에 경제적으로 최하층에 있는 아이들에게는 생명줄과도 같은 것이라는 점을 의미한다. 가장 많이 연구된 빈곤퇴치 프로그램은 '페리 취학전학교 프로젝트'다. 이것은 미시간 주 입실란티에 사는 3, 4세의 가난한 흑인아동들을 대상으로 1962년에 시작된 무작위대조군연구이다. 지역교육청의 지원으로 취학전학교에 다니고 가정방문을 받은 실험집단의 아이들은 65%의 고등학교 졸업률을 보였다. 이는 통제집단의 45% 졸업률과 대비되었다. 페리 프로젝트 실험집단의 여학생은 십대에 임신하는 경우가 절반밖에 되지 않았고 교도소에 가는 경우도 46%나 적었다. 마흔 살이 되어서 페리 프로젝트 실험집단의 사람들은 금전적으로 42% 더 받았으며, 집을 소유하는 가능성은 3배 이상이 되었다. 그들은 또한 정부복지나 지원을 받을 가능성이 26% 적었다. 즉 취학전학교에 투자하는 것은 정부의 재정을 절약하는 것이다.

그러나 페리 프로젝트는 무작위대조군연구 과정에 기술적인 문제점을 가지고 있는 작은 시범적인 프로젝트에 불과하다는 것을 인정해야 한다. 그래서 만약 이 프로그램이 확대되면 결과가 그다지 좋지 않을 수도 있다. 게다가 1962년 페리 프로젝트의 대안은 사회적인 안전망이 아니었지만, 지금은 여러 대안들이 많이 있어서 그 프로그램으로 인한 순수효과는 작을 수 있다. 조기개입에 대한 비판자들은 종종 미숙아를 가진 가정에 대해 가정방문과 취학전학교 등록을 도와주었던 '영아건강발달 프로그램'을 실패사례로 지적한다. 그러나 그 비판이 꼭 맞는 것은 아니다. 이런 발의가 의료상의 복잡한 이유 때문에 4.4파운드(2Kg) 이하의 몸무게로 태어난 미숙아에 대해서 장기적인 효과가 전혀 없었다는 것은 사실이다. 그러나 4.4파운드에서 5.5파운드의 몸무게로 태어난 아이들에게는 그 혜택이 명백했고 지속적이었다. 18세에 그들은 위험한 행동에 연루될 가능성이 줄었으며 수학이나 언어영역 테스트에서 더 성공적이었다.

'헤드스타트'라는 가장 대규모의 조기아동프로그램은 '페리'만큼 명백히 성공적이지는 않다. 부분적으로 어린이 돌봄의 질이 종종 낮았기 때문

오클라호마 툴사의 빈곤층 어린이를 위한 유치원 전 과정에서의 독서시간.

이었다. 비평가들은 수년 안에 헤드스타트 학생들이 그 프로그램에 참여하지 않은 아이들보다 학업을 더 잘할 것 같지 않다고 강조했다. 2012년에 발표된 헤드스타트 영향연구라는 무작위대조군연구는 초등학교 3학년이 되면 헤드스타트에 다녔던 학생들이 획득했던 성과가 사라지는 것을 발견했으며 그 결과 헤드스타트는 정말로 실패라는 의견이 지배적이었다. 헤리티지 재단은 보고서에서 다음처럼 요약하고 있다.

"정부의 취학전학교는 완전히 실패했다"

그릭 조 클라인은 〈타임〉지에서 아래와 같이 설명하고 있다.

"헤드스타트는 한마디로 제기능을 못하고 있으며… 이것은 마치 정유사에게 세금혜택을 주는 것같이 분노를 자아내고, 죄악시될 만한 것이다. 우리가 어린이들의 삶에 관해서 얘기를 하고 있기 때문에 아마 더욱더 화가 나는 것이다."

클라인 같은 비평가들이 교육 프로그램의 퇴조는 진정으로 실망스럽다고 하는 것은 옳다. 그러나 헤드스타트 영향연구는 두 개의 기초적인 약점을 가지고 있다. 첫째는 헤드스타트에 참여하지 않은 학생들의 대부분은 다른 취학전학교에 다녔으며 일부는 조금 늦게 네 살 때 헤드스타트에 참여하기도 했다. 그 연구는 주로 헤드스타트와 다른 조기아동 프로그램 사이의 차이를 측정했다. 둘째 그 연구는 초등학교 3학년이 되면 끝이 났다.

비록 헤드스타트가 지속적인 인지적 교육적 성과를 만들어 내지는 못하지만 인생의 결과에 있어서 장기적인 개선과 같은 더 중요한 것을 만들어 내고 있다는 증거들이 속속 나타나고 있다.

하버드대학교의 데이비드 드밍은 전에 헤드스타트를 다녔던 아이들을 대상으로 대규모의 정밀한 연구를 수행한 후 그들이 고등학교를 졸업할 가능성과 대학에 진학할 가능성이 매우 높다는 것을 알아냈다. 또 수년이 지난 후 그들이 학교를 중퇴하거나 실직을 할 가능성도 매우 낮았다. 종합해

보면 드밍은 헤드스타트가 아이들의 삶의 결과에 페리 취학전학교와 비교해 80% 정도의 영향을 미친다는 것을 발견하였다.

초등학교 3학년쯤에 교육적인 성과가 사라진다면 그 다음 과정은 무엇인가? 연구자들은 학생들이 책을 통한 학습보다 오래 지속되는 자기훈련, 인내력, 협동의 습관을 가지게 된다고 추측한다. 펜실베이니아대학교의 알렉산더 걸버 교수는 헤드스타트 영향연구의 자료에 관해서 숙고한 후에 매우 흥미로운 사실을 찾아냈다. 헤드스타트 프로그램에 배정된 아이의 부모들은 훨씬 더 많이 자식들에게 책을 읽어주고 있다는 점이다. 몇 년이 지나서도 그러했다. 그 부모들은 더 자주 아이들을 박물관이나 유적지에 데려갔다. 아이들과 같이 살지 않는 아버지들의 경우에도 헤드스타트에 다니는 아이들의 아버지들은 그렇지 않은 아이들의 아버지에 비해서 한 달에 하루 더 시간을 함께 보냈다. 헤드스타트는 아버지의 자녀교육 참여를 강화시켰으며 좋은 아버지로서의 습관을 길들이게 했을 것이며, 이것이 어린이들이 더 나은 삶의 결과를 갖게 되는 과정일 것이다.

오클라호마 주와 유타 주는 한때 조기교육의 선두주자였다. 그들은 조기교육을 복지로 보지 않고 기회균등을 만들어내고 훗날 사회적 비용 지출을 억제하는, 비용대비 효과적인 발의로 여겼다. 툴사라는 유치원전 교육 기관에서 우리는 카라 라우리라는 선생님이 10명의 아이들이 그림 그리고, 글자블록을 가지고 놀고, 장난감 자동차를 타는 것을 감독하는 모습을 바라보았다.

"우리는 그들에게 기술을 훈련시키지 않고, 시청각 교육용 카드놀이를 하지도 않습니다. 다만 우리는 주로 사회적 기술(남들과 어울리는 기술)에만 초점을 맞추고 있습니다."

라우리는 이처럼 설명한다.

목표는 어린이들의 글자와 숫자에 관한 호기심을 장려하며 어휘와 언어능력을 구축하며 무엇보다도 어린이들에게 협조하고 자제하는 것을 가르치는 것이다. 라우리는 아이들이 원하는 것과 필요한 것을 표현하게 도와주며 또 교실 안이 더 안전하다고 느끼도록 도와준다. 이런 것들은 아이들이 나중에 유치원에 갔을 때 혜택을 얻게 하고 다른 아이들의 학습을 방해하는 혼란을 예방하게 된다.

이런 종류의 프로그램은 중산층 가정에서는 거의 고려하지 않아도 되는 도전을 이겨내야 하는 저소득층 자녀들에게 엄청난 도움이 된다. 유치원전 교육기관의 선생님들은 매월 식품배급표가 발급되기 전 월말 며칠간 배고픔을 견뎌야 하는 아이들에 관한 얘기를 했다.

"아이들은 배에서 꼬르륵 소리가 나는데 공부에 집중할 수 없습니다."

툴사의 또 다른 선생님인 키샤 힐이 말한다. 그녀는 어떤 집은 요금을 내지 못해서 물과 전기가 끊어져서 아이들은 목욕도 못하고 책을 읽고 싶어도 저녁에는 책을 읽을 수 없다고 덧붙인다. 게다가 남자아이들의 경우 많은 애들이 평생 아빠가 없거나 누군가 다른 남성의 롤모델이 없어서 특별한 어려움을 갖는다고 그녀는 말한다.

"엄마들이 아들에게 남자답게 되라고 가르칠 수 없어서 아들을 둔 경우 상황은 진짜 어렵습니다."

오클라호마 주는 1980년에 시험적인 유치원전 교육(Pre-K) 프로그램을 시작했고 주의회는 1998년에 그것을 확대하였다. 이제 오클라호마 주의 네 살 아동의 4분의 3 이상이 유치원전 교육기관에 다니고 있다. 그리고 주정부는 세 살 이하의 열악한 환경에 있는 아이들에 대한 조기개입을 개척했다. 그것은 교육보호의 선도자로서 생의 첫해에 시작하는 비싼 고급유아원의 모델이 됐다. 그것은 또한 '간호사-가정 협력 프로그램', '다른 가정방문 프로그램', '리치아웃앤드리드'를 잘 활용했다. 우리는 교육보호 사회사업가 트레이시 굿로우가 싱글맘으로 세 자녀를 키우고 있는 휘트니 핑글톤의 집을 가정방문할 때 동행한 적이 있다. 그들은 화기애애하게 대화를 하며 직장걱정과 영양에 관해 얘기를 나누었고, 핑글톤은 가장 어린 자녀에게 책을 읽어주었다. 굿로우는 핑글톤에게 흥미롭고 지지하는 방식으로 애들에게 더 많이 책을 읽어주고 지속적으로 더 많이 말을 걸라고 요청했다.

"당신이 혼자 운전할 때 맥도날드를 가리키며 '저기 M 이 있네,' 또는 정지표시 앞에 서게 되면 그것을 가리키며 'ＳＴＯＰ가 정지의 철자지.'라고 말할 수 있잖아요."

핑글톤은 가정방문을 통해서 어린이 도서를 얻고 그런 격려를 반갑게 받아들였다. 아마 그것은 그녀의 자제력을 향상시키기까지 했을 것이다. 우리는 핑글톤에게 가족계획에 대해 조심스럽게 물었다. 그녀는 확실한 피임 방법을 택했다고 웃으며 말했다. 믿을 만한 좋은 남자가 나타날 때까지 그녀는 우선 아이를 키우는데 집중하고 싶다고 덧붙이며 말했다.

"확실한 피임은 금욕이지요."

조지타운대학교의 윌리엄 곰레이는 수년 간에 걸쳐 오클라호마 프로그램을 면밀하게 평가하고 의미 있는 결과를 발견했다. Pre-K를 다녔던 아이들은 동료들보다 훨씬 앞섰으며, 그 결과 이 저소득층 어린이들의 평생소득은 약 10% 높을 것이라고 곰레이는 예측했다. 프로그램의 성과가 3대 1 이상의 비율로 비용을 압도한다는 점을 발견했다.

그러나 오클라호마에서의 조기교육 프로그램이 요술지팡이는 아니었다는 점도 사실이다. '국가교육 진도평가원'이 미국 내 초등학교 4학년 모든 학생들을 대상으로 치른 읽기와 수리 테스트에서 오클라호마 주의 어린이들은 Pre-K가 확대된 후에도 잘해야 전국평균의 성과만 보여줬다. 솔직히 그런 결과는 실망스러운 것이다. 아직 오클라호마 주는 다른 주에 비해서 교육비 지출이 적으며 교사임금도 전국 최저수준을 약간 상회하고 있다. 그래서 Pre-K가 없었더라면 오클라호마주는 중간수준이 아니라 거의 바닥

수준이었을 것이다. 또한 헤드스타트 프로그램과 마찬가지로 더 많은 성과는 교육적이거나 인지적인 측면에서보다도 평생의 결과를 통해서만 관찰할 수 있을 것이다.

유치원 교사를 거쳐 지금은 툴사의 로사파크초등학교의 교장이 된 카렌 밴스는 말했다.

"나는 조기어린이교육을 받은 아이들에게서 엄청난 차이점을 발견합니다." 우리가 밴스에게 오클라호마의 경험에서 미국이 어떤 교훈을 얻을 수 있냐고 묻자 그녀는 다음처럼 답했다.

"조기교육이 아이들의 삶에 만들어 놓은 뚜렷한 차이점을 보십시오."

다른 교사들과 학교의 행정직원들도 똑같은 점을 지적했다. 그리고 모든 사람들은 그런 노력이 값어치가 있다고 생각하는 듯했다. 왜 공화당을 지지하는 주가 조기교육의 선구자를 자처하느냐는 질문을 받으면 어떤 사람은 약간 언짢다는 반응을 보인다.

"이것은 진보진영의 이슈가 아닙니다."

공화당 소속의 툴사시 시위원인 스킵 스틸리는 말한다.

"이것은 어린이에 대한 투자이며, 미래에 대한 투자입니다. 아주 간단한 일입니다."

이것은 또한 군인들을 위한 모범적인 어린이 돌봄 프로그램을 운영하는 미군의 견해이고 다른 나라들의 견해이기도 하다. 핀란드의 교육시스템은 종종 세계 최고로 여겨진다. 거기서는 태어나서부터 여섯 살까지 공공 어린이 돌봄과 Pre-K 사업을 재정지원하고 있으며 세 살 이상 아이들의 97%가 이런 프로그램 중의 하나에 참여하고 있다. 마찬가지로 상하이도 세계적으로 표준화된 시험에서 최고의 성적을 내고 있으며 모범적인 교육시스템이라고 찬사를 받고 있다. 상하이에서는 98%의 아이들이 취학전학교에 등록하고 있다.

조기아동교육 분야는 논쟁의 여지가 있다는 점과 일부 미국인들 또한 그것을 정부에 의한 가정간섭이라고 여긴다는 점을 다같이 인정하자. 많은 프로그램이 실험단계에서는 성공적이지만 규모를 크게 해서 실시하다 보면 그만큼 잘 기능하지 않는다는 것도 사실이다. 몇몇 광신도들은 조기아동교육 개입을 빈곤퇴치의 묘책으로 여기고 있지만 이 영역에서 묘책이란 없다. 모든 것이 보이는 것보다 너 복잡하고 어렵다. 두뇌발달에 관한 최근의 연구에 의해서 강화된, 미국이나 여타 나라로부터의 증거는 가장 빠른 개입이 가장 효과적이라는 주장을 지지한다.

시카고대학교의 경제학자 제임스 헤크만은 주장한다.

"우리는 불평등을 줄이고 성취격차를 막기 위해서 조기에 투자하든지, 문제가 생겨 더 힘들어지고 비용이 더 많이 들 때야 비로소 불평등을 치유하겠다며 나중에 비용을 지불할 수도 있습니다. 어느 쪽이든 우리는 재정적인 부담을 해야 합니다."

그러면 이 다툼에서 당신은 어떻게 변화를 만들어 낼 수 있나? 분명히 보통의 사람들은 헤드스타트의 기부자가 되려 하지 않을 것이다. 그러나 당신은 40달러를 내고 2년간 자녀를 '리치아웃앤드리드' 프로그램에 보낼 수 있다.

우리는 사립학교나 대학의 세계에서 개인적인 자선이 변화를 가져오는 것을 목도했다. 그러나 주요 기부는 Pre-K 해당 아이들에게는 손길이 미치지 않았다. 그럭저럭 사업성이 있고 지역사회의 지원을 받는 몇 안 되는 취학전학교 프로그램 중의 하나로 신시내티의 조기학습센터들이 있다. 도움이 필요한 아이들을 지원하는 오하이오 주에 있는 7개 조기아동센터의 연합체이다. 이사들과 시민단체 지도자들은 지역사회의 유지들로 그 조직을 재구성했는데, 그런 점은 다른 시에서도 채택할 수 있는 시민단체의 지원모델이다.

물론 다른 차원은 편들기이다. 당신은 RESULTS에 가입해서 Pre-K를 전국으로 확대하는 방법을 배울 수 있다. 조기아동교육을 적극 추진하는 선봉에 '퍼스트파이브이어즈펀드(첫 5년 펀드, First Five Years Fund)'가 있다. 당신과 당신의 교회 또는 민간협의체는 시위원회에 공립학교 내 독서프로그램을 발족시킬 것을 독려할 수 있다. 당신은 국회의원의 조기아동교육 발의를 지원하여 힘을 실어주거나 또는 신문사 편집자에게 편지를 써서 '간호사-가정 협력프로그램'이 당신의 도시에 시행될 수 있도록 주장할 수 있다.

몇몇은 이미 박차를 가하고 있다. 프록터&갬블 전 사장 존 페퍼와 메이시의 제임스 짐머만 사장을 포함한 300명의 사업가들은 '준비된 국가'라고 불리는 조직을 결성해서 연방정부가 어린이들에게 더 많이 투자할 것을 요구하고 있다. 짐머만은 말한다.

"점점 더 많은 사업가들이 조기아동교육을 위한 자금마련의 필요성을 지지하고 있습니다. 왜냐구요? 조기교육에 돈을 투자하는 것이 국가적으로 최고의 투자수익률을 달성하기 때문입니다. 현재 교육비 지출의 90% 이상이 다섯 살 이후에 사용되고 있는데 아동의 뇌 구조의 85%는 다섯 살 이전에 발달됩니다. 이것은 정치와 무관해야 하며, 전적으로 좋은 사업을 위한 의사결정과 관련되어야 합니다."

더 많은 사업가, 시민지도자, 그리고 시민들이 그 필요성을 주장하는데 한층 박차를 가해야 한다.

어린이를 위한 여름 도약대

2009년 하버드대학교를 막 졸업한 알레잔드로 각-아르티가스는 '미국을 위한 교육'이라는 프로그램에 참여하여 필라델피아에 있는 저소득층학교의 초등학교 1학년 학생들을 가르쳤다. 그해 10월 그는 자신이 교사가 적성에 맞다는 사실을 기대하면서 그가 맡은 반을 시험 보게 했다. 그는 자신이 맡은 반 학생들이 전학년 작년 6월말의 학업수준보다도 뒤처져 있다는 것을 발견하고 매우 충격을 받았다. 학생들은 소위 '여름방학 퇴보'라는 것을 겪었던 것이다.

이것은 주로 저소득층의 아이들에게 영향을 미치는 현상이었다. 중산층의 아이들은 부모들이 자극해서 여름방학 동안 상당한 학습능력에 대한 진전을 보이거나 적어도 제자리는 지키게 된다. 반면에 저소득층 아이들은 가정에 책도 없고 가정에서의 대화도 그다지 풍부하지 않아서 종종 여름방학 동안 퇴보하게 된다. 몇몇 연구는 저소득층 자녀들의 이런 여름방학 퇴보가 8학년까지 쌓이게 되면 중산층 자녀들과의 학업격차가 2년 정도 벌어지게 된다고 제시한다. 달리 설명하면 저소득층 자녀와 고소득층 자녀 사이의 고등학교 학업격차의 3분의 2는 이렇게 누적된 여름방학 퇴보 때문인 셈이다.

각-아르티가스의 학생들의 경우 추수감사절이 지나서야 지난 봄 학기에 습득한 독서법(단어를 재구성하는 등)을 다시 되찾게 되었다. 각-아르티가스는 말했다.

"그 사실이 저를 화나게 만들었어요. 마치 제 자식이 나면서부터 운이 없는 것처럼 느껴졌어요. 고소득층 지역에서는 동일한 퇴보가 그 정도까지 일어나지 않는 반면에 저소득층 아이들은 개학 후 3개월 동안 능력을 발휘할 수 없다는 사실은 분명 잘못되었다는 느낌이었죠."

어른이를 위한 여름 도약대

그는 그것을 해결하기 위해 무엇인가를 하기로 결심했다.

각-아르티가스의 아버지는 현재 칠레의 극작가인데 과거 정치범으로 고문을 견뎌냈다. 그의 어머니는 푸에르토리코 출신으로 12명의 식구 중에서 처음으로 대학에 들어갔다. 알레잔드로는 어려서부터 교육이 신분상승의 열쇠라는 말을 들으며 자랐다. 그는 남부에서 자라면서 가난한 히스패닉 어린이라는 편견에 맞닥뜨렸다. 부모님과 뉴저지로 이사한 뒤 열두 살의 나이에 그의 이민자 경험을 바탕으로 〈어이, 알레잔드로(Yo, Alejandro)〉라는 책을 썼다. 그로 인해 그는 처음에는 주변 학교로 강연을 나가게 되었고, 나중에는 뉴저지주에 소재하는 학교에, 그리고 결국은 전국의 학교에서 강연을 하게 되었다.

교사로서 첫해를 마치고 그는 경영컨설팅 회사인 맥켄지에서 인턴을 하면서 조직운영의 방법에 관한, 아마도 여름방학 퇴보 대처법에 관한 통찰력을 얻고자 했다. 그는 회상했다.

"그래서 저는 금요일에 수업을 마치고 월요일은 맥켄지에서 근무를 시

알레잔드로 각-아르티가스.

작했습니다. 맥켄지에서 금요일에 끝내고 다시 월요일에 수업을 시작했습니다."

맥켄지는 '미국을 위한 교육' 프로그램을 마치면 정규직을 제공하겠다고 했으며 그는 그 돈이면 경제적으로 어려운 가정을 도울 수 있어서 그 제안에 흔들렸다. 그러나 그는 교육에 끌렸다. 맥켄지에 있으면서도 점심시간을 이용해 아이디어를 논의하기 위해 필라델피아에 있는 교육공무원들을 만나곤 했다. 그는 맥켄지의 제의를 거부하고 여름방학 퇴보의 문제를 조금이라도 덜 수 있는 '도약대(스프링보드) 협력'이라는 비영리단체를 만들었다. 그는 더 나은 세상을 만들고자 하는 사회사업가를 지원하는 조직인 '에코잉 그린'이라는 단체로부터 지원금을 받아서 5주 과정의 여름캠프를 고안했다.

여름캠프에서는 독서법을 가르치고, 가정에서 독서를 증진하기 위해 부모들과 함께 연구한다. 그 프로그램은 8개의 필라델피아 학교의 유치원에서부터 3학년까지 저소득층 자녀를 대상으로 시험적으로 시행되었다. 이것은 역사상 처음으로 필라델피아 교육청이 창업자에게 기회를 제공한 것이었다. 교실 내에서 이루어지는 여름학교 이외에 부모와 학생들은 가정에서 독서하는 것을 연습하기 위해서 일주일에 한번 워크숍에 참석했다. 선생님들은 학생들의 가정을 방문하고 방문횟수에 따라 보너스를 받았다. 낮시간에 학생들은 학교에서 당일과 주간의 목표를 부여받는다. 목표를 달성하면 학용품과 책을 받는다. 목표를 초과달성하면 노트북 컴퓨터를 부상으로 받기도 했다.

각-아르티가스는 처음에는 현재 운영되는 여름학교 프로그램과 제휴하는 것을 고려했었는데 단독으로 하기로 결정했다. 왜냐하면 그는 부모님들을 참여시키는 것을 선호했기 때문이다.

"여름방학 학습손실은 저소득층 아이들이 가정이나 학교에서 배우지 못하고 있다는 더 심각한 문제의 징후입니다. 우리는 부모와 교사들이 여름방학 동안에 협력하도록 교육시키는데, 특히 가정에서 부모님들이 자녀들의 독서선생님이 되도록 교육하는데 집중하고 있습니다."

340명으로 시작한 운영 첫해에 '도약대 협력'은 3개월 독서손실을 2.8개월 독서진전으로 바꾸어 놓았다. 둘째 해에는 단지 학생당 850달러의 비용을 들여서 독서진전이 3.3개월이 되었다. 매칭펀드 덕분에 기부자는 300달러만 부담하면 한 어린이의 전 방학기간 참여를 지원할 수 있다.

그 프로그램은 이제 아직 문자를 깨치지 못한 다섯 살 비야타 같은 어린아이를 대상으로 유치원에 들어가기 전부터 시작된다.

"기본적으로 그애는 이전에 책을 가져보지 못했습니다. 그애는 책의 표지가 어디인지, 책을 어떻게 잡아야 하는지 몰랐고 페이지의 첫 글자조차도 알지 못했어요."

각-아르티가스는 설명했다.

비야타는 집에서 여러 문제들로 인해 트라우마가 있는 것으로 밝혀졌다. 그녀는 신체적으로 성적으로 학대받았고, 생모는 딸아이를 나중에 법적 후견인이 된 큰엄마에게 맡겼다. 큰엄마에게는 많은 친척과 친구들이 있었는데 그들이 비야타를 키우는 것을 도와주었다. 여름 동안 비야타는 '스프링보드'에서 알파벳을 익히고 다른 것들도 배웠다. 스프링보드의 대부분의 아이들은 비교적 나이가 많았다.

데이비드 윌리암스 주니어는 5학년인데 열 살이었고, 동생 데이킨은 여덟 살인데 3학년이었다. 데이비드는 캠프 동안 5개월 정도 앞서 나갔지만 데이킨은 12개월을 앞서 나갔다. 이는 두드러진 진전이어서 싱글대디인 아이들의 아빠는 매우 자랑스러워했다. 두 아이 모두 그 성과에 대한 상으로 노트북 컴퓨터를 받았다. 북 필라델피아의 황무지 같은 곳에 있는 작은 집에서 아빠 데이비드 윌리암스는 가정보건 조수로서 작은 시급을 받아 두 아들을 키우고 있다. 아이들이 스프링보드에 참여하기 전에는 아빠는 일주일에 서너 번 자녀들에게 책을 읽어주곤 했는데 이 과정은 서로 긴장상태였기 때문에 아이들은 거부하고 아빠는 좌절했다.

"전 많은 비밀을 알고 있죠. 책을 고르는 과정에서 자신에게 적합한 수준의 책을 고르는 것이 전부입니다. 그것은 우리가 책을 읽기 전에 할 일이며, 책을 읽은 후에도 해야 할 일입니다. 그런 것들이 제게 도움이 되었습니다."

아빠 데이비드 윌리암스는 말했다.

흑인인 윌리암스는 도심 내 그와 비슷한 얼굴의 소년들이 처한 위험을 체험으로 안다. 그는 마약혐의로 6개월간 복역했다. 나중에 그는 학비 12,000달러를 내고 전기기사가 되려고 공부했다. 그 후 그는 학비를 감당 못해서 중퇴했다. 지금 그는 학비로 인한 빚을 갚으려 노력하고 있고 언젠가 그 공부를 다시 하고 싶어한다. 7년 전 아이들 엄마가 생활하기 너무 힘들어 해서 양육권을 가져왔다.

매일 윌리암스는 아이 각각에게 20분씩 책을 읽어주고 스프링보드에서

데이비드 윌리암스와 필라델피아의 '재도약협력 여름프로그램'의 학생인 두 아들.

익힌 기법들을 전수해준다. 그와 아들들은 책을 읽기 전에 타이틀과 그림을 먼저 보고 책의 내용이 무엇에 관한 것인지 예측한다. 그러고 나서 맨 마지막에 아빠는 아들들에게 읽은 것이 무엇인지 물어본다. 이런 모두가 엄청난 차이를 가져왔다고 그는 말한다.

"그전에는 '아 난 읽고 싶지 않아요' '가서 읽어, 넌 읽어야 해'였는데 지금은 '너 책 읽을 시간인데' '좋아요.'"

이렇게 대화가 이어진다고 그는 말한다.

힘들어하는 부모들에게 지침을 주면 종종 그들은 자기 자식에게 최선을 다하고 싶어하기 때문에 그 지침을 받아들이게 된다. 윌리엄스도 그랬다. 그는 자식들이 학교에서 두각을 나타낼 기회를 준 스프링보드에 말할 수 없을 만큼 감사해했다.

"솔직히 저는 아빠로서 자식들에게 최선을 다하는 모습을 보여주고 싶어했는데 지난 수년 동안 할 일을 찾아보고 이것저것 노력한 결과 실질적인 진전을 보고 있습니다. 그래서 저는 이 프로그램을 좋아합니다."

그는 긴 안목에서 학교의 중요성을 강조한다.

"저는 이 세상에서 글을 읽지 못하면 세상은 교도소를 짓는다는 것을 압니다. 교육받지 못한 아이에게 미래는 없습니다."

6

누가 마시멜로를 집었나?

> 최고의 영예는 절대 실패하지 않는 것이 아니라
> 실패할 때마다 다시 일어나는 것이다.
> 공자

인간의 두뇌는 IQ뿐만 아니라 우리가 성격이라고 여기는 것, 즉 인내, 용기, 양심, 근성, 낙관 등으로 형성되어 있다. 많은 연구에서 성격은 빈곤의 악순환을 끊는데 매우 중요하다고 강조한다. 이런 성격의 특성들은 모든 젊은이뿐 아니라 특히 대부분의 시간을 투쟁하며 살아가는 저소득층 아이들에겐 결정적으로 중요하다. 제임스 헥크만은 가난의 탈출구로써 성격의 특성에 집중한 최초의 학자 가운데 한 사람이었다. 그는 GED라는 고교검정자격을 받은 미국의 젊은이들을 연구한 후 지식과 IQ는 정상적인 고교졸업생과 거의 차이가 없다는 점을 발견했다. 그러나 그들의 소득은 고교중퇴자들과 비슷했다. 이유는 그들이 단체생활로써 새로 시작한 모든 것, 즉 대학, 결혼, 직장을 중도포기하기 때문이었다. 요약하면 GDE는 그들에게 학습능력만을 주었을 뿐 인내심을 주지는 않았다. 비록 유아시절의 교육이 비용대비 효과가 있는 조기개입의 유일한 방편이라 할

누가 마시멜로를 집었나?

지라도 그 이후의 청소년기나 성년기도 또한 전환점이 될 수 있다. 젊은이들이 낙관적인 마음으로, 자기규율을 배우고, 자신들의 인생경로를 바꾸도록 도와주기 위해 우리가 취할 단계들이 있다는 점을 말하고자 한다. 시작점은 근성을 기르는 것이다.

근성은 어떤 것인가? 기본적으로 근성은 캘리포니아에서 엄마, 여동생과 함께 노숙자로 살았던 카디자 윌리암스를 보면 알게 된다. 어린 시절 카디자는 이 동네 저 동네로, 이 학교 저 학교로, 이곳 저곳의 노숙자 숙소로 옮겨 다녔다. 그녀는 유치원의 절반만 출석했고, 초등학교 1학년은 다니지 않았으며, 2학년 때는 반만 출석했다. 3~4학년은 모두 출석했지만, 5학년 때는 절반만, 그리고 6학년 때는 출석하지 않았다. 중학교 1학년 때 그녀는 몇몇 도시를 전전하였고 중학교 2학년 때는 단 2주만 수업을 들었다. 그렇지만 카디자는 자신이 영리하다는 것을 깨달았다. 그녀는 3학년 때 성적이 상위 1% 안에 들었다. 그 이후로 그녀는 책을 읽는데 장애가 될 만한 것들이 쌓여가는 데도 책, 신문, 그밖에 손에 잡히는 모든 것을 읽었다. 그녀가 노숙을 하거나 보호소에서 살 때도 그녀는 단정하려고 노력했고 몸에서 냄새가 나지 않게 조심했다. 그리고 고등학교 때는 꿈을 이루기 위해서 도움을 받기로 결심했다. 그녀는 선생님이나 상담사에게 도움을 구했고 또 '업워드바운드(상향 지향, Upward Bound)'와 '스쿨온휠즈(순조로운 학업, School on Wheels)' 같은 프로그램에도 도움을 청했다. 사람들은 대학진학을 꿈꾸는 똑똑한 여자애를 돕기 위해 할 수 있는 모든 일을 했다. 그녀는 말했다.

"일단 저는 학교만이 가난한 삶에 대한 영구적인 해결책이라는 것을 이해하자 마치 구명조끼에 의존하듯 교육에 매달리게 되었어요. 저는 목표가 확실했어요. 저는 교육만이 말 그대로 저를 해방시켜줄 것임을 알고 있었죠."

하버드대학교 졸업장을 든 카디자 윌리암스.

카디자는 LA 소재 제퍼슨고등학교 2학년에 등록하고 졸업할 때까지 한 학교를 끝까지 다니겠다고 다짐했다. 오렌지 카운티의 주 예비군훈련장에 있는 노숙자 쉼터에서 엄마와 동생과 함께 살 때 그녀는 매일 새벽 4시면 일어나 버스로 학교까지 통학했으며, 방과후에는 학업경진대회, 운동부 활동, 토론팀에 참여한 후 밤 11시가 되어 귀가했다. 그녀는 SAT시험에서 최고 점수를 받았으며 학업평균도 만점인 4.0에 가까운 점수를 얻었다.

카디자가 도움을 청한 기관 중 하나는 사우스센트럴스칼라스(SCR, South Central Scholars)였는데 그 재단은 LA 지역의 가난한 아이들을 도와주고 있었다. 그 재단은 전직 LA 타임즈 사건기자인 마일즈 코윈이 열다섯 살 소년이 갱단에게 살해된 것을 알고 나서 만들었다. 살해된 아이의 신분을 알 수 있는 유일한 단서는 재능학교에서 치러진 프랑스혁명에 관한 시험 답안지뿐이었다. 시험지의 상단에는 선생님이 대문자로 쓴 A가 있었다. 똑똑하고, 재능 있고, 그러나 폭력을 피할 수 없었던 그 죽은 소년의 이야기는 기적적으로 빈곤을 극복한 아이들에 관한 책, 〈그리고 아직 우리는 성장한다〉를 집필하도록 코윈에게 영감을 주었다. 정형외과 의사인 제임스 런던과 부인 패트리시아는 그 책을 읽고 도움을 주기로 결심했다. 그들은 알려지지 않은 노력형 인재들의 대학진학의 꿈을 지원하기 위해 SCR을 설립했고 그 재단이 카디자의 학교를 찾아 그녀와 연결됐다.

고등학교 3학년 가을, 카디자가 대학입학 에세이를 쓸 때 런던 씨 부부는 좀더 차분한 환경에서 그녀가 에세이를 끝낼 수 있도록 란초 팔로스에 있는 집으로 초대했다. 그녀는 자신의 경험을 설득력 있게 에세이로 써서 하버드대학교에 지원했다. 하버드대학교는 그녀에게 전액 장학금을 주면서 입학을 허가했다. 하버드대학교는 리타 네이더솔이라는 그 지역의 여성을 소개해서 그녀가 대학을 다니는 동안 의지할 수 있는 호스트 엄마(host mother) 역할을 하게 했다.

그녀는 이런 말을 했다.

"여기 사다리가 있습니다. 그 꼭대기는 성공이지요. 그러나 누구에게는 다른 사람들보다 더 많은 단계가 있고 아니면 사다리가 부러져 있지요. 부러져 있으면 사다리를 타고 올라갈 수 없습니다. 도움이 필요합니다. 저에게 그 지원은 멘토와 다른 모르는 분들로부터 왔는데 특히 너무나 중요했던 두 분을 밝힌다면 런던 씨 부부와 호스트 엄마 리타였습니다."

카디자는 2013년 하버드대학교를 졸업하면서 졸업식 연사인 오프라 윈프리의 특별한 인사말도 들었다. 카디자가 뛰어난 지적 선물과 불굴의 투지와 자기수양을 갖고 있는 것은 분명하다. 그러나 많은 사람들이 그녀를 도와준 덕분에 또한 성공할 수 있었다.

카디자는 이렇게 말한다.

"모든 것은 첫걸음을 어떻게 떼느냐에 달려 있어요. 사람들은 자신들이 다른 누군가의 삶에 있어서 얼마나 큰 차이를 만들 수 있는지 과소평가하고 있죠. 리타와 런던 부부가 한 일은 어려움이 있다는 것을 알아차리고 적극적으로 나서서 그들이 할 수 있는 일을 한 것이에요. 세상에는 도움이 필요한데 얻지 못하는 학생들이 많죠. 그리고 기꺼이 그런 도움을 주고자 하는 능력 있는 사람들도 많아요. 그런데 그 사람들은 적임자가 아니라고 스스로 생각하거나 적절한 위치에 있다고 보지 않아요. 진실은 그 사람들이 적임자이고 차이를 만들어낼 수 있다는 겁니다. 그냥 두려움을 옆으로 밀어두고 도움을 주면 되는 일이 거든요."

카디자의 성공은 재능은 있는데 지원을 받지 못하는 젊은이에게 외부의 지원이 얼마나 큰 차이를 만드는지 되돌아보게 한다. 중산층 가정의 학생이라면 이같은 지원은 누구나 받는다. 그러나 멘토가 턱없이 부족한 것이 현실이다. 특히 남자아이들의 멘토를 할 남성이 없다. 멘토는 '빅브라더스 빅시스터즈(Big Brothers Big Sisters)' '익스피어리언스코프스(Experience Corps)' '아이멘토(iMento)' 또는 '사우스센트럴스칼라스(South Central Scholars)'같은 지역 단체를 통해서 젊은이의 삶을 변혁시키는 영향을 미칠 수 있다.

카디자의 사례는 물론 특별하다. 그녀는 꿈을 가지고 있었을 뿐만 아니라 일찍이 교육의 가치를 인식하고 용기를 내어 그런 꿈을 실현하기 위해 전력을 다했으며, 대학에 진학하면서는 재정적으로 심리적으로 그녀를 지원할 멘토를 찾아냈다.

월터 미쉘이 1960년대 스탠포드대학교에서 실행했던 유명한 그의 마시멜로 실험에서 발견한 것처럼, 이런 경이적인 인내의 근본은 어려서 발달된 것으로 보인다. 미쉘은 이 분야의 첫 연구를 트리니다드 섬에서 실행했다. 그는 아이들에게 당장에 1센트짜리 캔디를 주거나 일주일 후에 훨씬 좋은 10센트짜리 캔디를 주었다. 그리고 그는 어떤 요인이 아이들로 하여금 욕망을 지연시키게 하는지 조사했는데 가장 중요한 요소는 무결손 가정에서 유래한다는 점을 발견하였다. 나중에 미쉘은 스탠포드대학교에서 자기통제에 관한 추가적인 연구를 실행하려고 1968년부터 1974년 사이에 스탠포드 근

누가 마시멜로를 집었나?

방의 빙유치원을 다녔던 3살 반에서 6살까지의 아이들 653명 전체를 대상으로 실험을 했다. 아이들의 책상마다 마시멜로 한 개를 주고, 그것을 먹지 않고 15분을 기다리는 사람에게는 마시멜로를 한 개 더 주겠다고 약속했다.

몇 명은 즉시 마시멜로를 먹었지만 대부분은 참고 두 번째 것을 받으려고 노력했다. 그들은 유혹을 이기기 위해서 딴 곳을 쳐다보기도 하고, 머리카락을 당기기도 하고, 눈을 감기도 하며, 관심을 돌리기 위한 방법을 찾아내고자 했다. 약 3분의 1에 해당하는 어린이가 15분을 견뎌냈다. 수년 후 연구원들은 그 아이들의 성과를 보고, 마시멜로를 앞에 두고 보여준 자제력이 삶의 성공의 뛰어난 예측지표라고 결론냈다. 마시멜로를 먹지 않고 기다린 아이들은 중간에 포기하고 먹어버린 아이들에 비해 10대에 더 나은 성과를 보여줬고 수학능력평가시험(SAT)에서도 훨씬 높은 점수를 받았다. 15분을 온전히 기다린 아이들이 30초 내에 먹어버린 아이들에 비해 210점이 높았다.

펜실베이니아대학교의 젊고 똑똑한 심리학 교수 안젤라 덕월스는 자제력과 목표설정에 관한 후속실험을 수행했다. 덕월스는 중국계 미국인인데 유교적 교육열정, 근면, 면학을 체질화했다. 그녀는 자기평가에 기초한 8학년 때의 자기규율이 고등학교의 성적을 예측하는데 IQ보다 더 나은 지표라는 점을 알아냈다. 그것은 유교문화권의 성공에 대한 이해와 꼭 맞아 떨어지는 것이었다. 여론조사에서 미국의 어린이들은 A를 받는 학생은 똑똑한 학생 즉 브레인이라고 말했다. 중국과 한국에서는 공히, 공부 잘하는 학생들은 열심히 공부하는 학생들이라고 말한다. 덕월스는 이러한 불분명한 성공에 대한 욕구를 근성이라고 부르면서 그것을 장기목표에 대한 열정과 인내라고 정의한다. 그것은 대체로 맞는 것 같다. 그녀는 한 사람의 근성을 측정할 수 있는 일단의 질문서를 고안했는데 그것은 SAT성적보다도 대학생활의 성공을 더욱 잘 예견했다.

    근성은 미국 역사에 있어 특별한 세 부류의 성공집단인 유태인, 아시아계 미국인, 서인도제도계 흑인의 두드러진 성취에 대한 최적의 설명이 될 수 있다. 미시간대학교의 리차드 니스벳은 이 세 집단은 제대로 된 교육으로부터 얻을 수 있는 이득을 중시했다고 지적한다. 그는 유태인이 미국인들에게 수여된 과학 분야의 노벨상 중 3분의 1을 획득했다고 언급한다. 아시아계는 하버드대학교이나 다른 아이비리그 대학교에 입학허가를 받은 학생의 6분의 1을 차지한다. 콜린 파월 같은 카리브 출신의 서인도제도 흑인은 비록 그들의 이민 역사가 일천하지만 다른 흑인들에 비해서 33% 이상 대학을 더 많이 졸업하며 소득도 33% 더 높다. 니스벳 교수는 이런 성취가 타고난 머리가 우수해서 생겨나는 것은 아니라고 주장한다. 그는 어린 시절의 IQ 테스트에서 백인보다 약간 뒤처졌던 중국계 미국인들을 추적한 연구를 인용한다. 초등학교 때 중국계 미국인들은 그들의 경쟁자들보다 더 나은 성과를 내고 있었다. 그 이유는 교육에 대한 집중이 그들을 더 열심히 공부하게 인도했기 때문이다. 나이가 들어 조사대상 중국계 미국인의 55%는 고위 전문직에 들어가 있었는데 이는 백인 중 33%가 전문직에 들어간 것과 비교된다. 교수로서 또는 경영자로서 성공하기 위해서 백인들은 평균 100 정도의 IQ가 요구되는데 반해 중국계 미국인들은 93이면 되었다. 요약하면 중국계 미국인들은 동등한 지적능력을 가지고 더 많은 성공을 짜내는 것이었다.

    이 세 집단의 공통 점도 이민자들의 욕구와 연계된 근면과 교육을 강조하는데 있다. 유태인과 중국인들은 학자를 존경하는 매우 강한 전통을 가지고 있었다. 유태인은 다른 민족들에 비해 이미 1,700년 전부터 남자성인 모두가 유태교 율법을 잘 읽을 수 있도록 글을 깨우쳤다고 전해진다. 그와 유사한 힘이 중국에서는 유교였는데 특히 유교가 교육을 강조한 점이다. 서

누가 마시멜로를 집었나?

인도제도계의 경우 성공의 결정적인 요소는 이민자들의 근면과 노력 그리고 탄탄한 가정으로 여겨진다. 그 결과 가정의 소득은 높아졌고 아빠들은 아이들의 양육에 더 많이 참여하게 되었다.

근성은 부분적으로 영유아 시절에 모습이 정해지는 두뇌형성에도 영향을 미치는 것으로 보인다. 마시멜로 테스트를 경험한 사람들의 최근의 뇌촬영검사는 차이점을 보여줬는데 특히 충동억제와 관련된 전두엽에 있어서 두드러졌다. 그러나 덕워스는 근성을 기르는 방법도 개발하려고 노력해왔다. 그녀는 문제가 있는 학군에서 눈부신 성과를 내고 있는 차터스쿨(charter school, 공적 자금을 받아 교사, 부모, 지역단체 등이 설립한 학교)네트워크, 즉 KIPP와 공동으로 학생들에게 자기규율을 확립하도록 가르쳤다. 이 교육은 긍정적 태도와 자기통제를 포함한 인성에 집중하면서 KIPP에 가입한 학교들에게 성적표와 함께 '성격 기록카드'를 제출케 하였다.

덕워스는 한 시간씩 세 모임으로 구성된 연구 프로그램을 진행했다. 거기에서 초등학교 5학년 학생 77명에게 목표설정방법, 장애발견과 극복을 위한 '만약-그러면' 식의 실행방법을 구성하고 열심히 노력하는 것에 관해 가르쳤다. 그들은 이런 교육을 받은 학생들이 평균성적, 출석률, 행동 등 세 가지 측정에서 단순히 긍정적인 사고를 하라고 가르침을 받은 학생들보다 더 나은 성과를 낸다는 것을 알아냈다.

미쉘이 이전에 트리니다드에서 발견한 것처럼 근성은 또한 무결손 가정에서 자라는 것과 연관된다. 가난한 아이들은 부모가 모두 있는 가정에서 자랄 때 훨씬 더 나은 결과를 갖게 된다는 명백한 증거가 있다.(그것은 엄마나 아빠 한쪽으로부터 많은 지원을 받을 수 있는 중산층 자녀에게는 해당되지 않는다.) 한부모가정에서 자란 아이들은 온전한 부모가정에서 자란 아이들보다 가난한 환경에서 자랄 가능성이 세 배에 달했다. 연구자들은 강한 가정과 근성의 연관성을 명확히 해야 하지만, 강한 가정은 아이들이 커서 가정을 이룰 때를 포함하여 성장하는 아이에게 유용한 자기수양(규율)과 협력 같은 품성을 기르고 전파시키기에 더 나은 위치에 놓여 있는지도 모른다.

노동자가족은 빈곤을 악화시키는 여러 방식으로 인해 해체돼 왔다는 점은 의심의 여지가 거의 없다. 1965년에 다니엘 패트릭 모이니헌은 흑인가정에 영향을 주고 그들을 가난으로 내모는 세 가지 병리현상에 대해 강력한 경고를 보고서로 발간했다. 그의 보고서 이후 50년이 지나 미혼모에게서 태어나는 흑인아동의 비중은 세 배로 늘었으며, 오늘날 미혼모에게서 태어나는 백인아동의 비중은 모이니헌 당시 흑인아동과 동일하다. 또한 사회경제적인 계급과 강한 상관관계가 존재한다. 고등학교 교육만 받은 미국의 백인여성 가운데 미혼 임신으로 태어나는 아이의 비율이 1970년 6%에서 오늘날 44%로 증가했다. 도시연구소의 한 연구는 다음과 같이 결론지었다. "이러한 인구학적인 경향은 매우 놀랍다.... 전통적인 가정의 감소가 전 인종과 소수민족에 걸쳐 일어나고 있다는 사실은 그런 감소를 촉진하는 요인들이 단순히 흑인사회 내에만 존재하는 것이 아니라 더 커다란 사회적 경제적인 맥락 속에 존재한다는 것을 지적한다."

왜 가난 속에서 자라는 아이가 부모가정에서는 더 잘할 수 있는지에 관해서 많은 이유가 있을 수 있다. 거기에는 더 많은 감독이 있을 수 있고 도움을 줄 조부모가 더 많으며 참을성의 한계로 인해 지친 부모가 화를 낼 가능성이 적다. 최근에는 특히 남아의 경우 아빠를 롤모델로 해서 더 잘할 수 있다. 엄마는 딸들과, 아빠는 아들과 얘기를 더 많이 한다는 것도 일부 이유가 된다. 그러나 의붓아버지나 의붓오빠가 있을 때 또는 엄마가 주로 집에서 빈둥대는 남자친구를 두었을 때 신체적이나 성적인 학대를 당할 위험이 훨씬 커진다. 성적 학대는 관두고라도 아이들은 의붓부모나 엄마의 남자친구로부터 구타나 다른 신체적인 학대를 겪을 수 있다. 그들은 낳은 부모에 비해서 아이들에 대한 참을성이 덜하기 때문이다. 얼마나 자주 이런

누가 마시멜로를 집었나?

신체적, 성적 학대가 있는지 알기는 어렵지만 우리가 느끼기에 비록 자주 보고되지 않아서 그렇지 매우 걱정이 될 만큼 일반적이다.

진보주의자들은 비전통적인 동의하에 살고 있는 사람들을 편협하게 보거나 낙인찍는 것을 두려워해 결혼을 장려하는 것에 대해 지나치게 예민하게 느낀다. 보수주의자들은 때로 빈곤의 해법으로 결혼장려책을 상정한다. 아들 부시 대통령 행정부는 그런 노력에 자금지원을 했지만 대체로 그것은 작동하지 않았다. '가정의 기대'라고 불린 한 단체만 단지 조금 도움이 되었을 뿐 대부분은 수백만 달러를 낭비했다. '서포팅헬시메리지(건강한 결혼 지원, Supporting Healthy Marriage)'라는 한 단체를 면밀히 평가해보니 한 커플 당 9,100 달러의 비용이 들었는데 그 커플이 결혼을 유지하는데 영향을 미치지 못한 것으로 밝혀졌다. 게다가 결혼장려책은 싱글맘을 결코 지속되지 않을 문제 있는 결혼으로 몰아갔다. 한 연구는 결혼했다가 이혼한 싱글맘은 결혼하지 않았을 경우보다 재정적으로 더 상황이 나빴다.

가장 근본적인 문제는 노동조합이 붕괴되고 제조업의 일자리가 해외로 옮겨가면서 생겨난 비숙련 남성의 일자리 위기였다. 오늘날 비숙련 남성은 한 세대전에 비해서 가정을 먹여 살릴 능력이 현저하게 떨어져 그 결과로 범죄나 마약중독에 빠질 가능성이 높아진다. 결혼의 감소는 가정에 대한 약속을 지키지 않는 남성 때문이라기보다 범죄기록을 가진 실업자 남편이 가정에 별 값어치가 없다고 생각하는 여성 때문이다. 여성은 이런 남성을 일생의 반려자로 생각하기보다는 정자기부자들 정도로 여길 수 있다.

어린이 빈곤과 관련된 프로그램에서 우리는 기본적인 선택에 직면하게 된다. 우리는 가족계획을 제공하고 아이들이 어려서 쉽게 영향을 받을 수 있을 때 도와줌으로써 빈곤의 고리를 끊고자 노력하면서 선투자를 해야 하는 것인가? 아니면 빈곤의 문제가 현실화된 뒤에야 형사사법제도나 병원 응급실을 통해서 비용지불을 해야 하는 것인가? 대부분의 전문가들의 의견에 기초한 우리의 주장은 첫 단계에서 문제가 생겨나지 않도록 하는 것이 훨씬 비용대비 효과적이고 공정하다는 것이다. 전 하버드대학교 총장 드렉 복은 언젠가 이런 말을 했다.

"교육이 비싸다고 생각하면 무식하려고 애쓰는 것이다."

그러나 실제로 1970년대 이래 미국은 반대의 접근을 했다. 우리는 비행을 막기 위해 초기에 투자하는 것은 최소로 했지만 범죄율이 네 배로 증가하자 형사사법 시스템에 엄청난 투자를 했다.

미국은 현재 교도소 시스템에 연간 500억 달러를 쓰고 있는데 이는 1985년의 90억 달러에 비해 수직상승한 것이다. 미국은 전세계 인구의 5%를 차지하고 있는데 수감자는 25%에 달하며, 현재 교도소에 수감된 미국인의 비중은 레이건 대통령 시절에 비해 두 배에 이른다. 한 연구에 따르면 23살까지 49%의 흑인이 체포되고, 히스패닉은 44%, 백인은 38%가 체포된다고 알려졌다. 이제 공화당이나 민주당이 지배하는 주 모두에서 특히 젊은이들을 범죄인으로 만들어 사회문제를 해결하려는 이런 노력이 실패했다는 인식이 점점 커지고 있다.

경제학자들이 시카고 내 35,000명의 비행 청소년들을 조사한 후 다른 조건이 같다면 소년원에 보내진 청소년은 (가정보호에 처해진 청소년에 비해) 성인이 되어 교도소에 갈 확률이 22% 더 높다는 점을 알아냈다. 이유는 단순한 것 같다. 즉 소년원에 보내진 젊은이들은 다른 비행청소년을 만나고 범죄성향이 있는 자들과 네트워크를 형성했다. 미국은 다른 나라에 비해서 다섯 배 정도 많이 어린이들을 소년원에 억류한다. 이런 정책은 역효과를 낼 뿐 아니라 경제적으로도 지속가능할 수 없다. 민주당과 공화당 모두 비폭력 비행청소년에 대해서는 교도소 수감 대신 다른 대안을 이용하려는 노

누가 마시멜로를 집었나?

력을 지지한다. 이런 노력의 선봉에는 코네티컷 주(이 주는 수감어린이의 수를 절반으로 줄였다.), 뉴욕, 캘리포니아, 미주리, 텍사스 주가 있다. 캘리포니아 주는 현재 비행청소년의 감호에 연간 216,000달러를 쓰고 있는데 차라리 그 돈을 예방 프로그램에 쓰는 것이 훨씬 나을 수 있다.

그렇더라도 청소년비행과 교육실패를 막는 것은 말만큼 쉽지 않다. 그러나 젊은이들이 성공을 바라고 성공할 수 있는 수단을 갖출 수 있도록 그들의 열정과 근성을 북돋우는 것이 어떻게 가능한지 보고 싶다면 뉴욕시의 중등학교 IS 318을 방문해 보라. 브루클린의 살벌한 이웃들 위로 성채처럼 솟아 있는 중학교인데 그곳 학생의 70%는 너무 가난해서 공짜급식이나 할인을 받을 수 있을 정도이고, 다섯 명 중 네 명은 흑인이거나 라틴계이다. 이 학교에 가보면 낡은 건물은 좌절을 뱉어내고 있는 듯하다.

그러나 1999년 이래로 IS 318 중등학교의 상황은 완전히 달라졌다. 그해에 '체스인더스쿨즈(학교 내 체스, Chess in the Schools)'라는 비영리단체가 엘리자베스 슈피겔이라는 강사를 파트타임으로 투입해 학생들에게 체스를 가르칠 수 있도록 재정지원을 했다. 슈피겔은 학생들을 게임에 참여하도록 했고 그들에게 체스에 대한 그녀의 열정을 심어주었다. 곧 교내 체스팀은 그녀의 지도하에 중학교 토너먼트에서 두각을 나타내기 시작했다. 성공은 학교를 자극시켰으며 그래서 더 많은 학생들이 가입했다. 2006년 학생들의 열의를 활용하고자 원했던 학교는 슈피겔을 정규 체스교사 및 체스팀 코치로 채용했다.

그녀가 관장하는 체스룸은 수백 권의 체스관련 책이 서가에 꽂혀 있다는 것 외에는 다른 교실과 비슷하다. 특히 많이 읽힌 책은 〈체스 출전자를 위한 초반전략(The Ruy Lopez for tournament Player)〉, 〈체스 중반전의 이해(Understanding Chess Middle Games)〉, 〈카사블랑카 최고 게임모음(Casablanca's Best Games)〉, 〈킹의 전술(The King's Gambit)〉, 〈체스를 닮은 인생(How Life Imitates Chess)》이다. 출입문에는 최고수부터 신참까지 모든 회원들의 최근 체스 순위가 붙여져 있다. 그 방은 마치 자신들이 NBA의 스타플레이어인 듯이 여러 고수들이 이러저런 수의 장점을 두고 논쟁하는 다소 시끄러운 분위기이다. 학생들은 서로 상대를 바꿔가면서 시간을 쪼개 연습을 하고 다 같이 모여 슈피겔이 대형화면에 투사한 체스판을 두고 그들에게 한 발 앞서 생각하도록 가르치는 강의를 듣는다.

"그래 이 상황에서 흰색 말을 위해서 최선의 수는 뭘까?"

슈피겔이 스크린을 가리키며 체스반의 학생들에게 묻는다. 오늘의 강의는 외통수를 만들기 위해 루크(rook)를 어떻게 사용하느냐에 관한 것이었다. 그래서 그녀는 학생들에게 다양한 의견을 제시해 보라고 부추겼다. 그리고 나서 그녀는 제시된 수가 성립되는지를 보여주기 위해 말을 놓았다.

"내가 박스(box, 상대방의 킹핀이 움직일 수 있는 범위)를 더 작게 할 수 있을까?"

하고 그녀는 물었다.

"우리는 왕을 구석에 몰아넣으려 하지. 왜냐하면 구석에서는 외통수를 만들기가 쉬우니까."

학생들은 마치 운동경기를 관람하듯이 몸을 앞으로 숙이고 집중한다.

그 결과는 놀랄 만하다. 특히 초등학교 2학년부터 체스강사를 붙여 온 사립학교와 근교의 백인학교가 지배하는 체스의 세계에서는 그러하다. 대조적으로 IS 318의 체스클럽의 대표는 카를로스 타피아인데 그는 8학년에 다니는 멕시코계 미국인으로 아빠가 페인트공이고 엄마는 가사도우미 일을 했다. 부모는 체스게임을 못했고 아들을 위해 가정교사를 붙일 수도 없었으며 카를로스는 자기 공부방조차도 없었다. 그러나 카를로스와 다른 학생들은 일과중에는 슈피겔의 체스수업을 듣고 방과후에는 학교에 남아 연습을 하며 체스에 온몸을 던졌다. 카를로스 같은 IS 318의 학생들은 일주

누가 마시멜로를 집었나?

엘리자베스 슈피겔(왼쪽)이 지난주부터 학생토너먼트 게임을 치루고 분석하고 있다.

일 내내 그리고 하루 종일 체스와 살았다.

"그들은 더 나은 실력을 갖추고자하는 동기를 가졌어요. 정말 대단한 일이었어요. 만약 당신이 뛰어난 선수라면 사람들은 당신을 존경할 거예요."

그녀는 이렇게 말했다.

슈피겔은 4살 때 체스를 배웠는데 현재 미국 내 30등 안에 드는 최고의 선수이다. 체스는 그녀가 학교생활에서 힘들 때 자신감을 가져다주었다. 이제 그녀는 자신의 제자들에게 똑같은 과정을 되풀이하고 싶어한다.

"저에게 동기를 부여하는 것중의 하나는 체스 토너먼트 대회가 대부분 백인 사립학교끼리의 게임이라는 점입니다. 저는 우리 아이들이 공립학교 출신이고 유색인종이라는 점이 너무 좋아요."

IS 318의 6, 7, 8학년은 일방적으로 상대방을 물리쳤다. 2000년 이후로 이 학교는 미국 내 다른 어떤 학교보다도 더 많이 우승을 했다. 2012년에는 학생들이 중학교부에서 우승했을 뿐 아니라 네 살 위의 고등학생들과도 경합을 벌였다. IS 318은 고등부 전국 챔피언에 등극했는데 이는 중학생이 처음으로 이룬 쾌거였다.

이런 성공에도 불구하고 이 학교의 체스 프로그램은 예산삭감 때문에 살아남기 위해 안간힘을 쓰고 있다. 토너먼트 중 다른 학교 학생들은 식당에 가는데 반해 IS 학생들은 집에서 싸온 땅콩 샌드위치를 먹고 견뎌낸다. 이 어려운 아이들을 응원하는 체스 토너먼트의 주최측은 종종 그들이 대회에 참석할 수 있도록 참가비를 면제해 준다. 학교는 스폰서를 구하기 위해 기업과 접촉했다. 그러나 은행가의 자녀들은 IS에 다니지 않고 있어 아무도 도움을 주는데 관심이 없는 듯했다.

"우리는 헤지펀드 종사자들에게 접촉을 시도했습니다. 우리는 지원받지 못했습니다. 나는 그들 이름을 내 명함첩에 가지고 있지 않았습니다. 그것이 이 불쌍한 아이들이 큰 성공을 거두지 못하는 이유입니다. 아이들의 부모들은 명함첩조차도 가지고 있지 않습니다."

학교의 부교장이며 체스팀의 후견인인 존 개빈이 말한다.

그러함에도 IS 318은 자부심으로 넘쳐났다. 학교전화에 녹음된 메시지는 전국챔피언이라는 점을 자랑하고 있으며 '브루클린 캐슬'이라는 다큐멘터리는 학생들의 성공스토리를 강조했다. 체스클럽은 약 100명까지 늘어났고 구성원도 엄청 다양해졌다. 트리니다드의 싱글맘 밑에서 자란 로쉘 발란타인은 IS 318에서 두각을 나타내 전국에서 가장 뛰어난 여성 체스선수가 되었다. 지금은 스탠포드대학교에서 전액장학금을 받는 학생으로 최초의 흑인여성 체스달인이 되는 것을 목표로 하고 있다. 여러분은 체스팀이 IS 318의 학생들에게 단순히 체스판 위의 기능만을 가져다준 것이 아니라 근성 있는 자신감과 열심히 하고 희생하면 부모보다 더 나은 삶을 영위할 수 있다는 믿음을 심어주었다는 것을 느낄 수 있을 것이다.

이것이 IS 318 체스클럽의 본모습이다. 즉 가난을 없애는 것이 아니라 기회를 만들고 삶의 지평을 넓히는 비용이 많이 안 드는 수많은 방안의 하나인 것이다. 당신이 체스를 좋아한다면, 또는 좋아하지 않더라도, 아이들을 사랑한다면, 근성을 가진 아이들을 사랑한다면, 그리고 무엇보다도 어떤 변화를 만들고 싶다면, 그들이 체스의 졸 이상 되는 인물로 클 수 있다는 점을 인식시키기 위해 영감을 불어넣는 프로그램을 지원하라.

그래디 여사와 그녀를 울린 소년

때로 세상을 바꿀 기회는 예상치 않은 방식과 예상치 않은 곳에서 온다. 우리들 대부분은 일상생활 속에서 도움을 줄 수 있는 사람들을 만나게 되는데 그냥 지나치는 경우가 너무 많다. 아마도 창피해서거나, 기차나 버스를 타려고 달려가느라, 저녁을 짓기 위해 식료품을 사느라, 또는 무엇을 제시할지 몰라서 그럴 수 있다. 아마도 우리는 한 가지 또는 다른 어떤 기여가 변화를 가져오지 못한다고 생각한다. 그러나 그런 기여들은 변화를 가져올 수 있다.

1950년대 후반 올리 닐은 태도는 바르지만 분명히 전망이 없는 가난한 집안의 어린이였다. 그는 다소 반항적이었으며 그래서 도움받기를 거부했다. 그러나 그의 이야기는 롤모델과 멘토 특히 비공식적인 멘토의 힘을 상기시키고 있다. 또 가망없는 청소년에게 도움의 손길을 뻗쳤을 때 얻을 수 있는 성과를 상기시킨다.

올리의 아빠는 초등학교 2학년을 마친 농부였다. 올리는 아칸소의 농촌지역의 전기도 없는 비좁은 집에서 열세 명의 형제와 함께 살고 있었다. 올리는 당시 인종차별이 심한 남부에서 흑인들만 다니는 작은 학교에 다녔고 항상 불만이 많았다. 당시 그 학교의 선생님이었고, 지금은 아칸소대학 교수로 은퇴한 캐롤라인 블레이컬리는 올리를 권위에 도전할 수 있는 위험한 아이로 기억한다. 그 당시 고등학교의 선생님들은 학생들을 부를 때 미스터, 미스라는 호칭을 사용했고 학생들도 선생님을 그렇게 부르도록 돼있었다. 올리는 그의 선생님을 그냥 "캐롤라인"이라고 불러서 교실을 발칵 뒤집어놨다. 그와 같은 문제아에 대처하기 위해서 블레이컬리는 이렇게 떠올렸다.

"나는 퇴근 후 거울 앞에 서서 무섭게 하는 연습을 했어요."

그래디 여사와 그녀를 울린 소년

"그는 자유영혼이었어요. 올리는 재능도 많고, 에너지도 넘치고, 매사에 호기심도 많았어요. 그러나 만약에 바른 방향으로 지시를 받으면 그는 나쁜 방향으로 가곤했죠."

그게 현실이었다. 정기적으로 가게에서 물건을 훔치던 올리는 마침내 그가 파트타임으로 일하던 가게에서 물건을 훔치다 현장에서 걸렸다. 그는 해고됐으며 험한 인생을 향해 갈 것 같았다. 1957년 고등학교 3학년 가을 올리는 캐롤라인의 수업을 빼먹고 영어선생님인 밀드레드 그래디가 세운 도서관으로 갔다. 그래디는 진솔하고 헌신적인 흑인여성으로 올리를 가능성이 많은 똑똑한 아이로 보고 그를 변화시키려고 노력했다. 그러나 그는 그녀를 조롱하고 결국은 울음을 터뜨리게 하였다.

"저는 착한 아이가 아니었습니다. 전 평판이 나빴어요. 저는 그분을 울게 만드는 유일한 아이이었어요. 그분은 '얘는 구제불능이야'라고 말할 충분한 이유가 있었습니다."

올리 닐은 회상한다.

도서관에서의 그날 올리는 한가하게 문고판 서가를 둘러보다가 옷을 거의 걸치지 않은 여성을 표지모델로 한 외설스런 책을 발견했다. 그 책은 흑인작가 프랭크 예르비가 쓴 〈즐거운 계곡의 보물(The Treasure of Pleasant Valley)〉이었다. 그것은 어렴풋이 호소력이 있어 보였다. 올리는 책을 즐겨 읽는 사람이 아니었다. 그는 자신의 강한 이미지를 해칠까 두려워 그가 책을 도서관에서 대출했다는 얘기가 도는 것을 원하지 않았다.

"그래서 저는 그 책을 훔쳤습니다."

그는 책을 겉옷 안쪽에 숨겨 가지고 나와서 남들 눈에 안 띄게 집에서 읽었다. 그는 그 책이 좋았다. 소설은 지루한 것이 아니라 그를 새로운 세계로 안내해주는 도구라는 점을 발견했다. 그는 그 책을 다 읽고 나서 몰래 도서관에 가서 그 책을 있던 자리에 되돌려 놓았다. 그 서가에서 그는 예르비가 쓴 또 다른 책을 발견했다. 유혹이 너무 강렬해서 그는 그 책을 또 훔쳤다. 이 책 또한 눈을 떼지 못하게 했는데, 올리는 놀랍게도 그 책을 서가에 되돌려 놓으려고 갔다가 이전에 전혀 알지 못했던 예르비가 쓴 또 다른 책을 찾아냈다. 이런 일이 네 번이나 일어났다. 이제 그는 열독자가 되어 있었다.

"독서는 내가 좋아하는 일이 되었습니다."

그는 말한다. 그는 이내 문학으로 나아가 알베르 카뮈의 소설을 읽었다. 그는 신문과 잡지도 읽기 시작했다. 그리고 그는 당시의 사회적인 이슈와 정치적인 이슈에도 관심을 갖게 되었다. 그는 꿈을 꾸기 시작했고 그의 희망은 대학에 진학하고 로스쿨에 가면서 실현되었다. 그는 아칸소의 선구적인 흑인변호사가 되어 인권운동의 주요인물로 등장했다.

1991년 닐은 흑인 최초로 아칸소의 지방검찰총장이 됐다. 몇 년 후에는 판사가 됐으며 그 다음에는 고등법원의 판사가 됐다. 그의 탁월한 사법경력을 통하여 닐은 약자의 결연한 보호자였으며 빈곤층의 건강, 문맹, 그리고 복지 분야로 업무를 확장해 나갔다. 그의 딸 카라마는 같은 뜻을 이어받았

엘리자베스 슈피겔(왼쪽)이 지난주부터 학생토너먼트 게임을 치루고 분석하고 있다.

그래디 여사와 그녀를 울린 소년

다. 그녀는 유전학에서 박사학위를 받은 후 에모리대학에서 생물윤리학을 가르쳤는데 지금은 아칸소에서 지역공동체 발전 프로그램을 운영하고 있다.

졸업생 중 성공한 한 사람이 되어 닐은 항상 고등학교 동창회에 참석했다. 한번은 밀드레드 그래디와 그녀가 관리하던 학교도서관의 그 책들이 어떻게 그의 인생을 바꾸게 되었는지에 관해 둘이 얘기를 나누게 됐다. 그녀는 고개를 끄덕이면서 그가 처음으로 책을 훔치는 것을 알았다고 고백했다. 그 순간 그녀는 충동적으로 그를 막아서 쉽게 대출받을 수 있는 책을 훔치는 것에 대해 나무라고 싶었다고 말했다. 그런데 순간적으로 그녀는 그가 책을 읽는 사람으로 보이는 것에 대해 당황할 수 있다는 인식을 했다. 그래디는 아무런 내색도 하지 않았다. 다음주 토요일에 그녀는 70마일을 운전해 멤피스로 가서 예르비가 쓴 다른 소설이 있는지 찾았다. 거기까지 가는데 필요한 기름값이나 책을 살 수 있는 예산은 없었지만 그녀는 올리 닐의 마음과 정신을 열 수 있다는 희망 속에서 흑인분리지역의 선생으로서 받는 쥐꼬리만한 봉급을 책을 한 권 사는데 기꺼이 쓰고자 했다. 첫 번째 찾아간 서점에는 예르비의 어떤 책도 없었다. 그렇게 두 번째, 세 번째 책방을 찾아갔다. 마침내 그녀는 한 권을 발견하고 그것을 사서 도서관의 책꽂이에 올려놨다.

그래디 여사는 올리에게 그가 두 번째 책을 훔칠 때 얼마나 짜릿했는지 말했다.(이 만남 이후에 그래디 여사는 운명했다.) 이렇게 관대했던 여성은 두 번 더 토요일에 예르비의 책을 사러 멤피스까지 걸어서 갔다. 인종과 여성 차별로 인해서 많은 기회를 거절당한 흑인여성인 밀드레드 그래디는 책도 교육도 중요시하지 않는 무례한 아이들로 가득 찬 흑인분리지역 학교의 선생으로 썩는 것에 대해 수없이 많이 씁쓸함을 느낄 만했다. 하지만 그녀는 학생들에게 혼을 불어넣었다. 사실 아칸소는 그녀의 이름을 딴 학교를 지정해야 한다. 왜냐하면 올리 닐은 밀드레드 그래디가 아이들이 잠을 수 있는 기회를 주면서 바꾸어 놓은 많은 학생들 중 하나에 불과하기 때문이다.

7

십대 문제아 코칭

> 항상 사람을 단순히 수단이 아닌 목적으로 대우하라.
>
> 임마누엘 칸트

툴사(Tulsa)에서 우리는 한 교실에 8개의 학년, 남학생과 여학생 각각 절반씩 모여 십대들의 임신을 피하는 방법에 관한 수업을 하고 있는 것을 보았다. 뉴욕의 교육전문가 마이클 카레라가 개발한 이 프로그램은 '증거에 의한 정책연합(Coalition for Evidence-Based Policy)'이라는 기관에 의해 최고라는 평가를 받아 지금은 20개 주의 저소득 지역에 있는 학교에서 채택하고 있다. 우리가 참관한 수업에서 아이들은 섹스를 요구하는 남자친구나 여자친구를 어떻게 다룰 것인지에 관해 훈계가 아닌 실질적인 토의를 했다.

레베카 브루어 선생님은 학생들에게 사람들은 섹스를 강요하기 위해서 무슨 말을 할 것 같냐는 질문을 했다. 그러자 즉각 여러 명의 학생들이 손을 들었다.

뒷줄에 앉은 라틴계 여학생은 "섹스 안 해주면 너와 헤어질 거야."라고 말할 것이라고 대답했다.

"당신이 진정 나를 사랑한다면 섹스를 해줘야지."라고 할 것이라고 교실 반대편에 있던 흑인학생이 다른 대답을 내놨다.

많은 학생들이 각각의 코멘트에 대해 짐짓 점잖을 빼며 고개를 끄덕였다.

브루어 선생님은 다시 물었다.

"그런 것을 뭐라고 부릅니까?"

"성적 강요."

몇몇 아이들이 대답했다. 브루어 선생님은 고개를 끄덕이며 학생들이 섹스를 할 준비가 안 되어 있을 때 섹스에 혈안이 된 상대를 어떻게 다룰 것인지에 관해 얘기하기 시작했다.

우리는 결단력에 관한 글에서 빈곤의 병리현상을 해결하는데 특히 십대를 대상으로 형사처벌 시스템을 사용하는 것은 실패한 전략이 될 수 있다고 언급했다. 그러나 일련의 전략은 믿을 만한 증거를 통해서 청소년을 빈곤에서 구해내는 것으로 나타났다. 그 출발점은 가족계획 특히 십대 임신을 줄이는 것이다. 미국 내 십대 임신 중 77%는 의도되지 않은 것이고 이렇듯 아이가 아이를 갖게 되면 그 결과는 암울하다. 이 엄마는 학교를 중퇴할 수 있고 유아는 스트레스가 많은 극빈의 환경에서 자라게 될 가능성이 높다. 툴사에서 우리는 한 가족을 만났는데, 이 여성가장은 열세 살에 첫아이를 낳았다. 또 딸은 열다섯 살에 첫아이를 낳았고, 손녀딸은 열세 살에 마약을 하면서 아이를 낳았다.

전세계는 미성년자들이 의도하지 않은 임신을 피할 수 있도록 필사적으로 도와줘야 한다. 미성년자 자신뿐만 아니라 그들의 자녀들을 위해서도 그렇다. 이는 학교에서 종합적인 성교육을 더 많이 해야 하며 임신중절 수술치료를 제공할 수 있는 병원에 더 많은 공공자금이 지원돼야 한다는 것을 뜻한다.

구트마허연구소의 한 연구에 따르면 공공자금으로 지원되는 임신중절 수술치료가 없었다면 미국 내 의도하지 않은 십대 임신의 비율은 73% 이상으로 높아졌을 것이라고 한다. 임신 예방을 위한 공적인 투자는 비용대비 효과면에서 매우 크다. 왜냐하면 의도하지 않은 임신은 납세자인 국민들에게 일년에 125억 달러의 비용부담이 되기 때문이다. 그나마 그 비용은 출생 첫해 영아의 건강관리를 위한 것만을 포함한 것이다. 임신중절 수술치료에 투자된 돈은 몇 배의 대가를 치르게 한다. 그러나 타이틀 X(유사한 종류의 미국 내 최대펀드)를 통한 가족계획사업용 공공모금은 물가상승을 감안하면 1980년대에 비교해 3분의 1에 불과하다. 거기에 참여할 수 있는 길은 가족계획병원에서 자원봉사하는 것에서부터 대학에서도 운영되는 다양한 '플랜드페런트후드(가족계획, Planned Parenthood)' 프로그램에 가입하는 것까지 여러 방법이 있다.

중,고등학생을 대상으로 하는 카레라 과정은 이런 문제를 다루는 가장 인상적인 노력의 하나다. 뉴욕의 어린이 지원단체의 도움으로 고안된 이 과정은 열악한 처지에 있는 아이들에게 콘돔사용법과 자신감도 심어준다. 이 프로그램은 중학교 일학년(sixth grade)부터 고등학교 3학년까지 운영되고 있으며 건강, 성, 직업, 은행계좌 그리고 금융지식에 관한 토론을 포함한다. 학생들은 저축계좌를 개설하는 방법을 알게 되고 의료지원, 치과치료, 안과치료와 안경맞춤 그리고 필요하다면 치아교정치료까지 도움을 받는다. 이런 혜택 덕분에 청소년들이 등록하고 있으며 사회적으로 보수적인 지역에서도 '성교육' 프로그램이라는 거부감을 감소시킨다. 성에 관한 토론이기 때문에 학생들은 반드시 부모의 동의를 얻고 선택적으로 등록한다.

카레라 박사는 한 가지 해법만으로 접근하는 것은 제대로 문제를 해결하지 못한다고 강하게 주장한다. 임신의 근본적인 이유가 피할 수 없는 상태나 절망상태였기 때문이라는 것이다. 그가 생각하듯이, 임신 예방은 단순히 난자가 정자를 만나지 못하게 하는 기술적인 문제뿐만이 아니다. 임신 예방은 아이들에게 자신들의 미래에 발생할 임신의 문제점을 인식하도록 해서 적극적으로 임신을 피하고자 하는 희망과 투지를 심어주는 것이다.

"우리 프로그램의 지혜는 우리가 포기하지 않을 때 시작됩니다."

카레라 박사는 말한다.

툴사의 카레라 교실에서는 섹스요구를 남자친구나 여자친구가 하는 것이 아니라 성인이 할 경우 어떤 일이 일어날지로 대화가 흘러갔다. 브루어 선생님은 청소년들이 가족의 친구나 다른 믿을 만한 성인들의 성적 희생물이 되었을 때 겪는 혼란을 언급하는 영상물을 틀어줬다. 그러자 8학년 학생들 사이에서 발기와 질의 분비에 관한 성적인 대화와 동의 없는 섹스의 경우 청소년들이 느끼는 육체적인 흥분의 강도에 관한 얘기가 이어졌다. 브루어 선생님은 흥분이 어떻든 동의는 항상 필수적이며 "아니오"는 항상 "아니오"를 의미한다고 강조했다.

나중에 우리가 학생들과 대화를 나누었는데 개비라는 한 여학생은 여기서 알려주는 내용이 매우 유용하다고 말했다. 언니가 십대에 아이를 낳았는데 만약 언니가 이 프로그램에 다녔더라면 그런 일은 없었을 거라고 말했다. 카레라 프로그램은 비싸다.(툴사의 경우 일년에 한 학생당 2,300달러이다.) 그러나 이 비용은 미국에서 연간 75만 명의 십대 임신부들을 위해서 쓰이는 수십 억 달러에 비하면 아무것도 아니다. 카레라 과정은 주로 교육청이나 재단 등이 지원을 하고 있지만, 이 프로그램은 열심히 기부를 받고 있다. 예를 들어 50달러의 기부는 카레라 과정의 금융교육의 일환인 저축계좌 개설을 위한 기초자금에 충당하게 된다.

그 밖에도 가족계획은 제쳐두고라도 원치 않는 임신을 줄이는 값진 제안들이 많이 있다. 시카고의 한 단체인 '옵션포유스(젊은이를 위한 선택, Options for Youth)'는 4,000명의 미성년 학생엄마들을 대상으로 활동하면서 이들을 다시 교육시스템 안으로 되돌아오게 하려고 노력하고 있다. 10년 간의 활동을 평가해보니 단지 3%만이 십대에 다시 임신했다는 점을 발견했는데 이는 비교대상의 다른 여학생들에 비해 훨씬 낮은 숫자이다. 또한 이 프로그램에 속해 있는 여학생의 70% 이상은 고등학교를 졸업했는데 이는 전국 평균의 두 배에 해당하는 것이다.

학교는 임신 예방을 넘어서 문제아들에 접근하여 그들의 인생을 되돌려놓는 매우 중요한 대안이다. 훌륭한 선생님은 문제점이 많은 학교시스템에서조차 두드러진 효과를 낼 수 있다. 하버드대학교에서 실시한 연구에 따르면 규모가 큰 도시의 공립학교 시스템에서는 실력이 탁월한 초등학교 선생님이 실력이 평범한 선생님들과 비교해서 제자가 평생임금을 70만 달러나 더 받을 수 있을 만큼 장기적으로 결과를 개선시킨다. 몇몇 선생님은 이것을 수년간 지속적으로 해낸다. 그러나 대부분의 유능한 선생님들은 대개 그런 혜택이 덜 필요한 중·상류층 계급이 다니는 학교에서 일하고 있는 반면, 도심 내 유색인종 아이들이 다니는 학교에서는 이런 선생님들을 만나기가 쉽지 않다. LA에서 실시된 한 연구결과, 흑인아이들이 실력이 하위 25%의 선생님을 만나는 대신 상위 25% 내에 드는 선생님들을 만나고 그것이 4년간 지속된다면 인종 격차는 없어질 수 있는 것으로 나타났다. 도심 내 학교에서 일류 선생님들을 끌어들이고 유지하기 위해서는 그들에게 더 많은 보수를 지불하거나 아니면 인센티브를 제공하여야 한다.

또한 우리는 저소득 지역사회에서 학교의 역할에 관해 다시 생각해 보아야 한다. 한 연구결과에 의하면 환경이 열악한 지역에 사는 아이들에게 하루중 가장 위험한 시간은 오후 2시부터 6시까지이다. 이때 여자아이들은 임신에 이르는 섹스의 위험이 가장 높으며, 남자아이들은 인생을 망칠 수 있는 싸움에 휘말리게 된다. 우리는 이 시간에 더 많은 경찰을 길에 배치하거나 또는 우리가 수십 억 달러를 투자한 인프라인 학교를 더 잘 활용해야 한다. 그런데 저소득 지역 학교 대부분이 오후 2시나 3시면 문을 닫아버린다.

"아이들은 어디에도 갈 수가 없어요. 바로 학교 밖에서 아이들이 극도로 위험한 삶을 살고 있어요."

전 포드재단 이사장인 루이 우비나스는 말한다.

"그래서 우리는 무엇을 할 수 있나요?"

재단의 답은 학교에서의 수업일수를 늘리는 것이다. 고학년 아이들을 대상으로 일련의 조기어린이교육 프로그램을 만들었던 재단은 어려움에 처한 학교들이 수업일수를 늘리고 아이들을 길에 나가지 않게 했다. 방과 후 클럽활동은 부유한 교육구에서는 일반적이지만 저소득 지역에서는 거의 발견하기 어렵다. 사우스 브롱스에서 자라나 1960년대 헤드스타트 프로그램에 첫 입학생으로 참여한 우비나스는 부유한 가정의 아이들은 저소득층 아이들보다 50% 더 많은 시간을 정규학교, 여름학교, 또는 다른 과외활동을 하면서 보낸다고 말했다.

이 문제를 해결하기 위해서 포드재단은 저소득 구역의 중학교에서 2부제로 시민학교라고 불리는 3시간의 방과후 도제 프로그램을 지원했다. 학생들은 개인교습을 받았고 대학이나 직장이 운영하는 프로그램에 참여했으며 직업개발과정도 이수했다. 처음으로 보스턴에서 시작된 이 프로그램은 자원봉사자를 초청해서 학생들에게 그들의 직업과 화이트칼라의 삶에 관해서 강의하도록 했다. 자원봉사자들은 회사, 대학, 비영리단체에서 왔는데 일주일에 한 번 90분 강의를 통해서 학생들을 법, 경영, 엔지니어링, 과학, 그 밖의 분야를 접하게 했다. 자원봉사자들은 또한 목표설정에 관해서 상당한 코칭을 제공했다. 결과는 매우 고무적이었다. 학생당 2,000달러 미만의 비용을 들이고 이들은 수학평가에서 8% 상승했고, 영어평가에서는 2% 상승하였다.

 몇몇 주에서 위험에 처한 청소년과 가족은 함께 교육받을 수 있다. 그 중 한 프로그램이 '유스빌리지(청소년마을, Youth Villages)'인데 앞에서 본 '간호사-가정협력 프로그램'과 유사하다. 1986년에 설립된 비영리단체로서 저소득층의 엄마와 아빠 또는 친척들을 대상으로 지도하며 그들이 부모역할을 더 잘할 수 있도록 지원한다. 오늘날 청소년마을은 11개 주에서 사춘기 소년소녀들에게 거주공간과 가정역할을 하며 운영되고 있다. 그래서 청소년마을은 "강력한 가족 건설"이라고 불리고 있다.

 청소년마을의 혜택을 받은 사람 중에 프레드 번즈가 있다. 그는 마약중독과 가정폭력에 찌들어 사는 테네시의 빈곤한 부부 슬하의 10남매 중 한 명으로 태어났다. 가족은 수시로 노숙자센터에 드나들었고, 프레드는 항상 배가 고팠다. 프레드는 때때로 자신과 형제자매들의 주린 배를 채우기 위해 도둑질을 해야만 했다. 프레드는 성장하면서 화를 품고 공격적인 성향을 가지게 됐고 그로 인해 열세 살에 소년원에 갔다. 그 이후로 8차례나 계속해서 소년원에 드나드는 굴곡진 삶을 보내다가 마침내 청소년마을의 거주공간에 들어오게 됐다. 멘토들이 프레드와 함께 교정작업을 시작했다. 그의 얘기를 귀담아들어주고 깊은 우정을 나눌 오랜 친구관계를 위해 인내심을 가지라고 지도했다.

 "당신도 멘토들이 당신을 위해 뭔가를 개선시키려고 함께 노력한다고 느낄 것입니다. 멘토들은 저를 지지했고 제가 포기하지 않고 계속 견딜 수 있도록 확신을 심어주었죠."

 프레드가 안정을 찾아갈 무렵, 청소년마을은 그를 계속해서 안정적으로 키워줄 친척을 찾았다. 셜리라는 숙모가 마지못해 동의했다. 숙모 셜리는 십대를 다룰 만한 자신이 없었기 때문이었다. 청소년마을의 사회복지사

프레드 번즈가 미시시피 잭슨에 있는 윙필드고등학교 졸업식에서
졸업생 대표로 연설을 하고 있다.

가 프레드의 적응기간 동안 그들을 도왔다. 점차 프레드는 정상적인 삶을 살게 됐고 숙모 셜리도 열여섯 살인 그를 아들로 정식 입양했다. 프레드는 삶이 안정을 되찾자 운동과 학과에서 두각을 나타내기 시작했다. 그는 가족 중에서 처음으로 고등학교를 졸업했는데 그것도 평점 4.25의 아주 우수한 성적으로 졸업생 대표가 되었다. 프레드는 장학금을 받고 미시시피주립대학에 입학했고 풋볼팀의 교체선수로 성공적인 활약을 했으며, 나중에 잭슨주립대학교 컴퓨터공학과로 전학했다.

이제 스물세 살의 대학교 3학년 학생인 프레드는 다른 학생들을 지도하고 멘토 역할을 하며 크리스마스 때는 다른 가족에게 선물을 전달한다.

"저를 도와준 모든 분들이 제게 쏟은 시간 덕분에 오늘의 제가 있는 것이죠. 다른 사람들이 저를 믿어주고, 그중 몇 분은 제가 다시 저의 가치를 믿도록 도와준 덕분에 지금은 되갚아 주는 것이죠. 저는 다른 분들이 제게 베풀어준 것을 다른 사람들을 위해서 행하는 것뿐이에요."

청소년마을 프로그램은 아무리 박하게 평가하더라도 문제아의 80%에게 장기적인 성공을 거두었다고 볼 수 있다. 다시 말해 비행청소년들이 가족과 함께 살거나 혼자 살면서 법을 어기지 않고 있다는 의미이다. 청소년마을 프로그램이 전통적인 방법에 비해 3분의 1의 비용밖에 들지 않음에도 불구하고 이 성공비율은 전국 평균의 두 배에 이르는 것이다. 청소년마을은 제대로 된 지원과 조사가 이루어진다면 입양가정을 포함해 정부가 양육하고 있는 60만 명의 아이들의 절반이 가족이나 친지와 같이 생활할 수 있으며 연간 수백만 달러를 절약하고 그 청소년들의 트라우마와 혼란기를 줄일 수 있음을 입증한다.

학교가 할 수 있는 가장 중요한 개입내용은 최고의 대학으로 진학할 수 있는 배경이나 가족의 지원이 없는 우수한 고등학생들이다. 많은 우수한 고등학생들이 집안에서 학비마련이 어렵거나, 가족 가운데 대학을 다닌 사람이 없기 때문에 감히 대학 갈 엄두를 내지 못한다. 그들은 장학금을 받고 일류 사립대학교에 가는 것이 주립대학교에 가거나 지역대학에 가는 것보다 비용이 덜 든다는 점을 인식하지 못하고 있다. 그리고 문제학교의 카운슬러들은 다른 문제학생들에 치여서 이런 우수한 학생들에게 큰 도움이 되지 못한다. 하나의 방안은 '티치포아메리카(Teach for America)'와 유사한 모델인 '컬리지어드바이징코프스(College Advising Corps)'이다. 이것은 최근 대학졸업생을 저소득 고등학교 내에 대학입학 조언자로 배치해 학교선택, 지원, 장학금 응모, 그리고 등록까지 도와주는 단체이다. 조언자들은 2년 동안 일하게 되며 실비를 받는다. 조언단은 이미 14개 주 수백 개의 고등학교에 존재하고 있으며 빠르게 확장하고 있다.

직업훈련 프로그램, 일자리 보조금, 그리고 다른 비행청소년을 일터로 보내려는 방안들은 일반적으로 성공할 가능성이 높다. 로널드 레이건이 "가장 최선의 사회복지 프로그램은 일자리다."라고 말한 것은 일리가 있다.

뛰어난 실적을 보여줬던 프로그램 중 하나는 직업학교다. 직업학교는 위험에 노출된 십대들에게 특수한 직업을 훈련시키고 실제의 직업경험을 제공해준다. 직업학교에 배정된 실험집단의 청년들은 8년 후에 통제집단보다 훨씬 더 많은 소득을 얻고 있었다. 그들의 성공 덕분에 지금은 미국 내에 7,000개의 직업학교가 있어서 백만 명의 학생들을 지원하고 있다.

일자리는 소득뿐만 아니라 자존감과 자신감을 높여주기 때문에 중요하다. 하버드대학교의 연구원들은 1990년과 2008년 사이에 백인여성 고등학교 중퇴자들의 경우 기대수명이 5년 정도 하락한 이유를 조사했다.(이 정도는 소련붕괴 이후 러시아 인들에게서 나타난 기대수명 하락을 빼고는 선진국에서 찾아보기 어려운 하락이다.) 학자들은 비만, 가난, 결혼상황을 포함한 많은 가능성을 분석했다. 오직 두 개의 요인이 조기사망과 관련이 있는 것으로 보였는데, 하나는 흡연(이건 놀라운 것은 아님)이고 다른 하나는 일자리가 없는 것이었다. 연구원들은 일자리가 삶의 목표의식, 주변에 대한 통제력 그리고 외로움이나 우울증에 맞설 사회적 상호관계를 가져다준다고 제시한다.

분명한 것은 이것들은 어려운 사회적 쟁점이라는 것이다. 이에 대해 우리가 쉬운 해결책을 가지고 있는 듯 가장하지 말아야 한다. 회의론자들이 인간의 행동은 매우 복잡해서 정부의 프로그램이 의도하지 않은 결과를 가져올 수 있다고 하는 것은 옳다. 또 자원이 제한돼 있어서 투자에 있어 우선순위를 정하는 어려운 결정을 해야 한다는 점도 사실이다. 우리의 주장은 모든 불확실성에도 불구하고 자료에 따르면 삶의 초기단계 개입이 가장 높은 투자효과를 가져오는데도 미국은 가족계획, 임신, 어린이돌봄 등에 매우 적게 투자를 한다는 것이다. 대조적으로 미국 내 빈곤퇴치 투자는 노인지원과 사회안전망 확보와는 불균형적으로 이뤄져왔다.

사회보장제도나 메디케어는 1959년 35%에 달하던 노인 빈곤율을 오늘날 9%까지 낮추었다. 이는 노인층의 투표권에 기인한 엄청난 성공스토리이다. 유사한 사례로 미국은 교육지원을 과도하게 대학에 집중해왔다. 우리는 노인프로그램, 사회안전망, 대학에 대한 지원이 필요하다는 것을 인정한다. 그러나 이제 어린이를 목표로 하는 지출을 늘려야 할 때라고 생각하며, 그것도 조기개입이 훨씬 더 낫다고 생각한다.

어린이들은 투표하지 않는다.(그리고 저소득층 부모들은 대개 투표하지 않는다.) 그래서 아동빈곤문제는 여간해서는 정치적 어젠다(논의 주제)로 부각되지 않는다. 그것은 아마 미국에서 어린이들은 가난 속에 살아갈 수밖에 없는 그룹이기 때문일 것이다. 그러나 국가들마다 기회를 늘리기 위해 일치단결된 노력을 한다면 성공할 수도 있다. 아래에 미국에 교훈이 될 만한 두 개의 사례가 있다.

1999년 3월 당시 영국의 토니 블레어 총리는 20년 안에 아동빈곤을 종결시키겠다는 서약을 하는 역사적인 연설을 했다. "그 발표는 그날 초청된 기자, 아동문제 전문가, 그리고 해당 분야의 학자들을 놀라게 했습니다."고 영국의 아동빈곤퇴치에 관한 책을 쓴 컬럼비아대학교의 교수 제인 왈드포겔 교수가 말했다. "일단 그 서약이 이루어지자 그것은 스스로의 생명력을 가졌습니다. 하루아침에 정부가 아동빈곤을 상당히 감소시키고 어린이들에게 동등한 삶의 기회를 제공해야 하는 목표를 세워야 하는 것이 옳은 것으로 인식되었죠." 블레어는 세 살되는 모든 아이들에게 '취학전학교'에 다니게 하겠으며, 3세 이하 어린이를 둔 저소득가정을 위한 '슈어스타트(Sure Start)'라는 지역지원 프로그램을 약속했다. 그는 임금인상 노력을 강조했다. 모든 발의가 성공한 것은 아니었고 예상치 못한 문제들이 생겨났다. 그러나 발의 후 첫 5년 동안 블레어는 빈곤에서 살아가는 아이들의 비중을 그럭저럭 26%에서 14%로 낮추었다. 영국 내 많은 사람들은 그런 성과가 충분하지도 않고 또 지속적이지도 않을 것이라고 반발할 수 있다. 그러나 대서양 건너의 미국에서 보면 리더십과 정치적 의지가 이루어낼 수 있는 인상적인 사례인 셈이다.

멕시코는 빈곤퇴치 행정조직이 원활하게 가동되지 않았었다. 이 조직은 기회를 만들기보다는 식량지원을 통한 안전판을 제공하는 것에 초점을 맞추었다. 개혁론자들이 보기에 멕시코 빈곤의 근본적인 문제의 하나는 빈곤가정이 중산층만큼 아이들에게 투자를 하지 않는다는 점이었다. 그래서 개혁론자들은 부모가 자식을 학교에 보내고 병원으로 데려가게 하는, 부모를 실질적으로 유도하는 프로그램을 고안했다. 개혁론자들은 1995년에 이런 발의에 대해 현장테스트를 거쳐 그 결과를 평가해 당시의 제디요 대통령에게 보고했다. 제디요 대통령은 멕시코의 이해집단들을 적극적으로 설득해 식량지원을 단계적으로 축소하고 대신에 '기회(Oportunidades)'라고 불리는 프로그램을 도입했다. 이것은 세계적으로 가장 칭송받는 빈곤퇴치 프로그램이 되었는데 딸을 취학시키는 조건을 만족시키는 가정에 대해서만 '조건부 현금이전'(돈으로 유도한다는 발전분야의 특수용어)을 해주고 있다. 세계은행은 'Oportunidades'가 고등학교의 출석률을 남학생의 경우 10%, 여학생의 경우 20% 증가시켰으며, 그 프로그램에 등록한 실험집단 학생들은 통제집단 학생들에 비해 매년 키가 1cm 더 컸다고 발표했다. 몇몇 연구는 'Oportunidades'가 멕시코의 산업혁명을 견인할 인적자본을 구축하고 미래의 복지비용을 감소시킴으로써 그 자체로 효과를 내고 있다고 평가한다.

미국은 영국과 멕시코와 같은 종류의 진전을 누릴 수 있다. 하지만 정말 필요한 것은 정치적인 의지와 대중의 열망이다.

제시카의 이정표

우리는 오레곤에 사는 제시카의 이야기를 필두로 미국 내 어린이들을 위한 기회를 구축하는 여정을 시작했다. 제시카와 관련된 이야기의 결론은 타인으로부터 강력하고 헌신적인 도움을 받으면 거대한 도전도 극복가능하다는 것을 일깨워 주는 것이었다.

7학년인 제시카는 엄마, 오빠 네이던과 함께 트레일러에 살고 있었다. 마약관련 방문객들이 드나들었고, 요금을 내지 못해 전기와 수돗물 공급이 끊겼다. 먹을 음식도 떨어졌다. 제시카는 엄마와 함께 살고 싶어서 이런 것들을 참고 이겨냈다. 그녀는 학교에 잘 안 가고 주변을 배회하곤 했으며 이웃집에 몰래 들어가 먹을 것과 옷을 훔쳤다.

한때 제시카는 남자친구가 있었는데 수줍게 그와 손을 잡고 다녔다. 그녀의 엄마는 그 남자친구를 밤에 초대해서 침대를 같이 쓰라고 하면서 제시카의 방에서 지내게 했다. 제시카는 '다른 엄마들은 이렇게 하지 않을 거야.'라고 생각하며 밤새 그 친구와 일정거리를 유지했다. 제시카가 이런 얘기를 하면 엄마는 화를 냈다. 제시카는 마지못해 털어놨다.

"나는 이 상황을 견디기 어려운 지경이었어요. 그러면 엄마는 내가 태어나지 말았어야 했다고 말하곤 했죠."

최악의 상황은 젊은 남자가 그들의 트레일러에 이사 와서 제시카의 엄마와 함께 마약을 하면서부터였다. 그 남자는 당시에 막 열세 살이 되었고 매력적인 금발인 제시카에게 호감을 느끼고는 밤중에 그녀의 침실에 나타나 뻔뻔스럽게 말했다.

"너와 섹스를 하고 싶다."

"안돼요."

제시카는 겁에 질려 말했다.

제시카의 이정표

그러자 그는 그녀를 넘어뜨리고 강간했다. 제시카는 엄마에게 말했지만 엄마는 들으려 하지 않았다. 거의 매일 밤 그는 제시카의 방으로 들어와 힘으로 그녀를 덮쳤다. 이 모든 것이 제시카가 7학년일 때였다.

고통의 그해는 렌트비를 내지 못해 가족이 트레일러에서 쫓겨나면서 끝이 났다. 8학년이 시작되면서 제시카의 엄마는 그녀를 친척이자 분노조절 장애가 있는 주정뱅이 제프의 집에 맡겼다. 제프는 제시카를 잘 길러 문제아에서 벗어나게 하려고 노력했다. 그러나 그녀는 반항적이고 말대꾸하는 건방진 문제아였다. 제프와 그의 부인은 점차 제시카에게서 등을 돌리게 되었다.

"넌 그냥 아무것도 아냐. 너는 네 엄마처럼 되고 말거야."

제시카는 제프가 어느 날 술에 취해 화를 내면서 소리쳤던 것을 떠올렸다.

어느 날 밤 술 취한 제프에게 뺨을 맞은 뒤 제시카는 어둠 속으로 도망쳐 나왔다. 근처에 그녀가 가끔 지나쳤던 집이 있었다. 그 집에 개가 두 마리 살고 있었는데 그날 그녀는 도망치다 개들과 맞닥뜨리자 뒤뜰에서 개들을 어르고 있었다. 개들이 짖는 소리를 들은 주인은 경찰에 신고전화를 했고 제프는 감옥에 가게 됐다. 며칠 후 제시카가 짐을 가지러 들렀을 때 제프의 부인은 아무말 없이 제시카의 모든 소지품을 담은 백팩을 건네주었다. 제프의 부인이 예견했던 것처럼 그들 부부는 도와주려고 했는데 제시카는 결국 집안을 뒤엎고 제프를 감옥에까지 가게 했다.

이때가 제시카의 인생에 있어서 바닥이었다. 그러나 그것은 곧 전환점을 의미하기도 했다. 사회단체가 제시카를 마이크 링과 라크 링이라는 양부모에게 맡겼다. 마이크는 크레인 기사였으며, 라크는 제시카가 다녔던 학교의 스쿨버스 기사였다. 링 부부는 이미 네 명의 친자녀가 있었지만 수년간에 걸쳐 십수 명의 양자녀를 입양했었다. 몇 명은 단지 며칠 간만 머물다가 다른 가정에 입양돼 떠났으며 나머지 아이들은 수년 간 머물렀다. 링 부부는 항상 네 명 정도의 입양아들을 양육했다.

라크는 제시카를 어떤 때는 엄격한 훈육으로, 어떤 때는 부단한 사랑으로 대했다. 그녀는 제시카에게 자신도 입양아였으며 엄청난 곤경을 겪었다고 말해주었다. 라크가 생후 5개월 때 그녀의 엄마는 아빠와 계모가 살고 있는 집으로 그녀를 보냈다. 그 후 그녀는 다른 친척집에 보내졌고, 그 다음부터는 양부모집을 전전하게 되었다. 몇몇 양부모들은 성적으로 신체적으로 그녀를 학대했다. 라크는 어느 집에서인가 발가벗겨져서 호스로 두드려 맞았던 것을 기억한다. 마침내 9학년 때 라크는 그녀를 사랑으로 감싸는 양부모에게 입양됐다. 그러자 라크는 스스로 변하기 시작했다. 성인이 돼 마이크와 결혼한 후 라크는 보답의 차원에서 양자녀들을 입양하게 됐다.

라크는 제시카가 골칫덩이였지만 회복할 가망이 없지는 않다고 생각했다. 라크는 제시카가 자신의 어린 시절과 흡사하다고 생각했다.

그녀는 제시카에게 이런 말을 해줬다.

"나도 그런 일들을 이겨냈으니 너도 이겨낼 수 있어."

천천히 그녀는 제시카가 구축해 놓은 장벽을 허물어 가기 시작했다. 몇 번 격렬한 다툼이 있었다. 라크는 엄격했다. 그녀는 제시카가 짧은 배꼽티를 입지 못하게 했다. 그리고 제시카가 거짓말을 하거나 집안의 규칙을 어기면 외출을 금지시켰다.

"나는 때때로 제시카를 심하게 나무랐지만 나중에는 제자리로 돌아가 그녀를 사랑한다고 말해주었어요."

라크는 이렇게 말한다.

9학년 때부터 제시카는 학교 성적이 조금씩 올랐다. 제시카는 항상 숙제를 해가지는 않았지만 잠재력 있는 외로운 학생이었다. 고등학교 2학년

제시카의 이정표

때 제시카가 좋아하는 남학생이 그녀를 조롱했다. 제시카는 집에 와 펑펑 울었다. 라크는 그런 그녀를 안아주었다.

"하나님은 너를 사랑한단다."

이 말을 몇 번이고 반복해 주었고 마침내 둘은 서로를 껴안았다. 눈물을 멈추고 둘은 얘기를 나누었다. 제시카는 마침내 동지가 있다는 것을 느끼는 것 같았다. 그런 감정을 가지고 제시카는 학교에서 변하기 시작했다. 제시카가 열심히 공부하는 것을 보고 라크는 그녀가 A를 받을 수 있다고 생각했다. 사람들은 그녀를 존경어린 시선으로 새롭게 바라봤다. 똑똑한 학생으로 여겨지는 것은 색다른 경험이었다. 고등학교 3학년이 되자 그녀는 아르바이트로 수영안전요원 일을 하면서도 전과목 A를 받았다. 그녀는 처음으로 대학에 진학하는 꿈을 꾸기 시작했다. 제시카는 온라인 대학강좌를 듣고 학점을 받을 수 있게 해달라고 다니던 고등학교를 설득했다. 그녀는 저학년 때의 낮은 성적 때문에 입학허가에 회의적일 수 있는 대학에 자신이 충분히 대학수업을 따라갈 수 있다는 것을 보여주고 싶었기 때문이었다.

우리는 다음 번에 제시카를 봤을 때 매우 놀랐다. 그녀는 머리를 짙은 갈색으로 염색했으며 그녀의 행동은 완전히 딴판이었다. 거칠고 미친 듯한 소녀는 매우 얌전하게 바뀌었다. 그녀는 친엄마와 오랜 기간 동안 솔직하고 고뇌에 찬 대화를 거쳐 엄마를 용서하게 되었다.

"엄마가 저를 낳았잖아요. 그 점에 있어 저는 엄마를 존경하고 사랑해요. 제가 엄마를 도저히 용서할 수 없는 몇 가지가 있지만 엄마이기 때문에 이해하고 있어요."

제시카는 고등학교를 졸업하고 2012년에 웨스턴오레곤대학교에 장학금을 받고 입학했다. 그녀는 법을 집행하는 공무원이 되어 자기처럼 어려움에 처한 아이들과 일을 할 계획을 갖고 있다. 그녀는 모든 것을 양엄마인 라크의 노력 덕분이라고 생각한다.

"다른 사람이 저를 도왔듯이 저도 다른 사람을 돕고 싶습니다. 저는 스스로 여기까지 올 수 없는 사람들을 돕고 싶어요. 아마 내가 그들에게 손을 내밀고 나도 한때 그곳에 있었다고 말할 수 있을 겁니다."

대학생활 일년을 마치고 돈이 떨어지자 제시카는 어느 정도 저축할 수 있는 일자리를 찾아 휴학해야 했다. 그녀가 학비를 벌기 위해 노력하면서 그녀의 대학생활은 가다서다하는 과정이 될 듯하다. 그러나 그녀는 학위를 받겠다는 결의에 차 있다.

제시카의 이야기는 약간의 도움을 얻을 수만 있다면 엉망인 십대조차도 놀랄 만한 복원력을 보여줄 수 있으며 미국 내에서 가난은 피할 수 없는 것이 아니라는 점을 상기시킨다.

8

희망의 힘

> 희망 없이 빵을 먹는 것은 서서히
> 죽어가는 것이다.
>
> 펄 벅

콩고의 수도 브라자빌에서 3일간 운전해야 도달할 수 있는 외딴지역에 사는 똑똑한 4학년 학생인 조발리 오밤자는 3개월치 수업료 7달러 50센트를 내지 못해 학교를 쫓겨날 위기에 처했다. 조발리는 필사적으로 학교에 다니길 원했다. 그는 자신의 삶의 미래가 불확실한 상태라는 것을 깨달았다.

조발리의 부모는 너무 가난했다. 아빠인 조지 오밤자는 짚으로 엮어 만든 의자를 만들어 한 개에 1달러씩 받고 팔았다. 그와 아내 발레리는 6명의 살아남은 자식들을 부양해야 했다. 두 아이는 말라리아로 죽었다. 그런데도 부부는 6달러짜리 모기장을 살 여유가 없었다. 그의 가족은 월 6달러의 집세를 8개월이나 밀려서 집에서 쫓겨나 밀림에서 노숙자가 될 위험에 처해 있었다. 조발리에게는 취학연령대인 다른 두 명의 동생(나머지 세 명은 더 어리다.)이 있었다. 그 두 동생들도 월 2달러 50센트인 학교수업료를 내지

콩고 공화국에 사는 조지 오밤자와 6자녀.

못해 학교에 매일 가지 못했다.

우리는 비록 수천 마일 떨어진 곳이지만 적은 기부액으로 국내에서보다 더 큰 효과를 낼 수 있는 조발리같은 아이들을 도와줄 능력 있는 많은 미국인을 만났다. 그러나 우리가 만난 미국인들은 그들이 마약이나 게으름 같은 자기파괴적 행동으로 가난해진 사람들이기 때문에 기부를 하더라도 전혀 도움이 되지 못할 것이라며 우려했다. 이런 견해로 보자면 가난한 사람을 돕는 것은 마치 마약중독자인 노숙자의 깡통에 달러지폐를 넣고는 그 돈으로 음식을 사먹을 것이라고 생각하는 것과 같다. 닉이 〈뉴욕타임스〉 칼럼에 가난한 사람을 돕는 프로그램에 관해 글을 쓸 때마다 그런 프로그램은 단지 게으름을 낳는 효과만 가져올 것이라는 혹평을 받아야 했다.

이런 신랄한 견해는 확실한 근거를 가지고 있다는 것이 명백한 사실이다. 즉 자기파괴적인 행동이야말로 국내에서나 외국에서나 정말로 가난의 원인이 된다. 우리는 나쁜 선택을 할 수 있는 인간의 속성을 포함하여 모든 기초적인 병리현상을 인정한다. 그러나 이런 쟁점들은 냉소적인 사람들이 믿고 있는 것보다 더 복잡하다. 그래서 해결책은 가난한 사람들을 비난하는 것이 돼서는 안 된다. 인간은 전세계 어디에 살든 절망과 종종 병적 주기적 우울증이라는 '빈곤의 함정'에 매몰될 수 있다. 변화를 만들 한 가지 방법은 희망의 빛줄기를 제공하는 것이다. 우리는 이것이 중요한 새로운 연구분야이며 그에 대한 학문적인 이해가 펼쳐지고 있다고 생각한다. 그것은 미국과 외국에서 우리가 경험했던 많은 것을 설명하는데 도움이 된다. 궁극적으로 그것은 변화를 만들 수단을 제공하며 어린이뿐 아니라 어른들에게도 기회를 확대한다는 점에서 매우 고무적이다.

조지 오밤자는 일주일에 사나흘 정도 저녁 때마다 동네술집에 간다고 말한다. 그는 한달에 12달러를 술 마시는데 쓴다. 그 돈이면 집세와 조발리의 수업료를 내고도 얼마가 남는 금액이다. 이웃주민들은 그 셈법이 맞는 것 같다고 하면서도 그래도 조지는 다른 주민들보다 적게 마시는 편이라고 말했다. 이것이 바로 우리가 전세계에서 목격해 온 하나의 전형적 행태다. 원칙적으로 술이 금지된 이란이나 파키스탄 같은 무슬림 국가에서도 남자들이 저녁에 주류밀매점에 모여 어렵게 번 돈을 낭비한다. 케냐 중부에서 실시된 정부후원 조사에 따르면 남자들이 음식보다 술에 더 많은 돈을 쓰고 있다는 사실이 드러났다. 에스더 더플로와 애비짓 바네지는 세계의 가장 가난한 사람은 보통 아이들 교육에 소득의 2%를 소비하고 있다고 적었다. 파푸아뉴기니의 농촌에서는 술과 담배에 교육비의 2배, 인도의 우다이퍼에서는 3배, 과테말라에서는 4배를 쓰고 있었다. 미국에서는 마약복용이 가난의 중요한 요인이다.

왜 전세계에 걸쳐 그러한 자기파괴적인 패턴이 존재하는 것일까? 어느 정도는 빈민촌이나 슬럼가에서의 삶이 우울하고, 재미 없으며, 맥빠지기 때문에 그런 패턴이 생긴다. 만약 우리가 퇴거명령에 직면하고 자식이 말라리아로 죽어가는 것을 바라보고 또 학교에서 수업료를 못내 쫓겨나는 것을 보고 있는 조지 오밤자라면 우리도 한잔 술에 위로를 받으려 할 것이다. 인간의 심리에는 비록 장기적으로 불행해진다는 것을 알더라도 단기 피난처로써 즐거움과 오락과 친교를 추구하려는 갈망이 내재해 있다. 가난 속에서 많은 사람들은 어쩔수 없는 상황에 매여 있다는 것을 안다. 그리고 그들은 때때로 절망적 상황을 속수무책으로 방치하고 또 다음세대까지 그것을 물려주는 방식으로 대응한다.

가난은 종종 병적인 우울증을 동반한다. 2010년 도시연구소의 연구에 따르면 가난한 미국 어린이의 55%는 경미하거나 심각한 우울증을 앓고 있는 엄마에 의해서 양육된다. 그런데 이같은 우울증은 대체로 아이들을 정서적으로 보살필 엄마의 능력을 손상시킨다.

올리비아 골든은 이렇게 강조한다.

"너무 슬퍼서 아침에 일어날 수 없는 엄마는 아이의 실질적인 욕구를 보살필 수 없어요. 엄마가 자식과 기쁨을 나누지 못하고 아기말투로 말을 못하고 같이 놀아줄 수 없다면 말이죠. 이런 것들은 영유아기의 성공적인 발달에 기여한다고 두뇌발달연구가 제시해온 육아의 특성인데 말입니다."

미국에서 실시된 2012년 갤럽조사를 보면 빈곤 속에 사는 사람의 31%는 자신들이 우울증 진단을 받았다고 응답했다. 이는 비빈곤층 미국인들의 16%와 비교되는 수치이다. 문제는 단순히 돈의 부족만이 아니라 빈곤지역에 만연되어 있는 무기력증에도 원인이 있다. "무빙투오퍼튜니티(Moving to Opportunity)" 실험에 무작위 실험집단으로 참여한 극빈층지역 가정들은 고소득지역으로 이사 갔을 때 정신건강은 가장 효과적인 약처방을 했을 때만큼 개선되는 것으로 나타났다.

외국에서도 비슷한 양상이 나타났다. 프린스턴대학의 앤 케이스와 앵거스 디튼은 전세계에서 극빈자들을 조사해 우울증 증세의 빈도지표를 알아냈다. 인도 우다이퍼에 사는 여성의 3분의 1 가량은 그들 인생에서 상당한 시간을 많이 울면서 보냈다. 또 49%는 자주 슬펐다고 응답했다. 남아프리카와 인도에 걸쳐 약 4분의 1 내지 3분의 1에 해당하는 피조사자가 일하거나 먹고 싶지 않으며 수면장애가 있고 한달 이상을 걱정하면서 지낸다고 말했다. 이런 식으로 걱정하는 사람 가운데 절반은 걱정이 일상 생활에 많은 지장을 준다고 말했다. 호주의 퀸즐랜드대학교의 또 다른 연구결과, 우울증의 수준이 가장 높은 국가는 아프카니스탄이며 중동이나 북아프리카도 매우 높은 지역인 것으로 알려졌다.

조지와 같이 가난한 사람은 벼랑끝 삶이 극도로 스트레스를 받기 때문에 우울증에 걸리게 되는 경우가 많다. 우리가 스트레스를 받으면 '코르티솔'이라는 부신피질 호르몬을 더 많이 생산한다. 연구자들은 가난한 케냐인들은 가뭄 때 더 많은 코르티솔이 분비된다는 것을 발견했다. 전두엽에서 분비되는 코르티솔은 충동억제기능에 영향을 주기 때문에 문제가 된다. 그 점이 스트레스를 받는 사람들이 종종 자기파괴적인 행동을 하는 이유이다.

과학자들은 사람들이 뭔가 걱정할 때 인지력과 자제력을 잃는다는 것을 발견했다. 실험자들이 피실험자들에게 흰곰에 관해 생각하지 말라고 요구하면 당연히 두뇌는 바로 흰곰을 떠올리게 되는데 그 생각을 지우려고 노력하는 것이 부담되기 때문이다. 실험이 끝나자 흰곰을 떠올리지 말 것을 요구받은 피실험자들은 요구받지 않은 사람들보다 건강에 덜 좋은 간식을 선택했다. 마찬가지로 〈결핍(Scarcity)〉이라는 신간서적의 공저자인 센드힐 물라이나단과 엘다 샤피르는 1,500달러의 자동차 수리를 준비하는 사람은 150달러의 수리를 준비하는 사람에 비해서 IQ 테스트에서 점수가 낮은 것을 알아냈다. 사람들이 매일 퇴거, 단전, 각종 청구서 그리고 일자리에 관해서 조바심내며 살면 생체적으로 자기통제를 훨씬 못하는 것으로 나타났다.

가난으로 인한 스트레스가 우리의 능력을 얼마나 해치는지를 보여주는 또다른 연구사례가 있다. 물라이나단이 인도의 사탕수수 농민을 대상으로 경제적인 압박이 있는 추수 전과 그런 압박에서 한숨을 돌릴 수 있는 추수 후로 나누어 지능테스트를 했다. 농민들은 추수 후에 훨씬 더 높은 지능지수를 보였다. 그들이 경제적인 어려움에 더 이상 마음을 뺏기지 않았기 때문이다. 이 연구는 심각한 재정적인 문제를 고민해야 하는 경우 그 사람의 IQ를 13점 낮춘다는 것을 보여준다. 그 연구의 결론은 가난한 사람들이 "물려받은 자질 때문에 덜 유능한 것이 아니라 가난한 환경이 부담을 주어 인지능력을 손상시키기 때문이다."는 것이다.

가난의 병리현상에 대한 통찰은 지금이라면 어떤 심사위원회도 허용하지 않겠지만 1960년대 중반에 운좋게 이루어진 일련의 실험에서 유래한다. 이는 유명한 파블로프의 개 실험의 변형으로서 펜실베이니아대학교에서 시작했다. 개에게 종을 울리고 먹이를 주는 것과 연계시키는 대신에 연구자들은 전기충격과 큰소리의 신호음을 연계하고자 했다. 이론은 개가 신호음을 듣고 나서 전기충격을 받으면 신호음만 들어도 전기충격을 기다리지 않고 즉각 도망간다는 것이다. 이 준비과정에서 개들은 밧줄에 묶여 신호음에 노출된 뒤 전기충격이 가해진다. 그 후 실제 실험이 시작되면 개들이 쉽게 도망칠 수 있도록 상자 안에 풀어놓았다.

놀랍게도 충격이 가해지면 도망치려 하지 않았다. 그냥 상자 안에서 슬프게 낑낑거리며 누워 있었다. 실험은 실패인 듯보였다. 이때 마침 마틴 셀리그만이라는 21살의 젊은 대학원 졸업생이 현장에 왔다. 그는 직관을 가지고 있었다. 그는 개들이 도망쳐도 소용없다는 것을 학습했다는 점을 알아차렸다. 개들은 포기하도록 길들여진 것이었다.

"파블로프의 조건반사훈련 동안 개들은 벗어나려 하든 뛰어보든 짖든 아무것도 안 하든 관계 없이 충격은 간헐적으로 계속된다는 것을 알아버렸다. 개들은 그 어떤 일도 중요하지 않다고 결론 내렸다. 아니 학습했다. 그러니 개들이 왜 도망치려 하겠는가?"

셀리그만은 이렇게 기록했다.

셀리그만은 일련의 새로운 실험을 시작했다. 몇 마리의 개는 코로 레버를 누르면 전기충격에서 벗어날 수 있게 했다. 그러자 그들은 곧 그렇게 하는 것을 배웠다. 통제집단의 다른 개들에게는 충격이 주어지지 않았다. 제3 그룹의 불행한 개들에게는 어떤 것도 할 수 없는 상태에서 충격에 노출되었다. 결과는 어떠했을까? 세 그룹의 개들을 한 상자에 넣고 전기충격을 가했다. 전기충격을 전혀 받지 않았던 개들은 상자 밖으로 뛰어나갔다. 충격을 피하는 법을 배웠던 개들도 뛰쳐나갔다. 그러나 자신들이 아무것도 할 수 없었던 개들은 그냥 포기하고 누워서 낑낑거리기만 했다.

"명백히 동물들은 그들의 행동이 쓸모없다는 것을 배울 수 있다. 그럴 경우 그들은 더 이상 행동을 하려하지 않는다. 단지 수동적인 모습이 될 뿐이다."

셀리그먼은 이렇게 적고 있다. 셀리그먼은 이런 반응을 "학습된 무기력(learnd helplessness)"이라고 불렀다. 이러한 일반적인 원칙은 다른 많은 연구에서도 확인됐다. 그런 현상은 실험실 내 동물에서 발견될 뿐만 아니라 인간에게서도 발견됐다.(물론 인간의 경우에는 전기충격을 가하지는 않았다.)

가난의 경우에도 유추가 가능할까? 가난하다는 것은 종종 그들이 회피하거나 통제할 수 없는 나쁜 일들이 규칙적으로 발생한다는 것을 의미한다. 인종주의나 다른 편견을 피할 수 없는 지역에서는 특별히 더 그러하다. 마치 역사적으로 미국에서의 흑인들과 일본에서의 소수 부라쿠민의 경우처럼 말이다. 부라쿠민은 다른 일본인들과 인종적으로 같지만 직업적 소수를 형성하고 있다.(시신을 만지거나 다른 깨끗하지 않은 일을 하는 사람들의 후예이다.) 그리고 특정 지역에 한정되어 있으며 이웃과의 통혼이 금지돼 있다. 부라쿠민 가운데 범죄율과 알코올 중독은 매우 높다. 일본 야쿠자의 많은 사람이 부라쿠민 출신이거나 광범위한 차별을 겪었던 소수민족인 한국인 출신이다. 소속집단이 가난할 뿐 아니라 더 나은 삶의 희망이 없을 때 그들은 쉽게 굴복하고 만다.

소액저축과 직업훈련처럼 희망을 만들어주는 개입이 이런 악순환을 끊을 수 있다. 셀리그먼은 '학습된 무기력'은 벗어날 수 있다는 것을 발견했다. 사람이든 동물이든 어떤 상황을 벗어날 수 있다고 알게 될 때 그들은 수동성을 극복하고 책임감을 갖게 된다.

에스터 더플로와 아비짓 바네르지는 희망의 힘을 가려내기 위해서 높은 평가를 받는 방글라데시 원조그룹인 BRAC가 개발한 빈곤극복 프로그램을 활용해 무작위대조군연구실험을 실행했다. '밴드한'이라는 인도의 소액금융그룹이 실행한 프로그램은 마을에서 가장 가난한 사람들을 찾아내고 그 가족에게 소 두 마리, 양 몇 마리, 또는 닭 여러 마리를 제공하고 그들이 작은 사업을 하게 도와주는 것이었다. 더플로와 동료들은 이 프로그램의 효과를 면밀하게 검토했다. 그리고 뭔가 이상한 점을 발견했다. 너무나 성공적이라는 것이다. 가축과 무관해 보이는 지역에서조차 부를 창출해 냈다.

연구대상 가족은 가축들로부터 이전에 비해 7배에 해당하는 소득을 얻었는데 이는 일견 타당해 보였다. 또 그들은 비록 이 프로그램의 일환이 아닌 비농업 분야에서도 50%나 많은 소득을 올렸다. 그들은 이전과 달라진 것이 없는 밭을 경작해서도 3배의 소득을 얻었다. 그런 가족들은 훨씬 좋은 음식을 먹었으며 저축을 더 많이 하고 남들에게 음식을 나누어주는 경향이 있었다. 생활수준의 개선폭은 초기에 증여한 염소 몇 마리와 소 두 마리 정도로는 설명될 수 없었다. 그들은 현재 당초 예상했던 것보다 더 많은 돈을 보유하고 있다. 비슷한 결과가 전세계적으로 6개 정도의 지역에서 나타나고 있다. 따라서 잘못된 것도 아니었다. 무슨 일이 일어났던 걸까?

하나의 단서는 가축을 기증받은 사람들은 8개월 후에 정신건강이 크게 개선되는 것으로 보고되고 있다는 점이다. 그들은 우울증이나 스트레스의 징후가 훨씬 적게 보였으며(비록 외견상 명백한 신체적인 개선은 없었지만) 전반적인 건강상태가 좋아졌다고 말했다. 다른 단서는 가축수증자들이 현재 28% 더 많은 시간을 노동에 쓰고 있다는 점이다. 그들의 자녀들 또한 공부하는데 더 많은 시간을 쓰고 있었다.

"이런 자료를 통해서 직접적으로 확인할 수는 없지만, 우리는 이러한 정신건강 개선이 실험참여자들에게 더 일하고 더 저축하고 아이들에게 투자할 에너지를 주었다는 가설을 세우게 되었죠."

더플로는 이렇게 설명했다. 희망의 결핍이 '빈곤의 함정'을 형성할 때의 적절한 대응책은 희망을 주입하는 것이라고 더플로는 말한다. 더플로는 회의론자들은 소액대출이 수혜가족들로 하여금 탄산음료, 알코올, 담배, 사탕 같은 '유혹소비재'에 더 많은 돈을 쓰게 한다고 오랫동안 경고해왔지만 실제로는 소액대출은 수혜가족들이 그런 하찮은 것에 덜 소비하게 한다는 점을 강조한다. 일단 가족들이 더 나은 삶으로 가는 길을 알아내면 그들은 나은 미래를 위해 저축하고 투자하는 것이 더 쉽다는 것을 발견한다. 우리는 가축 기증과 같은 많은 성공적인 원조프로그램이 기증 그 자체 때문이라기보다는 수동적인 것을 행동으로 바꾸는 희망을 창출하기 때문에 작동한다고 믿는다.

이런 점에 대한 하나의 증거는 빈곤국의 어린이를 지원하기 위해 미국인 한 사람이 월 30달러를 기부하는 어린이후원 프로그램에서 나온다. 이런 방식으로 9백만 명이 넘는 어린이가 후원을 받고 있다. 필자들은 '플랜 USA'라는 프로그램을 통해서 수단, 아이티, 필리핀, 도미니카의 어린이들을 후원하고 있다. 많은 다른 단체들도 모델은 조금씩 다르지만 '월드비전', '세이브더칠드런', '컴패션 인터내셔널'을 포함한 유사한 후원프로그램을 가지고 있다. 우리는 항상 '플랜USA'가 단순히 아이들만이 아니라 마을전체에 초점을 맞추는 방식을 선호했다. 왜냐하면 일부는 그로 인해 생겨나는 시기심을 피하기 위해서, 또 일부는 특정 어린이를 양육하는 것보다 전체 마을을 위해서 새 우물을 파고 학교를 건립하는 것이 더 효율적이기 때문이다. 반면에 '컴패션 인터내셔널'은 후원어린이에 초점을 맞추는 기독교단체다. 이 단체는 희망, 자신감, 그리고 영적인 성장을 형성하는 것을 강조한다. 이 단체가 후원하는 아이들은 주당 적어도 8시간의 개인교습과 상담을 받으며 특별한 연수에 참석하고 인생목표설정에 관한 지도를 받는다.

2013년 샌프란시스코대학교의 브루스 와이딕은 '컴패션 인터내셔널'을 통해 후원받은 6개국의 10,000명이 넘는 어린이들과 나이가 조금 많아 후원받을 자격이 없었던 형제자매들의 결과를 면밀히 비교한 연구결과를 발표했다. 그는 후원받은 아이들은 적어도 일년 이상 학교를 더 다녔고, 고등학교를 졸업하거나 대학에 진학하는 경우가 월등히 많았다는 사실을 알아냈다. 궁극적으로 그들은 교사같이 더 세련되고 교양 있는 직업으로 진출했다. 이는 어린이후원이 어린이와 지역사회에 장기적인 혜택을 준다는 최상의 증거였다.

그러나 와이딕은 그 영향이 일반적인 개발사업에서 오는 것이 아니라 개인적인 열망과 자존감을 고취시키는 노력에서 온다는 것을 발견했다. 후원받은 아이들은 자신에 대해 더 큰 기대, 더 많은 자신감, 더 적은 무력감을 가지고 있었다. 그들은 탄탄한 교육과 좋은 직업을 열망하는 경향이 강했고 일반적으로 더 낙관적이었다. "아동 후원은 어린이의 광범위한 심리측정에 강하게 그리고 긍정적으로 영향을 미치고 있다."는 점을 연구자들은 발견했다. 와이딕은 반빈곤단체들이 수동성이나 자존감의 부재 같은 심리적 장애에 충분히 주목하지 못한다는 점을 알아냈다.

희망의 힘

그는 다음과 같이 설명한다.

"전통적으로 개발은 경제학자들이 외부제약이라고 부르는 것을 제거하는 것에 초점이 맞춰져 왔습니다. 예를 들어 사람들이 신선한 물이 필요하다면 우물을 파고, 학교가 필요하다면 학교를 건립하고, 신용이 필요하다면 소액대출을 제공하고 있지요. 그러나 가난한 사람들의 내부제약이 어쩌면 훨씬 더 중요합니다. 가난한 사람 특히 어린이를 돕기 위해서는 자신의 능력에 대한 견해를 확장시키고, 인생목표, 새로운 판단기준 그리고 포부를 개발시키는 것이 중요합니다. 자기효능감과 열정에 대한 믿음이 뿌리내리면 가난한 사람도 스스로 외부제약을 극복하는 방법을 터득하게 될 것이고 그러면 다른 이슈들도 저절로 해결되어 나갈 것입니다."

와이딕은 선도적인 원조단체들이 "사람들을 기증자가 아니라 수혜자가 되게 훈련시키고 있다."고 걱정하며 "이것은 가난한 사람을 돕겠다는 좋은 의도의 노력을 상쇄시키는 것이다."라고 덧붙였다. 와이딕 자신은 과테말라에서 작은 비영리단체를 운영하고 있는데 그는 이런 연구가 '선물꾸러미를 푸는' 것에 초점을 맞추기보다 자신감과 낙천성을 기르는데 초점을 맞추게 했다고 말한다. 그는 "나는 '어린이에게 희망을 심어준다'는 표현이 진부하다기보다 아주 깊은 의미를 포함한다고 믿게 되었다."고 말한다.

우리는 원조프로그램과 관련해 공통된 문제로 지역이 '주인의식'을 느끼지 않는다는 것을 발견했다. 외부인들이 들어와 문제를 찾아내고 모든 사람에게 해야할 일을 말한다. 지구촌개발의 가장 현명한 관찰자는 조시 룩신이다. 그는 미국의 공중보건 전문가로서 수년 동안 르완다에서 살았다.

인도네시아에서 '컴패션 인터내셔널'의 어린이들과 함께한 브루스 와이딕.

그가 쓴 〈천국까지 수많은 언덕(A Thousand Hills To Heaven)〉이라는 책에서 그의 동료가 한번은 지역사회 지도자에게 가장 큰 문제가 무엇이냐고 물었다고 한다. 룩신은 식량부족, 전력수요, 학교운영 문제일 것이라고 생각했다. 그런데 그의 동료는 다르게 보고했다.

"그들은 알코올중독이라고 말했어요. 사람들은 생산적인 경작지를 바나나맥주를 만들기 위한 바나나를 지배하는데 사용하고 있으며, 그것은 지역사회를 침체시키고 있죠."

"당신은 그들에게 어떻게 개선시킬 수 있는지 물었나요?"

"그들은 그런 것이 모두 '절망감' 때문이라고 생각해요. 만약 우리가 모든 사람들에게 더 나은 번영이 가능하다고 확신시킬 수 있다면 그들은 변할 것입니다. 그들은 술 마시지 않고 그들의 경작지를 술을 만들기 위해 사용하지 않을 것입니다."

룩신과 르완다에 있는 그의 동료는 그런 절망을 극복하기 위해서 많은

희망의 힘

전략을 시도했다. 그리고 대체로 성공했다. 룩신은 좋은 아이디어를 많이 제시했는데 그중 하나로 의사결정과정에 지역민을 포함하는 것이 얼마나 중요한지 보여주었다. 그 아이디어는 르완다 토양과 기후에 잘 맞는 값비싼 석류를 소개해서 나중에 높은 가격으로 팔게 하는 것이었다. 룩신은 캘리포니아 석류 주스 생산업자인 POM을 접촉했다. 그리고 르완다 시골에 대형 협동조합을 만들기 위해서 600그루의 석류나무를 기증받았다. 룩신과 그의 부인인 알리사가 미국에 귀국한 후에도 '미국아프리카개발재단'이 컨설턴트를 고용해 그 발의를 떠맡아 프로젝트에 투자할 만큼 그것은 매우 유망한 아이디어로 여겨졌다. 그러나 모든 것은 실패로 돌아갔다.

선임 컨설턴트는 협업자들이 땅을 준비하고 나무를 늘리며 사무실을 운영하는 비용을 지급해야 한다고 생각했다. 곧 미국의 재단들은 돈을 회수하려 했으나 협업자 대표는 모든 금전거래를 통제했다. 돈을 받지 않은 사람들은 나무를 심거나 가지치기를 거부했다. 그 일은 '직업'이고 수중에 얼마를 가져가느냐의 돈 문제였을 뿐 지역사회의 미래에 관한 것은 아니었다. 프로젝트 참여자들은 분노했으며, 결국 폐기되었다.

지역민들의 지지를 확보한다는 생각은 개도국의 많은 지도자들이 의존하려는 것에 대한 경고와 중첩된다.
"자선은 빈곤해결이 아닙니다. 자선은 가난한 사람들에게서 창의성을 빼앗아 빈곤을 영속화할 뿐입니다."
그라민 은행의 무하마드 유누스는 말한다. 마찬가지로 르완다의 폴 카가미 대통령은 과도한 원조는 외부인에게 지나치게 의존하게 하고 내부동기와 진취성을 충분치 못하게 한다고 우리들에게 소리 높여 우려를 나타냈다. 그렇지만 이 주장이 옳은 것만은 아니다. 방글라데시 원조그룹인 'BRAC' 프로그램에서 가축을 증여한 것은 자선이지만 그것은 훌륭하게 성공했다.

빈곤퇴치 공동체에서 이루어지는 논쟁 중 하나는 가난한 사람들에게 오직 '현금'을 전달하는 프로그램에 관한 것이다. 이는 가난한 사람이 외부인보다 그 돈으로 무엇을 해야하는지 더 잘 알기 때문이라는 이론에 기초한다. 이런 '조건 없는 이전'은 아주 저비용으로 가능하다. 왜냐하면 그것은 단지 돈을 전달하는 것 이상 할 것이 없기 때문이다. '기브다이렉트리(GiveDirectly)'라는 미국의 단체는 기부된 1달러 당 90센트를 케냐의 극빈자 가정에 지원한다. 지원받은 가정들은 그 돈을 이용해서 초가지붕을 함석지붕으로 바꾸고, 교복을 사고, 땅을 사고, 그밖에 그들이 원하는 것을 한다. 즉 돈은 그들의 것이다. 무상지원은 다시 제공되지 않으며 그래서 의존적이지 못하게 만든다.

우리는 처음에 현금이 술이나 마약을 구입하는데 사용될 수 있다는 두려움 때문에 이런 접근방식을 경계했다. 그러나 초기 증거는 고무적이다. 한 무작위대조군연구실험은 현금의 무상지원이 배고픔을 줄이고, 술과 같은 유혹적인 물건에 쓰이지 않고 가축에 대한 투자를 늘린다는 점을 발견했다. 사람들은 더 행복했으며 그들의 몸에는 더 적은 코르티솔(부신피질 호르몬)이 나왔다. 이는 주목할 가치가 있는 실험이었다.

모든 것을 감안할 때 우리는 원조가 희망을 증대시키고 의존을 억제하게 만드는 길이 있다고 생각했다. 마치 지역주민들이 어떤 프로젝트에서 땀흘려 일하게 하고 나중에 그 소유권을 갖게 하는 것이다. 또한 우리는 가장 중요한 원조의 종류는 가난한 사람들이 스스로 더 나은 삶을 영위하게 일자리를 만들어주는 것이라고 생각한다. 세 글자로 된 최상의 빈곤퇴치 무기는 원조(A-I-D)가 아니라 일자리(J-O-B)다.

희망의 힘

미국인들은 빈곤국에서 사람의 생명을 구해주면 그들은 단지 아이들을 더 낳을 뿐이니까 그럴 가치가 없다고 넌지시 알려주곤 한다. 즉 그들이 아이들의 수를 억제할 때까지는 말라리아, 결핵, 굶주림으로부터 생명을 구할 이유가 없다는 것이 슬픈 진실이라는 것이다.

우리는 동의하지 않는다. 맬서스의 주장은 허위이다. 실제는 사람들이 많은 수의 아이를 갖는 이유는 자식들 중 몇 명은 죽을 것이라고 예상하기 때문이라는 것이 점점 명백해지고 있다. 그들에게 자식들이 생존할 것이라는 희망을 줘야만이 비로소 아이를 적게 낳을 것이다. 인구학의 역사는 영아사망률이 떨어지자 20년의 시차를 두고 출산율도 크게 떨어졌다는 것이다. 실제 우리는 빈곤국에서 임신율이 급격히 떨어지고 있는 것을 발견한다. 예를 들어 인도여성은 현재 평균 2.6명의 아이를 갖는데 이는 1950년대 6명보다 낮은 수치이다. 방글라데시의 여성은 2.3명, 멕시코 여성은 2.2명의 자녀를 낳는다. 유엔인구재단은 금세기말 15세 미만 어린이의 숫자가 지금보다 많지 않을 것이라고 전망하고 있다.

우리가 빈곤국에서 종합적인 가족계획을 제공하는데 더 노력을 기울여야 한다는 것은 사실이다.(그리고 미국에서도 위험에 처해 있는 십대들에게도 그러하다.) 그런데 전세계 2억 2천만 명의 여성이 임신을 원하지 않는데 피임방법이 주어지지 않는다는 것은 비극이다. 우리는 현장에서 피임도구들을 쉽게 구할 수 있게 하고, 값싸고 효과적이며, 사용하는데 의료인을 거쳐야 할 필요가 없는 피임도구들을 개발해야 한다.

뉴욕의 '인구연구소'와 시애틀의 '패스(Path)'와 같은 비영리단체는 여성 성기에 끼우는 링 같은 새로운 피임도구를 개발 중이다. 이것은 상대남성이 느끼지 못하면서 사용할 수 있으며, 여성을 임신에서 보호하는 것은 물론 에이즈 바이러스로부터도 보호할 수 있다. 우리는 피임을 지원하는데 더 많은 노력을 할 필요가 있지만 출생률이 낮아질 때까지 원조를 거부하는 것은 잘못된 것이다. 인구증가의 압력에 대처하는 방법은 영아사망률을 줄이고, 희망을 심어주면서 가족계획과 교육을 지원하는 것이다.

케냐 사람 케네디

나이로비에 위치한 키베라는 아프리카의 최대 빈민가의 하나인데, 굽이굽이 흙 골목과 이동식 가옥이 밀집한 지역이다. 범죄는 만연되어 있고, 도처에 쓰레기와 하수가 널려 있다. 사람들은 종종 비닐봉지에 배변을 해서 멀리 던져버린다. 이것을 날아가는 변기라고 부른다. 여기의 삶이란 것은 냄새나고, 무섭고, 우울한 것이며, 젊은이들은 지저분한 골목에 흩어져 술이나 마약에 취해 인사불성이다.

이곳이 케네디 오데디가 자란 곳이다. 그는 열다섯 살 미혼모에게서 태어났다. 그러자 지역사회는 그가 태어나자마자 죽일 것인지를 논의했다. 왜냐하면 사내아이가 결혼도 안 한 상태에서 태어나면 (나중에 다른 부족이 나타나 부권을 주장하며 상속권을 요구할 가능성을 차단하기 위해서) 죽이는 것이 전통이었기 때문이었다. 그러나 원로들이 이 아이를 두 가지 이유에서 살려두기로 결정했다. 첫째는 그때 막 가뭄이 끝났는데 케네디가 태어나서 그동안 기다리던 비가 온 것이 길조로 여겨졌기 때문이다. 두 번째는 그가 의료지원 없이 엄마 배에서 거꾸로 나왔는데, 그렇게 나와서 살아남으면 그 아이는 지도자가 된다는 전통이 있었기 때문이다. 그래서 마을의 원로들은 아이를 살려주기로 했고 그들에게 지도자의 모범으로 꼽히는 미국의 존 케네디의 이름을 따 그의 이름을 지어주었다. 반면에 중간이름은 '원치 않은'이라는 의미를 가진 오위티라고 지었다.

케네디 오데디의 엄마는 문맹이었고 그는 아버지가 누구인지 몰랐다. 이런 모든 면에서 케네디는 멍청한 실업자가 되었어야 한다. 왜냐하면 그는 8명의 자녀 중 맏이였고 공식적인 교육은 전혀 받지 못했기 때문이다. 그나마 하루에 한 끼를 먹는 것도 다행이었다.

"우리는 배불리 먹을 수가 없었어요. 그래서 물로 배를 채웠어요."

그는 이렇게 회상한다. 가족을 부양하기 위해서 그는 일곱 살 때 시장에서 땅콩을 팔았다. 그때 엄마는 그녀와 케네디를 학대하는 남자와 결혼했다. 케네디는 자기가 집에 있을 때 의붓아버지가 엄마를 더 때린다는 것을 알아챘다. 열 살에 가출해서 시장의 판매대 밑에서 잠을 자며 길거리에서 살아가기 시작했다. 그러나 어리긴 했지만 케네디는 미래에 대한 신비로운 확신에 젖어 있었다. 아마도 원로들이 그가 지도자가 될 것을 기대한다는 것을 알았기 때문이었을 것이다.

"어떤 사람들은 정말로 남에게 희망을 주는 사람으로 태어난다고 생각해요. 웃기는 얘기 같지만 그것 이외에는 다른 설명을 생각할 수 없어요. 저는 항상 새벽 4시에 깨어나서 오늘을 어제보다 더 나은 날로 만들겠다고 결심했습니다."

그리고 그는 태양이 떠오르는 것을 보고 엄마가 배고플 때 자식들에게 말하곤 했던 얘기를 떠올렸다. 그것은 이런 말이었다.

"너희들은 부자와 가난한 사람에게 똑같은 크기로 주어진 햇빛과 같이 모든 것들에 감사해야 한다."

수개월 동안 소년은 비공식적인 거리학교에 다니면서 알파벳을 배웠다. 학교 수업료가 없어서 중퇴한 후에도 그는 단어를 쳐다보고 소리내서 읽기를 계속했다. 이웃에 사는 오몬디는 국립학교에 다니는 뛰어난 학생이었는데, 그가 케네디에게 수업시간에 배운 것을 가르쳐 주었다. 케네디는 배움에 사로잡혀 열심히 책을 읽었다. 그가 시장에서 지난 신문조각을 발견하면 주위사람들에게 도움을 구하며 거기에 적힌 단어들을 읽으려고 노력했다. 키베라에 있던 주교님이 그의 배움의 열정을 칭송하며 영어사전 한 권을 줬다. 그것은 추가적인 자기발전을 위한 수단이 되었으며 그 후에 수녀님이 케네디를 받아들여 독서 개인교습을 했다.

소년의 낙관적인 성품은 정기적으로 시험받았다. 보이라는 가장 친한

케냐 사람 케네디

친구는 물건을 훔치다가 경찰이 쏜 총에 맞아 숨졌다.

"보이가 빈민가출신이라고 경찰이 제 친구를 죽인 것입니다."

케네디는 이렇게 말했다. 또다른 그의 친구인 캐빈은 실업률 80%가 넘는 지역에서 계속 일자리를 찾다가 지쳐서 마약에 빠졌다. 어느 날 케네디는 저녁에 캐빈의 집을 방문해서 문을 두드렸지만 답이 없었다. 그는 문을 열고 들어갔다가 캐빈이 오두막집 중앙에 목을 맨 것을 발견했다. 그는 아래 메모를 남겼다.

"나는 더 이상 이렇게는 살지 못하겠다."

케네디는 부분적으로는 도둑질에 대한 나쁜 경험 때문에 범죄의 삶을 피할 수 있었다. 그가 열두 살 때 배고픔에 지쳐서 가게에서 망고 하나를 훔치려 했다가 잡히고 말았다. 시장의 경비원들이 그에게 흠씬 매질을 했고, 만약 군중 속에 있던 목사가 그를 불쌍히 여기고 망고값을 지불하지 않았다면 그는 죽었을 것이다. 케네디는 너무 무서워서 감히 다시는 도둑질할 엄두도 내지 않았다.

그의 배움에 대한 열망은 키베라에 오는 외국인들을 감동시켰다. 그가 열다섯 살 때 내방연구원이 넬슨 만델라의 전기를 주었다. 2년 후에는 미국인 방문객이 〈희망의 서약: 마틴 루터 킹의 글과 연설 핵심〉이라는 책을 주었다. 케네디는 복잡한 영어문장과 씨름했지만 아래로부터 사회를 조직하는 아이디어에 매료됐다. 그는 사회운동을 시작하기 위해서 자신부터 다른 사람이 되고자 하는 열망을 품었다. 그때 그는 다행히 1달러 임금에 하루 10시간 가스통을 싣고 내리는 일을 찾았다. 그는 싸구려 축구공을 하나 샀다. 젊은이들을 모은 뒤, 그들에게 목표를 주고 지역의 난제들을 다룰 수 있도록 하는 소년축구단을 창단했다.

"우리는 일자리 부족, 범죄, 여성학대, 그리고 빈곤에 관해서 이야기했어요. 이런 모든 부정적인 것인 이미 많은 사람의 희망을 없앴죠. 많은 젊은이들은 우리가 자금이 없이 어떤 사회적인 운동을 벌인다는 것을 믿지 않았으며 그런 시도 자체가 웃기는 일이라고 말했어요. 저는 그들에게 돈이 없이도 할 수 있는 일이 많다고 얘기했죠. 우리는 어떤 문제에 관심을 끌기 위해 거리에서 연극을 할 수도, 동네청소를 선도할 수도, 지역사회발전을 도모할 수도 있어요."

케네디는 단순히 축구클럽뿐 아니라 만델라와 킹이 이끌었던 것같은 진정한 사회운동을 원했다. 그는 키베라의 지도자인 조지 오케와라는 친구를 찾아내 그 사회운동을 뭐라고 명명할지에 관한 브레인스토밍을 했다.

"나는 조지에게 빈곤보다 더 많은 사람을 죽이는 질병이 있다고 말했어요. 조지는 내가 에이즈를 말하는 것으로 생각했죠. 그러나 내가 말한 질병은 절망감이었습니다. 조지는 얼마간 생각을 하더니 이것이야말로 우리 지역사회가 가장 많이 겪는 것이며, 여러 경로로 우리 문제의 원인이 되고 있다는 점에 동의했어요. 나는 새로운 사회운동을 희망과 관련된 이름으로 정하기로 결심했죠."

그들은 '키베라를 위한 빛나는 희망'을 포함하여 몇몇 아이디어를 넣고 빼고 했다. 그러나 케네디는 한 극빈지역을 변화시키는 것 이상의 목표를 세웠다. 그래서 그는 사회운동을 지역사회들을 위한 빛나는 희망, 약칭 'SHOFCO'로 부르기로 했다.

케네디는 'SHOFCO'가 키베라의 커다란 사회문제인 여성의 성적학대를 다루기를 바랐다. 그 문제는 16세가 되던 해 케네디의 두 여동생들이 강간을 당해 임신을 했기 때문에 적절한 이슈였다. 대략적인 추산으로는 키베라 여성의 절반이 강간에 의해서 첫 성경험을 하게 된다. 'SHOFCO'는 그 이슈를 길거리 연극을 통해서 다루기로 했다. 케네디와 그 친구들은 갑자기 빈곤지역의 흙길에서 미친 듯이 소리를 지르며 주의를 끌곤 했다. 그리고는 '숲속의 극장'이라고 명명된 곳으로 안내했다. 거기에서는 "안 돼."가 진정 "안 돼."를 뜻한다는 것을 강조하며 울부짓는 강간이 연출되거나 남자들에게 콘돔이라도 사용하라고 장려한다. 다른 놀이문화가 없는 빈곤지역에서는 거리 연극이 얘깃거리가 되었다.

이런 종류의 활동은 케네디와 그 친구들의 상처를 치료해 주었다. 그들은 예전에 빈곤에 찌들었지만 이제는 원조수혜자가 아니라 제공자였다. 소년들은 도움을 통한 치유의 힘, 즉 변화의 세력이 되는 것에서 오는 힘을 배우고 있었다. 단순히 키베라를 도망치는 대신에 그들은 슬럼가를 바꾸고 싶었고 이는 그들에게 이웃의 진흙길 위에 위업을 달성하게 했다. 농담으로 케네디는 시장이라고 명명되었는데 그는 성적학대와 문맹같은 문제에 가담하기보다는 해결하려고 하면서 커다란 만족을 느꼈다. 케네디는 다소 성급하게 도와주려는 외국인들에게 다음과 같이 말한다.

"맞아요 물론 키베라는 깨끗한 물과 좋은 학교가 부족하고 이런 문제가 다루어져야 할 필요가 있어요. 그러나 가장 어려운 도전은 무력감의 심한 악영향입니다."

케네디는 나이로비에서 열린 회의에 길거리 연극공연에 관해 강연해 달라고 초대되었다. 청중 가운데 한 명이 덴버에서 온 연극감독이었다. 그 감독은 나중에 제시카 포스너라는 덴버에 있는 친구에게 그 강연을 언급했다. 그녀는 3학년을 케냐에서 연수하려는 웨슬리안대학교의 학생이었다. 제시카는 흥미를 보였다. 그녀는 케네디에게 편지를 써서 함께 길거리 연극을 할 수 있겠냐고 물었다. 케네디는 친구들과 상의한 후에 동의했다. 그녀가 도착하자마자 키베라의 슬럼가 안에서 살겠다고 고집을 피워 한바탕 소동이 일어났다.

"절대로 안돼요."

케네디는 잘라 말했다.

"그렇게 살 수 있는 백인은 없었어요."

그는 그녀에게 전기도 없고 흐르는 물도 없고 밤에 자는 동안 쥐들이 사람들 위로 지나다닌다고 말했다. 날아다니는 변기에 대해서 경고했다. 제시카는 갈색머리에 여리여리한 외모를 가지고 있어 아담하고 예뻤다. 그래서 모든 사람이 그녀에 대해 걱정을 했다. 그러나 그녀는 키베라에 머물 것을 고집했다.

"당신들이 그런 환경에서 살 수 있다면 나도 그럴 수 있어요."

그녀는 케네디에게 말했다. 그녀는 구호대원 숙소에 살면서 국외자가 되고 싶지 않았다. 또 백인 미국인으로 달리 취급받고 싶지도 않았다. 만약 키베라 내부에 살지 않으면 그곳을 이해할 수 없다고 느꼈다. 케네디는 결국 그녀가 키베라에 사는 자신의 가족 네 명과 함께 사는 것에 동의했다. 그는 그녀가 아마 하루를 버티지 못할 것이라고 생각했다.

실제로 제시카가 키베라로 옮겨왔을 때 그녀는 어쩔줄 몰라했다. 지저분한 야외 화장실과 쥐들, 모두가 알려진 대로였다.

"나는 야외활동을 좋아하는 사람은 아닙니다. 나는 캠핑을 싫어합니다."

그녀는 도전에 직면해 물러선다는 것이 너무 굴욕감을 주는 것이라 그럴 수 없었다. 그녀는 계속 심하게 아팠지만 이를 악물고 참고 견뎠다. 제시카는 케네디와 그 친구들이 길거리 연극공연을 위한 대본을 쓰는 것을 도왔다. 그때까지만 해도 대본 없이 즉흥적으로 공연이 이루어졌다. 그래서 젊은이들이 그녀의 아이디어에 감사를 표했다. 그녀는 먼나라에서 온 사람인 듯했지만 따뜻한 마음과 이성을 가지고 있어 엄청난 도움이 됐다.

제시카는 두 살 많은 케네디에게 반했다. 그는 카리스마를 발산했으며 비록 다듬어지진 않았지만 뛰어난 지성을 소유했다. 그는 언젠가 제대로 된 교육을 받을 것이라는 꿈을 그녀에게 각인시켰다. 그러나 그는 돈이 없었다. 그리고 케냐의 학교시험을 통과할 학력이 없었다. 제시카는 하나의 해결책을 제시했다. 즉 그가 초중고를 모두 건너뛰고 바로 웨슬리안대학교에 입학신청하는 것이었다.

"그들이 장학금을 줄 것입니다."

그녀는 설명했다. 그녀와 케네디가 이에 관해 얘기할 때, 케네디는 그녀에게 이 지역의 관습은 손님과 주인이 손을 잡고 걷는 것이라고 말했다. 그래서 그녀는 외출할 때면 조심스럽게 케네디의 손을 잡았다. 그녀는 이 관습이라는 것이 허구임을 알았을 때 속았다고 기분 나빠하지 않고 데이트 신청이라고 눈치채고 이내 그와 사랑에 빠지게 됐다. 제시카가 집요하게 요청하여 웨슬리안대학교 입학처는 케네디의 입학신청을 고려하기로 동의했다. 그는 공식적인 성적표도, 적성검사 성적도, 토플점수도 없었다. 그는 자신의 성장배경에 관한 에세이를 썼다. 웨슬리안대학교는 케네디에게 전액 장학금으로 입학을 허가했다. 그러나 나이로비 주재 미국대사관은 두 번이나 학생비자 발급을 거부했다.*

마침내 제시카는 4학년 학생으로 그리고 케네디는 신입생으로 2008년 가을학기에 웨슬리안대학교 교정에 도착했다.

키베라가 제시카를 압도했다면 웨슬리안대학교는 케네디를 압도했다.

"처음으로 배불리 먹었습니다. 샤워를 처음으로 했습니다. 처음으로 음식이 중요한 문제가 되지 않았습니다. 어머니께 전화해서 저는 죽지 않은 채로 천국에 왔다는 것을 확신시켰습니다."

지금까지도 SHOFCO는 사회운동이지 자선단체가 아니다. 그것은 기부나 외부의 지원 없이도 6년을 지속해왔다. 이는 운영자원이 거의 없다는 것을 의미한다.

---

*특별한 젊은 남성이나 여성이 좋은 대학에서 입학허가를 받았음에도 불구하고 미국비자를 받지 못하는 것은 매우 좌절스런 모습이다. 비자 발급 절차가 너무 관료적이고 자의적이어서 그렇지 않으면 미국을 찬양할 사람들에게 미국의 이미지를 나쁘게 한다. 미국이 공식적인 외교를 통해서 얻은 친선을 비자 발급 과정을 통해서 잃고 있다.(이는 국무성의 잘못이라기보다 미 의회의 잘못이다.)

케냐 나이로비의 슬럼가 키베라에 있는 학교에 다니는 여학생과 포즈를 취한
케네디 오데드와 제시카 포스너.

웨슬리안대학교에서 오데디는 SHOFCO를 위한 다음 번 꿈, 즉 키베라에 여학교를 세우는 것에 관해서 소리 높여 말했다. 그는 성적학대에 맞설 수 있는 한 방법은 소녀들을 교육해서 사람들이 소녀들을 존중하도록 하는 것이라고 생각했다. 여학교야 말로 슬럼가에서 벌일 수 있는 광범위한 봉사활동의 중심이라고 생각했다. 그러나 이것은 SHOFCO가 스스로 재원을 마련할 수 없는 일이었다. 외부에 도움을 청해야 했다. 제시카는 아기돌봄이나 식당종업원을 해서 평생 번 돈 3,000달러를 기부하기로 했다.

"우리 가족은 나를 미쳤다고 생각했어요."

그녀의 부모는 케냐에 그렇게 빠진 것에 대해서 의심을 품었다. 그녀는 부모님이 기절할까봐 키베라 내부에서 살았다는 얘기를 하지 못했다. 부모님은 딸이 케네디를 사랑하는 것도 착잡해 했다. 하지만 케네디는 부모님을 매료시켜 모든 가족이 그를 좋아하게 했다. 제시카는 아직 대학생인데 케냐의 슬럼가 주민에 너무 빠져 그녀의 돈을 전액 기부하고자 했다.

"여기서 잠깐 멈추고 이 모든 것의 실용성에 관해서 고민을 해봐라."

그녀의 아버지가 충고했다. 이에 제시카는 케네디와 웨슬리안대학교 입학처를 몰아붙이듯 엄마, 아빠에게 눈살을 찌푸렸다. 그녀의 부모님은 키베라에 세울 여학교가 딸에게 얼마나 중요한지 알아채고 뒤로 물러섰다.

케네디와 제시카는 '평화를 위한 프로젝트(Do Something.org)' '푸르름의 메아리(Echoing Green)' 등의 단체들로부터 무상지원금을 얻어냈다. 2009년 여름 그들은 유아원, 유치원, 그리고 1학년 학급을 개설하여 키베라 여학교를 시작했다. 키베라로부터 엄청난 지원이 있었다. 특히 이것은 외부인에 의해서 지어진 것이 아니라 지역사업이었기 때문이었다. 제시카와 몇몇 백인들이 참여했다. 그렇지만 리더는 키베라의 '시장'이란 별명을 가진 케네디 오데디였다.

제시카는 케네디가 웨슬리안 2학년 동안 귀국할 때까지 키베라에 남아있었는데 둘은 스카이프(Skype, 인터넷 화상채팅, 회의 서비스 프로그램.)를 이용해서 그 프로젝트를 계속 운영하려 했다. 제시카는 가끔 자기 스스로 속내를 드러냈다.

"저는 많은 돈을 날렸어요."

그녀는 이렇게 실토했다. 한 케냐 친구는 학교수업료를 도와달라고 간청했다. 제시카는 그녀에게 돈을 주었는데 그냥 속고 말았다.

"저는 제가 바른 일을 하고 있다고 확신했어요."

그러나 그녀는 번번히 속는 순진한 백인 외부인임을 확인해주는 것에 불과했다. 제시카는 케네디와 친구들에게 더 자주 지역안내를 요청하기로 결심했다.

"저는 이 세상 최상의 의도를 가지고 있는데 그 의도는 제대로 전달되지 않는 것 같아요."

2012년 졸업식에서 오데디는 학생대표로 졸업식 축사를 했다. 오데디가 졸업한 후 그와 제시카는 미국에서 결혼했다. 그리고 키베라로 돌아갔다. 그들은 이전보다 더 많은 관심과 지원과 재정적 후원을 얻었다. 그런 것들을 활용해서 SHOFCO를 확대하여 여러 방법으로 5만 명이 넘는 학생들을 지원했다. 그들은 지역주민들에게 염소로 살균된 물을 공급하기 위해서 10미터가 넘는 물탱크를 세웠다. 다만 그 사업이 지속가능하게 만들기 위해서 무상으로 공급하기보다는 싸게 팔았다. 그들은 전자의료기록에 의존해서 에이즈 테스트, 산전보살핌, 피임, 그리고 자궁암검사를 실시하는 병원을 시작했다. 또 병원을 통해서 구충과 최적모유수유 같은 공중보건운동을 전개했다. 그들은 소액저축운동, 공공도서관, 빈민가의 거울(Ghetto Mirror)이라는 지역신문, 그리고 직업훈련 프로그램을 추가했다. SHOFCO는 청결한 공중화장실을 짓기도 했다.

그중 어떤 것은 메탄가스를 생산해 키베라의 여학교에서 급식용 연료로 사용했다. 여학교는 SHOFCO의 핵심으로서 키베라의 명물이 되었다. 그래서 키베라같은 지역에서는 수십 명을 가르치는 일류학교보다 수천 명을 가르치는 삼류학교가 있는 것이 더 낫다는 주장이 합리적으로 제기되었다. 그러나 오데디는 최상의 기준을 원했다. 그는 학교를 단순히 배움만을 위한 플랫폼으로 생각할 뿐만 아니라 새로운 지도자를 양성하고 모든 키베라의

케네디와 제시카의 키베라 여학교에서의 종강파티.
대부분의 학생은 영어가 제3의 언어임에도 시험성적이 미국 초등학교 수준을 넘어선다.

정신을 북돋는 곳으로 여겼다. 그는 자긍심을 심어주는 중심축을 원했다. 그 자긍심은 키베라가 케냐의 어느 곳 못지않게 뭐든 이루어낼 수 있음을 보여주는 것이었다. 그래서 키베라 여학교는 학생들에게 예쁜 교복을 나누어 주었으며 최고의 선생님과 교실을 제공했다. 수요는 엄청나게 많았지만 학급의 규모는 20명으로 제한했다.

학교는 무상이었다. 그러나 부모들은 학비 대신 연간 5주를 일하겠다고 약속해야 했다. 또한 부모들은 매월 열리는 학부모회의에 참석한다고 약속해야 했다. 입학담당자들은 후보학생이 두 가지 자격을 가졌으면 했다. 즉 가장 가난하면서 가장 똑똑한 학생. 경쟁은 대단했다. 유아원의 경우 20명을 뽑는데 거의 500명이 지원했다. 이 학교에 관한 입소문이 퍼져나갔다. 외국인들도 들렀다가 거액의 수표를 남기고 떠났다. 코네티컷 주의 한 여성이 단순히 꽃을 달아주는 것 이상으로 의미 있는 일을 하자고 시작한 '어머니날 운동'은 어느 해인가 SHOFCO를 지원대상으로 선정했다. 그 결과 13만 달러를 기부받아 유아원에서 8학년까지 20개의 교실을 가진 아름다운 학교 건물을 지었다. 결연을 맺은 미국의 가정들은 종종 매년 지원을 이어오며, 학생과 편지와 사진을 교환하면서 일년에 한 소녀 당 1,200달러를 지원한다.

그 후원금은 금융교육과 부모역할 지원과 함께 학생 가족의 건강도 담당한다. 미국 학교와의 자매결연도 진행 중이다. 또 미국 학생들은 매년 여름 케냐를 여행하며 학생들과 공동작업을 한다. 소녀들이 8학년을 마치면 케냐의 최고 고등학교에 진학하고자 한다. 또 몇몇 학생은 미국 내 최고학교에 가고 싶어한다. 그래서 이들은 외국의 이러한 지원이 대학까지 이어졌으면 하는 희망이 있다.

키베라 여학교의 교실은 포근하고 매력적이어서 마치 미국의 교외에 위치한 최고학교 같다. 학생들은 벽에 예술작품을 그리고, 열정적인 학생들은 번쩍 손을 들어 수업시간에 지목되기를 바란다. 케냐의 다른 지역에서 학생과 선생님의 비율은 80:1인데 이 학교에서는 8:1이다. 그리고 일년에 50주 동안 학교가 개학상태이다. 우리가 참관한 쓰기수업에서 소녀들은 생생한 문장을 쓰라고 가르침을 받는다. 그들은 단조롭고 틀에 박힌 문장을 가지고 상황과 감성에 맞게 능동동사로 다시 쓰는 연습을 한다. 키베라 여학교에는 웃음이 복도에 넘쳐나며 소녀들은 활발하고 자신만만하며 방문객들을 즐겁게 맞이한다. 그들은 교육의 언어인 영어로 떠든다. 영어가 대부분의 소녀들에게 제3의 언어이지만 최근 조사에 따르면 86% 학생들의 영어 실력이 같은 학년의 미국 기준을 넘어서는 것으로 나타났다. 몇몇 2학년 학생은 7학년 수준의 책을 읽고 있었다. 최근 케냐 시험에서 그 학교는 비록 아이들이 슬럼가의 빈곤가정 출신임에도 불구하고 그 교육구에서 1등을 차지했다.

"한 소녀는 자신이 케냐의 대통령이 돼야 한다고 생각하고 있습니다. 그녀는 '내가 대통령이 되려면 뭘 해야 합니까?'하고 묻습니다. 이 소녀들은 각 분야의 저명인사가 될 것입니다. 우리 소녀들은 미래에 케네디 이상이 될 것입니다."

줄리아 알루발라가 말한다. SHOFCO는 그 소녀들을 지역사회의 대사로 활용하여 교육의 가치에 관한 얘기를 널리 퍼지게 한다. 학교에서 부르는 노래 중 하나는 다음과 같다.

> 나는 여기서 말합니다:
> 나도 권리가 있다고,
> 살 권리, 먹을 권리,
> 옷을 입을 권리, 그리고 교육을 받을 권리.
> 교육을 통해서 나는 조종사가 되었네,

의사가 되었네, 선생님이 되었네.
부모님이시여 내게 교육을 주세요!
교육이 열쇠입니다!

물론 이 아이들이 직면한 문제들 중 몇 가지는 결코 없어지지 않습니다
"15%의 어린이는 강간을 당합니다. 다섯 살짜리 한 소녀는 매일 아침 강간을 당합니다."

제시카는 소녀들이 교실로 들어올 때 낮은 목소리로 말했다. 두 명의 취학전 아동이 강간 때문에 생긴 누관(인체에 생긴 구멍) 때문에 고통받았으며 한 명은 그 결과로 대소변을 흘리고 있었다. 의사들은 한 명에게는 자궁경관을, 다른 한명에게는 자궁을 치료해야 했다. 소녀들이 강간을 두려워하는 상태에서 학습을 진행하는 것이 어렵다는 것을 알기 때문에 SHOFCO는 성폭행에 대한 무죄를 폐지하는 운동을 전개했다. 그것은 안전한 가정, 피해소녀와 가족의 낙인효과 극복 캠페인, 경찰신고 장려, 그리고 당국의 성의 있는 행동을 포함했다.

우리는 SHOFCO 추종자들이 피해소녀와 가족을 나이로비에 있는 킬리마니 경찰서에 데리고 가서 강간고소를 할 때 이들과 동행했다. 이웃 남자에게 강간당해온 이다의 가족은 2주간 휴가를 내고 딸을 치료하고 강간범을 감옥에 넣으려고 노력했다. 그러나 수차례 경찰서에 간 후에 얻은 반응은 강간범을 체포하는데 11달러 50센트의 뇌물을 달라는 경찰관의 요구였다. 가족은 거절했다. 경찰은 강간범의 가족으로부터 뇌물을 받은 듯했다. 왜냐하면 사건은 미결로 남아 있었으며 기록은 늘상 그랬듯이 잃어버린 서류가 됐다. 우리는 경찰관이 강간범을 체포하는 것이 아니라, 딸을 집에 혼자 방치했다는 이유로 가족을 체포하겠다는 믿을 수 없는 협박을 목격했다.

또 다른 경우는 강간을 저지른 이웃이 응당한 대가를 받게 하려고 우리는 한 SHOFCO 추종자와 열세 살과 열네 살의 두 소녀를 경찰서까지 동행했다. 또 경찰은 뇌물을 바라는 것 같았다. 왜냐하면 가족이 갈 때마다 몇 시간씩 기다리며 8번이나 찾아갔는데도 사건은 여전히 미결이었다. 경찰은 가족에게 시키는 대로 하게 했고, 증거를 수집해서 경찰서로 가져오게 했다. 그리고 나서 증인진술서를 쓰는데 필요한 종이와 펜에 대한 대가를 지불하게 했다. 스물다섯 살의 SHOFCO 추종자이며 본인이 여섯 살과 열다섯 살에 강간을 당한 에디타 아디암보는 그런 비용부과는 흔한 일이라고 말했다. 에디타는 케네디가 자신의 롤 모델이라고 말하면서 지역소녀들에게 교육과 힘을 달라고 기도한다.

"사람들은 희망을 먹을(eat hope) 필요가 있습니다. 열심히 일하세요. 잠자지 마세요. 허무한 꿈을 꾸지 마세요. 앉아서 마음을 가라앉히고 당신의 목표에 집중하세요. 교육에 집중하세요. 책만한 친구는 없습니다. 책은 당신을 배반하지 않습니다. 거짓말하지 않습니다. 당신에게 '에디타 가서 술 마셔라. 에디타 가서 콘돔 없이 섹스해라.'고 말하지 않습니다. 책은 당신에게 '섹스를 할 때는 콘돔을 사용해라. 술을 마실 때는 과음하지 말고, 가능하다면 술을 끊도록 해라.'하고 말합니다."

그녀는 사람들에게 이렇게 말한다.

제시카 포스너는 이제 스와힐리와 루오 언어로 키베라 주민들과 담소한다.(오데디는 버락 오바마의 아버지와 같은 루오 부족민의 일원이다.) 케네디가 SHOFCO 모델을 다른 나이로비 슬럼가인 마타레에 전파시키는데 집중하는 카리스마 넘치는 지역의 지도자인 반면에 제시카는 어떤 것이 효과가 있고 그에 따른 비용은 무엇인지 결정하기 위해 철저한 측정과 평가를 수행하는 정책통이다. 키베라는 때때로 위험한 지역으로 남아 있다. 그러나 제시카는 그 지역사회가 그녀를 원하고 있기 때문에 온전히 안전하게 느낀다고 말한다. 한때 케네디가 출타중에 제시카는 키베라를 벗어난 아파트에서 머물렀는데 밤에 도둑이 침입하려고 시도했다. 그녀는 미친 듯이 키베라에 있는 친구에게 도움을 청하는 전화를 하고 경고음을 울렸다. 키베라의 방범대가 밤새 전속력으로 달려 그녀를 구하러 왔다. 그들은 제때에 도착해서 도둑을 쫓아냈다. 제시카는 놀랐지만 다치지는 않았다.

"그녀는 지역민처럼 먹고 생활합니다."

지역 지도자인 조지 오케와는 설명한다.

"그들은 그녀를 지역 일원으로 여깁니다."

SHOFCO의 힘은 그것이 지역출신에 의해서 설립되고 운영되는 키베라의 토착 프로젝트로 여겨진다는 점이라고 오케와는 말한다. 당신은 그것을 전지역에서 볼 수 있습니다. 사람들은 소녀들을 가리키며 교복이 얼마나 멋있냐고 말합니다. 그들은 소녀들이 점심식사 후에 학교 밖에서 양치하는 모습을 자랑스럽게 바라봅니다. 그들은 소녀들의 유창한 영어실력에 놀라서 소리칩니다. 채소장사는 머리를 흔들며 이렇게 말한다.

"키베라 안에 저런 멋진 학교가 있다는 것을 모를 겁니다."

케네디와 제시카는 궁극적으로 SHOFCO가 교육과 희망을 제공하는 상향식 조직으로서 동아프리카의 많은 도시에서 성공하기를 바란다.

"그것은 당신의 삶을 그리고 지역사회를 바꾸는 출발점입니다. 내게 키베라의 가장 비참한 현실은 인간의 잠재력의 엄청난 낭비였습니다. 희망이 우리가 직면한 모든 문제를 해결해 주지는 않습니다. 그러나 희망은 우리들에게 가난한 사람들이 풍부하게 가지고 있는 상상력과 창의력의 약속을 일깨워줍니다."

9

폭력을 치료하는 의사

> 당신이 살아 숨쉬는 한 선행을
> 베푸는 데 늦은 때란 없다.
>
> 마야 안젤루

사건은 섹스에서 시작해서 살인으로 끝났다. 마르타비아 램버트와 안토니 브라운은 그날 두 번째 섹스를 하러 침대로 올라갔다. 그러나 애무와 낄낄거림은 오래 가지 못했다. 스물세 살의 바이스로드 시카고 조폭단의 지역두목인 브라운은 부인인 램버트가 이웃집 사람과 외도를 하는 것 아니냐고 말을 꺼냈다. 램버트는 그 남자가 접근하는 것을 완강하게 저항했다면서 강하게 부정했다. 시간은 새벽 3시, 시카고의 서쪽지역에 있는 판자로 덧댄 창틀, 빈집, 그리고 무서운 낙서로 얼룩진 노후한 흑인밀집지역의 2층 아파트에서였다. 가끔 비명과 총소리가 새벽을 흔드는 곳이었다.

브라운과 램버트는 결혼한 지 2년이 되었다. 두 사람 모두 슬럼가에서 자라나 마약, 조폭, 그리고 폭력에 노출됐으며 누구도 이것을 막기 위해 간섭하지 않았다. 둘 사이에 다툼은 종종 있었지만 대개는 램버트가 심하게 당하고 끝났다. 그녀는 175cm였지만 단단한 체구의 185cm에 90kg인 브라운에게는 상대가 되지 못했다. 이전에도 그는 그녀의 발목을 부러뜨리기도 하고 귀 고막을 터뜨리기도 했고 팔에 심한 상처를 내기도 했다. 이번에 둘이 서로 소리를 지르자 두 명의 아이들이 깨서 울기 시작했다. 브라운은 그녀에게 선풍기를 집어던져 그녀와 아이들까지 다치게 했다. 램버트는 가위를 들고 그의 귀 윗부분인 머리옆을 찔렀다. 그는 심하게 다치지는 않았지만 피를 흘리면서 도망쳤다. 브라운이 소리를 지르며 다시 방으로 돌아왔을 때 램버트는 달려들었다. 아파트의 소유주이고 그곳에서 손주와 증손주를 합하여 5명을 키우고 있던 그녀의 할머니인 린다 해리스가 중간에서 말리려고 했지만 옆으로 밀리고 말았다. 해리스는 아이들을 다른 방으로 피신시켰다.

경찰보고서에 따르면 브라운은 램버트를 위협했다. 그러자 램버트는 20cm 부엌칼을 집어 가슴 앞쪽에 들고 있었다.

"미친년, 내가 그 칼을 무서워할 것 같아."

브라운은 소리치면서 그녀를 발로 차고 때리기 시작했다. 그러자 그녀는 그의 가슴을 찔렀다. 브라운은 비명을 질렀다. 그는 입에서 피를 쏟으며 마룻바닥에 쓰러지면서 말했다.

"저년이 나를 찔렀어."

갑자기 겁을 먹은 램버트는 피를 흘리는 남편을 끌어내 차에 태웠다. 그리고 병원으로 직행했다. 거기서 그는 죽었다. 경찰은 일급살인 혐의로 램버트를 체포했다.

그 사건은 그날 시카고에서 일어난 3개의 살인사건 중 하나였다. 그것은 미국과 다른 나라에서 엄청난 문제가 되고 있는 도시 내 폭력을 보여주는 것이었다. 많은 연구는 미국의 한 살인사건은 1,000만 달러에서 1,200만 달러의 사회적 비용을 초래한다고 한다. 거기에는 경찰, 교도소, 희생자와 범죄자의 가족에 대한 사회사업 비용이 포함된다. 시카고대학교의 범죄연구소는 총기사고는 시카고의 각 가정에 연간 약 2,500달러의 부담이 된다고 계산한다. 범죄와 폭력은 경제적인 부담뿐 아니라 가난한 이웃에 희생을 요구한다. 왜냐하면 사업가들은 그런 지역에 투자를 꺼리며 어린이들은 하교길에 총에 맞거나 폭행을 당할까 두려워 학업에 집중할 수 없다. 실제로 연구원들은 폭력밀도가 높은 도심의 어린이들은 이라크나 아프칸 전쟁의 퇴역군인과 같이 외상후스트레스증후군으로 시달린다는 것을 보여준다.

우리가 강조했듯이 이런 문제에 대처하는 가장 효과적인 방법은 일련의 영유아기 개입이다. 왜냐하면 18개월된 영아를 바꾸는 것이 18살의 마약중독자를 되돌리는 것보다 훨씬 쉽기 때문이다. 범죄와 폭력은 우리가 조기에 효과적으로 개입하지 못한데 따른 사회적인 비용이다. 그리고 나면 폭력은 다른 개입을 더 어렵게 만들어 사회전체에 해를 끼친다.

이같은 폐해를 억제하는데 유망한 노력은 전염병 전문가인 게리 슬러트킨 박사가 제안한 큐어바이올런스(Cure Violence, 폭력치료)이다. 슬러트킨 박사는 시카고의 가장 위험한 지역 내 살인을 억제하기 위해 공중보건 접근법을 사용했는데, 미국 전역과 많은 다른 나라에서 이 프로그램을 도입할 정도로 성공해 매우 기뻐하고 있다.

슬러트킨 박사는 화학연구원 아버지와 회계사 어머니의 아들로 시카고에서 자랐다. 아버지는 아들이 과학을 좋아하도록 양육했고, 어린 시절 슬러트킨의 침실에는 안구확대 모형이 있었다. 반면 엄마는 그에게 사회적인 양심을 심어주었다. 이런 배경 때문에 그는 의대로 진학했다. 그는 개업의사 학위와 의학박사 학위를 동시에 따기 위해 연구에 힘썼다. 그러나 그는 연구실의 일이 예상보다 따분하다는 것을 알았다. 뭘 해야 할지 고민하기 위해 그는 친구와 알제리부터 사하라 사막을 거쳐 중앙아프리카공화국, 콩

폭력을 치료하는 의사

고, 그리고 남아프리카에 이르기까지 차를 몰며 일년 간의 휴식을 취했다. 여행 내내 그는 상상할 수 없을 정도의 질병과 고통에 시달렸다. 그는 어떻게 하면 그동안 배운 것을 가장 효과적으로 자신에게 써먹을 것인가를 고민했다.

의대로 돌아온 슬러트킨은 샌프란시스코에서 결핵문제에 주력하면서 전염병 레지던트로 일했다. 그는 서른한 살에 샌프란시스코 공중보건 결핵 통제청의 의사가 됐다. 그가 진료한 많은 환자들은 베트남, 캄보디아, 라오스에서 온 사람들로 영어를 못하고 서양의술을 믿지도 않았다. 그래서 슬러트킨은 결핵환자를 추적조사하는 봉사요원으로 베트남 이민자를 고용해서 그들이 처방받은 약을 먹는지 확인하게 했다. 이 프로그램은 요원들이 의료훈련을 받은 적이 없고 영어도 잘 못했기 때문에 정통이 아닌 특이한 방식이었다. 이 방법은 효과가 있었고 결과적으로 도시 내의 결핵을 근본적으로 추방하는데 도움을 주었다.

그 후 슬러트킨은 결핵문제를 해결하기 위해서 세계에서 가장 빈곤한 소말리아로 갔다. 그러나 그가 도착하자마자 콜레라 전염이 난민캠프를 덮쳤으며 서서히 사망자가 늘어갔다.

"우리는 어쩔줄 몰라했어요. 그저 울 뿐이었죠."

그는 이렇게 회상한다. 40개 수용소에 100만 명이 넘는 사람이 있었지만 의사는 단 6명뿐이었다. 슬러트킨과 동료들은 콜레라 환자를 알아보고 기본적인 치료를 제공하기 위해서 소말리아의 산파들과 하급 보건담당자들을 훈련시키기 시작했다. 한 번 더 지역민 봉사요원은 전염병의 확산을 막는데 도움을 주었다.

10년 동안 슬러트킨은 아프리카에서 전염병 퇴치를 위해 일했다. 그 일에는 국제보건기구가 첫 에이즈 프로그램들을 시작하는데 수행했던 역할을 포함하고 있다. 1994년이 되자 그는 완전히 기력이 쇠잔해 시카고로 돌아왔다. 그는 도심폭력이 해외에서 씨름했던 병마만큼이나 고치기 힘든 과제라는 것을 알게 됐다. 이야말로 완전히 소탕하기가 정말 어려운 것이었다. 예를 들어 바이스로드폭력단은 1957년에 만들어져 지역조폭으로 지금껏 존재해 왔다. 시카고는 이미 몇몇 강력한 총기규제법을 가지고 있었다. 그러나 그 법들은 총을 없애는데 효과적이지 못했다.

"그건 마치 아프리카에서 모기를 없애는 것과 같습니다."

슬러트킨은 말했다.

그가 도시폭력에 대해 고민할수록 그것이 단순히 도덕적인 문제나 형사적인 이슈로 잘못 진단된다고 느꼈다. 그것은 여러모로 전염병의 유행과 유사하다고 결론 내렸다. 전염은 저항력이 약한 사람들 사이에 퍼지게 되는데 그것은 폭력의 경우도 마찬가지다. 또한 많은 연구는 폭력에 노출된 사람들이 더 폭력에 관여하게 된다는 것을 보여준다. 실제로 그는 그런 사람들이 면역체계를 어겼다고 생각했다. 그는 전염이 확산되는 것을 막는 방법을 알았다. 첫 번째 조치는 새로운 감염사례들을 찾아내고, 그것이 확산되는 것을 막아 다른 사람에게 전염되지 않도록 해야 한다. 이것이 우리가 결핵, 콜레라, 에이즈를 처리하면서 했던 것이다. 이제 그는 시카고에서 같은 방식을 시도하기로 했다.

슬러트킨을 폭력을 전염병처럼 다루기 위해 비영리단체인 '큐어바이올런스(Cure Violence)'를 만들었다. 그는 봉사요원, 중재자, 그리고 전염을 막을 '폭력분석자'를 고용했다. 이 사람들은 지역사회의 중추였다. 즉 그들은 갱단이 장악하고 있는 지역에서 전과기록이 많은 전과자거나 손에 갱단 문신을 한 사람들이었다. 그들은 샌프란시스코의 베트남 난민과 소말리아의 산파에 해당하는 사람들이었다.

슬러트킨은 시카고의 기부자들과 보건문제에 집중하는 로버트우드존슨재단을 향해 범죄는 공중보건에 대한 도전이라고 설득했다. 그들은 슬러트킨에게 기회를 주기로 했다. 우선 그는 웨스트 가필드 공원근처의 한 블록에 집중하기로 했다. 당시 그곳은 살인사건이 가장 많이 발생하는 지역사회였다. 그가 폭력분석자로서 고용한 사람 중 하나는 '차이나 조'였다.

흑인인 차이나 조는 전혀 중국인의 피가 흐르지 않았지만 그의 눈은 아시아인 같았다. 아마 그의 어머니가 원주민 체로키족의 피를 절반 보유하고 있기 때문일 것이다. 그가 어렸을 때 누군가가 그를 차이나 조라고 불렀고, 그 이름으로 그냥 굳어졌다. 그러나 실제이름은 존 로프톤이었다. 아빠는 건설현장에서 일했고 엄마는 빵공장에서 일했다. 어린 차이나 조는 폭력단체에 가입해서 길거리에서 쉽게 돈 버는 것에 현혹됐다. 비교적 살결이 흰 차이나 조는 열 살 때 바이스로드폭력단에 가입해서 곧장 상점 현금전문털이범이 되었다.

열두 살에 처음으로 소년원에 수감된 차이나 조는 5학년까지만 정규교육을 받았다. 그러나 거리의 사업수완에 있어서는 박사급에 해당했다. 그가 바이스로드폭력단에서 승진하면서 그는 도둑질과 강도를 일삼았으며 마약거래상들로부터 강도의 전설이 되었다. 그는 마약거래상들이 많은 현

케네디와 제시카 '큐어바이올런스' 사무실의 차이나 조.

금을 가지고 다니는데 설령 그 돈을 훔치더라도 경찰에 신고하지 못할 것이라는 것을 알았다. 차이나 조는 자신의 정보망을 구축해 마약거래의 대부들을 유인할 '꿀 함정'을 파서 매혹적으로 옷을 입은 소녀들을 보냈다.

"내가 소녀들에게 옷 입힌 것을 보면 그들은 입을 벌리고 침을 흘렸죠. 소녀들은 모두 솜씨가 좋았죠. 어떻게 일해야 하는지 알았거든요."

차이나 조는 웃음을 머금고 회상했다. 소녀 각자는 마약거래상과 데이트를 하고 그가 현금과 마약을 어디에 숨겨두는지, 또 언제 그가 혼자 있고 공격하기 좋은지를 차이나 조에게 보고했다. 그러면 차이나 조와 그의 팀은 쳐들어가 마약거래상을 납치해 차 트렁크에 가두고 돈과 마약을 훔쳤다. 크리스마스 이브에 단 몇 시간만에 강도짓으로 그는 8만 달러를 벌었다. 자연히 이런 납치극은 차이나 조에게 많은 적을 만들었다. 그는 어느 날 총에 맞고 그 후 어디를 가든 총을 소지했다. 심지어 목욕탕을 갈 때도 총을 소지했다. 그는 또한 훔친 물건을 맛보는 과정에서 헤로인 중독자가 됐다. 그는 자주 체포됐으며 열두 살 이후 인생의 절반을 교도소에서 보냈다.

시간이 흘러서 차이나 조는 교도소에 염증을 느꼈고 인생을 되돌아봐야 했다. 그때가 2005년 '큐어바이올런스'가 그에게 손을 내밀었을 때이다. 당시에 그는 교도소 내 마약재활 프로그램을 이수 중이었다.

진정 그가 범죄를 끊고 그의 옛 구역에서 살인을 예방하는 중재자로서 일할까?

"나는 더이상 마약을 하고 사람들에게 강도짓을 하는 것을 다시 하고 싶지 않았어요. 나는 뭔가 다른 일을 할 때라고 말했어요."

차이나 조는 그래서 동의했다. 시카고의 판사 캐롤 키퍼만은 위험을 감수하고 용감하게 그를 석방해서 거리에서 '큐어바이올런스'와 함께 일하게 했다.(키퍼만 판사는 우리에게 이런 결정에 대한 기억이 없다고 말했다.)

"그것이 변화가 일어나기 시작하는 때였습니다."

만면에 웃음을 띤 채 차이나 조는 말한다.

"그때가 애벌레가 완전한 변형을 이룬 때입니다. 그래서 나는 나비가 되었습니다."

바이스로드폭력단은 브라운의 죽음을 알고 복수하기로 결정했다. 린다 해리스는 갱단이 그녀의 아파트로 쳐들어와 총격을 가할 계획이라는 소문을 들었다. 램버트도 교도소에서 같은 얘기를 듣고 할머니에게 주의하라고 전화했다. 해리스는 현관문을 부서질 듯 쾅쾅 두드리는 소리를 듣고 어디론가 피신하려고 했다.

"얘기 좀 합시다."

갱단의 두목이 현관문을 사이에 두고 소리 질렀다. 해리스는 잠긴 문을 통해 경찰과 얘기하라고 되받아 소리쳤다. 그녀는 총알이 날아올 경우에 대비해 아이들을 뒷방으로 데리고 갔다. 그녀는 911에 전화를 했다. 그러나 경찰은 몇 분이 지나도 나타나지 않았다. 그녀는 다른 곳으로 전화를 했다.

"차이나 조? 린다 해리스예요. 빨리 이리 와주세요. 바이스로드폭력단이 대문을 부셔져라 두드리고 있어요. 빨리 오세요. 그러지 않으면 우리 가족은 모두 죽어요!"

그때 차이나 조는 영역다툼을 중재하고 있던 중이었다. 갈등은 수준 낮은 마약거래상 두 명 사이에서 시작됐는데 각각은 자기편을 끌어들였다. 이제 양쪽에 6명 정도의 조폭조직원이 거의 무장한 채로 대치했다.

"우리는 조금도 움직이지 않을 거야."

한 조직원이 소리쳤다.

"아니, 너는 다른 곳으로 움직여야 할 거야."

"내가 말했듯이 우리는 여길 지킬 거야. 우린 어디로도 못 가. 우리가 너보다 먼저 여기서 일했어."

"넌 여기 없었어. 내가 너보다 먼저야."

차이나 조는 어느 쪽도 총격을 원하지 않을 것이라고 감지했다. 그러나 어느 쪽도 물러서는 모습을 보이지 않을 것임을 알았다. 그는 자신을 최고 결정권자로 설정하고 명령을 내렸다.

"둘 다 이리 와서 여기서 이 일을 어떻게 할 것인지 생각해 내. 그러나 어떻게 해결하든 그것은 평화적이어야 해. 왜냐하면 총격은 받아들일 수 없는 것이기 때문이야."

그는 두 마약거래상에게 장소를 조금만 옮겨서 길의 양쪽 끝에서 헤로인을 팔라고 말했다.(이는 경찰이면 도저히 강요할 수 없는 종류의 화해이다.) 조폭들은 불만스럽게나마 동의했고 긴장은 완화됐다. 총격의 전망은 사라졌다. 이 순간 린다 해리스가 차이나 조에게 전화를 한 것이다.

"오케이, 내가 곧 갈게요."

차이나 조는 답했다. 마약거래상은 핸드폰을 통해 린다가 소리치는 것을 들었다. 그들은 차이나 조에게 무슨 일이냐고 물었다. 그는 몇몇 거리의 부랑아들이 집을 총격해 할머니와 다섯 아이들을 죽이려고 한다고 대충 설명했다.

"뭐라고?"

누군가 말했다.

"그건 잘못된 거요."

다른 조직원들도 비슷한 말을 하기 시작했다. 그래서 차이나 조는 그냥 그들에게 함께 가서 상황을 진정시키는데 도와주겠냐고 물었다. 그들이 그러겠다고 했다. 린다의 집 앞에 조와 두 갱단이 차에서 내리자 그들은 한 무리의 성난 바이스로드폭력단 조직원을 발견했다. 차이나 조가 그들과 경쟁하는 갱단의 조직원 십여 명과 함께 도착하는 것을 보고 모두 뒤로 물러섰다.

"너희들은 다른 사람의 가정을 파괴할 권리가 없다는 것을 알 텐데?"

차이나 조가 그들에게 말했다. 그는 아파트 안에 있는 아이들 중 두 명은 실제로 안토니 브라운의 자식이라는 점을 지적했다.

"너희들은 그를 도와주는 것이 아니라 도리어 해치는 거야!"

조와 함께 온 갱단 한 명도 같은 말로 소리를 쳤다.

"너희들은 다른 사람의 가정을 파괴할 권리가 없다는 것을 알잖아."

차이나 조는 그것을 이렇게 기억하고 있다.

"그들은 감정적으로만 행동하려 했죠. 일단 그들에게 말을 해보면 그들은 그게 잘못됐다는 것을 알았어요."

결국 바이스로드폭력단은 차를 타고 사라졌고, 학살은 피할 수 있었다. 조는 린다의 현관을 노크했다. 그리고 그녀에게 이제 안전하다고 말했다.

"만약 그가 없었다면 글쎄 전 모르겠어요. 저와 애들에게 무슨 일이 일어났을지."

그녀는 이렇게 말했다.

그들이 한 일 가운데 많은 것은 덜 드라마틱하지만, 이것이 '큐어바이올런스'와 그곳의 폭행저지자들이 변화를 만들어낸 사건이다. 또 '큐어바이올런스'의 직원들은 폭력에의 의존을 억제하면서 갱과 범죄의 대안을 장려하면서 행동변화를 위한 장기적인 노력을 떠맡고 있다. 차이나 조처럼 그들은 자기에게 주어진 지역의 주민들에게 자신을 알리고 사람들에게 난관에 처했을 때 전화하라고 독려한다. 직원들은 또 자기들끼리 최근에 일어난 협박, 충돌, 살인, 그리고 있을 수 있는 복수에 관한 정보를 교환한다. 누군가 총에 맞으면 그들은 병원으로 찾아가 희생자들과 슬픔을 함께하지만, 보복은 하지 말라고 조언한다. '큐어바이올런스'는 살인사건이 나면 지역사회의 폭력근절 운동을 조직한다. 반대시위, 추모제, 또는 철야기도 등을 통해 폭력배후자들을 부끄럽게 하고 낙인 찍는다.

게리 슬러트킨은 무서운 거리에서 오히려 편안함을 느끼게 됐다. 직원 알폰소 프래터는 한번은 거리의 부랑아들이 슬러트킨의 자동차를 에워싸고 그와 그의 팀이 경찰에 고자질한다고 비난하는 것을 직접 목격했다. 이는 그들이 했던 일들을 비합법화하는 것이었다. 프래터는 그냥 차에 올라타고 그곳을 빠져나가고자 했다. 그러나 슬러트킨은 차에서 내려 그 부랑아들을 마주하고 그것은 거짓말이라고 말했다.

"박사님은 그의 의견을 고수하며 한 발짝도 물러서지 않았죠. 나는 그 지역에서 백인이 한 발짝도 물러서지 않는 것을 보지 못했어요. 박사님은 그 자리에 있었죠. 나는 그가 집단공격을 받거나 그들 중 몇 명이 총을 꺼내들 것이라고 생각했어요."

프래터는 그때를 회상하며 고개를 절래절래 흔들고 경외의 목소리로 이렇게 덧붙였다.

"나는 박사님에게 '당신은 나의 보스입니다!'라고 말했습니다."

외부그룹은 '큐어바이올런스'에 대해 철저한 평가를 진행했고 아주 적은 비용으로 총기사고를 실질적으로 줄였다는 점을 발견했다. 법무부는 그 프로그램이 지역에 따라 총기사고를 16~28%정도 줄였다는 것을 발견한 4명의 전문가가 쓴 229쪽의 평가보고서를 후원했다. 그것은 '큐어바이올런스'가 5백만 달러의 시카고 예산만으로 이루어낸 엄청난 업적이었다.('큐어바이올런스'의 기금은 주로 지방정부로부터 충당되지만 웹사이트를 통해 들어오는 민간기부도 도움이 된다.) 시카고는 매년 19억 달러를 공공안전 분야에 쓰고 있다. '큐어바이올런스'는 시카고에서 이 프로그램에 쓰는 1달러는 15.77달러의 의료와 사법비용을 절감시킨다고 추정한다. 그리고 슬러트킨은 이런 접근법이 도심 살인사건을 70% 줄일 수 있다고 생각한다.

폭력을 치료하는 의사

"우리는 이런 개입을 통해서 이 정도의 효과를 여러 차례 보아왔습니다. 그것은 우리가 영아사망이나 결핵의 경우처럼 몇몇 영역에서 이룰 수 있는 것과 일치하는 매우 일관된 수치입니다."

그러나 '큐어바이올런스'는 필요한 운영예산의 4분의 1만 조달받고 있다. 우리가 교도소에 돈을 쓰는 것만큼 예방에도 쓸 수만 있다면 좋을 텐데 말이다.

'큐어바이올런스'는 의사와 환자만을 포함하는 의료노력과 대비해서 많은 집단의 사람들과 함께 작업하는 공공보건 프로그램의 힘을 볼 수 있는 기회의 창을 제공한다. 흡연비율을 1965년 42%에서 오늘날 18%까지 줄이기 위해 담뱃세, 공공교육, 경고의 방법을 사용한 금연 공공보건운동은 일 년에 수십만 명의 생명을 구했다. 마찬가지로 음주운전과 교통사고 방지 공공보건운동은 미국의 정책 중 인명을 구하는데 가장 성공적이었다.

폭행에 대한 광범위한 공중보건 접근법이 효과적인가? 우리는 모른다. 그러나 무엇이 작동되는지 연구하고 거기에서 배우는 슬러드킨의 접근 방식을 우리는 좋아한다. 그것은 특히 소년들 사이에서 폭력을 줄이려고 노력하는 다른 공중보건발의들에 의해서 보완돼야 한다. 그런 노력의 일환으로 '밤(BAM, Becoming a Man)'은 시카고에서 7학년에서 10학년까지 2,700명의 위험한 남학생을 대상으로 무작위대조군실험을 실시했다. 그들은 수업 중 그리고 수업 후 충돌을 없애려는 프로그램에 참여했다. 그 결과는 매우 전망이 밝았다. 비록 프로그램이 다음 해에 중단됐을 때 범죄감소는 사라졌지만, 프로그램이 진행 중일 때 통제집단과 비교해서 폭력적인 범죄를 44%나 줄였다. 참가자 1인당 비용은 1,100달러였는데 시카고대학교는 사회적 비용절약은 3배 이상이 될 것으로 추산했다.

장기적으로 범죄전염현상을 막는 가장 좋은 방법은 사람들의 범죄면역력을 강화하고 전염이 확산되지 않도록 환경을 변화시키는 것이다. 그러기 위해 '큐어바이올런스'는 차이나 조 같은 직원들을 학교, 소년원, 그리고 교도소에 보내서 무기와 폭력을 불법화하는 반면 젊은 사람들이 갱단에서가 아니라 학교에서 지위를 찾도록 격려하는 얘기를 하게 한다.

"그들은 나에 관해 들었습니다."

조는 자랑스럽게 말한다.

"그리고 나는 그들에게 '일을 처리하는 더 나은 방식이 있다. 나는 여러분이 내가 한 일을 되풀이하기를 원치 않는다. 여러분이 해야 할 가장 좋은 일은 잉크펜을 들고 책을 가까이하는 것이다. 그게 교육이다. 즉 여러분의 미래다. 지금 이 세계에는 수많은 살상과 교도소, 또는 죽음밖에는 없다. 여러분의 선택이다. 펜을 들든지 총을 들든지 할 수 있다. 총을 들면 교도소에 가거나 무덤에 갈 것이다. 그것이 여러분이 택할 두 가지 선택이다……"

혁신적인 기부자

노엘 제임스 오츠가 1972년 아칸소에 있는 농장으로 보내진 것은 아마 목숨을 건지는 사건이었다. 그러나 그 당시 그 농장은 지옥같았는데 그중 최악은 채찍질이었다. 감독자들은 각각 나무손잡이에 1m 가량의 가죽이 달린 채찍을 하나씩 들고 있었다. 경비원들은 사람들에게 수갑을 채워 묶은 다음 팔과 다리가 찢겨질 정도까지 당겼다. 그것은 당겨서 늘리는 것이라고 불렸다. 그 다음에 채찍이 내려쳐지고 피가 흘렀다. 사람들이 농장을 떠날 시간이 되었는데도 채찍을 맞은 자국이 남아 있으면 그 자국이 없어질 때까지 두 달 정도 더 일하게 했다. 방문객이나 공무원이 찾아오면 채찍은 자취를 감추었다. 오츠는 그의 나쁜 행동을 고치도록 그렇게 훈련받고 있었다.

오츠는 누군가 TV에 나와서 '큐어바이올런스'가 차이나 조 같은 '개입자'와 함께 어떻게 도심의 폭력을 해결하는데 도움을 주는지 설명하는 것을 보고 당시가 생생하게 되살아났다. 그는 현재 짐으로 불리면서 샌디에고에서 기술자로 일하고 있다. 오츠에게는 그 설명은 완전히 납득이 되는, 즉 말이 되는 내용이었고, 그가 평생을 폭력에 빠져서 살아왔기 때문에 자기 일처럼 느껴졌다. 그래서 그는 일선에서 일하는 차이나 조와 동료들을 지원하는 것을 통해 '큐어바이올런스'를 지지하기로 결정했다. 오츠는 먼 길을 왔다.

그의 가족은 교육을 잘 받았으며 휴스톤에 살고 있었다. 그의 어머니는 법대 교수이다. 그는 열두 살 때 마리화나를 팔았다는 이유로 처음 체포됐다. 소년야구단의 코치인 경찰관이 개입해서 벌금을 내고 방면되는 것으로 감형됐다. 9학년이던 열네 살 때 오츠는 가출해 차를 얻어타며 전국을 돌아다녔다. 그는 살아남기 위해 소소한 것들을 훔치다가 아칸소의 포트 스미스에서 체포됐다.

"모든 일들이 나락으로 떨어지고 있었죠."

그는 젊은 시절을 회고했다. 오츠는 체포된 후에 '농장'으로 보내졌다. 거기에서 소년들의 편지는 검열됐고 채찍질은 시작됐다.

오츠는 이런 청소년 교화농장에 관해서 이렇게 말한다.

"그것들은 모두 실패였습니다."

그런 농장은 여러 주에 존재했지만 나중에 구금된 젊은이들의 죽음이 알려진 후에 금지되었다.

"마치 노예와 같은 완전한 인신체벌과 엄청난 학대였습니다."

교화원의 직원이 오츠가 높은 IQ를 가진 것을 알아챈 후에 운좋게 구금에서 벗어날 기회가 찾아왔다. 교화원에서 청소년에게 상습적인 범행이 이뤄지지만 그들은 성공스토리를 원했다. 그래서 그들은 그에게 농장의 우유 짜는 기계를 작동하게 하고 그를 고등학교에 상당하는 과정에 등록시켰다. 오츠는 우유살균기와 균질기를 다루었으며 학위도 받았다. 구금된 마지막 몇 달 동안 그는 건축도면을 준비하는 것을 배웠고 제도공으로 일했다.

샌디에고에 있는 짐 오츠는 '큐어바이올런스,' '플랜USA,' '유니세프' 그리고 '셈퍼피펀드(Semper Fi Fund)'의 정기적인 후원자이다.

열여덟 살에 그는 석방됐다. 그는 휴스톤으로 돌아와 석유회사인 '쉘'에서 제도공으로 직장을 구했다. 그는 순조롭게 시작했지만 곧 타성에 빠졌다. 아들이 방향을 잃고 헤매는 것을 보고 어머니가 충고했다.

"야간과정을 다니면서 네가 무엇을 생각하는지 고민해 보렴."

그녀는 아들을 다그쳤다.

"대학에 가야 한다는 생각을 해야만 하는데 넌 그걸 모르고 있어."

오츠는 지역대학에서 천문학을 택했는데 그걸 좋아하게 됐고 A학점을 받았다. 다음 학기에는 대수학과 천문학2를 들었고 모두 A를 받았다.

"저는 그냥 시작했고. 목표를 가졌는데, 성공을 했어요."

그는 웃으며 회상한다.

오츠는 낮에는 쉘에서 일하고 저녁에는 야간학교에 다닌다. 쉘은 그가 수학에 탁월하다는 것을 발견하고 유전개발과 관련한 대규모 데이터의 컴퓨터처리 과정에서 그를 훈련시켰다. 곧 지질학자들은 1급 처리를 위해서는 오츠에게 찾아가야 한다는 것을 알게 되었고 점차 그에게 의존하게 됐다. 이제 수학과 과학에 빠진 오츠는 전기공학 박사학위를 받게 됐다. 수년 후 그는 어머니가 수업시간에 십대에 위기와 혼란을 겪은 열네 살 소년이 대학에 진학해서 성공을 거둔 얘기를 한다는 것을 알았다.

현재 쉰아홉 살의 오츠는 태평양이 바라다보이는 남가주 해변에서 살고 있다. 그는 통신산업에서 경력을 쌓고 있는데 최근에는 주로 브로드컴이라는 회사에서 휴대폰에 들어가는 베이스밴드(원신호를 변조시키지 않고 보내는 방식) 모뎀칩을 테스트하고 있다. 뛰어난 전기기술자로 일한 지 28년이 지난 지금 그를 아는 어떤 사람도 그의 과거를 알지 못한다. 그러나 과거는 아직도 그의 주변을 맴돌고 있다. 오츠가 '큐어바이올런스'에 관한 TV쇼를 보면서 그는 인터넷을 검색해 슬러트킨의 TED 강의와 두 개의 '큐어바이올런스' 비디오를 보았다.

"그것은 어렸을 때 나의 역사이기 때문에, 당장 후원해야 될 일로 다가왔습니다."

이렇게 오츠는 말한다.

그는 매달 100달러씩 자신의 구좌에서 자동으로 빠져나가는 방식으로 기부하기 시작했다. 오츠는 '큐어바이올런스'가 매우 효과적인 접근법이라고 생각했고 그것을 알게 되면 될수록 더 좋아하게 되었다.

그는 이렇게 얘기한다.

"남은 생애 동안 매월 기부를 계속할 것입니다."

오츠에게 '큐어바이올런스'는 남을 도와주는 습관을 강화시킨다. 20년 동안 오츠는 플랜USA(Plan USA)라는 자선기관을 통해서 해외 입양아를 지원해 왔다. 그는 지금 여자 2명, 남자 3명, 총 5명의 입양아를 지원하고 있는데 두 명은 세네갈에 있고, 이집트, 부르키나 파소, 가나에 각각 한 명씩 있다.

"저는 어느 곳에서든 소녀들이 직면하는 어려움 때문에 특히 여자아이들을 지원하고 싶습니다."

오츠는 또한 피스툴라(Fistula)재단에 기부해 여성과 소녀들에게 산부인과적 누공으로 알려진 출산과정의 상해를 수술하도록 지원하는데, 그의 어머니가 그에 관한 조언을 해주었다.

"저는 때때로 기부에 관해 재평가를 해보려고 합니다. 제가 실업상태에 있을 때는 삶에서 허세를 걷어내야 해서 기부도 줄여야 했습니다. 그러나 저는 입양아들에 대한 지원을 결코 중단할 수는 없습니다."

오츠는 자원봉사와 기부를 합쳤다. 그는 해양학과 해양생태에 관한 관심을 가지고 있는데 가끔 초등학생과 중학생을 대상으로 해양학에 관한 설명을 해주곤 한다. 그가 로스앤젤레스 동부의 한 학교에 갔을 때 철조망이 쳐진 거의 3m에 달하는 담장을 보고 놀랐다. 교직원이 그에게 말하기를 그들은 2분 이내에 학교의 출입을 통제하고, 5분 이내에 경찰헬기를 내리게 할 수 있다고 한다. 몇몇 어린이들은 총기사고로 인해 형제자매를 잃었다. 그들에게 조수웅덩이(썰물 때 바닷물이 남아 있는 웅덩이)는 달에나 존재하는 것 같다. 그러나 아이들은 그의 방문을 반겼으며 그가 보여주는 바다영상도 좋아했다.

"그들은 바다영상으로부터 많은 것을 배웠고, 저는 그런 일을 통해서 행복감을 느꼈습니다."

그렇지 않았다면 대부분의 중산층 전문직업인들처럼 오츠는 가난한 사람들과 어울리지 않았을 것이며 문제아들과 직접적인 교류도 없었을 것이다. 즉 '큐어바이올런스'는 그가 지역사회를 돕는 창구였던 셈이다.

그는 묻는다.

"우리는 역사상 가장 부유한 사람들입니다. 우리가 돕지 않으면 누가 돕겠어요?"

"저는 진정으로 제가 가진 것에 대해 감사하며 가능한 한 나누고 싶어요."

"저는 주는 것은 보답이 있다고 무한정 믿습니다."

그는 이렇게 말한다.

"저는 그런 느낌을 몇 번이고 가졌어요. 당신은 궁극적으로 주는 것 이상으로 얻을 것입니다. 하늘은 우리의 다음 세대가 힘든 시기를 맞을 것이라는 점을 압니다. 저는 우리가 그들에게 더 나은 세상을 물려줄 것이라는 확신이 없죠. 그래서 저는 창의성 즉 어떤 일에 대한 해결책을 생각해 내는 사람을 돕고 싶어요."

10

성매매 근절

> 당신이 다른 쪽을 쳐다볼 수는 있지만
> 당신이 몰랐다고 말할 수는 없다.
>
> 윌리엄 윌버포스, 1780년대 영국의 노예제 폐지와 도덕성 회복 운동에 헌신한 정치가

밴더빌트대학교에 새로 부임한 베카 스티븐스 성공회 목사는 신도들에게 설교할 주제로 사회정의의 이슈를 찾고 있었다. 미성년자에 대한 성적학대는 베카에게 개인적으로 울림이 큰 관심사였기에 그녀는 성매매를 선택했다. 베카가 네 살 때 아버지는 음주운전자의 자동차에 치여 사망했다. 그녀의 엄마는 다섯 아이가 남겨졌지만 교회와 지역사회의 도움의 손길에 고마워했다. 도움을 주는 사람들 가운데는 가족의 후원자가 있었다. 한번은 교회에서 저녁으로 스파게티를 먹을 때 이 남자는 베카를 위층의 방으로 데리고 가서 문을 닫고 성폭행했다.

"당시에 제가 스파게티 접시를 떨어뜨리면 엄청나게 시달릴 거라고 생각했었던 것을 기억해요."

그래서 그녀는 그것을 참았다. 그는 그 후 2년 동안 계속 베카를 성폭행했다.

성매매 근절

자신을 아낌없이 지원해준 어느 중산층 가정에서 자라면서 베카는 트라우마를 극복했다. 또 스와이대학에서 수학을 전공하여 우등으로 졸업했다. 그녀는 우리에게 나쁜 일이 일어나면 그것은 좋은 일에 쓰일 수 있는 특별한 통찰력과 동정심을 준다는 원칙의 산증인이었다. 그녀가 겪었던 학대 때문에 너무 많은 학대를 경험한 성매매 피해자들과 그녀를 연관지을 수 있었다.

오히려 베카는 이렇게 말한다.

"그 2년이 제게는 커다란 선물이었죠. 그 선물로 왜 사람들이 마지막 순간에 거리에서 몸을 파는지 알게 됐어요."

창녀들의 상당수가 어려서 성적으로 학대받았다는 것을 알려주는 연구 결과를 제시하면서 성매매의 뿌리는 어린이강간에 있다고 그녀는 말한다.

인신매매 이슈는 베카의 설교에서 가장 적절한 주제였다. 왜냐하면 그것이 오늘날 미국을 포함해 전세계에서 가장 잔인하고 만연된 인권유린의 하나로 남아 있기 때문이다. 유니세프는 세계적으로 매년 120만 명의 어린이가 성매매되고 있다고 추산한다. 국제노동기구는 450만 명의 강제매춘을 포함해 거의 2,100만 명이 강제노역의 희생자라고 추산한다. 인도는 아마 어떤 나라보다 더 많은 소녀들이 섹스를 위해서 매매되고 있으며 파키스탄, 방글라데시, 네팔, 말레이시아, 캄보디아, 베트남, 몰도바, 루마니아, 그리고 멕시코 또한 엄청난 수에 달한다. 인신매매는 전세계 어느 나라든 어느 정도는 존재한다.

미국 내에서 성매매의 추산은 매우 다양하다. 우리는 전 '미아 및 착취 어린이 국립센터'의 센터장인 어니 알렌의 보고서에 따르면(법무부 추산, 매년 가출하거나 집에서 쫓겨난 160만 명 중) 적어도 10만 명의 청소년이 성매매되거나 매춘을 하는 것으로 나타났다.

몇몇 사례는 단지 며칠 정도 견디거나 배고픔, 숙박, 또는 신변 보호 때

성매매 여성의 구직에 도움주려 운영 중인 카페에 선 베카 스티븐스 목사.

문에 성매매하는 미성년자들이다. 우리가 계산한 바로는 미국에서 하루에 10만 명의 여성과 소녀가 자발적으로 또는 비자발적으로 성을 팔고 있었다.(이는 체포, 온라인상의 매춘광고, 그리고 성을 매수한 남성의 설문조사에 기초한 것이다.) 그러나 우리는 미국에서 일년 내내 일정한 순간에 수십만 명의 여성과 소녀가 성매매를 겪고 있다고 추산한다.

강제매춘은 오늘날 어떤 것 못지않게 사라지지 않는 사회적인 문제이다. 그러나 그 문제는 부분적으로 시민사회와 종교집단의 강력한 문제제기 때문에 점점 미국 내에서 그리고 세계적으로 주목받고 있다. 미국 내 선도적인 조직의 하나는 '폴라리스프로젝트(Polaris Project)'인데 이는 2002년 두 명의 브라운대학교 학생인 캐서린 촌과 데릭 엘만이 근처에 있는 끔찍한 매춘굴에 관한 신문기사를 읽고 설립했다. '폴라리스프로젝트'는 전국인 신매매 핫라인(888-373-7888)을 운영하면서 전국적으로 반인신매매법을 통과시키기 위한 노력을 지원하고 있다. 뉴욕시에서는 레이첼 로이드라는 인신매매 생존자가 인신매매된 여성들을 돕는 젬스걸(GEMS Girls)이라는 훌륭한 프로그램을 운영하고 있다. 워싱턴에서는 안드레아 파월이 페어걸

성매매 근절

(FAIR Girls)이라는 조직을 운영하면서 포주로부터 도망치는데 도움이 필요한 여성들을 찾아 거리를 순회한다. 국제적으로 보면 '국제사법임무'라고 명명된 기독교단체가 인도, 캄보디아, 필리핀, 그 밖의 나라에서 매춘을 위해 인신매매를 하는 자들이 상응하는 벌을 받을 수 있도록 경찰과 함께 매우 적극적으로 일하고 있다. 이런 단체들은 인신매매자들에게 위험요인이 되기 시작했다. 이런 단체들에게는 재정적인 지원뿐만 아니라 여성과 소녀들이 새로운 출발을 할 수 있게 도와줄 수 있는 자원봉사자들이 필요하다. 시민들은 또한 경찰과 검찰에 왜 그들은 항상 창녀들만 검거하고 포주들은 검거하지 않는지 물을 필요가 있다.

　스티븐스 목사와 그녀의 신도들은 내쉬빌에서 성매매 근절을 위해 이런 종류의 연합체를 훌륭하게 구축했다. 이같은 운동을 하는데 있어 가장 큰 장애는 포주로부터 도망친 여성들이 머물 수 있는 방이 부족하다는 것을 인식하고 스티븐스목사는 개인주택 취득을 위한 모금운동을 시작했다. 여성들은 이 주택에서 2년 정도 지내면서 매춘과 마약을 극복하는 노력을 하게 될 것이다. 스티븐스는 카리스마가 있었고 발이 넓었으며 거침이 없었다. 이렇기 때문에 그녀의 밴더빌트 신도들은 처음에 10명으로 시작해 지금은 300명으로 성장했다. 그리고 내쉬빌은 적극적으로 호응해 주었다. 교회는 6명의 여성을 수용할 수 있는 커다란 집을 마련했다. 그것은 '막달레나'(갱생한 매춘부, 성경에 등장하는 막달라 마리아를 지칭함.)라는 매춘, 마약, 음주에서 벗어나려는 여성을 위한 2년 거주 프로그램의 핵심을 이루었다. 막달레나는 치료를 제공했고 또 이런 여성들을 위한 희망을 제공했다. 즉 치료와 직업훈련을 통합하고 마약, 알코올, 나쁜 친구들을 멀리하게 도와주는 종합 프로그램이다. 여성들은 막달레나 프로그램에 있는 동안 무작위 마약테스트에 응해야 하며 또 길에서 이전의 포주와 아는 사람을 만나면 그들을 외면하기로 약속해야 한다. 이 숙소에 있는 여성들은 자기 스스로

규칙을 지키고, 오랫동안 홍등가와 떨어져 있던 여성들은 새로 숙소에 들어온 사람들을 도와준다.

베카가 도와준 첫 번째 여성들 중 하나는 클레미 그린리였다. 흑인인 그녀는 다섯 살부터 반복적으로 강간당했고 열두 살부터는 조직적으로 포주들이 시키는 대로 매춘을 했다. 클레미는 여덟 살에 음주를 시작했고, 4학년 때 중퇴한 뒤 곧 헤로인 중독자가 됐으며, 남자들의 주머니를 터는 전문가가 됐다. 한번은 단순히 도둑질하는 것 이상을 저지르고 말았다. 그녀의 고객이 그녀를 심하게 폭행하자 그녀는 칼을 꺼내 찌르고 말았다.

"저는 피를 보지 못해 다시 네 번이나 그를 찔렀어요."

그녀는 이처럼 말했다.

그는 거의 죽기 직전까지 갔지만 그녀에겐 다행스럽게도 유부남이던 그는 경찰이 수사를 계속하기를 원치 않았다. 그의 증언 없이는 경찰도 기소할 수 없었다. 그래서 그녀는 방면됐다.

2001년까지 그린리는 39Kg의 수척한 몸으로 노상에서나 빈 건물에서 잠을 잤고 가진 돈은 모두 코카인을 구입하는데 썼다. 그녀는 아들이 하나 있었는데 갱단의 폭력으로 인해 죽었다. 클레미의 상품가치가 없어지자 포주들도 그녀를 버렸다. 거리에서 만났던 옛 친구가 마약가게에서 그녀를 발견하고 막달레나에 있는 스티븐스 목사를 만나게 하려고 데리고 왔다.

"저는 베카를 만나 프로그램에 대한 설명을 들었죠. 그리고 베카가 저를 포옹했습니다."

그린리는 회상한다.

"그 포옹이 제 인생을 바꿔놓았죠."

그린리는 막달레나 프로그램에 가입해서 자원봉사자의 도움으로 기력을 회복하고 마약이나 술을 끊고 포주로부터 도망치려는 젊은 여성들에게 매우 귀중한 상담자가 됐다. 놀랍게도 그녀는 사랑하는 사람을 만나서 지

성매매 근절

금은 약혼을 한 상태이다. 그린리는 또한 다른 이슈들에 도전하기로 했다. 그래서 시카고의 '큐어바이올런스'에 관한 TV 프로그램을 보고나서 그녀는 살해된 아들을 기리며 비슷한 프로그램을 내쉬빌에서 시작했다. 지역사회에서 행한 그녀의 시민활동 덕분에 그녀는 2007년 올해의 내쉬빌인으로 뽑혔다. 이는 불과 6년 전 한낱 마약중독자이고 매춘부였던 한 여성에게는 놀랄 만한 족적이었다. 그린리는 뉴올리언즈로 이사해 막달레나를 모델로 한 '에덴의 집'이라는 프로그램을 운영하고 있다. 에덴의 집은 전국적으로 막달레나를 확대 발전시키려는 열 두곳의 하나다.

성매매와 관련해 일반인들이 가지고 있는 잘못된 두 가지의 시각이 있다. 첫 번째는 미국으로 숨어들어온 외국여성과 관련돼 있다는 것이다. 물론 그렇기도 하다. 대도시에는 30달러 미만의 화대로 라틴계 노동자들을 상대하는 끔찍한 집장촌이 있다. 이곳엔 멕시코 여성과 소녀 매춘부들이 있다. 또한 아시아계 여성을 보유한 마사지숍이 있다. 보통 그들이 미국행 티켓을 살 때는 미국에서 웨이트리스로 일하게 될 것이라는 얘기를 듣는다. 그러나 가장 일반적인 인신매매의 피해자는 그린리 같은 국내에서 자란 소녀들이다. 대부분의 미국 내 인신매매자들은 한마디로 포주들이다.

두 번째 잘못된 시각은 여성과 소녀가 대다수 자발적으로 성을 팔고 있다고 생각한다는 점이다. 물론 몇몇 여성은 협박 없이 성을 팔기도 한다. 그러나 다수는 그렇지 않다. 그리고 현재 여성이 동의하에 성매매를 할 지라도 많은 경우는 성매매업에 비자발적으로 들어왔을 수 있다. 특히 미성년자로 말이다. 법무부는 미국에서 청소년 성매매로 진입하는 평균 나이는 13~14살이며, 외국의 경우에도 유사하다고 추산한다. 그린리는 포주들이 정기적으로 소녀들에게 벌어야 할 목표(예를 들어 500달러 또는 1,000달러)를 정해 놓고 거기에 미치지 못하면 폭행당한다고 지적한다.

"면화를 충분히 따지 못했다고 채찍질하는 것이나 목표액을 벌지 못했다고 때리는 것이나 그것은 같은 것이죠. 그것은 노예입니다."

매춘을 해결할 수 있는 최선의 길은 그것을 합법화하고 규제하는 것이라는 견해가 있다. 그런 정책은 네바다 일부와 암스테르담, 뉴사우스 웨일즈, 호주 등에서 시행된 바 있다. 이 접근법은 나름 장점이 있다. 합법적인 매춘굴에서는 성매매자들이 열여덟 살 이상이며 자발적으로 일하는 것을 사회사업가들이 확인할 수 있고 보건당국은 그들이 에이즈 바이러스나 다른 성병에 걸리지 않게 담보할 수 있다. 공식적인 사창가는 여성들이 일반 길거리에서보다 더 안전할 수 있다. 그러나 이 시스템은 그렇게 매끄럽게 작동하지만은 않는다. 법적 매춘을 허용하는 당국은 매춘여행자들을 끌어들이게 되는데 이는 나이 어린 소녀나 인신매매로 팔려온 소녀를 고용하는 유사한 시장을 만들게 된다. 네바다에는 사창가 여성이 18살 이상이지만, 사창가 바깥에는 그보다 더 나이 어린 소녀들이 많이 있다. 암스테르담에는 매춘부의 4%만이 법적으로 등록된 것으로 추산된다.

요즘 전세계적으로 지지를 얻고 있는 접근법은 노르딕 모델인데 이는 1999년 스웨덴이 도입했다. 노르딕 모델은 성매매와 여성의 인신매매를 금지하는 것이다. 실제 성을 매수하려는 남성에게는 체포와 벌금이 부과되는 반면에 성을 파는 여성들에게는 체포가 아니라 사회적 서비스가 제공된다. 이런 남성에 대한 단속은 스웨덴에서 매춘을 실질적으로 감소시켰다. 어느 계산에 따르면 길거리 매춘에 종사하는 사람들의 숫자를 절반으로 감소시켰다. 비판자들은 노르딕 모델이 완벽하게 작동하는 것은 아니어서 그것이 성매매를 지하로 숨어들게 만들었다고 주장한다. 그러나 조사에 따르면 스웨덴 사람들은 성공적인 모델로 여기고 있으며, 이 모델이 다른 나라에서도 점점 많이 채택되고 있다.

성매매 근절

내쉬빌에서 스티븐스 목사는 이처럼 완벽하지는 않지만 인신매매에 적절히 대응할 수 있는 접근법을 만들기 위해 정부당국과 함께 노력하고 있다. 노르딕 모델과 유사한 요소는 성매매를 유인하는 남자가 체포된다는 점이다. 첫 번째 위반자는 300달러의 벌금형을 받게 되는데 이 돈은 막달레나 같은 프로그램을 지원하는데 쓰이고 일부는 '남성학교'로 보내진다. 이 학교는 하루과정인데 거기에서 남자들은 성병과 절제에 관해 주의를 받고 그린리같은 매춘부가 말하는 매춘산업의 잔혹성에 귀기울인다. 목적의 일부는 성매수 낙인을 찍으려는 것인데 미국에서 서서히 효과를 보고 있다. 설문조사는 미국남성의 약 15%가 일생에 한번은 성매수를 했다는 것을 보여준다. 이는 아버지가 총각딱지를 떼어 준다고 아들을 사창가로 데리고 갔던 몇십 년 전에 비하면 상당히 감소한 수치이다.

내쉬빌 모델에서는 여성이 매춘으로 체포되면 그녀를 도와주려는 진지한 노력이 있다. 징역 대신에 매춘부는 하루과정의 프로그램에 참여할 기회가 주어진다. 거기에서 베카나 막달레나 프로그램 출신 여성들이 각종 치료방법들을 설명한다. 베카의 동지이며 매춘전문 검사인 앙투아네트 웰치는 매춘부들에게 계속 매춘산업에 남아 있게 되면 직면할 에이즈와 폭력의 위험성에 관해 경고한다. 우리는 한 모임에 참석해 웰치가 내쉬빌에서 살해된 매춘부의 시신을 찍은 무시무시한 사진을 나눠주는 것을 보았다.

"나는 이런 일이 여러분 중 누구에게도 일어나기를 원치 않습니다."

웰치는 눈물을 참으며 말했다.

"나는 여러분이 다시 길거리로 나가면 이런 일이 또 여러분에게 일어날 것 같아 두렵습니다."

베카가 얻은 통찰은 매춘 여성들이 안전한 거처뿐만 아니라 삶의 모든 측면을 어루만져주고 종합적인 프로그램으로 묶어주는 일단의 서비스를 필요로 한다는 점이다. 그들은 거처 필요할 뿐 아니라 삶을 필요로 하고,

치료뿐 아니라 친구가 필요하며, 과정뿐만 아니라 롤모델이 필요하다. 그들의 직업훈련을 위하여 그녀는 약 50명을 고용하는 '엉겅퀴농장'이라는 사회적 기업을 운영하기 시작했다. 그들은 초, 비누, 그리고 방향제를 만들어서 인터넷과 유기농 자연식품(Whole Food) 상점을 포함한 수백 개의 점포에서 팔고 있다. 최근에 그 농장은 카페를 열어서 전직 매춘부들에게 바리스타나 웨이트리스 같은 일자리를 제공하고 있다. 그동안 앨 고어가 가족의 헛간을 매대로 기부하고, 지역잡지가 전직 매춘부를 내쉬빌 최고의 바리스타로 지명하는 등 지역사회의 강력한 지원이 있었다.

그 프로젝트의 핵심은 베카가 자원봉사자로 모집한 300명의 지역주민의 힘이다. 그들은 시간을 기부해서 카페에서 일하고 '엉겅퀴농장'이 생산품을 파는데 도움을 주고 전문적인 지식을 제공하기도 했다. 그들은 여성들이 책을 읽고, 도서관을 이용하며, 또 사업환경에서는 무엇을 입고 어떻게 말하는 지에 대해 조언하며 구직 방법을 가르쳐 주었다. 그리고 가족계획이나 문신제거 같은 서비스를 받을 수 있는 방법도 일러 주었다. 이 중산층 자원봉사자들은 최근까지 성을 파는 마약중독자였던 여성들과 함께 손잡고 일하고 있다. 그것은 양쪽 모두에게 매우 강력한 학습경험이다.

베카와 자원봉사자들은 성매매 문제를 확실하게 해결하지는 못했으며 그들이 돕고자 했던 여성들 가운데 일부는 실패하거나 되돌아가기도 한다. 줄리아 바스켓은 9개월 동안 막달레나 프로그램에 참여한 후 가족이 그녀를 집으로 초대했다. 그녀가 집에 머무는 동안 다시 마약과 매춘에 빠져들었다. 트럭정류장에서 그녀는 켄드릭 매릿이라는 24살의 유부남이 운전하는 트럭에 올라탔다. 나중에 고문당한 흔적이 있는 그녀의 알몸이 근처에서 발견됐으며 매릿은 살인혐의로 기소됐다. 줄리아의 가족은 그녀를 기리기 위해 가족테이블을 '엉겅퀴 농장' 카페에 기부했다.

그러나 전체적인 베카의 성공률은 대단하다. 막달레나 프로그램에 들어

간 여성의 72%가 2년 후에 깨끗하고, 맑은 정신으로, 새로운 삶을 준비한 채 졸업한다. 이제 졸업자가 150명을 넘어섰다. 막달레나는 지속적으로 확장하고 있으며 지금은 내쉬빌에 28개의 침실을 갖춘 6개의 주택을 가지고 있다. 그것은 필요한 것의 일부에 불과하며 지금도 대기자가 엄청 많다.

베카는 이렇게 말한다.

"나는 1000개의 침실을 채울 수 있습니다."

그녀는 비록 약간 사치스런 서비스를 제공하더라도 여성들을 막달레나에 데리고 있는 것이 교도소에 수용하는 것보다 비용이 더 적게 든다고 강조한다. 막달레나의 성과는 훨씬 더 낫다.

샤나의 컴백

스티븐스 목사는 '막달레나'와 '엉겅퀴농장'을 관리하고 있다. 그러나 매일 밤 길거리 여성과 소녀들을 포주로부터 도망치게 설득하는 사람은 자신이 수십 년간 성매매를 했고 그것을 극복한 샤나 같은 사람들이다.

샤나의 인생역정은 상당히 전형적이다. 엄마는 마약중독자였고 그래서 샤나는 헤로인을 몸속에 갖고 태어났다. 어렸을 때 샤나는 친척집으로 보내졌다. 그런데 친척 중 한 명이 그녀를 성폭행했다.

"저는 그게 언제부터였는지 모릅니다. 저는 그저 그가 매일 밤 내 침대에 왔다는 것만 기억합니다."

샤나는 나중에 다시 엄마와 함께 살게 됐다. 그때 엄마는 마약을 구입하기 위해서 매춘을 했다. 그 때문에 이상한 남자들이 집을 쿵쿵거리며 드나들곤 했다. 그러면 샤나는 안전하게 피신하기 위해서 종종 화장실에 숨었다. 7학년을 다니다 글도 제대로 읽지 못하는 상태로 학교를 중퇴하고 샤나는 엄마에 이끌려 낯선 사람의 집에 가서 13살의 나이에 매춘을 시작했다. 그 시련을 견뎌내게 하려고 엄마는 처음으로 그녀에게 헤로인을 주사했다.

"저는 물침대 위에 쓰러진 것만 기억합니다. [주사를 맞아서] 나의 두려움은 사라졌어요."

샤나는 니티라는 포주 밑에 들어갔다. 니티는 매춘하는 7명의 여성과 소녀가 기거하는 '마구간'이라고 불리는 성매매업소를 운영했다. 매춘사업이 그러하듯 샤나와 다른 소녀들이 버는 모든 돈은 니티에게로 갔다. 포주는 정기적으로 매춘부들에게 이름과 상징을 문신하게 했는데 샤나는 16개의 문신을 가지고 있다. 얼굴에는 달러 표시가, 엉덩이에는 '아빠의 소녀'라

샤나의 컴백

는 글자가, 가슴을 가로질러서는 '아무도 믿지 마라'는 문장이 새겨 있었다.

"그것은 마치 소에게 꼬리표를 붙이는 것과 같습니다. 어느 소가 당신의 것인지 알 수 있게 말이죠."

샤나는 오늘에야 설명한다.

포주는 때때로 현금이 필요해 소녀를 다른 포주에게 팔기도 했다. 샤나는 한번은 멤피스에 있는 포주에게 당시의 일반적인 가격인 1,500달러에 팔려갔다. 샤나는 두 차례 도망치려고 시도했는데 포주 니티가 그녀를 찾아내면 폭행했다. 그녀는 일부 경찰을 믿지 말라고 배워왔기 때문에 경찰에게 도움을 구하지는 못했다. 이유는 그녀가 167번 체포될 동안에 그녀의 포주는 한번도 체포되지 않았다는 점이다.

그녀가 35살 때 샤나는 인생의 3분의 2 이상을 마약과 매춘을 하며 지내고 있었다. 그때 그녀는 교도소에 있었는데 그곳에서 마약을 끊을 기회 즉 막달레나에 자리가 주어졌다. 그녀는 그 제안에 기꺼이 응했다. 일단 그곳에 가서 그녀는 의사의 진단으로 참전용사가 겪는 것과 유사한 증상인 외상후 스트레스에 대한 치료를 받았다. 그녀는 컴퓨터 강좌를 들었다. 그리고 서서히 회복해 갔다. 내쉬빌의 뛰어난 성형외과 의사인 브라이언 비즈

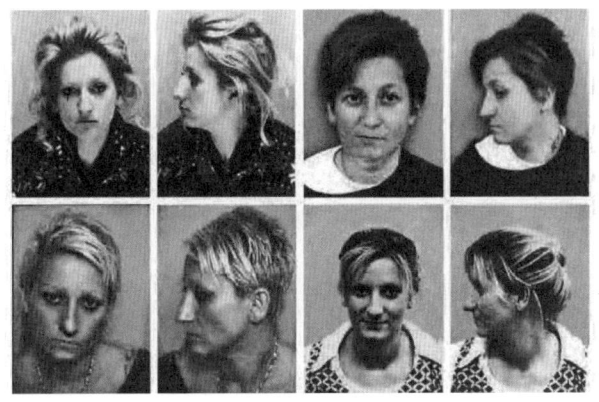

매춘으로 체포된 후 경찰이 찍은 샤나 굿윈의 얼굴사진.

225

만은 무료로 샤나의 문신을 제거해 주겠다고 했다.(샤나가 대기실에 앉아 있을 때 부유한 내쉬빌 여성이 주름을 펴기 위해 그곳에 온 것을 보고 놀랐다.)

샤나는 그녀와 네 자녀 사이의 간극 때문에 고통받고 있다. 네 명은 모두 마약을 한 상태에서 태어났고 입양을 위해 양육을 포기했다. 이제는 청년이 된 큰아들에게 전화해서 그녀를 만나고 싶은지 물었다. 그는 엄마에게 저주를 퍼붓고 전화를 끊었다. 지금도 그녀는 애들을 키우려 하지 않은 것을 다행스럽게 생각한다.

"제가 애들을 키웠다면 어떻게 됐겠어요?"

잠깐 동안 아쉬워하다가 그녀는 덧붙였다.

"저는 그 악순환을 끊었지요."

샤나는 이제 4년간 마약과 알코올을 끊었다. 그녀는 '엉겅퀴농장'에서 이전에 성을 팔던 여성들이 만든 양초와 다른 제품들을 팔면서 영업사원으로 두각을 나타내고 있다. 한편 그녀는 자원봉사자로서 매일 젊은 여성들이 홍등가에서 벗어나 포주로부터 도망치게 도와주고 있다. 우리는 그녀를 따라 내쉬빌의 뒷골목과 포주들이 소녀들을 데리고 있는 호텔을 다녔다. 그녀는 몇몇 여성들에게 필요하다면 은신처를 제공할 수 있다고 말하면

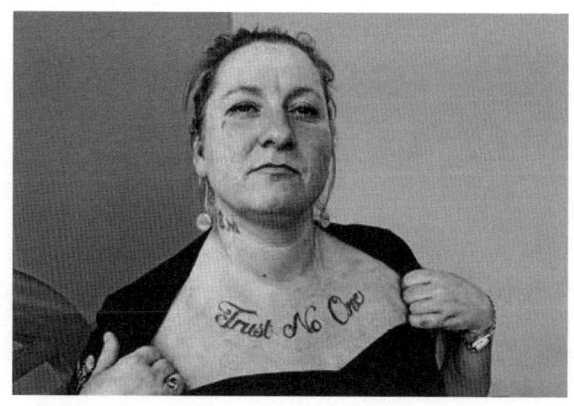

없애고 싶은 문신을 보여주는 지금의 샤나 굿윈.

서 도움이 필요한지를 물었다. 그녀의 꿈은 기부자와 지원자를 찾아내서 도움이 필요한 여성들을 보살피는데 그녀의 경험을 활용해 곤경에 빠진 여성을 위한 프로그램을 시작하는 것이다.

그녀는 이렇게 말한다.

"저는 그냥 다른 여성들을 돕고 싶을 뿐입니다."

2부

•

원조 기술의 개선

11

혁신을 찾아서

> 우리가 문제를 만들었을 때와 같은 사고방식으로는
> 그 문제를 해결할 수 없다.
>
> 알버트 아인슈타인

자선단체가 인간의 생명을 구하고 문맹률을 낮추며 굶주림을 줄이고는 있지만 이들이 좀 더 조직화가 잘 된다면 훨씬 더 많은 성과를 낼 수 있다. 비영리단체들은 너무 세분화되어 있고 비효율적인 인력으로 구성되어 있으며 다들 짐작하다시피, 대중은 비영리단체가 비즈니스적 행보를 통해 규모를 키우고 현대화되는 걸 그리 곱게 보지 않는다. 사정이 이렇다 보니 이들 비영리단체는 여전히 18세기 산업혁명 이전의 조직과 별반 다름이 없다. 이제 자선단체가 어떤 모습이 돼야 할지 새롭게 생각해 보아야 할 때이다.

'댄 팔로타'는 자선에 대한 개념을 새롭게 재정립한 리더다. 그는 '닉'이 1978년 하버드대학교에 입학했을 때부터 엄청난 야망을 품은 친구였다. 팔로타는 미국 대통령을 꿈꾸었고, 19세에 이미 매사추세츠 주의 멜로즈에 있는 학교 운영위원으로 선출될 만큼 신예 정치가로서의 면모를 보였다. 하지만 불행히도 그의 정치적 야망은 그가 동성애자라는 사실에 의해 발목이 잡혔다. 다른 돌파구를 찾던 팔로타는 '옥스팸(Oxfam: Oxford를 본부로 하여 1942년에 발족한 극빈자 구제기관)'을 돕기 위해 자전거를 타고 미국 국토를 횡단하는 자선모금행사를 벌여 8만 달러를 모금했다. 이를 통해 그는 옥스팸에 시간제 자선모금직을 만들기도 했다. 졸업 후 LA로 건너간 팔로타는 그곳에서 유대인 공동체를 중심으로한 자선기금 모금자로서의 길을 걷게 됐다.(그는 유대인을 찾아갈 때면 그의 목에 걸려 있는 십자가를 가려야 한다는 사실을 배웠다.)

이 시기의 팔로타는 20대였고, 파티와 섹스중독에 빠져 방탕한 삶을 살고 있었다. 결국 팔로타는 심각한 병에 걸렸는데, 그 병이 에이즈일 수도 있다는 생각에 방탕한 생활을 끝냈다.(다행히 에이즈는 아니었다.) 팔로타는 겁에 질려 치료를 받기 시작했고, 이것이 그의 인생을 바꿔놓았다. 그는 '팔로타 팀웍스(Pallotta TeamWorks)'라는 자선모금 컨설팅회사를 만들었다. 1994년, 이 회사는 에이즈퇴치를 위해 샌프란시스코에서 LA까지 이르는 자전거타기 자선모금행사를 진행했고 이 행사에 478명의 사람들이 참여했다. 곧 '팔로타 팀웍스'는 이 행사를 미국 전역으로 확대시켰고, 이를 통해 에이즈 구호단체에서 제공하는 의료서비스를 위해 수백만 달러의 성금을 모금했다. 1998년, '팔로타 팀웍스'는 행사규모를 확대해 3일간 진행되는 유방암퇴치를 위한 걷기 모금행사를 개최했다. 이 행사는 에이즈퇴치를 위한 모금행사보다 더 큰 성공을 거뒀다. 첫 번째 모금행사는 산타 바바라부터 말리부까지 이르는 60마일의 하이킹이었는데, 이를 통해 4백만 달러 이상을 모금했다. 얼마 지나지 않아 '팔로타 팀웍스'는 이러한 자선모금행사를 미국 전역에서 개최했다. 이 행사는 국외로까지 이어졌고, 자살예방을 포함하여 다른 공익적인 목적을 위한 모금활동으로 확장됐다.(팔로타의 옛 연인이 스스로 목숨을 끊었기 때문에 자살은 그에게 특히나 중요한 이슈였다.)

특히 댄은 행사에 관해서는 어떤 일도 소홀히 하지 않았다. 그는 모든 행사가 매끄럽게 진행되도록 마케팅, 광고, 사업실행계획 등에 모든 자금을 쏟아부었다.

"사람들은 이러한 일의 범위와 크기 등은 생각해 보려 하지 않고, '이 일이 정규직인가요?' 라는 질문만 했었죠."

팔로타는 이렇게 말했다.

실제로 팔로타는 미국 전역에 16곳의 사무실과 350명 이상의 정규직 직원을 두고 있었다. 한 팀은 60명의 직원으로 구성돼 있었다. 이들의 업무는 자전거 모금활동이나 여러 날에 걸쳐 진행되는 걷기 모금행사를 따라다니면서, 매일 밤 텐트, 화장실, 부엌, 샤워실, 양호실, 그리고 식당 등을 포함한 이른바 이동식 도시를 세우는 것이었다. '팔로타 팀웍스'는 회사 내부에 미디어 바이어, 그래픽 디자이너, 사진사, 등단 시인 등으로 구성된 홍보기관을 세우고 15명의 사내 홍보팀 직원을 두었다. 그들은 자본금으로 수백만 달러의 여신한도도 갖췄다. 팔로타는 가장 우수한 직원들을 고용했고, 직원들에게 후한 보수를 지급했다. 물론 자신도 2001년 394,500달러의 높은 연봉을 받았다.

"우리는 모금활동에 효과가 있을 것이라고 믿는 바대로 일했어요. 우리는 애플사가 아이패드를 홍보하는 방법으로 우리의 행사를 홍보했죠."

팔로타는 그 당시를 떠올리며 말했다.

일부 공격적인 에이즈 공동체의 몇몇 활동가들은 팔로타가 폭리를 취한다며 비난하기도 했다. 동부에서 열린 한 에이즈퇴치 모금활동에서 '팔로타 팀웍스'는 필라델피아에서 활동하는 에이즈 단체 3곳을 후원금 수령단체로 선정했다. 하지만 필라델피아에서 활동하는 에이즈 단체는 총 91개였고, 후원혜택을 받지 못한 88개의 단체는 이에 격분했다. 그중 몇 곳은 소수자를 위한 단체였는데, 이들은 '팔로타 팀웍스'가 인종차별을 한다고 비난했다. 그들은 자전거타기 자선모금행사가 시작되는 시점에 시위를 할 것이라고 협박했다. 이런 일들은 사람들의 대회참여를 막아 모금액을 감소시켰다. 또한 펜실베이니아 주 검찰총장은 '팔로타 팀웍스'가 인가받지 않은 자선모금단체이며, 모금액의 대부분을 사적으로 챙겼다는 혐의로 11만 불의 벌금을 구형했다. 검찰총장의 의견은 팔로타가 사기를 쳤다는 어떠한 암시도 없었지만, 비평가들은 벌금형에 처해졌다는 이유만으로 팔로타에 대한 의심을 키워나갔다.

하지만 '팔로타 팀웍스'는 계속해서 성장해 나갔고, 걷기모금행사와 자전거타기 모금행사에 182,000명의 참여자를 끌어모았다. 더 놀랍게도 '팔로타 팀웍스'는 누적 인원으로 3백만 명에 달하는 후원자들을 모았다. 2002년까지 이러한 자선모금행사를 통해 5억 8,200 달러의 성금을 모금했다.

팔로타는 이처럼 주장했다.

"역사상 같은 목적으로 행해진 어떤 모금활동도 이보다 더 많은 돈을 이렇게 더 빨리 모금한 적은 없습니다."

하버드대학교 경영대학원은 '팔로타 팀웍스'를 그들의 공식적인 사례연구로 채택했다. '팔로타 팀웍스'는 50,000평방 피트(약 1,400평)의 최신식 시설로 본사를 옮겼다. 2002년 팔로타는 에이즈와 유방암퇴치를 위한 시설과 연구를 위해 자선모금행사를 개최하여, 소요 비용을 모두 제하고 8,100만 달러의 성금을 모금했다. 이 액수는 그 당시 록펠러 재단의 연간 후원금의 절반에 해당하는 금액이었다.

자선모금업계는 서로 간의 불화로 악명이 높다. 팔로타의 화려한 성공은 그를 점점 공격대상으로 만들었다. 몇몇 사람들은 그의 이름이 모든 것의 중심에 있는 것에 분노를 표했다. 몇몇 비평가들은 "에이즈나 암이 문제가 아니라, '팔로타'가 문제다."라고 표현할 정도였다. 다른 비평가들은 자선모금활동을 하는 그들의 높은 연봉에 경악을 금치 못하며 의문을 제기하기도 했다.

"왜 평범한 직장인들이 수십만 달러의 연봉을 받는 사람들이 운영하는 자선모금사업에 도움을 줘야 하나?"

후원금의 절반은 실행계획수립, 홍보, 기관운영 등을 위한 비용으로 사용됐는데, 사람들은 이것에 더 크게 분개했다. 2001년에 팔로타는 시장이 감당하지 못할 정도로 너무나 많은 에이즈퇴치 자전거모금행사를 개최했고, 이로 인해 모금액은 21퍼센트 감소했다. 한 참가자는 그를 고소했고, 팔로타에 대한 분노가 에이즈퇴치 활동가들 사이에 퍼져나갔다.

'에이즈지역사회 기부자행동(AIDS Community Donor Action)'이라는 단체는 "다가오는 에이즈백신 자선모금행사가 과연 팔로타 자신 외에 다른 사람의 미래를 지킬 수 있는지 '팔로타 팀웍스'에게 한번 물어보라."는 제목으로 광고를 실었다. 한 비평가는 "에이즈에 걸린 사람들에게 그의 서비스는 필요 없다."면서 팔로타의 '좋은 취지를 벗어나 버린 뻔뻔하고 탐욕적인 폭리행각'에 대해 맹렬히 비난했다. 심지어 빌 오라일리까지 폭스 뉴스에서 '팔로타 팀웍스'의 실무자들은 굉장한 부자가 되어 가고 있다."며 비난에 가담했다.

암퇴치를 위한 걷기 자선모금행사에서 팔로타의 파트너였던 에이번은 팔로타와의 관계를 끊고, 자신만의 유방암퇴치를 위한 걷기 자선모금행사를 개최했다. 파트너를 잃고 '팔로타 팀웍스'는 무너졌다. 은행에 빚을 지고, 인건비도 지급하지 못했으며, 임차료도 낼 수 없는 지경이 되었다. 팔로타는 그날이 그의 인생에 최악의 날이었다고 했다. 말하는 그의 목소리가 갈라졌다.

"그때는 내 인생에서 정말 끔찍한 시기였어요. 350명의 가족 같은 직원과 훌륭한 새 사무실, 그리고 정말 오랫동안 공들여 자리잡은 이 놀랍고

2002년 팔로타 팀웍스. 에이즈백신 마련을 위한 자전거타기 모금행사에서 팔로타가 그의 아버지를 앞서 자전거를 타고 있다.

멋진 사업을 잃었죠. 게다가 소송과 채권자들까지… 정말 끔찍했어요."

팔로타가 부당이익을 취했다고 비난하던 사람들은 그의 화려함과 광고가 사라지면 더 많은 돈이 에이즈와 암 연구에 사용될 것이라 믿었다. 실제로 캘리포니아의 에이즈퇴치를 위한 자전거타기 자선모금행사는 다른 운영진에 의해 축소된 규모로 진행됐다. 하지만 홍보비용을 쓰지 않자 모금액은 급락했다. 에이즈단체에 돌아간 모금액은 2002년의 6백만 달러에서 2003년에 160만 달러로 줄어들어, 1년 사이에 70% 이상이 하락했다. 샌프란시스코 에이즈재단은 28명의 직원을 해고했고, LA동성애자센터는 55개의 일자리를 없앴다. 지난해에 '팔로타 팀웍스'의 유방암퇴치를 위한 걷기 모금행사에 48,000명 이상이 참여했던 반면, 이듬해 에이번의 걷기 모금행사에는 단지 8,000명이 참여했다. 또한 유방암퇴치를 위한 후원금 역시 현저히 감소했다. 2002년 팔로타가 7,100만 달러를 모금한 반면, 에이번은 2003년 단지 1,100만 달러만을 모금했다.

우리는 2002년 팔로타의 열렬한 비판자였던 '에이즈지역사회 기부자행동' 단체의 크레이그 밀러를 찾아갔다. 그는 이렇게 말했다.

"팔로타에 대한 나의 비판적 견해는 변함이 없어요. 굉장히 많은 돈이 '팔로타 팀웍스'의 행사를 통해 모금됐죠. 모든 모금액은 에이즈퇴치를 위한 자선이란 명목으로 모금됐지만, 실제로는 매우 적은 액수만이 에이즈퇴치를 위해 사용됐어요. 대부분의 모금액은 매우 많은 비용이 소요된 행사운영을 위해 사용됐죠."

밝혀진 바에 따르면, 밀러 역시 에이즈퇴치를 위한 걷기 자선모금행사를 벌이고 있었다. 2012년 샌프란시스코에서 진행한 걷기 자선모금행사에서 그는 수익금의 58%를 운영비로 사용했는데, 이는 팔로타의 평균 운영비보다 더 많은 좋지 않은 수치다. 또한 그의 모금액은 팔로타의 모금액보다 현저히 낮은 120만 달러에 불과했다.

'팔로타 팀웍스'가 몰락한 후, 댄은 〈언채리터블(Uncharitable)〉이라는 제목으로 그의 경험에 대한 책을 썼고, 테드토크(TED Talk)에서 그의 경험을 이야기하면서 이렇게 주장했다.

"자선에 대한 우리의 생각은 완전히 잘못됐습니다."

그의 말이 옳다. 우리가 자선을 이해하고 판단하는 방법에 기본적인 문제가 있다. 이러한 잘못된 판단이 자선사업활동을 제한하고, 선을 실행할 수 있는 능력을 방해한다.

일반 사람들이 비영리 단체에 후원할 때 기본적으로 고려하는 것 중 하나가 '채리티 네비게이터(Charity Navigator: 미국의 자선단체 감시 및 평가업체)'의 평가결과와 모금액의 어느 정도가 운영비, 특히 직원들의 급여로 사용되는가 하는 것이다. 많은 사람들이 비영리 단체의 직원은 영리기업에서 일하는 직원보다 더 많은 보수를 받으면 안 되며, 비영리 단체의 직원들은 정신적인 보상으로 만족할 것이라 생각한다. 또한 운영비와 홍보비 등의 마케팅 비용은 절대적으로 최소화돼야 한다고 믿는다. 사실상 운영비는 생각해 볼 여지가 있다. 우리는 당연히 회사 로비에 대리석 바닥을 까는데 후원금이 사용되는 걸 원하지 않는다.

하지만 정말로 중요한 것은 운영비가 아니라 성과다. 에이즈백신 개발을 위한 후원을 할 때, 신뢰가 떨어지는 삼류 실험기구를 사용하면서 운영비를 아끼는 곳에 후원을 하는 것은 아무 의미가 없다. 공원 주변에서 휠체어를 탄 사람을 밀어주는데 후원금의 99퍼센트를 사용하는 1950년대 소아마비 자선단체를 지원하는 것이 낫겠는가? 아니면 후원금의 절반을 뛰어난 과학자의 보수와 실험도구를 위해 사용하면서 조너스 소크(Jonas Salk)의 소아마비백신 개발같은 결과를 얻는 것이 더 낫겠는가?

'채리티 네비게이터' 평가시스템의 한 가지 단점은 자선모금단체들이 좋은 평가를 받기 위해 비용과 관련된 모든 예산을 줄이는 방법으로 평가에 대응한다는 것이다. 물론 '채리티 네비게이터' 역시 자선모금단체들의 효과측정방안을 찾아내기 위해 노력한다. 하지만 자선모금단체들은 비용측정에 초점이 맞추어져 있는 평가지표로 인해 컴퓨터나 직원교육, 평가, 마케팅, 그리고 뛰어난 인력고용을 위한 비용을 줄인다.

자원이 부족하면 성과는 낮아지기 마련이다. 인도주의적인 활동을 위한 젊은이들의 열정은 대단하다. 그것은 청년들의 이상주의를 입증하는 행위라 할 수 있다. 실제로 평화봉사단(Peace Corps)에서의 경험과 명문대의 학위 그리고 뛰어난 언어능력을 가진 젊은 인재들이 고작 45,000달러의 연봉으로 남수단이나 차드(Chad)의 텐트에서 지낼 기회를 얻기 위해 경쟁하는 모습은 매우 감동적이다. 그러나 가족부양의 의무가 커지면서 그러한 열정은 금방 사라지고, 결국 이들은 높은 이직률을 보인다. 우리는 '세이브더칠드런'을 이끌었던 찰리 맥코맥(Charlie McCormack)에게 비영리단체의 운영비에 대해 물었다.

그는 직설적으로 말했다.

"우리의 경쟁력 없는 연봉은 직원들이 진정한 커리어를 발전시켜 나가는 것을 불가능하게 합니다. 직원역량개발에 대한 저투자는 성과를 저해하죠. 게다가 낡아빠진 경영지식과 정보시스템은 잠재적 성과를 좀먹어 버립니다. 그런데도 후원자들은 이러한 분야에 자신들의 기부금을 사용하는 것을 완강히 반대합니다. 그리고는 단지 그래프 상에 나타나는 수치만을 가지고 기관의 내실을 판단하지요. 이런 것을 포함한 많은 문제들이 비영리단체의 성과창출에 있어서는 족쇄입니다."

관리운영비의 절감을 강요당하는 구호단체들은 수행해야할 임무를 '훼손'하는 방향으로 경비를 줄여 나간다. 기금이나 평가에 대한 전문지식이 없는 상황에서 그들은 종종 어떤 방법이 최선인지를 결정하기 위해 고민하고 있다. 그들은 마케팅에 거의 비용을 쓰지 않기 때문에 홍보를 어떻게 해야 하는지 모른다. 그 예로 많은 구호단체들이 여성들의 요구사항에 대한 홍보영상을 만들었지만, 대다수가 너무 진지하고 지루해서 어떠한 영향력도 발휘하지 못했다. 하지만 나이키재단은 외부 광고대행사의 도움을 받아 사람들이 나이키신발을 사도록 유도하는 '걸이펙트(Girl Effect)'라는 이름의 홍보영상 두 편을 제작했다. '걸이펙트' 홍보영상은 1,500만 번 이상 상영됐고, 세계 곳곳으로 퍼져나가 개발도상국의 어린 소녀들을 교육시키는 것이 중요하다는 메시지를 확산시켰다. 만약 구호단체들이 이러한 일에 돈을 사용했다면, '성금을 낭비했다'고 신랄한 비난을 받았을 것이다.

나이키 같은 영리기업들은 성과를 판단하고 마케팅을 정당화할 수 있는 순이익이나 주가 등과 같은 명백한 재무지표가 있다. 하지만 비영리단체의 경우에는 그러한 지표가 없다. 이 점이 마케팅 영역과 같은 성장전략에 대한 투자기피의 한 가지 이유이다.

'스탠포드 소셜 이노베이션 리뷰(Stanford Social Innovation Review)'에 실린 '브릿지스팬 그룹(Bridgespan Group)'의 연구에 따르면 1975년부터 20만 개 이상의 비영리단체가 설립됐지만, 2008년까지 연간 5,000만 달러 이상 모금을 달성한 곳은 단 201곳에 불과했다. 이에 반해, 같은 기간 동안 5,000만 달러 이상의 이윤을 남긴 영리기업은 46,000개나 되었다. 비영리 단체들은 대개 영리기업보다 더디게 성장한다. 그 이유 중의 하나는 비영리 단체들이 인프라 구축을 위해 투자하지 않기 때문인데, 이는 '규모의 경제' 효과를 거의 볼 수 없음을 의미한다. 자선업계에는 구글이나 페이스북과 같은 조직이 없다.

세간의 주목이 모두 운영비 비율에 맞춰져 있을 때는 자선단체들이 회계장부를 가지고 장난을 친다. 구충약 알벤다졸(Albendazole)은 국제 시장에서 대량으로 구매하면 한 알에 2센트이지만, 메이저 구호단체들은 2달러로 책정해 버린다(얼마 전까지는 10달러로 책정했다). 그렇게 해야 이들이 100만 개의 알약을 전달한다고 할 때 '2만 달러'가 아닌 '200만 달러'짜리 프로젝트를 수행하고 있다고 자랑할 수 있기 때문이다.

비영리 단체들은 위험을 무릅쓴다거나 실패를 인정하길 꺼리는데, 이는 실패했을 때 후원자들이 "실패하는 구호단체에 내 돈을 왜 낭비해야 해?"라며 등을 돌려버리기 때문이다. 그러나 위험을 감수하는 것이야말로 발전을 위한 유일한 방법이며, 영리기업 성장의 핵심요인으로 손꼽혀 왔다. 영리기업 주주들은 현명한(그리고 수익성 있는) 위험을 감수한 기업에 적절한 보상을 주지만, 불행히도 비영리 단체의 후원자들은 해당 단체가 규범에 벗어난 행위를 할 때 처벌을 한다. 실리콘 밸리의 기업들은 오히려 위험감수의 문화를 증명하듯 자신들의 실패를 자랑한다. 그에 반해 구호단체는 실패를 감추도록 배웠고, 이 때문에 실수를 통해 배우기가 어려워졌다. 그런데도 '국경없는기술자들(Engineers Without Borders, 식수, 위생, 토목사업 등에 국제적 활동을 펼치는 비영리기관)'은 'admittingfailure.com'이라는 웹사이트를 개설하여, 구성원들이 자신의 실수에 대해 이야기할 수 있는 장을 마련했다.

혁신을 찾아서

어떠한 사업이 복잡한 현실세계에서 성공에 이르는 최종경로를 발견하기 위해 때로는 처음에 실패를 경험할 필요가 있다. 그 예로 들 수 있는 매우 훌륭한 국제적 프로그램이 있는데, 그것은 빈곤한 나라의 학교에 한 아이 당 25센트 정도에 해당하는 무료급식을 지원하는 프로그램이다. 이 프로그램은 원래 아이들의 영양상태와 학습능력을 향상할 목적으로 개발됐다. 배가 부르면 아이들이 집중할 수 있을 거라고 생각했기 때문이다.

유니세프(UNICEF, 국제연합아동기금)와 세계식량계획(World Food Program, 식량문제 해결을 위한 UN의 국제협력체)에서 이 프로그램을 보급해 운영했지만, 아이들의 영양상태 개선상황은 실망스런 수준이었다. 이는 자녀가 학교에서 급식이 가능하다는 것을 알게 된 부모들이 집에서 음식을 덜 먹였기 때문이다. 그러나 자녀들이 학교에서 급식을 할 수 있게 되자 부모들은 가정의 식비를 줄이기 위해 아이들을 학교에 계속 다니게 했는데, 이로 인해 학생들의 자퇴율이 감소했다. 그때부터 이 프로그램은 학교를 출석하는 여학생들에게 월말에 식용유 지급같은 특별 보너스를 지급하는 형태로 발전했으며, 이러한 조치는 이들의 학교 출석률을 크게 증가시켰다. 결국 영양상태 향상 프로그램이 원래의 목적 달성에는 실패했지만, 교육 프로그램으로서는 크게 성공했다.

댄 팔로타는 '현재의 자선모금 시스템이 어떻게 우리 모두가 바라는 결과를 갉아먹는지'를 널리 알리기 위해 강연과 집필활동을 하고 있다. 특히 팔로타는 비영리단체장의 높은 연봉을 비판하는 것에 분개한다. 그는 최근 저서 〈채리티 케이스(Charity Case)〉에서 주장한다.

"우리는 자선업계의 사람들이 돈을 많이 받는 것을 원하지 않습니다. 그런데 아이들에게 폭력적인 비디오게임을 팔아 5,000만 달러의 매출을 올리고 싶다면 그렇게 해보세요. 그래도 별 문제없을 겁니다. 하지만 만약 말라리아에 걸린 아이들의 치료를 위한 올바른 자선모금단체 대표에게 50만 달러의 연봉을 지급한다고 해봅시다. 아마 여러분과 그 대표는 기생충같은 취급을 받을 것입니다."

비영리 단체들이 사업성과를 제대로 내지 못하고 있기 때문에 본질적인 부분을 다시 생각해볼 필요가 있다. 물론 자선사업을 장려하고 싶더라도 그것의 긍정적인 측면뿐 아니라 부정적인 측면 또한 인정하는 것 역시 매우 중요하다. 책임성이란 것이 거의 없는 요즘 같은 세상에서, 가장 큰 성과를 내는 단체를 후원하기란 매우 어려운 일일 수 있다.

우리도 역시 실수를 한다. 우리의 저서 〈하프 더 스카이(Half the Sky)〉 초판에서 우리는 그레그 모텐슨(Greg Mortenson)의 책 〈세 잔의 차(Three Cups of Tea)〉에 아름답게 묘사된 그의 파키스탄과 아프가니스탄에서의 학교설립활동을 지지했다. 하지만 훗날 그가 자신의 단체에 들어온 후원금을 자기 책을 사재기하는데 쓰거나, 여기저기 강연하러 돌아다니는 비용으로 대부분 사용했다는 것이 밝혀졌다. 이는 도저히 용납할 수 없는 일이었다. 우리는 그가 설립한 아프가니스탄의 학교에 방문하여 큰 감동을 받았다. 하지만 만약 그때 그 많은 후원금이 정확히 어디에 쓰이고 있었는지를 먼저 알았다면 독자들에게 그의 자선활동을 결코 칭찬하지 않았을 것이다.

다들 알고 있듯이, 자선사업 부문에는 근본적인 몇 가지 질문들이 있다.

첫째, 실질적인 도움이 필요한 이들에 대한 후원을 어떤 방법으로 장려할 수 있을까?

2012년 미국의 상위 50위권 후원금 중 단 한푼도 빈곤층을 돕는 국내외 단체에 전달되지 않았다. 미국에서 모금된 후원금 중 3분의 1 정도만 도움이 필요한 이들에게 전달된다. 막대한 후원금 규모를 자랑하는 상위 200

개 대학에서는 소득분포 하위 50%에 속하는 가정출신의 학생들이 고작 15퍼센트밖에 되지 않는다.

후원금 중 5퍼센트 정도의 금액만이 전달되는 예술계는 확실히 자금부족을 겪고 있어, 지원이 절실하다. 하지만 박물관이 소장하고 있는 기증품은 사설시장에다 더 높은 값에 되팔 생각만 하는 기관들 간의 과열경쟁을 불러일으키고, 결국 작품의 새로운 주인만 주머니가 두둑해지는 결과를 가져온다. 이것이 사람들을 돕는 최선의 방법일까?

이사회 멤버십은 최고의 영예로 손꼽힌다. 〈뉴욕타임스〉의 스테파니 스트롬(Stephanie Strome)기자는 뉴욕 메트로폴리탄미술관의 이사회에 이름을 올리려면 천만 달러 정도의 후원을 해야 한다는 사실을 알아냈는데, 뉴욕 현대미술관의 이사회 역시 동일했다. 이러한 이사회 자리는 다른 사람들과 사업적 관계를 맺는데 매우 유용하다. 또한 이러한 이기적인 후원은 세금공제 혜택까지 받을 수 있는데, 이는 일반월급쟁이들이 거꾸로 부유한 이사진에게 보조금을 갖다바치는 것을 의미한다. 재계의 어떤 거물이 경영대학원에 자신의 이름을 딴 건물 설립을 위해 후원함으로써 세금을 공제받고 대외이미지 홍보에도 이득을 보는 데다가 자기 손자까지 대학입학을 보장받을 때, 모든 납세자들은 저도 모르게 그를 위해 보조금을 내는 꼴이 되는 것이다. 이것을 진정한 자선이라 여길 수 있을까?

우리는 예술단체 및 대학들에 대한 후원에 굳건한 믿음을 가지고 있다. 우리는 자랑스럽게 매년 모교를 후원하고 이사회 활동 또한 참여한다. 다른 이들에게도 그렇게 하라고 권유하지만 현실은 직시하자. 우리의 후원금 대부분은 지원이 절실한 이를 돕는데 쓰이지 않는다.

둘째, 가난한 사람들을 올바른 방법으로 도와주기 위해 어떻게 부자들의 호의를 이끌어낼 수 있을까?

세계에서 가장 부유한 85명이 대략 소득 하위 35억 명의 재산을 모두 합한 것과 비슷한 재산을 보유하고 있다. 심지어 미국은 상위 1퍼센트의 재산이 하위 90퍼센트의 재산을 합한 것보다 많다. 따라서 자선활동이 문제의 온전한 해결책이 될 수는 없지만, 지금보다 더 많은 것을 달성할 수 있다.

그것은 더 많은 부자들이 가난한 사람들의 요구에 눈을 돌리면 가능할 수 있다. 1997년 CNN의 창시자이자 사업가인 테드 터너가 UN 행사에 연설자로 초대됐을 때, 그 길이 열렸다.

"나는 그때 뉴욕으로 연설하러 가는 길이었어요."

그는 특유의 느릿한 말투로 말했다.

"나는 그때 '어떤 이야기를 하지?'하며 고민을 했었죠."

충동적인 것으로 소문난 테드 터너는 세계 빈곤퇴치를 위해 10억 달러를 UN단체에 후원하겠다고 발표하여 청중들을 놀라게 했다. 10억 달러는 그 당시 한 번에 낸 후원금으로는 어떤 후원금보다 가장 큰 금액이었다. 우리가 왜 그렇게 큰 금액의 후원을 했냐고 물었을 때, 그는 말했다.

"UN에 가서 연설을 하려면 뭐라도 해야 했어요!"

터너는 빌 게이츠와 워렌 버핏이 수십억 달러를 세계의 빈민들에게 후원할 수 있도록 길을 열었다. 그는 '기부 서약'을 위해 사람들을 모집했는데, 이를 통해 백만장자들은 적어도 재산의 절반 이상을 후원하게 됐다.(모든 사람이 터너의 뜻을 받아들인 것은 아니다. 도널드 트럼프는 쥐꼬리만큼의 후원금을 냈고, 심지어 자신의 재단에조차도 가장 후원을 많이 하는 사람이 아니다.) 터너나 게이츠 같은 재계 거물들은 재무지표와 투자수익률 등을 강조하면서, 후원금뿐만 아니라 사업적 감각을 자선업계에 불어 넣었다. 빌과 멜린다 게이츠(그리고 로타리클럽을 비롯한 많은 후원자들) 덕분에 소아마비 발생률이 99퍼센트까지 감소했고, 말라리아로 인한 사망률 역시 급격히 떨어졌으며, 에이즈 확산을 막아낼 과학적 진보에 희망을 걸 수 있게 되었다. 빌 게이츠의 가장 빛나는 업적은 그가 만든 소프트웨어가 아니라 지구촌의 질병과 굶주림을 정복한 것일 수 있다.

셋째, 후원금이 좋은 일에 쓰이는지 알 수 있도록 책임성을 어떻게 높일 수 있을까? '후원했다'는 단순한 사실을 기념하는 것을 넘어 어떻게 하면 후원금이 미치는 영향에 집중할 수 있을까?

자선행위는 분명 훌륭한 의도를 가지고 시작될 것이다. 또한 후원을 받는 기관들이 좋은 일을 계속한다면, 그 기관의 운영자들이 넉넉하게 사는 것을 시기하지 않는다. 그러나 적당한 균형이 무엇인지 결정하기가 항상 쉬운 일은 아니다. 보수를 많이 받는 후원단체의 홍보담당 간부가 후원 횟수에 초점을 너무 맞추면, 조직의 전략을 기획할 때 지나치게 한계를 뛰어넘으려 할 수도 있다. 언제 지출이 심하고 어느 때 지출이 적은지는 쉽게 답할 수 있는 문제가 아니다. 하지만 몇몇 비평가들은 이 문제에 답하려고 한다.

〈템파베이타임스(The Tampa Bay Times)〉와 조사보도센터(Center for Investigative Reporting)는 모금된 후원금 사용액에 기초하여 '미국 최악의 자선모금단체' 명단을 작성했다. 이 명단에는 19개 단체가 포함되어 있는데, 이들은 불우이웃에게 모금액의 1퍼센트조차 되지 않는 금액을 전달한 곳이다. 이들 대부분의 단체는 'CCRF(아동암회복재단, Children's Cancer Recovery Foundation), AADB(미국시청각장애인협회, American Association of the Deaf-Blind), PPF(경찰보호기금, Police Protective Fund)' 등과 같이 기존에 이미 설립돼 있는 자선모금단체와 유사한 이름을 사용했다. 기획력 좋은 한 가족은 '미국암퇴치기금(Cancer Fund of America)', '미국소아암퇴치기금(Children's Cancer Fund of America)', '유방암퇴치를 위한 사회(Breast Cancer Society)' 등 기존단체와 혼동하기 쉬운 이름으로 자선모금단체 체인을 설립해 이윤을 취했다.

사람들은 때때로 종교단체에 후원하면 그 돈이 확실히 좋은 곳에 사용될 것이라 믿는다. 이같은 믿음은 세계에서 가장 큰 기독교 TV 네트워크인 '트리니티 방송망(Trinity Broadcasting Network)'을 구축하기 위해 뜻있는 기독교인들로부터 받았던 후원금을 모조리 탕진해버린 폴(Paul)과 제니스 크라우치(Janice Crouch) 부부의 사례에서 알 수 있다.

이 부부는 2010년 한 해에만 9,300만 달러의 후원금을 모금했고, 수십 년 동안 시청자들의 도움으로 8억 달러 이상을 축적했다. 그 돈으로 부부는 캘리포니아의 호화로운 뉴포트 비치(New Port Beach) 단지 바로 길 건너편에다 각자 소유의 맨션들을 지어댔다. 하지만 제니스는 테니스 코트와 수영장이 딸린 이 맨션에 거의 머물지 않았는데, 이는 그녀가 추가로 구입한 플로리다 주(州) 올란도(Orlando)의 다른 집을 더 좋아했기 때문이다. 이들은 텍사스와 테네시에서도 호화스런 집을 사는 것도 모자라 또 각각 800만 달러와 4,900만 달러나 되는 회사 전용기까지 구입했다.

에릭 에크홈(Erik Eckholm) 기자는 〈뉴욕타임스〉에 부부의 부도덕성으로 인해 제기된 소송에 대해 기사를 썼다. 그에 따르면, 이 부부는 후원금으로 좋은 와인을 곁들인 1,000달러가 넘는 저녁식사를 즐겼다. 특히 제니스는 후원금으로 올란도에 위치한 고급호텔 '로우즈포토피노베이즈호텔(Lowes Portofino Bay Hotel)'의 방 두 개를 2년 동안이나 임차해 사용했는데 방 하나는 자신을 위한 공간으로, 다른 방은 애완견 두 마리를 위해 빌린 것이었다고 이 기사는 전했다.

비종교적 자선모금단체 역시 엉망인 경우가 있다. 유방암은 관심과 여러 지원이 필요한 질병인 점에서 'CABC(유방암퇴치연합, Coalition Against Breast Cancer)'는 완벽한 자선단체로 보인다. 하지만 뉴욕 주 검찰총장은 이 단체가 900만 달러를 모금했으나 실제 유방암퇴치 활동에는 45,000달러가 채 되지 않는 예산만을 배정한 혐의로 고발했다.

혁신을 찾아서

사실 거의 모든 일들이 역효과의 가능성을 내포하고 있다. 한 예로, 캄보디아로 여행을 간 서양인 관광객은 종종 현지의 고아원에서 하루이틀 정도 봉사활동을 한다. 그러나 좋은 뜻을 가진 미국인들이 그곳 아이들의 교육을 위해 돈을 후원하기 시작하면서, 캄보디아의 일부 몰지각한 사업가들이 새로운 사업모델을 만들어냈다. 이들은 반쯤 굶은 귀여운 캄보디아 어린이들을 모은 뒤 부모와 떼어놓는다. 그리고 허물어져 가는 건물에 아이들을 집어넣은 후 '고아원'이라는 팻말을 내건다. 그 다음 미국인들을 초청하여 아이들의 교육과 학교시설 개선을 위해 후원해 줄 것을 간절히 요청한다. 이들은 이런 방식을 통해 자기 주머니를 채우면서도 아이들은 계속 굶긴다. 그 결과 이제는 일부 자선단체들이 관광객에게 캄보디아 고아원을 멀리할 것을 요청하고 있다.

일반인들의 후원하는 버릇이 문제를 악화시킨다.

'채리티워치(자선 감시, Charity Watch)'의 대표인 다니엘 보로초프(Daniel Borochoff)는 이렇게 말한다.

"사람들이 후원하게 되는 이유 중 하나는 후원을 '요청받았기 때문'이다. 그러나 '요청을 하는' 집단은 가장 비효율적인 집단이다."

한 예로, 진정성 있어 보이는 젊은 여성이 당신에게 다가와 아프리카의 식량위기를 해결하기 위한 후원을 요청한다면 당신은 그녀를 훌륭한 일을 위해 수고하는 자원봉사자라 생각할 것이다. 하지만 흔히 자선모금단체들은 후원을 전문적으로 요청하는 사람들을 고용하고 있는 회사들을 활용한다. 이들은 'charity muggers(후원 강도)'의 줄임말인 'chuggers(모금꾼)'라고 불린다. 많은 자선단체들은 이러한 모금꾼들이 새로운 후원자들을 끌어온다고 한다. 하지만 대부분이 이들을 고용하는데 평균적으로 후원금의 절반 이상을 사용한다. 상냥하게 후원을 요청하는 사람에게 싫다고 말하는 것은 어렵기 때문에 아마 자선단체에 첫 수표를 써주거나 해당 단체에다 직접 기부하기도 할 것이다.

소방관 남편을 여읜 미망인들을 위해 25달러의 후원을 요청하는 소방관 협회로부터 전화를 받았다고 가정해 보자. 당신은 아마 전화를 건 사람이 언제든 화재경보기가 울리면 당장 뛰쳐나가야 하는 소방관이라고 생각할 것이다. 하지만 당신에게 전화를 건 사람은 소방관도 자원봉사자도 아닌 회사에 고용된 전문 전화상담원이다. 아마 당신이 후원한 금액 중 일정 부분은 소방관 남편을 잃은 미망인들에게 전해질 것이지만, 후원금의 많은 부분은 전화를 거는 회사로 가게 될 것이다. 심지어 잔돈을 후원하도록 가게의 계산대에 놓여 있는 자선모금통 역시 가게에 일정 금액을 지불하도록 되어 있다. 따라서 당신이 모금통에 있는 사랑스러운 아이들을 위해 넣은 동전의 상당 부분은 그 아이들이 아닌 가게의 주인에게 돌아간다. 아마 현장에서의 설명과 편리함 때문에 그 자리에서 후원하고 싶겠지만, 조직적으로 활동하는 자선모금조직의 체인을 경계할 필요는 있다. 사실 집으로 가서 온라인으로 후원할 수도 있는 것이다.

그렇다면 사기와 조작이 난무하는 세상에서 후원자가 해야 할 일은 무엇일까? 두 가지 솔직한 조언을 하고자 한다.

첫째, 누군가가 요청한다고 해서 후원하지 말라. 마케팅 전화나 이메일, 우편 또는 길에서 다가오는 모금꾼들을 특별히 조심하라. 후원을 요청하는 자가 당장 후원을 하라고 압박하거나 현금으로만 후원을 받는다거나 모든 것에 대해 모호하다면 특별히 의심하고, 홍보책자를 보내달라고 얘기하라.

둘째, 조사를 하라. 우리는 이 책에 믿고 존중할 수 있는 자선모금단체 몇 곳을 소개해 놓았는데, 그 곳이 시작점이 될 수 있다. 그러나 이들 기관으로만 한정할 필요는 없다. 관심이 가는 비영리단체가 있다면 인터넷에서 검색해 보라. '채리티네비게이터(자선네비게이터, Charity Navigator)', '채리티워치(자선감시, Charity Watch)' 또는 '가이드스타(GuideStar)', 그리고 이들의 순

혁신을 찾아서

위평가 사이트인 '필랜스로피디아(박애백과, Philanthropedia)' 등에서 유망한 단체를 찾아보라. 또는 기관의 IRS Form 990 또는 '거래개선협회(공정거래를 위한 생산자 단체, Better Business Bureau)의 'WGA (현명한 후원연합, Wise Giving Alliance)'를 살펴보고 그 단체가 거짓이 아닌지 확인하라. 하지만 모금액의 어느 정도가 기관의 운영비로 사용되는지, 또 어느 정도 모금이 되는지에 너무 집착하지 말라. 그리고 잘 알려진 단체의 이름과 유사한 명칭을 사용하면서 그 명성을 등에 업고자 하는 단체들을 조심하라.

당신은 빈민돕기 프로그램 투자를 위한 증거기반연구를 수행하는 '로빈후드재단(Robin Hood Foundation)' 같은 곳을 후원할 수도 있다. 헤지펀드 선호가인 이 재단은 뉴욕시의 빈곤퇴치를 위해 경영전문가 네트워크를 구성하여 포함시킨 기금 프로그램을 운영하고 있다. 이 재단은 브랜드 인지도 재고, 재정보고 간소화, 능력 있는 직원 모집 및 더 나은 임대조건 협상 등 비영리단체가 직면한 여러 도전과제들을 지원할 똑똑하고 경험 많은 매니저 팀을 꾸려 놓았다. 또한 부유한 십대들이 빈곤퇴치에 앞장서도록 고등학교에 '로빈후드동아리(Robin Hood Club)'를 만들기 시작했다. 개발도상국에서 깨끗한 물을 먹을 수 있도록 지원하는 비영리단체인 로빈후드재단은 '채리티:워터(charity:water)'처럼 운영비만을 지원해주는 후원자들이 따로 있기 때문에, 후원금 전액을 빈곤퇴치를 위한 프로그램에 사용한다.

우리는 앞에서 제기한 문제들에 대해 완벽한 답이 있는 척하고 싶지 않다. 우리는 솔직히 비영리 단체들의 문제에 대해 직설적으로 쓰는 것에 갈등을 겪었다. 말했듯이, 우리는 후원을 장려하고 싶지, 냉소주의를 만들어 내고 싶은 것이 아니다. 다만 후원이란 것에는 지금은 부족한 투명성, 책임성, 그리고 진솔한 대화 등의 밑바탕이 필요하다고 생각한다. 수십 억 달러와 몇십 년간의 활동이 미국과 전세계의 빈곤을 조금씩 줄여나가는 데에 소요되고 있지만, 진척도는 사실 만족스럽지 못하다. 우리는 이보다 훨씬 더 잘할 수 있다.

A PATH APPEARS

　　자선모금활동이나 후원에 관련된 지금까지의 이야기들로 인해 낙
　　　심했을지 모르겠으나, 종종 가망이 없어 보이는 상황에서도 변
화를 이끌어내고 세상을 놀라게 한 해외원조에 대한 많은 성공사례가 있
다. 이러한 사례 중 하나가 소말리아 여성인 '하와 압디' 박사(Dr. Hawa
Abdi)인데, 실로 마더 테레사와 람보에 견줄 만하다. 66세인 그녀는 담대함
을 숨긴 듯한 작은 체구에 갈색 피부와 따뜻한 미소를 가진 여성이다. 그녀
는 알록달록한 드레스와 헤어밴드를 하고 세상에서 가장 힘든 환경에서 매
일매일 진료하고 있다. 열두 살 때 어머니가 동생을 낳다가 돌아가셨고, 이
때부터 그녀는 의사가 되어 임신한 여성들의 생명을 구하겠다고 다짐했다.
뛰어난 학생이었던 압디(Abdi)는 십대에 이미 러시아에서 의학공부를 할
수 있는 장학금을 받았다. 그리고 산부인과를 전공하여 의사학위(MD)를
취득했고, 법학학위도 취득했다. 1983년에 고향으로 돌아와 방 한 칸짜리
병원으로 시작해 가난한 소말리아 여성들에게 의료서비스를 제공했다. 병
원을 찾는 환자들은 꾸준히 늘었고, 병원 역시 함께 성장했다.

　　소말리아가 내전에 휩싸였을 때, 압디 박사는 자신의 땅을 난민수용소
겸 의료원으로 내어놓았다. 결국 소말리아 인구의 1퍼센트에 달하는 9만 명
이 1,000에이커에 달하는 그녀의 땅을 채웠고, 방 한 칸짜리 병원은 400개
의 병상을 갖춘 병원으로 확장됐다. 그녀는 모든 난민캠프를 운영하며 관
리했고, 아이들을 위한 학교를 열었다. 이 학교는 매우 훌륭하게 운영돼, 학
생들은 수도인 모가디슈(Mogadishu)에 있는 학교의 학생들보다 3개 학년이
나 선행학습을 할 정도였다. 난민들의 지원금에 대한 의존성 증가를 염려
한 압디 박사는 난민들에게 신종작물 경작법을 가르쳤다. 가축을 키우던
이들에게 바다에서 물고기 잡는 법을 가르치기도 했다. 그녀는 여성 할례
의 중단을 끊임없이 주장했다.

　　소말리아의 여성 할례는 소녀가 열 살 정도가 되면 생식기를 완전히 잘

라버리고, 질이 열린 부분을 야생의 가시로 꿰매버리는 매우 극단적인 방식으로 진행된다. 이것은 견딜 수 없을 만큼 고통스러우며, 소녀들이 성장했을 때 출산을 더욱 위험하게 만든다. 압디 박사는 그녀가 할 수 있는 모든 방법을 동원해 여성들에게 권리의식을 고취시켰는데, 난민캠프에서 아내에게 폭력을 행사하는 남편들을 가둬놓는 작은 교도소를 만들기도 했다.

소말리아의 이슬람 무장단체는 여성이 그렇게 큰 사업을 운영하고 있다는 사실에 깜짝 놀랐다. 강경파 이슬람당 군 지도자가 자기 휘하의 하수인에게로 운영권을 넘기라고 그녀에게 명령했다.

압디 박사는 이렇게 말하며 군 지도자의 명령을 거부했다.

"내가 여자지만 의사예요. 당신은 이 사회를 위해 무엇을 했나요?"

그러자 이슬람당은 750명의 군인을 보내 모든 장비와 수술실을 파괴해버렸다.

국내에서 정상적으로 운영되는 몇 안 되는 의료기관 중 하나를 급습한 이슬람당의 만행에 소말리아인들은 격분을 터뜨렸고, 그날 이후 분노는 점점 커져갔다. 이에 놀라 당황한 독재자는 한 발짝 물러섰다. 그는 자신의 지

하와 압디 박사.

시에 따라 병원을 운영하라고 명령했지만 압디 박사는 거부했다. 무장단체는 일주일간 매일 그녀에게 굴복을 요구했다. 하지만 그녀는 조금도 흔들림 없이 그 요구를 거부했다. 그녀는 무장단체가 당장 떠나는 것뿐만 아니라 사과문을 적어 놓고 갈 것을 요구했다.

"저는 어머니에게 제발 항복하라고 애원했어요."

압디 박사의 딸이자 의사인 데코 모하메드(Deqo Mohamed)는 그때를 떠올렸다.

"하지만 어머니는 '그럴 수 없다. 나는 죽음으로 존엄을 지키겠다.'라고 하셨죠."

다행히 그런 일은 일어나지 않았다. 이슬람당은 국내외에서 엄청난 비난을 받는 것에 지친 나머지 결국 압디 박사가 요구한 사과문을 적어놓고 슬그머니 도망쳐 버렸다. 압디 박사는 '바이탈보이스(생기 있는 목소리, Vital Voices)'의 도움을 받아 병원을 새로 짓고 다시 사람들을 도울 수 있게 됐다. '바이탈보이스'는 힐러리 클린턴이 창립을 도운 세계 여성을 위한 구호단체다.

'바이탈보이스'와 압디 박사의 협력은 유용한 모델이다. 이 모델은 외부의 가치가 현지문화에 도입되는 것을 꺼리지 않는 소말리아 같은 곳에서 지식과 인맥을 가진 압디 박사와 같은 현지인이 대부분의 실질적인 업무를 수행하는 방식이다. 현지인들은 외국인들보다 운영비가 적게 드는 경향이 있는데, 이는 집을 떠날 때 항공료가 발생한다거나 이동할 때 SUV같은 큰 차량이 필요하지 않기 때문이다. 반면에 현지인들은 회계나 홍보, 기금모금 등과 같은 사무능력이 부족하거나 어떤 것이 요즘 가장 효과적인 마케팅 기법인지에 관한 최신 연구결과를 알지 못할 수도 있다. 이럴 때 '바이탈보이스' 같은 국제기관과 압디 박사 같은 현지 리더와의 협력은 매우 효과적일 수 있다. '바이탈보이스'는 압디 박사를 위해 기금을 모으고 관리운영과 연구를 위한 전문가를 제공하며, 그녀가 위험에 처했을 때 국제적인 분노를 일으켜 업무를 순조롭게 수행할 수 있도록 보호해 준다.

우리는 불굴의 용기로 이뤄낸 많은 사례들을 보아왔다. 이 중에서도 압디 박사와 '바이탈보이스'가 소말리아에서 일궈낸 협력된 힘과 엄청난 변화야 말로 가장 놀라운 사례라 할 수 있다. 지칠 줄 모르는 한 여성이 다른 곳도 아닌 전쟁터의 수많은 사람들을 위해 변화를 불러일으켰다면, 우리 역시 불굴의 정신을 새로이 다져야 할 것이다. 자선단체들이 더 나아져야 하는 것은 틀림없는 사실이다. 하지만 난민수용소의 학교에서 열심히 공부하는 소말리아 아이들을 본 사람이라면, 그 누구도 자선단체들이 이뤄낼 수 있는 성과에 대해 의심할 수 없을 것이다.

인도주의적 지원의 최고 효과

2006년 엘리 하센펠드(Elie Hassenfeld)는 코네티컷 주의 웨스트포트에 위치한 헤지펀드인 '브리지워터 어소시에이츠(Bridgewater Associates)'에서 젊은 애널리스트로 일하면서 긴 노동시간만큼이나 만족스러운 보수를 받고 있었다. 그와 동료들은 자신들이 필요로 하는 것보다 더 많은 돈을 벌고 있었고, 일부 금액을 자선단체에 후원하는 것에 관해 이야기를 나눴다.

이들은 투자자인 만큼 이른바 '가성비 최강'을 원했다. 만약 물과 관련한 단체에 후원한다면 우물이 잘 작동하고 깨끗한 물이 지역사회의 건강을 개선해주는 그 분야 최고의 단체에 후원하기를 원했다. 하지만 그들은 자선단체에 대해 아는 것이 많지 않았기 때문에 투자할 만한 가치가 있는 곳을 알아보기 시작했다. 여덟 명의 브리지워터 애널리스트들은 매주 만나 그들이 알아본 것에 대해 논의했다. 얼마 안 돼서 하센펠드와 그의 동료 홀든 카노프스키(Holden Karnofsky)는 갈수록 불만과 좌절감이 커져갔다. 현존하는 자선단체에 대한 평가들은 모두 기관의 운영비와 재정적 비율에만 초점을 맞추고 있었다. 그 어느 단체도 자선효과에 관한 정보는 제공하고 있지 않아 보였다.

"우리처럼 수천 달러 정도를 기부하려는 개인 후원자에게는 우리가 찾는 정보가 제공되고 있지 않았습니다."

32살인 하센펠드가 말했다.

"홀든과 저는 이러한 것들에 대한 조사에 흥미를 느꼈고, 금요일과 토요일마다 밤을 새며 어떤 자선모금단체들이 잘 운영되고 있는지에 대해 서로 정보를 공유해 나갔습니다. 그리고 우리가 현재의 직업에 만족하고 있지만, 채권시장을 공부하기 위해서 지금처럼 밤을 새본 적은 한번도 없었다는

인도주의적 지원의 최고 효과

홀든 카노프스키(왼쪽)와 헬리 하센펠드.

사실을 깨달았죠."

하센펠드와 칼노프스키는 '기브웰(GiveWell)'이라는 비영리 자선모금단체들을 평가하는 기관을 설립했다. 이 기관은 금융부문에서 일반화돼 있는 엄격한 평가방식을 자선업계에 적용하여 평가하는 곳이다. 이것은 후원이라는 것이 주식투자만큼 꼼꼼하게 이루어져야 한다는 생각에 기반을 둔다. 기브웰은 '효과적 이타심'이라 불리는 운동의 한 부분으로서, 자선영역에 분석적인 엄격함을 좀 더 도입하여 최대한의 영향력을 가지게끔 하려는 시도이다. 프린스턴대학교의 피터 싱어(Peter Singer) 교수는 이 새로운 운동에 철학적 기반을 제공했다.

'기브웰'은 초반에 미국과 해외 자선단체를 살펴보았는데, 'KIPP스쿨(아는 것이 힘! 프로그램 학교, Knowledge Is Power Program Schools)', '티치포아메리카(미국을 위한 가르침, Teach for America)', '너스패밀리파트너십(간호사와 가정 간의 파트너십, Nurse-Family Partnership)' 등이 추천할 만한 기관으로

255

꼽혔다.

그러나 이들은 2011년 초반에 해외 자선단체로 초점을 돌렸는데, 그 이유는 후원자들이 엄청난 비용의 차이로 인해 해외에서 더 큰 영향력을 발휘할 수 있다는 걸 발견했기 때문이다. 'AMF(말라리아퇴치재단, Against Malaria Foundation)'와 SCI'(주혈흡충통제 이니셔티브, Schistosomiasis Control Initiative : 아프리카, 아시아, 그리고 라틴 아메리카 지역에서 넓게 퍼져 있는 기생충에 의해 발병되는 질병과 싸우는 단체.)'와 같이 추천된 대부분의 기관들은 현재 지구촌의 보건위생을 위해 활동하고 있다. 그들은 일년 내내 기관실사 활동이나 실수담 및 의견 등을 블로그 포스팅한다. 'GiveWell.org'은 후원하고 싶은 우수한 국제자선단체를 찾도록 해주는 훌륭한 웹사이트이다.

'기브웰'의 후원자 및 이용자들은 대부분 젊은이들이다. 이 단체는 사람들이 후원할 때 마치 투자하는 것처럼 엄격히 검토해 볼 것을 장려한다. 이전에는 재단이나 거부들만이 자선단체에 대한 정교한 재정적 분석을 요구하고 활용할 수 있었다. 하지만 이제는 어느 누구나 '기브웰'이나 다른 단체들의 결과물을 활용할 수 있다.

하센펠드는 말했다.

"이것은 운동의 초기단계일 뿐이며, 제가 희망하는 만큼 아직 영향력이 크지는 않습니다."

12

매디슨가의 사람들이 불우이웃을 돕다

> 최선을 다하는 것으로는 충분하지 않다.
> 때로는 주어진 일을 반드시 해내야만 한다.
>
> 윈스턴 처칠

브라이언 멀레니(Brian Mullaney)는 매디슨 가(Madison Avenue, 뉴욕 맨해튼의 거리 이름으로, 미국의 대표적인 광고대행사들이 들어서 있는 곳)에서 큰 성공을 거두었다. 광고대행사에서 최고의 자리까지 오른 그는 회사를 그만두고 직접 광고업체를 차렸다. 얼마되지 않아 그는 연간 200만 달러를 벌며 돈방석에 앉았다. 그는 맨해튼의 펜트하우스에 살며 알마니 슈트에 롤렉스 금시계를 차고서 포르쉐를 몰고다녔다. 그는 모든 것을 소유하고 있었지만, 딱히 인생의 목적이 없었다. 바로 이 시기에 그는 외관이 손상된 아이들을 위한 재건수술에 관심을 갖게 되었고, 구순구개열(口脣口蓋裂, cleft lip and palate)에 대해서도 알게 되었다.

인간의 입술은 임신한 지 2개월 쯤 되었을 때 만들어진다. 때때로 코 쪽으로 향하는 윗입술의 세포조직이 제대로 갖춰지지 않아 이곳에 틈이나 구멍이 생기기도 한다. 이를 '구순파열(口脣破裂, cleft lip)'이라 하는데, 가끔

씩 입천장에 구멍이 생기는 '구개파열(口蓋破裂, cleft palate)'을 동반하기도 한다. 구순구개열의 발생 원인은 아직 명확히 밝혀져 있지 않다. 다만 유전적, 환경적 요인이 복합적으로 작용하여 생기는 것이 아닐까라고 추측할 뿐이다(가령, 임신부의 흡연은 위험 요인이 된다.). 서양에서 구개열은 태어난 첫해에 수술로 고칠 수 있지만, 가난한 나라의 아이들은 끔찍한 모습으로 남아 있게 된다. 그들은 먹고 말하는 것에도 어려움을 겪는다.

구개열 치료를 위한 수술은 매우 간단하며, 그 수술로 아이의 일생을 바꿀 수 있다. 이 사실에 감명받은 멀레니는 '오퍼레이션스마일(Operation Smile, 미소수술)'이라는 자선단체에 관여하게 됐다. 그 자선단체는 구순구개열로 고통받는 전세계의 아이들에게 재건수술을 제공하는 곳이다. 그는 미국 외과전문의들과 함께 베트남과 중국을 다니며 재건수술을 도왔다. 그는 완치된 아이들의 변화를 목격하면서 더 큰 변화를 꿈꾸기 시작했다. 하지만 '오퍼레이션스마일'은 자체적인 문제를 안고 있었다. 그것은 미국의 의사들이 일주일간의 수술을 위해 수 톤(ton)에 달하는 장비를 싣고 지구 반대편으로 날아가기란 결코 쉬운 일이 아니었는데, 멀레니 역시 이 문제를 깨달았다. 다행히 현지 외과전문의들이 이 수술을 집도할 수 있었다. 그는 현지 외과전문의들이 수술하면 비용을 절감하고 효율성을 높일 뿐 아니라, 현지 의료기술 기반 또한 구축할 수 있을 것으로 예상했다. 그는 '컴퓨터어소시에이츠(Computer Associates)'의 창립자이자 사업가인 찰스 왕(Charles B. Wang)을 찾아갔고, 왕은 초기투자금을 지원하기로 약속했다. 왕은 1999년 2,700만 달러를 투자했고, 멀레니와 함께 '스마일트레인(Smile Train: 미소열차)'이라는 새로운 단체를 세웠다. 처음 고용한 두 명의 대표는 비영리 단체에서 일한 경험은 있었지만, 멀레니와 왕이 원하는 비즈니스 감각이 부족했다. 세 번째 대표를 찾느라 2년을 보낸 이들은 향후 12개월 동안 임시로 멀레니가 직접 단체를 책임지고 운영하기로 협의했다. 그 이후 그는 영리업

매디슨가의 사람들이 불우이웃을 돕다

계로 다시는 돌아가지 않았다.

'스마일트레인'은 영민한 비즈니스 중심 마케팅 방식 덕분에 놀라운 속도로 성장했다. 멀레니는 어떤 문구와 사진이 가장 후원을 잘 이끌어내는지를 철저하게 분석한 뒤, 광고와 대규모 우편발송을 통해 후원을 이끌어냈다. 그는 후원금을 가장 많이 내는 지역의 우편번호가 어디인지를 연구했고, 후원요청에 응답한 사람들을 이름별로 분류해 정리했다. 이를 통해서 그는 가령 '엘리슨(Alyson)'이라는 사람이 '수지(Suzie)'라는 사람보다 평균적으로 더 많은 돈을 후원한다는 점을 알아냈다. 멀레니는 후원모금 우편발송의 기법을 완벽히 이해하게 되면서 다른 나라에도 후원을 요청하여 무서운 속도로 '스마일트레인'을 확장시켜 나갔다. 더 나아가 그는 '스마일트레인'의 활동에 관한 다큐멘터리 영화를 만드는 것이 모금에 큰 도움이 될 것이라 생각했다.

멀레니는 이렇게 말했다.

"할리우드에 갔지만 어느 누구와도 미팅을 잡지 못했어요. 그래서 돌아온 뒤 저는 '아무도 필요 없다. 내가 직접 다큐멘터리 영화를 만들어 오스카상을 타겠다.'며 일을 시작했죠."

인도의 콜카카(Kolkata) 근처에서 스마일트레인 환자와 함께한 브라이언 멀레니.

'스마일트레인'은 두 명의 일류 영화제작자들을 고용했는데, 이중 한 명은 이미 아카데미상 수상이력을 지닌 사람이었다. 그리고는 이들을 현장으로 보내어 구개열 수술에 관한 다큐멘터리 영화를 제작한 뒤, 이를 아카데미 영화제의 단편 다큐멘터리 부문 참가작으로 올리도록 했다. 영화감독 메건 마일란(Megan Mylan)은 인도로 가, 윗입술에 생긴 흉한 구멍이 코까지 길게 이어진 바라나시(Varanasi) 출신 '핑키(Pinky)'라는 여덟 살짜리 소녀의 이야기에 초점을 맞췄다. 소녀의 입술은 매우 흉해서 엄청난 혐오감을 불러일으켰고, 마을 사람들은 이를 흉내내고 놀려댔다. 어떤 아이들은 핑키에게 돌을 던지기도 해서 핑키는 오두막 바깥으로 나가기를 꺼려했다. 그렇지만 부모는 수술시켜 줄 돈이 없었다. 바로 그때 '스마일트레인'이 핑키를 찾아가 이 소녀의 인생을 바꿔놓은 수술을 진행했고, 이 모든 과정이 카메라에 담겼다. 마일란은 그해의 오스카상 후보자격이 될 수 있는 제출마감일을 일주일 넘긴 후에야 영화를 완성했다. 결국 멀레니는 제작한 다큐멘터리 영화를 서랍 속에 넣어놓고, 오스카상을 받기 위해 영화제에서 이를 상영할 적절한 시기가 올 때까지 기다렸다. 다큐멘터리 영화가 오스카상 후보작에 오른다면 좋은 일들이 많이 생겨날 것이다.

셀 수 없이 많은 구호단체들이 홍보영화나 영상을 제작하지만 자선단체 직원들과 그들의 어머니 외에는 그 영상을 보는 사람이 거의 없다. 그러나 〈스마일 핑키: 현실 세계의 동화(Smile Pinki: A Real-World Fairy Tale)〉라는 제목의 39분짜리 다큐멘터리 영화는 달랐다. 이 영화는 당당하게 미국의 HBO 채널에서 방영됐다. 〈스마일 핑키〉의 제작비는 약 30만 달러에 불과했지만, 수백만 명의 사람들이 이 영화를 보았다. 특히 인도의 구순구개열을 가진 아이들에 대한 큰 관심과 동정을 불러일으켰다. 또한 이 영화 덕분에 '스마일트레인'은 수백만 달러의 후원금을 모금하게 됐다.

핑키는 오스카상 시상식에 참석하기 위해 할리우드로 갔는데, 이때 처

매디슨가의 사람들이 불우이웃을 돕다

음으로 신발을 신어 보았다. 인도 신문들은 핑키의 아빠 그리고 수술을 집도한 의사와 함께 LA로 떠나는 핑키를 보도했다. 마을 사람들은 이틀 동안 지역내 시바(Shiva) 신전에 모여 핑키가 오스카상을 타도록 기도했다. 시상식이 방영되는 날, 핑키의 엄마와 마을 사람들은 하나밖에 없는 마을회관 텔레비전 앞에 모였다. 핑키는 할리우드의 코닥극장(Kodak Theater) 객석에 앉아 주위의 스타들을 구경하며 넋이 나갈 지경이었다. 하지만 긴 여정으로 그만 지쳐 잠들어, 〈스마일 핑키〉 영화가 오스카상 수상작으로 발표됐을 때도 핑키는 졸고 있었다. 마일란은 수상소감에서 이렇게 말했다.

"고마워, 핑키! 너의 믿기 힘들 만큼 엄청난 이야기를 내가 들려줄 수 있도록 해줘서 정말 고맙다!"

그때서야 졸던 핑키는 잠을 깼다.

멀레니는 〈스마일 핑키〉 영화 성공을 발판으로 그의 자선모금활동을 새로운 경지로 끌어올렸다. 얼마 되지 않아 '스마일트레인'은 44명의 직원을 두게 됐고, 연간 모금액이 1억 달러를 뛰어넘었다. 멀레니의 공격적인 마케팅 전략은 7억 달러 규모의 성금을 모으는 데 큰 도움이 됐고, '스마일트레인'은 미국 주요 자선단체로 발돋움했다.

멀레니는 경영진의 높은 보수와 현대적인(그리고 비용이 많이 드는) 마케팅 등 댄 팔로타가 자선업계에 권고한 사항들에 대해 전적으로 동의했다. 하지만 일반 대중에게 이를 이해시키는 일은 가망이 없다고 생각했다. 그래서 그는 그냥 자신이 생각하기에 필요해 보이는 일만 했다. '스마일트레인'에서 멀레니가 받은 연봉은 75만 달러였다.(그는 훗날 법정싸움으로 일정 금액을 내놓아야 했다.) 그는 사업 마인드를 지닌 매우 뛰어난 직원들을 채용해 최고의 경영진을 구성하고, 그들에게 자선업계 기준보다 높은 연봉을 지불했다.

"자선업계는 무슨 연유에서인지 대체로 보수를 적게 받는 많은 수의 사람을 고용하는 경향이 있어요. 하지만 '스마일트레인'은 반대로 높은 보수를 받는 아주 적은 수의 사람들을 고용하지요."

그는 이런 식의 운영이 부정적인 영향을 불러올 수 있다는 점도 인정하지만 그의 모금 결과에 이의를 제기하기는 어렵다.

시간이 지나면서 멀레니는 이제 구순구개열 문제가 어느 정도 해결돼 풀어야 할 과제들이 줄어들고 있다고 생각했다. '스마일트레인'과 이들이 향상시킨 중국, 인도, 그리고 세계 곳곳의 의료 서비스는 상황을 변화시키고 있었다. 지구촌의 구개열 문제는 해결되고 있었고, 현지의 지역병원들은 해당 지역주민들의 요구에 대처할 수 있을 만큼 훌륭한 치료법과 기기를 개발하고 있었다. 멀레니는 '스마일트레인'이 활동 영역을 확장해 화상, 내반족, 실명 등 다른 문제들까지도 해결하기 위해 나서야 한다고 생각했다.

그러나 '스마일트레인' 이사회는 사업확장 대신 구개열 치료의 평균 연령을 낮추는데 전념하길 원했다. 동업자이자 자금을 지원하는 찰스 왕은 멀레니의 의견에 반대했고, 2010년 멀레니를 이사회에서 퇴출시켰다. 그 이후 '스마일트레인'은 반목, 사임, 법적 다툼으로 이어지는 대소동을 겪었다. 멀레니는 '스마일트레인'을 떠나 새로운 조직을 만들었다. 그는 '스마일트레인'에서 했던 것처럼 후원모금 우편발송 기법을 활용해 성금을 모으고 있다. 그 성금으로 멀레니는 가난한 나라의 사람들을 괴롭히는 외과적 수술이 필요한 여러 질환과 장애를 해결하기 위해 분투한다.

멀레니가 관심을 가진 문제 중 하나는 내반족이라는 질병인데, 매년 22만 명의 아이들이 이 장애를 갖고 태어난다. 내반족은 니제르에 사는 라시다 야예처럼 발이 안쪽으로 돌려진 채로 태어나는 병이다. 멀레니가 관심을 쏟은 또 다른 질병은 전세계적으로 2,000만 명이나 되는 사람들이 실명하는 백내장이었다. 백내장을 치료하는 수술은 간단하다. 개발도상국에서는 90달러 미만의 금액으로 수술이 가능하다.

멀레니의 세 번째 관심문제는 화상이었다. 화상은 개발도상국에서 큰 문제다. 그곳에서는 화롯불이나 흔들거리는 난로 위에서 떨어진 주전자 안의 뜨거운 물에 아이들이 화상을 입어도 적절한 치료를 받지 못한 경우를 종종 볼 수 있다. 마을 사람들은 그저 상처에 붕대를 감아준다. 그렇게 하면 피부가 조여 복합적 외상을 유발하게 되는데, 가령 화상당한 손을 붕대로 감으면 손가락들이 서로 붙어버릴 수도 있다. 멀레니는 약 1,500만 명의 아이들이 이같은 화상으로 고통받고 있다고 추산했으며, 교정수술 또는 성형수술 등이 필요하다는 사실을 알게 됐다.

앞에서 언급한 내반족, 백내장, 화상 등은 비교적 간단한 문제다.(화상은 조금 더 복잡할 수 있다.) 이 문제들은 널리 퍼져 있고 쉽게 해결될 수 있지만 도움받지 못하면 인생이 망가질 수도 있는 문제들이다. 눈이 멀게 된 사람은 일을 할 수 없다. 자녀들은 실명된 부모를 돌보기 위해 학교를 그만둬야 할 것이다. 따라서 백내장 수술은 두 사람의 인생을 변화시킬 수 있다. 맹인이던 사람이 다시 자신의 일터로 돌아가 경제적인 자산이 될 수 있기 때문에 이는 인도주의적 측면뿐 아니라 경제적 측면에서도 이치에 맞고 의미 있는 일이다.

멀레니는 자신의 새로운 사업을 '원더워크(WonderWork, 경이로운 일)'라 불렀다. '원더워크'는 개발도상국에서 외과적 문제를 해결하는 자선단체들의 상위기관임과 동시에 후방에서 사무지원 역할을 수행하는 마케팅 기구이자 거대한 자선단체다. '원더워크'의 하부단체인 '20/20/20'은 백내장 환자들에게 무료수술을 제공한다. 또 다른 하부 자선단체인 '퍼스트스텝(FirstStep, 첫 발걸음)'은 내반족 아이들을 지원한다. '번레스큐(BurnRescue, 화상치유)'는 화상흉터가 있는 어린이들을 돕는다. 다른 단체들은 중격결손(中隔缺損, holes in the heart)이나 뇌수종(腦水腫, water on the brain) 환자들을 돕는다.

A PATH APPEARS

사실 '원더워크'는 '아툴 가완드(Atul Gawande)' 박사와 같은 의학 전문가들로 구성된 일류 자문위원단이 있다. 하지만 이들 분야의 수술 경험이 많지 않기 때문에 경험이 많은 자선단체들을 재정적으로 지원했다.

앞에서 소개했던 펜실베이니아 주 르모인(Lemoyne)의 작은 비영리 단체인 '큐어(CURE, 치료)'는 모금활동에 취약하다. 그래서 멀레니는 '원더워크'를 통해 '퍼스트스텝'의 이름으로 수백만 달러의 후원금을 모아 '큐어'로 전달했다. 멀레니가 어떻게 직접우편발송을 통해 캘리포니아에 사는 쇼샤나 클라인(Shoshana Kline)이 내반족을 앓고 있는 라시다(Rashida)를 위해 250달러를 후원하게 했는지 기억하는가?

'원더워크'에 속한 6개의 자선단체는 동일한 마케팅 및 모금기구를 운영하며 제반 경비를 공유하여 비용을 줄이는데, 이는 다양한 자동차를 제공하는 '제너럴모터스(General Motors)'라는 기업과 거의 유사하다. 가령 맹인을 위한 후원요청 우편에 50달러를 동봉해 답신하면 '퍼스트스텝'으로부터 인도의 내반족 아이들을 도와달라는 후원요청 우편물을 받게 될 수도 있다.

멀레니는 다정하며 자신이 하는 일에 대한 기쁨을 퍼뜨리는 열정을 지닌 사람이다. 맨해튼 미드타운에 위치한 그의 사무실에서 그를 만나기 며칠 전에 우리는 우연히 그가 발송한 맹인후원요청 우편물을 받았다. 인터뷰를 시작하며 우리는 그가 보낸 후원요청 우편물을 꺼내, 우편모금에 관해 마케팅 관점에서의 설명을 부탁했다.

가장 눈에 띄는 특징은 봉투에 커다랗게 인쇄돼 있는 한 어린아이의 사진이었다. 사진 속 아이의 눈동자에는 백내장으로 인해 실명한 것을 나타내는 하얀 점이 있었다. 이 어린 사내아이는 자신의 입술을 깨물고 있으면서 겁먹은 것처럼 보였는데, 사진을 보면 누구나 지갑에 손이 갈 수밖에 없었다. 그런데 사진 속 아이는 백인이었다. 그것이 아시아나 아프리카 아이

매디슨가의 사람들이 불우이웃을 돕다

들을 돕는 것에 주안점을 두는 자선모금단체의 광고라 하기에는 조금 이상했다. 그러나 멀레니는 그 아이가 '스마일트레인'이 활동하고 있는 러시아지역의 어린이며, 사진은 면밀한 시장조사의 결과라고 했다.

멀레니는 〈괴짜경제학(Freakonomics)〉의 저자이자 시카고대학교의 경제학 교수인 스티븐 레빗(Steven Levitt)과 함께 실험을 했다. 그 실험은 여러 안색과 표정으로 49명의 어린아이 얼굴에 대해 대중이 어떻게 반응하는지를 살펴보는 실험이었다. 실험결과 고통받는 백인 아이에 대해 가장 큰 반응을 보였는데, 이는 아마도 대부분의 잠재적 후원자들이 백인이었기 때문으로 풀이된다. 그리고 편지의 왼쪽 하단부에는 아래의 감성적인 호소문이 적혀 있었다.

"당신의 후원 한 번으로 앞을 볼 수 없는 아이의 시력을 되찾아줄 수 있습니다."

그는 우리의 큰 관심을 불러일으켰는데, 이는 '미국인과 먼 곳에 있는 가난한 나라의 고통받는 이들을 감성적으로 연결하는 일'을 그가 매우 성공적으로 이끈 것으로 보였기 때문이다. 다르푸르(Darfur)에서 인종학살이 일어났을 때, 닉(Nick)은 두 사람의 생존자를 인터뷰했다. 한 사람은 자신이 속한 부족이 불질렀던 화염 속에 갇혔다가 생존한 여성이었고, 다른 한 사람은 총검에 찔려 눈이 파여버린 남성이었다. 닉은 자신이 목격한 것에 분노했지만, 그가 쓴 칼럼은 독자들에게 외면당했다. 뉴요커(New Yorker)들은 바로 그 시점에 윤리적으로 분노를 자아낸 다른 사건으로 충격을 받은 상태였다.

'페일 메일(Pale Male)'이라는 애칭으로 불리는 '붉은꼬리매'가 맨해튼 센트럴파크 옆 5번가의 호화 아파트에 둥지를 틀었다. 하지만 새의 배설물에 진절머리가 난 빌딩 관리인이 페일 메일과 그의 짝 '롤라(Lola)'의 둥지를 해체시켜 버렸다. 먼 나라에서 발생한 인종대학살을 별 의미 없이 받아들였던 뉴욕의 시민들이 두 마리의 매 보금자리를 없앤 것에 대해서는 참지 못했던 것이다. 새를 사랑하는 사람들은 시위대를 조직하여 격렬한 항의를 이어갔고, 기자들은 이 소식을 대서특필하느라고 정신없는 상황이었다. 결국 빌딩 관리인은 항복했고 새들은 다시 돌아왔다. 페일 메일은 국제적인 스타가 되어 팝송과 다큐멘터리 두 편의 주인공이 됐다. 우리는 아직도 궁금해 하고 있다.

어째서 닉은 둥지 잃은 두 마리 새를 위해서는 이렇게 분노하는 사람들로부터 인종대학살에 대해서는 아무런 반응을 이끌어내지 못했을까?

이 사건으로 인해 우리는 왜 사람들이 어떤 도덕적 호소에는 반응을 하고 다른 것들은 무시하는지 조사하게 됐다. 오레곤대학교의 심리학 교수 폴 슬로빅(Paul Slovic)은 이러한 현상에 대한 선구적 전문가다. 펜실베이니아대학교의 데보라 스몰(Deborah Small), 카네기멜론대학교의 조지 로윈스타인(George Loewenstein)과 함께 슬로빅은 다른 전략을 사용하는 '세이브더칠드런'의 후원모금방법에 대해 실험을 진행하여 그 결과를 면밀히 조사했다. 후원모금을 위한 한 방법은 "에티오피아의 1,100만 명 이상의 사람들

폴 슬로빅(Paul Slovic).

에게 즉각적인 식량 원조가 필요합니다." 또는 "말라위의 300만 명의 아이들이 식량부족으로 굶고 있습니다."라는 문구의 현수막을 내걸고, 세계적인 기아 위기의 규모를 강조하면서 합리적인 호소를 하는 것이었다. 하지만 이 방법은 실패했다. 사람들은 인간미 없는 통계수치에 관심을 보이지 않았다. 또 다른 모금방법은 감성에 호소하여 특정한 한 명의 소녀를 도와달라는 전화를 하는 것이었다.

> 아프리카 말리의 7살 소녀 로키아(Rokia)는 매우 가난하고 극심한 굶주림에 처해 있습니다. 당신의 후원이 이 아이의 인생을 바꿀 수 있습니다. 당신과 배려심 많은 다른 후원자분들의 도움으로 '세이브더칠드런'은 이 소녀의 가족 및 공동체 구성원들과 함께 음식, 교육, 의료 그리고 위생교육 등을 로키아에게 제공할 것입니다.

위의 글과 함께 로키아의 사진이 게재되자 사람들은 후원을 위해 몰려들었다. 우리는 단순 수치보다는 한 개인의 이야기에 마음이 더 끌린다.

'남을 돕겠다'는 결심은 대개 지원이 가장 필요한 곳이 어딘지 찾아주는 이성적 판단보다는 감성적·직관적 판단에 의한다는 사실을 이 연구는 강조한다. 사실상 이성적인 분석은 관대함을 감소시키는 것으로 보인다. 스몰 교수(Professor Small)의 연구진은 이 생각을 한 단계 발전시켜, 연구대상들에게 "물체가 1분에 5피트(feet)를 이동한다면 360초 동안 몇 피트를 이동할 수 있을까?"와 같은 간단한 산수 문제를 풀게 했다. 5문제를 맞게 푼 연구대상은 더 이성적이고 논리적으로 생각하는 사람들일 텐데, 이들은 로키아에게 훨씬 덜 너그러웠다. 굶주린 아프리카인들 그룹에게도 마찬가지로 후하지 않았다. 논리적 사고(思考)행위는 실제로 후원을 방해하는 것 같다.

피터 싱어(Peter Singer) 교수는 너그러움에 대해 가장 설득력 있는 설명을 하는 사람이다. 그의 대표적인 사고(思考) 실험은 다음과 같다.

출근길에 당신은 작은 연못을 지나가게 된다. 무릎 정도까지 물이 차 있는 이 연못은 굉장히 더운 날에는 아이들이 가끔씩 뛰어놀기도 하는 곳이다. 그러나 오늘처럼 날씨가 쌀쌀한 날에 한 아이가 이른 아침부터 연못에서 물을 튀기며 놀고 있는 모습을 보고 당신은 의아하게 생각한다. 가까이 다가가서 보니, 아이는 연못 속에서 똑바로 설 수 없을 만큼 매우 어린아이였고, 팔다리를 마구 흔들며 허우적대고 있다. 당신은 이 아이의 보호자를 찾기 위해 주위를 살펴보았지만, 아무도 보이지 않는다. 아이는 한 번에 단 몇 초 동안만 고개를 물 밖으로 내밀 수 있다. 당신이 당장 연못 속에 들어가 아이를 꺼내지 않으면 그 아이는 익사할 것처럼 보인다. 아이를 구하기 위해 연못 속으로 들어가는 것은 어려운 일도 위험한 일도 아니다. 하지만 며칠 전 새로 산 구두가 망가지고 양복도 진흙투성이가 된 채로 흠뻑 젖을 것이다. 또 아이를 구한 뒤 보호자를 찾아주고 옷을 갈아입고 직장에 간다면 지각을 면치 못할 것이다. 이 상황에서 당신은 어떻게 하겠는가?

거의 모든 사람들이 위 글 속의 행인이라면 아이를 구하기 위해 연못에 뛰어들어야 한다고 말한다. 아무도 "그 버려질 신발이 얼마나 비싼 건가요?"라는 질문을 할 만큼 무정하지는 않다. 그러나 싱어 교수가 주목한 것처럼 우리는 늘-우리 앞이 아니라 지구 반대편의-아이들이 죽도록 내버려두고 있다. 왜냐하면 우리는 적은 비용으로 아이들의 생명을 살릴 수 있는 백신이나 말라리아 예방 모기장 같은 것에는 후원하고 싶어하지 않기 때문이다. 싱어 교수는 자신의 주장을 강조하기 위해 그의 훌륭한 저서 〈당신이 살릴 수 있는 생명(The Life You Can Save)〉에서 위 주제에 대해 이야기를 한다.

슬로빅 교수도 우리처럼 싱어 교수의 주장이 설득력 있다고 여겨왔다. 슬로빅 교수는 실험대상자들에게 연못 속에 빠진 아이에 대한 이야기를 로키아를 위한 후원요청문을 접하기 전에 듣게 했다. 그는 그 이야기가 사람들을 후원에 더 관대해지게 만든다는 것을 알아냈다. 다만 싱어 교수의 실험구성에 이미 접했던 사람들은 로키아에 후원한 금액이 더 적었다. 슬로빅 교수는 '물에 빠진 아이' 사고(思考) 실험이 수학문제들과 같다고 결론지었다. 그것은 우리 뇌의 논리적 부분을 발현시키고, 도움이 필요한 아이를 지원할 수 있는 직관적인 도덕적 감정을 억누른다.

코미디언 스티븐 콜버트(Stephen Colbert)는 다르푸르에 대한 이야기를 하기 위해 닉을 '콜버트 리포트 쇼(The Colbert Report)'에 초대했는데, 한 가지 걱정이 생겼다. '인종대학살에 대한 주제로 이야기를 하면서 사람들을 어떻게 웃기지?'란 생각이 들었기 때문이었다. 그는 자신에게 쏟아지는 스포트라이트를 대학살에 대한 관심을 집중하는데 활용해야겠다고 생각했다. 닉이 인종대학살에 대해 이야기할 때 콜버트는 일부러 지루한 모습을 보이면서 이 시대의 문제점을 완벽하게 꼬집었다. 콜버트는 닉의 이야기를 가로막으며,

"좀 덜 우울한 이야기를 써볼 것을 생각한 적 없나요? 어제 〈뉴욕포스트〉를 보니 부츠에 머리가 낀 고양이가 나왔는데 굉장히 귀여웠어요. 난 그런 것에만 관심이 가던데... 고양이가 너무 귀여워서 돕지 않고는 배길 수가 없잖아요."

로키아처럼 인식이 가능한 특정한 개인에게 인간적인 애착을 가지면서

도 숫자로 나열된 대규모 집단의 통계적 생명에 대해서는 무관심한 현상을 '인식가능 희생자 효과(identifiable victim effect)'라고 하며, 이는 많은 연구를 통해 사실임이 입증되었다. 히브리대학교의 테힐라 코거트(Tehila Kogut) 교수와 이아나 리토브(Ilana Ritov) 교수는 후원 대상이 단순히 '어린이'로 묘사됐을 때보다 병원치료가 필요한 아이의 나이와 이름, 그리고 사진 등이 제공됐을 때 사람들은 75퍼센트 정도 후원을 더 많이 한다는 사실을 알아냈다. 그들은 또한 사람들이 30만 달러의 병원치료를 통해 8명의 아이들의 생명을 구하는 것보다 같은 돈으로 한 아이의 생명을 구하는 일에 더 기꺼이 후원한다는 사실을 밝혀냈다.

캘리포니아대학교 산타바바라 캠퍼스의 심리학자 조나단 스쿨러(Jonathan Schooler) 교수의 딸은 아주 작은 애완용 바다새우들(sea monkeys)이 담겨 있는 수족관을 하나 갖고 있었다. 바다새우가 많이 있을 때는 그것들이 구별되지 않는 하나의 무리처럼 보였기 때문에 이중 어느 한 마리도 특별히 관심을 끌지 못했다. 그러다 한두 마리씩 죽기 시작했고, 결국은 한 마리만 남게 되었다.

스쿨러 교수와 자녀들은 이 마지막으로 남은 바다새우와의 유대감이 더욱 깊어졌음을 느꼈다. 그들은 이 바다새우를 장난기 많고 개성 있는 존재로 여겼기에 이 생물의 생존에 더욱 관심을 가졌다.

이 경험을 통해서 스쿨러 교수와 그의 동료는 실험을 실시했다. 그 결과, 사람들은 일반적으로 '집단에 속한 구성원 한 사람보다 집단에 속하지 않은 한 개인이 더 높은 수준의 지성을 가지고 있을 것이라 생각한다.'는 사실을 알아냈다. 실제로 사람들이 군중 속에서 혼자 다른 차림새를 하고 있는 사람을 더 존중한 반면, 그가 주변사람들과 같은 옷을 입고 있을 때 그에 대한 공감이 덜함을 실험에서 발견하였다.

이 모든 것들은 스탈린이 했던 "한 명의 죽음은 비극이고, 수만 명의 죽

매디슨가의 사람들이 불우이웃을 돕다

음은 통계에 불과하다."는 말(역사학자들은 그가 한 말이 아니라고 하지만)을 뒷받침한다. 구호단체들과 기자들 모두 도움이 필요한 많은 사람들에게 초점을 맞추고 있는데, 아마 그래서 호소문이 사람들의 마음을 끌지 못하는 것일 수도 있다. 슬로빅 교수의 다음 말처럼 말이다.

"많은 이들이 죽어갈수록 우리는 더욱 둔감해진다."

또 다른 연구는 구호단체들과 기자들이 충족되지 않는 욕구에 초점을 두는 사실이 역효과를 일으킬 수 있다고 지적한다. 학자들에 따르면, 우리는 후원을 통해 행복감과 성취감을 느끼고 싶어하는데 전세계의 빈민들이 기아에 굶주리고 에이즈로 죽어가고 있다는 말만 듣게 된다면, 우리는 기아와 에이즈 문제에 대해 그냥 신경을 꺼 버리게 될 것이다.

책임이 여럿에게 분산되어 있을 때는 사람들은 도움을 요청하는 소리에 응하지 않는다. 이는 가난 또는 부당한 상황일 때 훨씬 더 그렇다. 한 실험에서는 시장조사 참여를 위해 모인 학생들을 기다리게 한 뒤, 한 여성이 스크린 뒤로 가서 의자에 올라가 무언가를 꺼내려고 하다가 굴러떨어지는 광경을 연출했다. 이 여성은 신음하며 자신의 발목이 부러졌다고 비명을 질렀다. 기다리고 있던 학생이 혼자였던 경우엔 70퍼센트가 이 여성을 도왔다. 반면에, 다친 여성을 신경 쓰지 않는 척 연기를 한 사람과 함께 있었던 학생의 경우는 고작 7퍼센트만이 이 여성을 도왔다. 우리는 자신을 둘러싼 주변의 분위기에 영향을 받기 때문에, 대부분이 싸늘한 반응을 보이면 우리 자신도 더욱 냉담해지게 된다. 이러한 생각이 실질적인 현실세계에도 영향을 미친다는 사실은 의심의 여지가 없다.

1980년대 남아프리카공화국의 '아파르트헤이트(apartheit, 남아공의 인종차별정책)'에 맞서 싸운 시민운동가들은 사람들의 관심을 끌어들이기 위해 분투했다. 그들이 '남아공의 정치수용자들을 석방하라.'는 슬로건을 내걸었을 때 사람들은 그저 하품을 해댔다. 하지만 그들이 '만델라를 석방하라.'고

했을 때에야 비로소 범세계적인 움직임이 탄생하게 됐다.

우리 뇌의 약점과 비합리성은 크나큰 도전거리를 만들어낸다. 빌 게이츠는 전세계적 보건기구들이 사람의 생명을 구하는 일이 얼마나 감동적인 일인가 하는 것을 알리지 않는 현실에 관해 다음과 같이 불만을 표한다.

> 나는 몇 년 전 다보스(Davos)에서 세계보건패널에 참여하여 수백만 사람들의 생명을 구할 수 있는 방법을 논의하던 때를 기억합니다. 수백 만 명의 생명 말입니다! 한 사람을 구하는 황홀함이 수백만 배로 불어난다고 생각해 보세요. 그러나 그 패널은 내가 참석한 패널 중 가장 지루한 패널이었습니다. 그 지루한 경험을 더욱 따분하게 만들었던 것은 그 패널 바로 직전에 내가 어떤 소프트웨어의 13번째 버전 출시행사에 참석했는데, 거기서 사람들이 신이 나 소리치고 펄쩍펄쩍 뛰는 것을 목격하고 왔기 때문이었어요. 나는 사람들이 소프트웨어에 흥분하는 것을 너무나도 좋아합니다. 하지만 생명을 구하는 일에 있어 우리는 왜 더 큰 흥분과 기쁨을 만들어내지 못하는 것일까요?

사람들이 생명을 구하는 것에 신이 나도록 하려면 연대감 형성과 변화 추진을 이끌어내는 '스토리텔링 능력'을 더욱 잘 갖추어야 한다. 우리는 소설 〈톰 아저씨의 오두막(Uncle Tom's Cabin)〉이 많은 북부지방 사람들에게 노예제도의 실상을, 안네 프랑크의 〈안네의 일기〉와 엘리 비젤(Elie Wiesel)의 〈밤(Night)〉과 같은 작품들이 나치의 잔인함에 대해 학자들의 분석보다 더 큰 분노를 불러일으켰다는 사실을 알고 있다. 우리 역시 기아와 유아사망, 인신매매, 노숙자 문제 등에 관해 이러한 종류의 이야기를 만들어낼 필요가 있다.

매디슨가의 사람들이 불우이웃을 돕다

브라이언 멀레니는 수백만 통의 홍보용 우편물을 보내고 회신율을 추적하여 공감을 통한 연계를 구축하는데 있어 자신만의 전문성을 발전시켜 나갔다. 그가 발견한 사실은 슬로빅 교수의 학문적 연구 결과와 일치했다. 그는 변화가 어떻게 가능한지를 늘 제시하며 개인들에 관한 스토리텔링을 강조했다. 그는 실명치료수술에 관한 편지에 '백내장'이란 단어를 쓰지 않았다. 왜냐하면 미국인들은 백내장을 나이든 사람과 연관시키는 경향이 있으며, 이 병 때문에 완전한 실명에 처할 수 있다는 점을 이해하지 못했기 때문이다.

"의사들은 그런 글을 쓴 우리를 아주 못마땅해 했습니다. 하지만 후원자들은 그런 시시콜콜한 것들을 알고 싶어하지는 않아요."

보기에도 불편한 고통 속 아이들의 사진에 관해 구호단체들 사이에 반발이 일어나기도 했지만—이는 종종 '빈곤 포르노(poverty porn, 동정심을 유발시켜 후원을 유도할 목적으로 빈곤을 자극적으로 묘사하는 데에 쓰이는 사진이나 영상물)'라고 불리기도 한다—멀레니는 미안해하지 않았다. 그는 명랑한 유니세프 임원을 과장스럽게 흉내냈다.

"우리는 불행한 아이를 보여주고 싶지 않습니다. 파리가 온몸에 붙어 있는 아이들 말입니다. (고개를 저으며) 대신 그들이 보여주는 사진은 정제돼 있고, 인위적으로 수정된 것들이에요. 이는 마치 그들이 작은 마을을 돌아다니며 춤을 추는 것과 같아요. 왜 그런지 아세요? 그것은 유니세프에서 일하는 백인 책임자들이 '불행한 아이의 모습을 보는 게 불편해.'라고 생각하기 때문이에요."

멀레니는 잠시 말을 멈추고 그의 머리를 세차게 흔들었다.

"후원금을 모으려면 문제점과 고통을 보여줄 수밖에 없어요."

우리가 받았던 후원요청 우편의 손익을 물었을 때 들은 솔직한 답변은 우리를 놀라게 했다. 그는 손해가 날 것을 예상하고 있었다. 그는 첫 번째

발송하는 후원요청 우편은 항상 손해라고 했다. 왜냐하면 새로운 잠재적 후원자들에게 75,000통의 후원요청 우편을 보냈을 때 나타난 평균적인 신규 후원자 수가 약 323명 정도였기 때문이다.

2012년 '스마일트레인'은 새로운 후원자로부터 1달러를 후원받기 위해 1.79달러를 사용했다. 멜레니의 '원더워크'는 이보다는 조금 나은 상황이지만 내반족을 돕기 위해 새로운 후원자로부터 1달러를 모금하기 위해 1.45달러를 쓴다. 그는 신규후원자를 모집한 첫해는 손해볼 각오를 하고 있다고 했다. 왜냐하면 그렇게 해야 그 다음 해부터는 점점 더 적은 비용으로 모금할 수 있기 때문이다. 두 번째 또는 그 이후의 후원요청 우편에 대한 회신율은 약 6퍼센트이다. 5년 정도가 지나면 1달러의 후원요청 우편물로 총 5달러 이상의 후원금을 모금한다.

댄 팔로타와 마찬가지로 멜레니 역시 마케팅이나 홍보활동이 자선단체가 일정 규모 이상의 후원 모금을 달성하고 더 큰 영향력을 갖는데 도움이 되는 경우, 일반기업이 그렇듯 이러한 분야에 예산을 더 투입해야 한다고 주장한다. 그는 많은 자선모금단체들이 전문적 마케팅을 경멸하는 것에 대해 답답해한다.

"그들은 마케팅이 자신들보다 급이 낮다고 생각해요. '그건 더럽고 얄팍하고 기분나쁜 거야.'라고 이야기하죠."

"사람들은 오고가면서 '홍보용 우편? 난 인터넷으로 모금액을 더 늘리겠어. 왜냐하면 그건 비용이 안 들거든.' 하고 말합니다."

멜레니는 주기적으로 다른 비영리 단체의 이사회로부터 강연을 해달라는 초청을 받는다. 멜레니가 수백만 달러의 돈을 홍보용 우편을 통해서 모금했다고 이야기하면 대화는 내리막길로 접어든다.

이사: 저는 후원요청 우편을 보내는데 수백만 달러를 사용한

다는 것이 좀 불편하네요.

　멀레니: 유감이군요. 그럼 예산을 반으로 삭감하고 도울 수 있는 아이의 수도 반으로 줄여야죠. 그렇게 되면 마음이 좀 편하시겠습니까?

　"그들은 모든 것을 거부합니다. 그들은 마케팅에 대한 개념이 없기 때문에 이런 얘기를 하는 것조차 사실 시간낭비입니다."

자선모금단체들은 제너럴모터스나 포드였으면 이미 도산해서 문 닫았을 정도의 낮은 생산성으로 그럭저럭 유지되어 간다. 하지만 자선모금단체에 대해서는 "그들은 신(神)의 일을 하고 있어. 대단하지 않아?"라는 말만 계속 되풀이하고 있다고 멀레니는 말한다. 멀레니는 20세기 초반에 500개가 넘는 자동차 회사가 있었지만 곧 합병을 통해 몇 개의 큰 회사들만 살아남아 규모의 경제를 누릴 수 있게 됐다는 사실에 주목한다. 그는 미국에 있는 140만 개의 자선단체에도 같은 일이 일어나, 5,000개 미만으로 줄어야 한다고 주장한다.

브라이언 멀레니는 성급한 면이 있으며, 그의 마케팅 감각은 전통적인 비영리단체의 지도자와 후원자들을 잘못된 방향으로 인도할 수도 있다. 예를 들어 백인어린이 사진을 사용해 아시아와 아프리카의 아이들을 위한 후원모금을 하는 경우에 대해 큰 오해를 불러일으킬 소지가 있다며 몇몇 사람들이 문제를 제기할 수 있다. 하지만 자선의 임무에 충실하고 상당한 영향을 미칠 수 있다면, 모금을 이끌어내는 명분을 대중에게 어필하는 것 역시도 중요하다.

멀레니의 접근법은 P. T. 바넘(P. T. Barnum)이 밝혀낸 진실을 떠오르게 한다.

"홍보 없이는 끔찍한 일이 일어납니다. 그건 바로 '아무 일도 일어나지 않는 것'입니다!"

　우리는 실명과 내반족이 마치 감자칩이나 세탁기용 세제처럼 팔리게 되는 현상에 거부감을 느낀다. 그러나 자선단체가 후원금을 제대로 모금할 만큼 효율적이지 못해서 앞이 보이지 않거나 내반족을 가진 아이들이 치료도 못 받고 괴로워하는 모습을 그저 바라만 봐야하는 현실이 우리에겐 더 끔찍하다. 내반족 때문에 몸을 질질 끌면서 교차로의 자동차들 사이를 지나다니며 돈을 구걸하는 개발도상국 아이들을 그저 보고만 있는 것은 그러한 사진을 후원요청 우편에 사용하는 것보다 수천 배나 품위 없는 행동이다.

　멀레니가 많은 보수를 받았을지는 몰라도 그는 세상의 수많은 아이들을 도왔다. 또 그는 개발도상국에서 현지 의사들을 활용해 비용을 줄이고 더 많은 사람을 도왔으며 지역의 역량을 강화시켰다. 결국 중요한 것은 그가 구순구개열이 있는 전세계의 수많은 아이들이 무상으로 수술받게 하여 핑키(Pinky)와 같은 아이들이 새로운 삶을 살 수 있게 했고, 세상에서 '구순구개열'이란 질환을 몰아내도록 힘을 썼다는 것이다. 그리고 현재 멀레니는 화상, 백내장, 내반족 등을 포함한 많은 다른 문제들에 대해서도 똑같은 방법으로 다시 시작하려 한다.

　한 가지 불편한 진실은 기아나 질병퇴치와 같은 긴급한 목적을 위해 일하는 사람들 역시 일을 효과적으로 하는 것에 종종 실패하는데, 이는 '마케팅'을 하찮게 생각하는 면이 일부 있기 때문이다. 우리가 〈뉴욕타임스〉에 있을 때, 기업들로부터 매일 자사제품에 대한 전문적인 홍보물을 받았는데, 결과적으로 그것들은 세상에 그다지 중요하지 않은 것들이었다. 그러는 동안 에이즈와 같이 죽고사는 문제를 해결하기 위해 애쓰는 단체들은 도저히 신문에 게재할 수 없을 정도로 건조한 보도자료를 심지어 잘못된 주소에다 보내고 있었다. 이타주의자들이 '마케팅'이라는 생각 자체에 거부감을 느끼겠지만, 백신이나 소녀들의 교육을 '판매하는 행위'는 햄버거를 파는 일보다 더 중요한 일이다.

공교롭게도 우리는 이 12장을 쓰는 동안 존경하는 단체인 유니세프 미국지부로부터 편지를 받았다. 또한 그 편지와 함께 토트백(tote bag, 여성용 다용도 손가방) 선물도 받았다. 자선모금단체로부터 이런 선물을 받으면 우리는 '낭비'라는 생각에 이를 꽉 깨문다. 같은 맥락으로 반송용 봉투가 들어있는 우편을 받으면 우표에 낭비하는 돈에 대해 불만을 표하곤 한다. 우리는 우리가 낸 후원금이 주소가 기재된 라벨지와 5센트짜리 동전, 반송용 봉투 및 토트백 등을 불특정 다수에게 보내는 데 사용되는 것을 원치 않는다고 이야기한다. 우리는 유니세프 미국지부의 대표인 캐롤 스턴(Caryl Stern)에게 전화를 걸어 우리가 받은 토트백에 대해 불만을 토로했다. 그러나 그녀는 토트백은 후원금을 낼 가능성이 가장 높은 사람들에게만 보내며, 이를 통해 실제로 회신율이 두 배가 증가한다고 말했다. 그 결과, 예방접종 및 학교무상급식 등 유니세프가 수행하는 많은 일들을 위한 후원금이 더 많이 모금된다는 것이다. 스턴은 유니세프 미국지부가 수년 동안 후원요청 우편의 선구적인 실험을 진행해 왔으며, 2002년에 봉투의 비닐을 통해 안에 넣은 5센트 동전이 보이도록 한 후원요청 우편을 보냈던 첫 자선모금단체였음을 언급했다. 동전을 넣은 우편으로 인해 회신율이 0.78퍼센트에서 1.47퍼센트로 상승했다. 캐롤 스턴은 이렇게 말한다.

"많은 비판을 받긴 했지만, 후원요청 우편에 동전을 넣는 것은 가장 성공적인 캠페인 방법 중 하나였습니다. 우리는 아이들의 생명을 구하기 위해 모금을 합니다. 제가 더 많은 아이들의 생명을 구할 수 있도록 더 많은 후원금을 모으고 일과를 마칠 때면, 밤에 잠을 푹 잘 수가 있지요."

담임 목사로부터 얻은 교훈

　　　　목사들을 대상으로 한 전국 여론조사에 따르면, 미국에서 가장 영향력 있는 교회는 시카고 교외에 위치한 윌로우크릭공동체교회(Willow Creek Community Church)이다. 1975년 빌 하이벨즈 목사(Rev. Bill Hybels)는 종파(宗派)에 구애받지 않는 이 대형 교회를 설립했고, 현재 주말 예배에 25,000명의 신도들이 모인다. 62세인 하이벨즈 목사는 사회정의 실현을 자기 교회의 사명으로 만든 종교계의 중도주의자다.

　　남부 캘리포니아 새들백교회(Saddleback Church)의 릭 워렌(Rick Warren) 목사는 전국의 다른 대형 교회들처럼 사회적 대의명분을 받아들였다. 그들은 미국과 전세계에 기회를 창출할 수 있는 대단한 영향력을 가지고 있다.

　　윌로우크릭공동체교회는 과테말라(Guatemala)나 말라위(Malawi) 등 가난한 나라의 목사들을 시카고로 데려와 교인들의 집에 머물면서 평생 친구가 되도록 독려한다. 그렇게 하면 얼마 지나지 않아 런던으로 출장 가는 시카고 사람들은 말라위로 여행 가게 될 것이다.

　　이 교회는 아프리카에서 특히 HIV와 에이즈 퇴치를 위해 싸워왔다. 교회의 자원봉사자들은 아프리카로 가서 현지 교회들과 함께 다리 건설 등 지역사회의 문제해결을 위해 도움을 줬다. 그들은 여성들의 권리를 증진하고 미국을 포함한 전세계의 성매매에 맞서 싸우는 일에 점차 집중해 갔다. 이들은 성매매자 독서모임을 마련해 운영했고, 교인단체의 교도소 봉사활동을 장려했으며, 교도소 내의 정의실현을 위해 힘썼다. 우리가 세계 여성들의 권리를 찾는 것의 중요성에 대해 이야기하기 위해 이곳을 방문했을 때, 신도들은 짐바브웨의 농부들, 주로 여성농부들을 위해 질 좋은 씨앗꾸러미 53만 개를 보낼 준비를 하고 있었다. 그날 교회에서는 지구촌 빈곤타파에 쓰일 성금을 모금하기 위해 교회를 찾은 모든 사람들에게 밝은 색상

담임 목사로부터 얻은 교훈

빌 하이벨스(Bill Hybels).

의 니트 가방을 하나씩 주었다. 어느 월요일, 교회로 배달을 왔던 페덱스(FedEx, 미국의 대표적인 택배회사) 택배기사는 교회 사무실로 그 가방 하나를 건네줬다.

"주차장에서 찾은 가방인데, 아마 누군가가 떨어뜨리고 간 것 같아요."

택배기사가 말했다. 그때 사무실의 접수담당자가 '그 가방은 누군가의 가방이 아니라, 여성농부들이 지구촌의 빈곤과 싸우는 것을 돕기 위해 제공한 가방'이라고 설명했다. 택배기사는 가방을 다시 가져가 새롭게 바라보면서 말했다.

"저는 교회를 다니지도 않고 종교에 대해 많이 생각해 본 적도 없지만, 이 교회는 제가 다니고 싶은 교회인 것 같네요."

윌로우크릭공동체교회는 지역사회의 불우한 사람들을 위해 '보호소(care center)'를 설치했다. 자원봉사자에 의해 운영되는 이 보호소는 노숙자에게는 쉼터를, 불우한 아이들에게는 입을 옷을 제공한다. 또한 지역사회의 정원에서 키운 채소로 식료품 저장고를 채우며, 치과진료, 시력검사, 법률상담서비스 등을 제공한다. 또 이력서 쓰는 법과 일자리 찾는 것도 돕는다.

차가 갑자기 고장났지만 수리할 돈이 없어 어찌할 바를 모르고 있다면, 자원봉사자들이 자동차 덮개를 열고 자신들이 해줄 수 있는 일이 무엇인지 살펴볼 것이다. 이 모든 것들은 변호사, 기계공, 원예 등에 소질이 있는 소규모 교회 자원봉사자들에 의해 이루어진다.

브라이언 멀레니가 비영리단체 마케팅에 뛰어났다면, 대규모 교회들은 다른 분야의 대가들이다. 대규모 교회들의 성공요인 중 하나는 그들의 의사소통기술과 청중에 대한 관심이다. 그들은 남을 돕는 일에 참여하는 것을 긍정적이며 기쁘고 보람된 경험으로 만든다. 교회는 죄의식에 사로잡힌 모임 대신에 남을 돕는 것이 변화를 만들고 세상에 대해 배울 수 있는 기회가 되도록 한다. 이 모든 것은 함께하고 새로운 사람을 알아가는 사회적 활동이다. 이것이 성취감과 보람을 느끼게 한다는 사실에 대해 어색해할 필요가 없다. 만족감을 주고 보람찬 일이라는 것을 전혀 쑥스러워 할 필요가 없다. 하이벨스 목사같은 이들이 남에게 도움을 주고 사회적 명분이 있는 일에 참여하면서 전달하고자 노력하는 기쁨의 의미에서 많은 비종교적 단체들이 배울 점이 많다.

더 나아가 종교단체와 비종교단체가 지구촌에 기회를 만들어내기 위해 함께 협력한다면 큰 도움이 될 것이다. 이들은 모두 인도주의적인 사안에 대해 대단히 중요한 일을 하고 있다. 이들이 함께 협력한다면 특히 '옹호'의 영역에서 더 많은 것을 달성할 수 있다. 비종교적인 진보주의자들과 종교적인 보수주의자들 간에 간극이 있을 것이라는 '신에 대한 간극(God Gulf)' 의혹은 인류가 공동의 적에 맞서 싸워나가는 것을 더 어렵게 한다. 부분적으로 미국 정치의 해악이라 할 수 있는 '불신'은 모든 사람이 신경 쓰고 걱정하는 문제들, 특히 국내의 빈곤문제에 대해 충분한 협조가 없다는 것을 의미한다.

우리는 세속적 세력과 종교적 세력, 두 진영 모두 '신에 대한 간극' 의혹에 책임이 있다고 생각한다. 복음주의자들은 텔레비전에 출연하는 목사들을 치장하여 자신들의 이미지를 만들어 가는데, 이들 목사들은 동성애자들의 문제에 집착하면서 출생 이전의 삶에 대해 열정을 쏟는다. 한 연구에 의하면 심지어 10대와 20대의 교회 신자들 사이에서도 요즘의 기독교와 가장 연관된 단어가 '동성애 반대', '남을 판단하는', '정치에 너무 관여하는', '위선적인' 등이었다.

2000년대 후반, 바티칸은 '콘돔사용 반대' 표명으로 에이즈가 세계적으로 확산되는데 일조하는 비극적인 역할을 했다. 리차드 스턴즈(Richard Stearns)는 신실한 복음주의 신도인데, '월드비전(World Vision, 국제구호개발기구)'이라 불리는 기독교 구호단체를 운영하기 위해 잘나가는 회사를 그만뒀다. 그는 자신의 감동적인 저서 〈구멍난 복음(The Hole in Our Gospel)〉은 우간다에서 에이즈에 걸린 고아들을 바라보며 느낀 고통을 기술했다.

"나를 가장 많이 괴롭힌 것은 '교회는 대체 어디 있는가?'라는 질문이었다." 그는 책에 이렇게 썼다.

"이 시대에 가장 큰 인류적 위기가 닥쳤을 때 예수 그리스도를 따르는 이들은 다 어디에 있었는가? 당연히 교회는 '고통 속에 있는 고아들과 과부들'(야고보서 1:27)을 보살폈어야 했다."

스턴즈는 "엄청난 교회건물(성소)을 지을 돈은 있으면서 학교나 병원을 지을 의지는 없는 교회들"을 맹렬히 비판했다.

그러나 비종교단체들 역시 '신에 대한 간극'의 의혹을 해소할 의무가 있다. 자신들의 관용에 자부심을 지닌 자유주의자들은 보수적인 복음주의자나 가톨릭 신자들의 선행은 무시한 채 그들의 신념을 조롱한다. 이러한 세속적인 비평가들은 바티칸의 콘돔사용 반대정책에는 독기를 내뿜지만, 가톨릭 교회가 운영하는 아프리카 현지의 에이즈 환자 치료소들, 그리고 에이즈로부터 생명을 구하기 위해 때때로 직접 콘돔을 나눠주는 그곳의 사제와 수녀들의 진가는 인정하지 않는다. 세상의 멀고 위험하며 절박한 곳에 가보면 진실로 복음에 따라 살아가는 수녀와 사제들을 일상적으로 만날 수 있다.

2014년 초반, 기독교신자 무리가 중앙아프리카 공화국을 마구 휘저으며 무슬림들을 학살했을 때, 이들에게 맞서 무슬림에게 거처를 제공해주고자 자신들의 목숨을 내걸었던 이들이 바로 가톨릭 사제들이었다. 마찬가지로 1994년 르완다 집단종족학살 때도 수도에 남은 유일한 미국인은 '제칠일안식일예수재림교(Seventh-Day Adventist)'의 선교사였던 칼 윌켄스(Carl Wilkens)였다. 그는 자신의 가족을 안전한 곳으로 피신시키고 생존자들에게 안식처를 제공하면서 사람들을 구하기 위해 도시를 돌아다녔다. 윌켄스는 자신 역시 살해당하거나 설령 살아남더라도 대피하라는 교회의 명령을 따르지 않았기 때문에 파면당할 것이 분명했지만, 그 뜻을 굽히지 않았다. 그와 같은 이들은 존경받을 가치가 있는 사람들이지, '경멸의 대상'이 아니다.

비종교인들이 자주 인정하지는 않지만, 미국에서도 교회는 가난하고 집 없는 사람들을 도와주는 기둥이다. 지역사회의 교회와 자원봉사자들은 미국의 많은 식량저장소와 무료급식소들을 운영한다. 겨울 외투를 모아 필요한 사람들에게 나눠주는 헌옷모으기 운동 역시 마찬가지다. 또 많은 교회들은 의료 서비스나 치과진료를 비롯한 다양한 서비스를 제공하고 있다. 그렇기 때문에 미국의 소도시에서는 어려운 사람들이 지역사회의 교회로부터 대부분의 도움을 받는다.

어떤 자유주의자들은 기독교 구호단체들이 오로지 기독교인만을 돕는다고 잘못된 주장을 하면서(대다수의 단체가 그렇지 않다), 신앙을 가지고 어려운 이들을 돕는 사람들의 규모에 대해 진가를 인정하지 않는다. '월드비전'은 100여 국에 4만 명의 직원을 두고 있다. 이는 '큐어', '세이브더칠드런',

담임 목사로부터 얻은 교훈

그리고 'USAID(United States Agency for International Development, 미국 국제개발처)'의 직원 수를 모두 합친 것보다 많은 숫자이다.

일부 세속적인 자유주의자들은 종교구호단체들이 해온 오랜 동안의 원조활동을 그만두게 하려고 방해한다. 구호활동이 수포로 돌아간다 해도 말이다. 현지에 깊은 네트워크를 구축하고 있는 '월드비전'과 같은 종교관련 단체를 통해 지난 5년 동안 아이티 식량원조의 절반이 제공됐다. 세속적 비평가들이 복음주의자들을 비웃을 때, 그들 역시도 자신들이 비판하는 종교적 편협함을 그대로 똑같이 드러낸다. 미국의 종교인들은 실제로 다른 어떤 집단들보다 자신들의 소득을 후원하는데 많이 사용하고 있으며, 많은 시간을 봉사활동에 할애한다. 세속적 자유주의자들이 상대에 대한 경멸을 자제하고 종교적 보수주의자들이 성자인 척하는 태도에서 벗어난다면, 그들은 인류 공동의 적에 함께 맞서싸우는 데 더욱 큰 진전을 이룰 수 있을 것이다.

13

사회적 선행의 확대

> 남에게 베풀다가 가난해진 사람은 아무도 없다.
> 안네 프랑크

버나드 글래스맨(Bernard Glassman)은 UCLA에서 응용수학 박사학위를 딴 재원이며 미국 유수의 국방산업체인 맥도널 더글러스에서 화성 스페이스셔틀 프로젝트 팀장을 지냈던 사람이다. 조동종(曹洞宗) 최초의 미국인 스님으로 특별히 노숙자 문제에 관심을 가졌다. 그는 노숙자의 수를 줄이고 싶어했다. 그는 노숙자를 위해 쉼터를 제공하거나 무료급식소를 운영할 수도 있었지만, 6개월 동안의 연구 끝에 노숙자들에게 가장 필요한 것은 '일자리'라는 것을 깨달았다. 그는 노숙자들이 많이 있는 뉴욕 교외 용커스에 '그레이스톤베이커리(Greyston Bakery)'라는 제빵공장을 설립하여 운영하기 시작했다. '그레이스톤베이커리'는 영리 목적으로 운영되는 공장이었고, 일자리를 구하는 노숙자는 누구라도 고용했다.

글래스맨은 말했다.

"누구든지 우리에게 오기만 하면 모두 다 고용했습니다."

사회적 선행의 확대

버나드 글래스맨(Bernard Glassman)은 생활고에 시달리는 뉴욕 용커스의 주민에게 일자리를 제공하기 위해 '그레이스톤베이커리'를 설립했다.

"우리는 그 누구도 신원조회를 하지 않았어요. 일 잘하는 사람은 계속 남아 일을 했고, 그렇지 못한 사람은 금방 떠났습니다."

그레이스톤베이커리는 메이시백화점과 계약이 성사돼 잠시 동안 케이크를 납품하기도 했지만 난관도 많았다.

"공장 주변에는 깨진 마약병이 널려 있었고, 사람들은 그곳에 오기를 두려워했습니다. 공장 옆에는 홍등가가 있었는데, 우리가 출근할 때면 창녀들은 일을 마쳤어요."

사회적 병폐를 다루는 이러한 영리 목적의 사업모형은 이윤을 창출한다. 따라서 사업을 지속할 수 있고 사업의 성과를 쉽게 측정할 수 있기 때문에 성공적인 모형으로 각광받고 있다. 예전에는 조직을 영리조직과 비영리조직으로 구분했다. 하지만 영리 추구의 여부는 사회적 영역에서 더 이상 조직을 구분하는 중요한 요소가 아니다. 그 대신 영향력이 중요한 요소다. 그레이스톤베이커리가 더 많은 빵을 판매하여 더 많은 노숙자를 고용한다면, 무료급식소가 노숙자들을 위해 하는 일보다 더 크고 중요한 일을 하는 것이다.

우리는 지금까지 마케팅, 투명성, 사업규모 확장을 위한 투자 등이 비영리 단체에 도움이 될 수 있는 방안에 대해 논의해 왔다. 비영리 단체를 위한 또 다른 유익한 방안은 지속가능한 모델을 만드는 것이다. 여기서 우리는 비용을 감당하고 수익을 창출해 내는 사회적 주도의 회사(socially driven company)들에 대해 파악해 보고자 한다. 또한 대기업이 비영리 단체와 합작사업을 하거나 직원들에게 자원봉사 활동 시간을 제공하여 자신들이 보유한 전문성을 공익을 위해 사용함으로써 어떻게 변화를 주도하는데 도움을 주고 있는지를 살펴볼 것이다.

영리단체와 비영리 단체의 역할에 대한 경계의 모호함은 사람들을 조심스럽게 만들기도 하지만 엄청난 기회를 창조하기도 한다. 작은 제빵점이든 대기업이든 영리 목적의 회사들이 사회적 문제에 개입하면, 그들은 적어도 비영리 단체만큼의 영향력을 가질 수 있다. 우리는 더 많은 사람들이 사회적 문제를 위해 기업으로부터 해결책을 찾기를 원한다. 또한 더 많은 기업들이 사회적 벤처사업에 도움주고 그들의 직원들에게도 도움줄 것을 권장해 주기 바란다.

재클린 노보그랏츠(Jacqueline Novogratz)는 비영리와 영리 세계를 합병한 또 다른 개척자다. 그녀는 국제적인 은행가로 출발했다가 나중에 아프리카 구호활동에 전념했다. 그녀는 많은 원조 프로젝트가 의존성을 높이고 창의성을 억누르는 구호지원금으로 운영된다는 사실에 불만을 가지고 있었다. 그녀는 르완다에서 20명의 가난한 여성들이 이웃들에게 도넛과 사모사(삼각형 튀김만두 같은 것으로 만든 남아시아 요리)를 만들어 파는 제빵 프로젝트에 관여했다. 두 곳의 자선단체가 이 프로젝트를 위해 매달 650달러의 보조금을 지원했는데, 이는 참여여성 당 하루 1달러를 조금 넘는 금액이었다. 하지만 이 여성들은 빵을 팔아 하루에 50센트밖에 벌지 못했고, 이는 그들이 살아가기에 너무 적은 수입이었다.

사회적 선행의 확대

노보그랏츠는 이 여성들의 빵 만드는 수고를 단순한 자선 프로젝트에서 한발 더 나아가 이윤을 창출하는 실질적인 사업으로 변화하도록 도와주었고, 그 결과 이 여성들은 이전 소득의 4배에 해당하는 하루 2달러를 벌어들였다. 시장은 이 여성들에게 더 많은 경쟁력을 갖추도록 압력을 가했고, 결국 이들은 새로운 제빵기술을 배웠다. 하지만 시장은 매정했고 실패할 수밖에 없는 모든 변수의 일들이 발생했다. 이들은 빵집의 물건을 훔쳐내고, 변질된 기름을 사용해 손님을 병들게 했다. 시행착오 끝에 이들은 매우 장래성 있고, 제대로 된 사업으로 발전시켜 빵집을 운영하는 법을 배웠다. 하필 그때 르완다에서 대학살이 일어났고, 이 여성들은 실패했다.

그때 노보그랏츠는 잿더미가 된 빵집에서 '임팩트 투자(자선적인 후원을 영리사업 지원에 적용하는 것)'를 실험하기 시작했다. 노보그랏츠의 '아큐먼기금(Acumen Fund)'은 말라리아를 예방하는 침대용 모기장 그물 제조부터 인도의 의료서비스 제공에 이르기까지 공익적인 일을 수행하는 작은 영리회사에 자금을 제공하면서 전세계적으로 임팩트 투자를 한다. 댄 팔로타의 경우처럼 사업감각이나 마케팅 전문지식 등을 비영리 조직에 적용하는 것이 아니다. 이러한 기업들은 사회적 임무를 영리사업에 적용함으로써 스펙트럼의 정반대쪽에서부터 출발한다.

'아큐먼기금(Acumen Fund)'은 후원자들을 설득한다.

"세상이 빈곤과 맞서는 방법을 바꾸세요."

이렇게 사회적 목표와 자신들의 경영활동을 결합시킨 혼성체를 묘사하는 새로운 용어가 생겨나고 있다. 즉 베너피트기업(benefit corporation), 혼합가치(blended value), 사명주도의(mission-driven), 혜택을 위한(for-benefit), 가치지향적인(value-driven), 벤처자선활동(venture philanthropy), 제4섹터(fourth sector), 혼합 조직(hybrid organization) 등이다. 이러한 유형의 회사들은 많은 영역에서 나타나고 있다. 하지만 영리추구 기업과 함께 빈곤 타파를 위해 노력하는 것은 너무나도 어려운 일이다. 왜냐하면 사업의 세계에서는 좋은 의도 하나만으로는 부족하기 때문이다.

글래스맨이 학회 참석을 위해 콜로라도에 갔을 때, 기회가 찾아왔다. 그는 유명한 '벤 & 제리아이스크림(Ben & Jerry's Ice Cream)'의 공동 창업자인 벤 코헨(Ben Cohen)과 제리 그린필드(Jerry Greenfield)를 만나게 됐다. 벤과 제리는 사회적 선행을 장려하는 일에 관심을 보였고, '그레이스톤베이커리'에서 진행되는 글래스맨의 프로그램을 마음에 들어했다. 그들은 '그레이스톤베이커리'의 케이크와 타르트 몇 가지를 주문했고, 그 맛에 흡족해했다. 벤과 제리는 '그레이스톤베이커리'가 그들의 아이스크림 가게에 브라우니 웨이퍼(아이스크림과 함께 먹는 얇고 바삭한 과자)를 제공하는 대체 공급회사가 되어줄 것을 글래스맨에게 제안했다. 이는 엄청난 제안이었다. 벤과 제리는 다른 몇 군데의 회사들도 찾아봤지만, 자신들이 원하는 곳을 찾지 못한 상태였다.

글래스맨은 18명의 직원을 고용하고 은행에서 돈을 대출받아, 제빵사들이 필요로 하는 기계를 구입해 다양한 재료와 방법으로 몇 달 동안 실험에 몰두했다. 처음에는 원하는 맛을 만들어 내지 못했다. 하지만 글래스맨은 벤 & 제리와 같은 큰 고객을 잡아 노숙자들에게 많은 일자리를 제공하겠다는 일념으로 포기하지 않았다. 어느 날 그는 제빵기계사업을 하는 친구에게 전화 한 통을 받았는데, 그에게서 결정적인 정보를 얻었다. 그 친구는 브라우니 웨이퍼를 만드는 비결은 브라우니 반죽을 시트처럼 마는 것이 아니라 그릇에서 곧장 반죽을 굽는 팬에 부어야 한다고 알려줬다. 이 방법으로 구운 빵은 분명히 식감의 차이가 있었다. 글래스맨은 제빵 과정을 개선해 벤 & 제리와의 계약을 따냈다. 그해 아이디어 제안회의를 거쳐 벤 & 제리는 초콜릿 아이스크림에 브라우니 웨이퍼를 뿌린 '초콜릿 퍼지 브라우니'라는 상품을 출시했다. 이는 지금도 벤 & 제리에서 가장 인기 있는 상품의 하나다.

이 사업의 최우선 순위는 당연히 브라우니 웨이퍼가 아니라, 노숙자와 저소득층 가족의 경제적 여건이 향상되도록 지원하는 것이었다. 그들에게는 직업도 필요했지만, 적당한 가격의 주택과 아이들을 돌봐줄 보육시설도 필요했다. 글래스맨은 빵집의 직원들은 물론 용커스 지역의 주민들에게 필요한 서비스를 제공하는 재단설립에 착수했다. 빵집에서 창출되는 수익금은 재단 지원금으로 사용됐다. 현재 '그레이스톤베이커리'는 150명의 직원을 두고 있으며, 재단은 300세대가 살림할 수 있는 숙소를 마련해 노숙자 수를 줄이고 있다. 빵집은 매년 1,300만 달러의 제품을 판매하면서, 디온 드류와 같은 사람들에게 일자리를 제공한다.

"그쪽에서 수요일에 전화 연락이 왔어요."

지난 10월에 지원서를 낸 드류가 말했다.

"일요일까지 답을 듣지 못했으면 나는 아마 다시 마약 파는 일을 시작했을 겁니다."

9개월 전 드류는 4년간의 교도소 수감생활을 마치고 석방됐다. 그는 새로운 삶을 살겠다는 생각에 일자리를 찾았지만, 고용주들은 그의 범죄 이력을 보고 모두 고용하지 않았다. 그는 31세였고, 한번도 제대로 된 직업을 가진 적이 없었다. 그는 열세 살 때부터 마약을 팔기 시작했고, 돈을 벌기 시작하면서 학교를 자퇴했다. 돈을 잘 버는 날은 2,200달러까지 벌기도 했고, 그렇지 않은 날엔 1,200달러를 벌었다. 그는 여자 친구와 좋은 아파트가 있었고, 어머니에게 재정적인 도움을 주었다.

하지만 그는 버는 만큼 소비했고 감옥을 들락거렸다. 그의 가장 친한 친구의 남동생은 살해됐고, 다른 친구들 역시 목숨을 잃었다. 생존해 있는 그의 친구들은 감옥에 있었다. 그는 직업을 가질 수만 있다면 자신의 인생을 바꾸고 싶었다. 당연히 전과자에게는 쉽지 않은 일이었다. 워싱턴 D.C.에서 진행된 한 조사에 따르면, 투옥된 경험이 있는 사람들의 실업률은 46퍼센트에 달한다. 드류는 '그레이스톤베이커리'에서 브라우니를 담을 상자들을 포장하는 야간 근무직을 맡게 됐다.

"근무 첫날, 저는 근무 중에 잠이 들어버렸어요."

형편이 나아져서 주간근무를 하게 됐고, 이는 4년간 지속됐다. 그의 시급은 7.15달러에서 13달러로 올랐고, 한번도 지각하거나 결근하지 않았다. 일을 잘해 보너스도 받았다. 현재 드류는 새로운 출시제품을 테스트하기 위한 계획을 세우며 '그레이스톤베이커리'의 연구와 개발을 이끌고 있다. 그는 바삭한 크런치 브라우니와 할라피뇨, 치폴레, 칠리, 오렌지 등 다양한 맛이 나는 브라우니를 출시하는데 일익을 담당했다.

"저희 어머니는 웃음을 멈추질 못하세요."

그에게는 아내와 새로 태어난 딸이 있었다.

"딸을 위해서 생명보험을 들었어요. 내 딸을 위해 은행계좌를 만들고 매주 5달러씩 저축하고 있어요. 우리 아이는 대학에 갈 겁니다. 아마 의대로요."

용커스에 있는 '그레이스톤베이커리'에는 마약중독자, 전과자, 노숙자, 불교의 선종에 대해 공부하던 정보기술 전문가 등 다채로운 이력의 사람들이 함께 일하고 있다. 또 실리콘밸리의 첨단기술 사업가였던 마이크 브래디(Mike Brady)도 있다. 그는 유기농 음식사업을 해보기 위해 다니던 직장을 그만두었는데, 현재 '그레이스톤베이커리'를 운영하고 있다. 브래디는 이 조직이 더욱 성장해서 더 많은 사람들을 고용할 수 있기를 바라지만, 항상 재정적 사명과 사회적 사명 간의 균형을 맞춰야 한다. 브래디는 '그레이스톤베이커리'의 연간 매출이 수백만 달러가 되어 사회적 사명달성과 이윤창출이 모두 중요한 목표를 의미하는 '더블 바텀 라인'을 추구하는 더 큰 회사로 성장하기를 희망한다. 그러나 근본적으로 이윤과 사회적 사명을 모두 최적화하는 일이 항상 가능한 것은 아니다. 특히 사회적 목적이 가장 중요시되는 경향이 있기 때문에 이러한 기업들이 이윤추구를 위해 규모를 확장하는 것은 쉽지 않다.

비영리단체에 자문을 해주는 브릿지스팬(Bridgespan)에서 컨설팅 영업을 하는 윌리엄 포스터(William Foster)는 말한다.

"사회적 기업가들은 수익을 최대화시키는 방법을 서서히 알아가고 있습니다."

포스터는 특히 이전 세대에 비해 훨씬 더 정교한 사업역량을 가진 사회적 기업가의 출현으로 변화가 일어나고 있음을 알고 있다. 그는 더 많은 사회적 기업들이 대기업으로 성장할 것이라고 예견한다. 장래가 유망한 곳 가운데 하나는 'Change.org'인데, 이곳은 사회적 목적을 위해 사람들의 온라인 청원을 지원하는 영리회사다. 2013년 초반 'Change.org'는 3,500만 명의 이용자를 모았고, 운영한 지 6년 만에 1,500만 달러 이상의 수익을 올렸다. 열정적인 창업자인 벤 레트레이(Ben Rattray) 덕분에 'Change.org'는 사회복지에 관심 있는 투자자들로부터 2,000만 달러의 투자를 받았다.

또 다른 예는 와튼경영대학원의 졸업생들에 의해 창업된 '와비파커(Warby Parker)'인데, 이는 온라인상에서 고품질 안경을 판매하는 기업이다. '와비파커' 기업은 안경 하나를 팔 때마다 '비전스프링(VisionSpring)'에 성금이나 안경을 후원한다. '비전스프링'은 개발도상국에서 현지에 맞는(독서용 안경의 제공은 한 사람의 노동수명을 증가시킬 수 있다) 안경을 파는 '비전사업가(vision entrepreneurs)'를 훈련시키는 비영리 단체다.

점점 더 많은 기업들이 일반 대중을 위한 봉사활동에 있어 사회적 책임에 대한 명시적인 성명서를 작성하거나 또는 그들의 생산품에 유기농 재료 사용, 에너지 낭비억제, 사회적 병폐해결 등 사회적 책임을 포함시키고 있다.

이러한 변화의 추동력 중 하나는 소비자의 수요이다. 이 분야에서 소비자의 관심을 파악해내는 'Good.Must.Grow.'에 따르면 미국 소비자의 1/3 가량이 사회적 책임을 이행하는 기업의 제품을 더 많이 구매하기를 원한다. 이처럼 증가하는 관심을 반영하듯, 다우존스는 일종의 우량기업 투자지수라고 할 수 있는 '다우존스 지속가능경영지수(Dow Jones Sustantiality Index)'를 만들었다. '다우존스 지속가능경영지수'는 기업을 단순히 재무적 정보로 파악하는데 그치지 않고, 환경친화성, 건전한 노사관계, 양성평등 등 다양한 사회적 가치를 기반으로 1,800개 이상의 상장기업을 평가한 투자지수다.

새로운 회사 중 하나는 영리를 목적으로 대학 캠퍼스에서 조용히 활동하고 있는 '베터월드북스(Better World Books)'라는 기업이다. '베터월드북스'는 2001년, 돈이 없어 자신이 소유하고 있던 교과서 몇 권을 팔기 위해 캠퍼스 서점에 갔던 노트르담대학교의 학생인 크리스 푹스(Kreece Fuchs)가 설립했다. 캠퍼스 서점은 환경공학법 외에는 어떠한 책도 사지 않았다. 다급해진 푹스는 'half.com'이라는 온라인 웹사이트에 자신의 책을 팔기 위해 내놓았다. 첫날 그는 500달러를 벌었다. 그의 친구인 재비어 헬지슨(Xavier Helgesen)도 자신의 책을 팔기 시작했고, 푹스와 헬지슨은 자신들의 룸메이트의 책도 팔아주었다. 그들은 책 판매가 그렇게 잘되는 것을 믿을 수가 없었다.

푹스는 이렇게 말했다.

"그동안 노트르담대학교에 얼마나 많은 책들이 그냥 버려졌는지 상상해보세요." 아이디어는 퍼져나가기 시작했다. 그들은 '로빈슨지역학습센터(Robinson Community Learning Center)'라는 곳을 알게 됐는데, 그곳은 인디애나 주의 사우스벤드에서 저소득층을 대상으로 구호활동을 하면서 방과 후 학교를 운영하고 있는 기관이었다. 푹스와 헬지슨은 도서수집 및 판매

운동을 계획했다. 그들은 후원받은 책을 온라인으로 판매하고, 그 수익금을 지역학습센터와 나누기로 했다. 지역학습센터장인 제이 카포니그로(Jay Caponigro)는 푹스와 헬지슨이 많아야 겨우 몇 백 달러 정도 모금할 수 있을 거라 생각했다.

푹스와 헬지슨은 홍보 포스터와 박스를 기숙사에 붙였는데, 곧 중고책들이 쏟아져 들어왔다. 기숙사 관리자는 책이 넘쳐나는 박스를 얼른 가져가라고 전화할 정도였다. 그들은 2,500권의 도서를 모았고, 아마존 사이트에서 팔기 시작했다. 그들이 팔려고 하는 도서목록을 사이트에 올리고 몇 분이 지난 후, 푹스는 이메일을 확인했다.

그는 첫 번째 책인 《C프로그래밍 언어(C Programming Language)》를 유타대학의 학생에게 21.99달러에 판매했다. 신이 난 그는 이 사실을 친구들에게 알렸다. 푹스가 다시 컴퓨터 앞에 앉았을 때, 6권의 책이 또 판매돼 있었다. 푹스는 차를 빌려 많은 책 박스를 트렁크에 싣고 자주 우체국으로 갔다.

"그때 우리는 중고책 팔기에 무언가가 있다는 것을 깨달았어요. 우리는 16,000달러 어치의 책을 판매했고, 지역학습센터장인 제이에게 8,000달러를 내밀었을 때, 그의 놀라는 표정이 참 재미있었죠."

10월쯤 푹스와 헬지슨의 전 룸메이트였던 제프 컬츠맨(Jeff Kurtzman)은 뉴욕의 은행 일이 점점 싫증이 나기 시작했고, 두 친구의 새로운 벤처사업이 흥미롭고 앞으로 유망할 것이라는 사실을 깨달았다. 그는 연말 보너스를 받은 후 회사를 그만두고 사우스벤드로 날아가 푹스와 헬지슨의 도서 벤처사업을 함께하게 됐다. 그해 가을, 이들은 대학경진대회에서 사회벤처사업 부문의 최우수상을 수상했고, 상금으로 받은 7,000달러로 승용차와 트럭을 빌리고 책을 보관할 창고를 마련했다.

2003년, 그들은 벤처사업을 공식화하여 '베터월드북스'라는 회사를 설립

'베터월드북스'의 책 보관창고에서 크리스 푹스 (Kreece Fuchs).

했는데, 이 회사는 문해 프로그램(글을 읽고 이해하는 프로그램)을 지원하는 사회적 사명을 가진 영리기업이었다. '베터월드북스'는 헌책을 재활용할 수 있도록 책 수집상자를 길모퉁이, 대학 기숙사, 혼잡한 도로 등에 놓아둔다. 그들은 이 사업이 아니었으면 도서관에서 버려졌을 헌책들을 찾아 수익을 올리고, 수익금의 일부를 다시 도서관에 돌려준다. '베터월드북스'는 순이익이 한푼도 남지 않더라도 평균적으로 수익금의 5~7퍼센트를 도서관이나 문해 프로그램에 전달한다.

이 모든 과정은 고객을 행복하게 해준다. 푹스는 '베터월드북스'의 사회적 사명과 이윤추구를 위한 사업운영은 함께하는 가치라고 주장한다. 왜냐하면 '사회적 사명'이야말로 그들의 회사에 도서를 후원하는 이유기 때문이다. 2년 후 회사의 수익금은 100만 달러가 되었고, 그다음 2년 후에는 1,000만 달러로 늘어났다. 세 명의 파트너는 그들의 경영대학원 경연대회의 심사위원이었던 데이비드 머피(David Murphy) 교수를 그들의 CEO로 고용하고, 지역 사무실을 설립해 미국 전역에 1,500개의 대학과 3,500개의 도서관으로 확장했다. 그들은 특히 도서스캔과 목록관리시스템을 개발하기 위해 200만 달러를 투자했다. 10년 동안의 사업기간 동안 푹스는 이사회 멤버이자 물류담당 부사장직을 맡아 가장 활발히 활동하고 있고, 헬지슨은 이사회의 의장직을 맡고 있지만 매일 사업운영에 관여하지는 않는다.

'베터월드북스'의 창고는 인디애나 주의 북쪽에 있는 사우스벤드 근처 마을인 미샤와카의 경계에 위치해 있으며, 면적은 30만 평방피트에 달한다. 이곳에는 매주 대형 트럭들이 약 60만 권의 도서를 내려놓기 위해 평지를 덜컹거리며 오간다. 직원들은 중고도서들로 가득한 거대한 상자들을 샅샅이 뒤져 책들을 평가하고, 상태가 좋은 책들을 분류해 선반에 꽂아두었다가 전세계의 중고도서 구매자들에게 판매한다. 약 60퍼센트 정도의 도서는 판매 불가로 판정되고, 나머지 책들은 재활용된다.

책 더미들은 끝이 보이지 않게 공장 전체에 줄지어 있다. 가끔 뜻밖의 횡재도 한다. 그것은 라이언 벤 플루시드(Ryan Van Plew-Cid)에게 일어난 일이다. 벤 플루시드는 창고 안의 온도제어실에서 일하는 37세의 희귀도서 전문가다. '베터월드북스'는 문 닫은 도서관으로부터 한 꾸러미의 도서묶음을 받았다. 벤 플루시드는 그 도서들 중 1840년에 출판된 책 한 권을 꺼내들었는데, 그것은 바로 19세기 초 미국 독립선언문 석판 인쇄본이었다.

"그 책은 접힌 상태로 오랜 기간 동안 그 누구도 책을 열어 꺼내본 적이 없는 것처럼 완벽하게 보존돼 있었어요."

벤 플루시드가 말했다.

'베터월드북스'는 '이베이(eBay)'에 독립선언문을 16,000달러에 판매해 문해 프로그램을 위한 상당한 액수의 기금을 모금했다.

비록 사회적 사명은 영리사업과 얽혀져 있지만, '베터월드북스'는 비효율성을 제거하고 도서의 양을 늘리는 것에 초점을 맞춘다. 이들은 책을 옆으로 나란히 쌓아 저장하던 것을 위로 쌓아올리는 방식으로 바꿔 창고의 밀도를 높였다. 또한 푹스는 소프트웨어 관리시스템을 교체하고 전국 길가에 도서 수집상자를 비치해두어 일반 소비자에게도 접근할 계획을 세우고 있다.

'베터월드북스'는 이제 하루에 12만 권, 연간 4,000만 권의 책을 처리한다. 2012년에는 수익금 5,000만 달러의 장벽을 깼고, 2013년의 11퍼센트 성장과 함께 매년 두 자릿수씩 성장하고 있다. '베터월드북스'는 지금까지 100개가 넘는 문해 프로그램에 1,500만 달러 이상을 지원했다. 이윤의 폭은 크지 않고 본전을 약간 넘는 수준이지만, '베터월드북스'는 이윤을 문해 프로그램의 확장과 촉진을 위해 재투자하는데 사용하기로 결정했다.

대부분의 상장회사들은 성장에 초점을 맞춰 시작한다. 그 후 안정적인 이익을 창출하게 되면, 이윤을 사회에 환원하고 기업의 사회적 책임 프로그램을 도입하기 시작한다. 그러나 몇몇 대기업들은 고객들의 호감을 얻기 위해 처음부터 기업의 사회적 책임을 조직문화에 단단히 내재화시키고자 노력한다. '홀푸드마켓(Whole Foods Market)'도 바로 그러한 방법으로 초창기의 재앙에서 살아남았다. 1981년, 텍사스 주 오스틴에 10,000평방피트의 새로운 상점을 개점한 지 채 1년도 되지 않았을 때, 도시는 70년 만에 찾아온 최악의 홍수피해를 당했다. 홍수는 40만 달러에 달하는 상점의 물품과 장비를 쓸어갔고, '홀푸드마켓'은 보험에도 들어 있지 않았다. 그러나 '홀푸드마켓'은 고객들로부터 강한 충성과 신뢰를 받고 있었고, 지역사회 주민들은 19명의 직원들을 도와 상점을 청소하고 망가진 곳을 고쳐나갔다. 덕분에 상점은 홍수피해를 입은 지 28일 만에 다시 문을 열었다. 홀푸드는 제모습을 회복하고 급속히 성장했다.

30년 후, 홀푸드는 대형 공급업자와 지역의 현지 공급업자를 모두 망라하는 정교한 공급 네트워크를 구축했다. '홀푸드마켓'의 공급업자 중 하나가 바로 브라우니를 제공하는 '그레이스톤베이커리'다. '그레이스톤베이커리'는 홀푸드에 브라우니를 납품하기 위해 브라우니 제조공정라인을 확대하고 30명의 직원을 새로 채용했다.

불가능해 보이지만 가능한 과제
행복하고 건강한 급식

2006년, 커스틴 토비(Kirsten Tobey)와 크리스틴 리치몬드(Kristin Richmond)는 UC버클리대학교의 하스경영대학원에서 함께 수업 과제를 하게 됐다. 그들은 신선한 야채를 파는 가게가 주변에 없는 저소득층 지역의 학생들을 위해 영양 많고 건강한 식사를 만들어 학교 구내식당에 배달하는 회사를 기획했다. 학교점심급식 시장은 전국적으로 160억 달러에 달하는 큰 시장이다. 하지만 정부보조금으로 급식을 먹는 저소득층 학생들에게 건강하고 신선한 식사를 제공하는 곳은 거의 없었다. 토비와 리치몬드는 영리회사가 좋은 일을 하면서 성공할 수 있는 틈새를 발견했다.

토비와 리치몬드는 수업과제를 끝낸 뒤에도 이 생각을 지워버릴 수가 없었다. 그들은 자신들의 아이디어를 실험해보기 위해 '레볼루션푸드(Revolution Foods)'라는 회사를 설립해 운영하기 시작했다. 그러나 바로 현실의 벽이 그들을 가로막았다. 불우한 학생들을 대상으로 좋은 급식을 제공하고 싶었지만, 정부가 학교급식을 위해 한 사람당 제공하는 최대 금액이 3달러도 채 되지 않았기 때문이다. 이 가격으로 건강한 식사를 제공하는 것은 거의 불가능해 보였다. 하지만 그들은 시도해 보기로 결심했다.

그들이 처음 고용한 사람은 '티치포아메리카(Teach for America)'에서 요리사로 일한 경험이 있는 에이미 클라인(Amy Klein)이었다. 그들은 학생들을 상대로 구내식당 음식을 왜 마음에 들어하지 않는지 조사를 시작했다. 토비와 리치몬드는 학생들로부터 음식의 질과 식단이 끔찍하다는 말을 계속 들었다. 홀푸드는 토비와 리치몬드가 공급망을 구축하는 것을 도와줬고, 조리실에 어떤 장비들을 갖춰야 하는지 조언해 주었다. 도매 수준에서 급식재료를 공급하는 것은 특히 큰 도전이었다. 토비와 리치몬드는 질산염과

불가능해 보이지만 가능한 과제

'레볼루션 푸드'의 창업자 커스틴 토비(Kirsten Tobey, 왼쪽)와
크리스틴 리치몬드(Kristin Richmond).

아질산염이 없는 고기를 구하려 했지만, 단지 소매규모 수준의 패키지밖에는 찾을 수 없었다.

'레볼루션푸드'는 캘리포니아 주의 에머리빌에 있는 케이터링 회사에게 임차한 조리실에서 시작했다.

토비가 말했다.

"새벽 3시에 조리실에 들어와 급식을 만들어 학교에 배달을 끝마치면 낮 12시나 1시쯤 됐어요. 그 후에 케이터링 회사가 업무를 시작했죠."

머지않아 소문이 퍼져나가 전화가 울리기 시작했고, 점점 더 많은 학교들이 '레볼루션푸드'에서 급식을 공급받기 원했다.

하루에 8,000개의 급식을 제공할 만큼 확장한 후, 토비와 리치몬드는 로스앤젤레스에 새로운 급식조리실을 열었다. 거기서부터 급성장세를 보이기 시작했고, 이제 그들은 25개의 대도시로 뻗어나가 있다. 그들은 1,000여 명의 직원을 고용하고 뉴왁에서 휴스턴까지 전국적으로 일주일에 100만 개의 급식을 만든다. 그들은 아이들이 음식을 맛있게 먹도록 하는 비결은 음식의 보이는 부분과 맛이라는 것을 알아냈다. 아이들은 우선 눈으로 음식을 먹는데, 보기에 좋지 않으면 아예 음식에 손 대지조차 않는다. 그들은 음식 만드는 비용을 낮춰야 했지만, 오로지 통밀로 만든 빵만을 고집하고, 고과당 옥수수시럽을 사용하지 않은 재료만을 구매한다.

2012년, 토비와 리치몬드는 샌프란시스코 통합교육구와 9백만 달러의 계약을 맺었고, 114개의 학교에 매일 수천 개의 아침, 점심, 간식을 제공하게 됐다. 몇 주 지나지 않아 학교 급식을 먹는 학생수가 20,000명에서 23,000명으로 15퍼센트 증가했다.

토비와 리치몬드는 2006년에 사업을 시작했는데, 7년 후인 2013년, 그들의 수익은 7,000만 달러에 육박했다. 그들은 또한 '세이프웨이(Safeway)'라는 상점에서 판매되는 도시락 세트를 만들었는데, 이는 전국 곳곳으로 퍼져나갔다. 그들은 아직 이익을 내고 있지 않지만—그들은 2년 내에 이익을 내는 것을 목표로 하고 있다—그들은 그 이유가 자신들이 이 사업을 통해 이익을 내는 것보다 사업을 성장시키는 것에 투자했기 때문이라고 말했다. 토비는 자신들이 오랫동안 걸어온 지난 길을 회상했다. 그들의 첫 급식준비 장소는 이전에 맥도날드 매장이었던 곳이었다.

토비가 말했다.

"우리는 그곳에 감자튀김을 만드는 바닥이 깊은 튀김냄비 대신 학교급식을 만들기 위한 찜기를 설치했었죠. 그런 역설적인 상황은 놀라운 일이었어요."

14

성장하면서 선행(善行)하기

> 최선의 자본활용법은 단순히 돈을 더 버는 것이 아니라
> 그 돈으로 더 나은 삶을 위한 더 많은 서비스를 제공하는 것이다.
>
> 헨리 포드

2005년 프랑크 리부(Franck Riboud, 그룹 다논 최고경영자)는 방글라데시의 그라민은행의 창립자 무하마드 유누스(Muhammad Yunus, 방글라데시의 은행가·대학교수. 방글라데시 빈민들에게 무담보 소액대출 운동을 전개하여 빈곤퇴치에 앞장섬. 그라민은행과 함께 2006년 노벨평화상을 공동으로 수상.)에게 의견을 물었다. 자신이 운영하는 식품회사인 '다논(Danone, 프랑스에 본사를 둔 다국적 식음료기업)'이 전세계 빈곤문제 해결에 어떻게 도움줄 수 있는지였다.

'다논'은 소화기장애 치료를 위해 프랑크 리부의 아버지가 창립한 요거트 회사다. 리부는 사회적 사명을 강조하는 회사의 역사를 자랑스러워했다. 유누스는 '다논'이 '다논과 스토니필드(Dannon & Stonyfield)'라는 브랜드로 세계 요거트 시장의 선두에 있는 회사라는 것을 알고 있었기에 합작사업을 제안했다. 그들의 계획은 방글라데시 아이들의 영양실조를 줄이는 요거

트를 만들고, 동시에 많은 일자리를 제공하는 것이었다. 리부는 흔쾌히 그 제안을 수락했고, 그들은 손을 맞잡았다.

그들은 이메일을 주고받으며 계획을 발전시켜 나갔고, 리부는 요거트 제조사업을 좀 더 면밀히 파악하기 위해 경영진과 함께 방글라데시를 방문했다. 다논과 그라민은 방글라데시의 가장 가난하고 외딴 지역 중 한 곳-보그라(Bogra) 북쪽 지역의 시골-을 프로젝트 대상으로 선정했다. 유누스는 '그라민다논식품회사(Grameen Danone Foods Ltd.)'를 세계 최초의 특별한 의도로 설립한 다국적 사회적 기업이라 일컫는다. 이 사회적 벤처기업은 영리목적의 대기업이 국제적 공익개발 영역에 뛰어들면 어떤 일이 발생하게 되는지를 보여주는 일종의 시험무대였다. 이것은 그 누구도 예상하지 못한 매우 복잡한 일이었다.

사업 초기부터 이미 다논의 전문가들은 사업추진 과정에서의 몇 가지 문제점을 파악하고 있었다. 방글라데시에는 아이들 45%가 영양실조에 시달리고 있었다. 그런 이유로 철, 아연, 요오드, 칼슘, 비타민A 등과 같은 미량영양소를 요거트에 포함시켜야 했다. 그러나 미량영양소는 거의 쓴맛이 났다. 또 고품질 우유가 없고 시골 지역이라서 냉장고가 절대적으로 부족했다. 게다가 요거트 공장 가동을 위한 충분한 전기를 제공해 줄 믿을 만한 시설이 없었다. 방글라데시에는 서양식 요거트 맛이 나는 음식이 없기 때문에 소비시장이 요거트를 어떻게 받아들일지도 불확실했다.

방글라데시에서 요거트를 제조하여 판매하려는 다논의 시도는 거대한 다국적 기업이 사회적 책임에 대한 관심이 커지고 있음을 보여주는 매우 훌륭한 사례다. 다논의 이러한 시도는 기업의 홍보목적이 아주 없는 것은 아니라서 회의적인 사람들도 있다. 하지만 대체로 우리는 이들의 시도를 환

성장하면서 선행(善行)하기

영한다. 이윤추구 기업이 사회적 문제 해결을 위해 참여할 때, 그들의 영향력은 매우 크다.

가난한 농부 입장에서는 서양의 주요 대기업에 자신이 재배한 커피원두를 안정감 있게 공급하는 것이 천여 개의 작은 구호단체들로부터 도움받는 것보다 더 큰 힘이 된다. 또 기업이 커피원두를 공급하는 재배농가의 남편이 아닌 아내에게 커피원두값을 지불한다면, 단번에 아이들의 학교 출석률이 올라갈 것이다. 이렇게 되면 아내는 자녀학비에 더 많은 돈을 쓰고, 남편이 즐겨 마시는 바나나맥주에는 돈을 덜 쓰도록 하게 된다. 같은 의미로 기업이 직원들에게 자원봉사할 시간과 장소를 허락한다면, 비영리 조직에게는 꼭 필요한 전문성과 기술이 제공되는 중요한 자원이 될 것이다.

인도주의적 영역에서는 기업을 문제의 일부로 보는 경향이 있다. 하지만 기업은 해결책의 일부가 될 수도 있다. 더 많은 기업의 직원들이 자신들의 회사가 사회적 책임을 위해 노력하도록 권해서 지금보다 훨씬 더 큰 영향을 미치기를 희망한다. 사실 기업도 그렇게 함으로써 더 큰 이익을 얻을 수 있다. 이런 일들은 기업의 명성을 드높여 주고 새로운 고객이 그들의 제품을 더 많이 구매하도록 도와주며 유능한 직원의 고용 유지에도 도움을 준다. 청년들에게는 자신이 일하는 직장이 자비 없는 리바이어던(토마스 홉스의 저서명으로 여기서는 '절대권력자'의 의미로 쓰임.)이기보다는 사회적 혜택을 제공하는 회사가 훨씬 더 매력적이다.

결국 다논의 전문가들은 요거트 제조과정에서 가장 기본이 되는 우유에서부터 시작해야겠다고 결정했다. 방글라데시의 현지 젖소들은 유럽이나 미국 젖소의 1/12 정도밖에 안 되는 굉장히 적은 양의 우유를 생산한다. '그라민다논식품회사'는 방글라데시 젖소와 외국종 젖소를 이종교배하기로 결정했다. '그라민다논식품회사'의 직원들은 젖소가 우유를 생산하면 너무나도 좁고 더러운 길을 지나 농촌 마을로 우유를 가지러 갔다. 독일에서 공수해온 미량영양소의 쓴맛을 숨기기 위해 '그라민다논식품회사'는 요거트를 달게 만들어야 했다. 사탕밀과 자당(사탕수수나 사탕무에 함유된 당분)은 현지산을 사용해 봤지만 품질이 고르지 못했다. 설탕과 향료 모두 수입해야 했다. 젖소들이 우유를 생산하면서 발생하는 바이오 가스는 에너지 자원으로서는 신뢰할 수 없었기 때문에 지역의 전기설비를 보충하기 위해 발전기가 필요했다.

유누스는 말했다.

"사회적 사업에 플라스틱은 허용할 수 없습니다. 우리는 방글라데시 전역에 플라스틱 컵이 널려 있는 것을 보고 싶진 않거든요."

과거에는 전세계적으로 플라스틱컵을 사용했지만, 이제 다논의 연구원들은 자연분해되는 용기를 개발해야만 했다. 과학자들은 옥수수 가루로 만들어진 중국제품을 테스트했는데 좋은 결과를 얻었다. 그 후, 유누스가 먹을 수 있는 식용컵을 제안했을 때, 다논의 연구원들은 할 말을 잃었다.

"난 아이스크림과 아이스크림 콘을 먹습니다."

유누스는 자신이 연구원들에게 했던 말을 떠올렸다.

"그들은 매우 불만이 많았지요."

하지만 그들은 여전히 그 일에 매진하고 있다.

영양실조 문제에 대한 해결책을 찾는 것은 중요한 일이다. 영양실조는 전세계의 15억 명이나 되는 아이들의 성장을 억제하고 때로는 정신장애까지도 일으킨다. 영양결핍은 5세 이하 아동 사망요인 중 45%를 차지하는데, 이는 매년 약 310만 명에 달하는 수치다. 영양실조 때문에 훨씬 더 많은 아이들이 일생 동안 지적장애로 고통받을 것이다. 펜실베이니아대학교의 리우 지앙훙(Liu Jiang-hong) 교수는 한 아이가 영양실조임을 나타내는 세 가지 징후를 보이면, 아이큐가 15점이나 떨어진다는 것

성장하면서 선행(善行)하기

을 밝혀냈다. 첫 번째 문제는 값싼 단백질의 결핍이고, 두 번째는 철분, 아연, 비타민A, 요오드, 엽산 등과 같은 미량영양소의 결핍이다.

다논은 요거트를 만들기 위해 통상적으로 대형공장을 지었다. 하지만 방글라데시에서는 수요가 많지 않아 대형공장을 짓게 되면 시장에서 소화할 수 있는 양보다 훨씬 더 많은 양의 요거트가 생산될 지경이었다. 결국 '그라민다논식품회사'는 작은 공장을 지었고, 이 공장을 '무손실, 무배당'이라는 원칙하에 운영했다. 다논은 이 공장에 운영자금을 지원하지 않았는데, 이는 재정적으로 수익을 포기한다는 의미였다. 모든 이윤은 방글라데시의 사업 확장에 사용됐다.

프로젝트를 감독하기 위해 '그라민다논식품회사'는 그라민 네트워크의 떠오르는 스타인 칸도커 모하메드 아부 소헬(Khandoker Mohammad Abu Sohel)을 찾아가 부탁했다. 그는 세 곳의 그라민은행 지점에서 지점장을 한 경험이 있었다. 소헬의 친구들은 그가 촉망받는 은행 지점장직을 그만두고, 아무도 원하지 않는 제품을 팔러다니는 요거트 판매원이 되겠다고 했을 때 그를 미쳤다고 생각했다.

방글라데시에는 서양식 요거트라는 개념 자체가 아예 없었기 때문에 소헬은 맨땅에서 시장의 수요를 만들어내야 했다. 요거트 판매를 위한 마케팅 방법은 영양소가 강화된 요거트를 먹으면 학교성적이 오르고 힘이 세지며 건강한 아이로 성장한다는 것이었다. 그러나 방글라데시의 학교는 '영양'에 대한 교육을 하지 않기 때문에 이러한 개념 자체가 요거트 구매에 중요한 역할을 하지 못했다. 소헬은 요거트에 단백질과 미량영양소를 넣어 팔면서 영양학에 대한 개념을 설명하는 캠페인을 시작했다.

"아이들의 지능이 잘 발달하지 않으면 이 나라가 어떻게 설 수 있겠습니까?"

그는 또한 적절한 가격과 적당한 수량, 알맞은 포장 등에 대해 고민했다.

그는 아이들에게 각각 다른 맛과 향, 다른 수량, 다른 포장이 되어 있는 요거트를 먹어보게 하면서 그들의 반응을 살펴봤다. 그는 사람들이 좋아하는 포장에 아주 작은 컵의 요거트를 만들었고, 그 결과 '힘이 나는 요거트'인 '쇼크티 도이(Shokti Doi)'가 탄생했다. 상표에는 힘을 상징하는 호랑이 만화 캐릭터가 그려져 있고, 가격은 단지 7센트에 불과했다. 이 요거트는 보그라(Bogra) 지역의 냉동시설이 있는 300개 상점에서 판매될 것이며, 시골 지역에서는 크고 파란 아이스박스에 요거트를 넣어 다니며 방문판매하는 현지의 마을여성들에 의해 판매될 것이었다.

생산은 시작됐고, 초기 결과는 실망스러웠다. 두 가지 판매방법 모두 목표달성에 실패했고, 요거트는 방글라데시 아이들의 영양실조를 줄이지 못했다. 판매여성의 남편들은 자신의 아내가 남의 집을 방문하며 요거트를 판매하는 것을 원치 않았다. 소헬은 아내들뿐 아니라 남편들까지 교육시켜야 한다는 것을 깨달았고, '그라민다논식품회사'는 아이들의 영양상태를 개선시켜 줄 요거트의 효능을 알리는 교육캠페인을 실시했다. 그 결과 더 많은 여성들이 판매에 참여했고, 실적은 약간 나아졌다.

2008년 전세계적으로 금융위기가 닥쳤고, 엄청난 홍수로 방글라데시 전역이 초토화됐다. 방글라데시의 우윳값은 가파르게 상승했고, 쇼크티 도이의 판매가격 역시 치솟았다. 요거트 판매로 오히려 계속 손해를 보게 된 회사는 결국 쇼크티 도이의 가격을 10센트로 인상했는데, 이는 너무 높은 가격인상이었다. 이 때문에 시골지역 판매량은 80%가 줄었으며, 도시인 보그라 지역도 40%가 줄었다. 많은 판매여성들도 일을 그만뒀다.

소헬과 그의 직장동료들은 같은 양의 미량영양소를 담고 있지만 크기는 더 작은 요거트를 다시 7센트에 팔았다. 요거트 사업은 다시 호전되기 시작했고, 몇몇 판매여성들은 다시 복귀했으며, 공장 역시 회복되기 시작했다. 2개월 후, 회사는 요거트 가격을 1센트 더 올렸으며, 도시에서는 큰 컵의 요

성장하면서 선행(善行)하기

거트를 10센트에 판매했다.

우리가 방문한 2013년, 공장은 매일 8만 개의 요거트를 판매했는데, 이는 매월 150톤에 달하는 양이었고, 공장 생산능력의 약 68%에 해당했다. 물론 이 정도로는 방글라데시의 모든 아이들의 영양실조 문제해결에 역부족일지 모른다. 하지만 소헬은 이 사업의 영향력이 작은 구호단체의 영향력보다 훨씬 크다고 느꼈다. 그것은 바로 요거트를 판매하는 600명의 마을여성들에게 제공된 일자리였다.

요거트 방문판매 여성들은 보통 가난한 사람들 중에서도 가장 빈곤한 사람들이거나, 타헤라 베검(Tahera Begum)과 같은 미혼모들이다. 타헤라 베검은 밀키푸르(Milkypur)에 사는 35세 된 여성으로 마을을 돌아다니면서 아이 엄마들에게 요거트에 함유돼 있는 영양소의 장점을 설명하며 요거트를 판매한다. 이러한 여성들을 '쇼크티 아줌마(shokti ladies)'라고 부른다.

매일 아침 타헤라는 세 바퀴 자전거에 큰 아이스박스를 싣고 배달하는 남자에게 요거트와 작은 나무숟가락을 전달받는다. 대다수 판매여성들은 파트타임으로 일하면서, 매일 65개 정도의 요거트를 판매한다. 그중 뛰어난 판매원들은 80개에서 100개의 요거트를 판매하기도 한다. 타헤라는 그중에서도 너무나도 뛰어난 판매원이다. 그녀는 매일 200개에서 300개에 달하는 요거트를 판매하면서, 하루에 3달러에서 5달러 정도 번다.

타헤라는 단지 초등학교 5학년까지만 교육받았고, 쇼크티 아줌마가 되기 전에는 가사도우미였다. 가사도우미였던 그녀는 가끔 일한 대가로 돈 대신 옷이나 음식을 받았고, 지금 열두 살 된 아들 양육 때문에 이를 시장에 내다팔아 돈으로 만들었다. 어느 날 아들이 쇼크티 도이를 사먹고 싶다고 했다. 그녀는 그 요거트에 대해 전혀 몰랐기에, 쇼크티 아줌마를 찾아가 어떤 제품인지 물어보았다. 이 쇼크티 아줌마는 실력이 형편없는 판매여성이어서, 요거트에 대한 설명이 서툴렀다.

가사도우미 일을 하면서 음식이나 헌옷을 받으며 살던 타헤라 베검이
'그라민다논식품회사' 배급원에게 밀키푸르 마을에서 판매할 쇼크티 도이 요거트를 받고 있다.

그때 타헤라는 작은 카드를 발견했는데, 그 카드에는 요거트가 비타민을 함유하고 있어서 아이들을 건강하게 자라게 해주고 임신한 여성들에게는 건강한 아이를 낳도록 도와준다는 내용이 적혀 있었다. 그녀는 이 내용을 쇼크티 아줌마에게 설명해 주었고, 그날 오후 그 판매여성과 함께 다니면서 5~6개 정도의 요거트 판매를 도왔다. 다음 날 그녀는 다시 쇼크티 아줌마와 함께 요거트를 팔러다니다가 자전거 배급원을 만나 쇼크티 아줌마로 등록했다. 근무 첫날 그녀는 50개의 요거트를 팔았고, 가사도우미 일을 그만뒀다.

"저는 현재 5천 명의 사람을 알아요."

타헤라는 사람들을 만나 인맥을 쌓고 돈을 버는 것을 즐긴다.

"요거트 판매를 통해 좋은 일들이 많이 생겼고, 이 모든 것은 절 행복하게 만들어요."

예전에 그녀는 "내 인생은 너무 슬퍼요."라고 말했지만, 쇼크티 도이 판매가 그녀의 인생을 바꿔 놓았다. 타헤라는 열일곱 살에 이미 아내가 있는 남자와 중매결혼을 했다. 5년 후 그녀는 아들을 낳았지만, 야채판매업하던 남

성장하면서 선행(善行)하기

편은 두 가족 모두 보살필 여력이 없다면서 그녀와 아들을 두고 떠났다. 이제 타헤라는 요거트를 판매한 돈으로 집을 샀고, 아들을 위한 목표도 세웠다.

"저는 훗날 제 아들이 고등학교를 졸업하고 괜찮은 일자리를 얻는 것을 꿈꿔요. 제 아들은 훌륭한 학생이고, 7학년에 재학 중인 200명의 학생들 중 7등으로 졸업했어요."

'그라민다논식품회사'는 요거트에 사용되는 우유를 생산하는 400명의 낙농가와 협력관계를 맺고 있다. 이들은 모하메드 다블루 몬달(Mohammed Dablu Mondal) 같은 사람들이다. 몬달은 방글라데시 북쪽의 람찬드라프루(Ramchandrapur)라는 마을에서 아내와 11살, 4살 된 두 딸과 함께사는 뼈만 앙상하게 남은 35세의 남성이다. '그라민다논식품회사'와 협력관계를 맺기 전에 몬달은 자신의 집에서 5마리의 젖소를 키우고 있었다. 한 번에 겨우 한두 마리만이 우유를 생산했는데, 이는 너무나 적은 양이었다.

농부인 모하메드 다블루 몬달이 '그라민다논식품회사'에 쇼크티 도이 요거트를 만드는 데 필요한 우유를 공급해 가족들의 삶을 개선할 수 있는 방법을 배운 방글라데시 북쪽의 큰 우사 앞에 아내인 프라매닉 그리고 가족들과 함께 서 있다.

몬달이나 그의 아버지가 우유를 팔기 위해 시장에 가져갔지만, 그때마다 가격은 제각각이었다. 어떤 날에는 아예 우유를 팔지 못하고 다시 집으로 가지고 와야 할 때도 있었다. 가족들은 생계를 이어나가기 어려웠다. 그러던 중 '그라민다논식품회사'의 관계자가 찾아와 매일 같은 가격에 현금을 주는 조건으로 우유를 구매하고 싶다고 제안했다. 몬달은 즉석에서 이 제안을 수락했다.

이때 서른한 살인 '그라민다논식품회사'의 수의사 압둘 마난 박사(Dr. Abdul Mannan)가 이 일을 도와주기 위해 개입했다. 마난 박사와 동료 수의사들은 세 바퀴 자전거를 타고 정기적으로 낙농가들을 방문해 훈련과 교육을 제공했다. 마난 박사는 어떻게 젖소들을 먹여야 하는지(현지의 젖소에게 보통 먹이로 주는 쌀겨 대신 푸른 풀과 양질의 먹이주기)를 비롯해 젖소 사육 방법을 지도했다. 또 젖소가 병이 났을 때 어떤 약을 사서 먹여야 하는지도 가르쳐 주었다.

대개의 농부들은 자신의 땅을 소유하고 있지 않았다. 마난 박사는 젖소에게 먹일 풀을 시장에서 묶음으로 사거나, 풀이 자라 있는 땅을 임차해야 한다고 지도했다. 마난 박사는 몬달이 더 생산적인 젖소로 개량하기 위해 젖소들을 인공수정시키는 일에 중요한 도움을 주었다. '그라민다논식품회사'에 우유 판매를 시작할 즈음, 몬달은 꾸준히 젖소의 생산력을 개선해 가고 있었다. 우유를 판매해 번 돈으로 그는 젖소를 샀고, 계속해서 또 다른 젖소들을 샀으며, 송아지도 사기 시작했다.

몬달은 이웃이 그의 조언을 따르게 하고 이웃과도 잘 어울리는 사교적인 농부다. 열정으로 가득 차 있고 거침없는 그의 아내 프라매닉(Pramanik)과 함께 머지않아 15마리의 젖소를 키우게 됐다. 야무진 성격에 건강한 여성인 프라매닉은 매일 젖소들을 씻기고 먹인다.

"이 젖소들은 내 자식들이나 다름없어요."

성장하면서 선행(善行)하기

몬달은 매일 두 번씩 우유를 짜서 아침, 저녁으로 지역 우유수집소에 갖다준다. 우유가 도착하면 테스트를 거치게 되고, 테스트에 통과한 우유는 현지 냉각기에 보관된다. 수집되어 냉각기에 보관된 우유는 냉동고로 옮겨진 다음 공장으로 이송된다.

몬달과 프라매닉은 매일 14달러의 순이익을 올렸고, 소득은 점점 불어났다. 젖소들이 더 이상 우사에 넘칠 만큼 많아지자, 부부는 농장에 가장 큰 우사를 지었다. 또 부부는 새로운 살림집을 짓고 삼륜차를 샀다. 타고난 모험가 기질의 몬달은 창문틀 만드는 사업을 부업으로 시작했다. 또 몬달은 젖소를 팔아 남동생이 두바이로 일하러 갈 수 있도록 해줬다.

"동생이 갚아줄 지는 모르겠지만 그애가 행복하면 충분해요."

우리가 방문했을 때, 창문틀을 만드는 몬달의 사업은 부진했다. 몬달은 부업 시작이 실수였다는 것을 인정하고, 다시 우유사업에 초점을 맞춰야 했다.

"이게 내 인생이에요. 젖소 없이 살아보려고도 했었지만 난 젖소 없이는 살 수 없어요."

몬달과 프라매닉은 우량 젖소를 20마리까지 기르기 위해 노력하고 있다.

"난 이 우사를 젖소로 가득 채우고 싶어요."

프라매닉이 말했다.

그녀는 딸들을 위한 꿈이 있다. 딸들이 쇼크티 도이 요거트를 먹고 건강하게 성장해 의사나 엔지니어가 되기를 희망한다.

네슬레(Nestle), 유니레버(Unilever), 마스(Mars) 등의 다국적 기업은 곡물의 질과 수확량을 개선해 수확의 효율성을 높이려 전세계의 농부들과 함께 노력하고 있다. 다른 기업들은 환경에 초점을 맞춘다. 깨끗한 물을 확보하는 문제는 코카콜라, 네슬레, 유니레버와 같은 주요 기업들이 지원해 오고 있는 사회적 과제다. 노동자들의 착취를 통해 만들어지지 않은 '무혈의' 다이아몬드에서부터 휴대폰 부품까지, 가치 사슬(value chain, 기업이 원재료를 사서 가공·판매하여 부가가치를 창출하는 과정)에 있어 고객들이 더 높은 책임성을 요구하기 시작하면서, 유기농 식품의 구매와 공정한 임금을 지불해서 만든 제품은 큰 인기를 얻게 됐다. 몇몇 기업들은 제품제조에 필요한 원재료를 공급하는 전세계의 공급자들에게 필요요건을 부과함으로써 변화를 불러일으키기 위해 노력하고 있다.

'클리프바(Clif Bar, 미국의 유기농 식음료회사)'를 설립한 개리 에릭슨(Gary Erickson)과 키트 크로포드(Kit Crawford) 부부는 그들 사업의 다섯 가지 핵심요소를 경제적 지속가능성, 브랜드의 진실성, 환원, 종업원 복지, 그리고 환경적 지속성이라고 말한다. '클리프바'는 자신들이 구매하는 원재료의 71%가 인증받은 유기농 제품이라고 한다. 마찬가지로 요리사인 스티브 엘스(Steve Ells)가 설립한 '치폴레(Chipotle, 멕시칸 음식 체인점)' 역시 돼지고기를 공장형 축산농장에서 구입하지 않고, 2001년부터 야외나 넓고 깊게 만든 우리에서 돼지를 기르는 농장에서만 돼지고기를 구입한다고 한다. 치폴레는 성장호르몬이나 항생제를 투여하지 않고 기른 닭만을 사용하며, 모든 고기를 자신의 레스토랑에서 350마일 이내에 위치한 농장에서 구매한다고 말한다.(치폴레는 이러한 자신들의 주장에 대해 제3자의 검증을 받는 것을 허용하지 않아 비판받고 있다.)동안 지속되어 왔다. 1970년 밀턴 프리드

---

*네슬레의 경우, 물 문제 해결을 위한 노력에도 불구하고 가난한 나라에서 공격적인 마케팅으로 유아용 분유를 판매함에 따라 모유수유를 줄이고, 그 결과 유아 사망률을 증가시킨 것에 격분한 공중보건 전문가들의 분노를 완화시키지는 못했다. 네슬레는 코코아 수확을 하는데 있어 아동노동과 같은 이슈에 꽤 협조적인 편이었지만, 유아용 분유에 관해서는 모순되는 태도를 보였고 몇몇 나라에서는 너무나도 공격적으로 분유판매를 한 것이 사실이다. 하지만 이는 유아용 분유를 만드는 많은 제조사들의 문제였고, 네슬레는 다른 회사들보다는 나은 편이었다.

성장하면서 선행(善行)하기

먼(Milton Friedman)은 〈뉴욕타임스매거진〉에 중요한 기사를 썼다. 기업들이 선행을 베풀기 위해 노력할 필요가 있는지에 대한 논란은 오랫이 기사에서 그는 기업의 사회적 책임을 위한 프로그램은 '위선적인 겉치레'이고 거의 '사기'라고 했다. 그는 기업들이 괜히 사회적 책임을 위한 활동을 하는 바람에 재정적 성과가 저하되고, 그로 인해 주주들에게 손해를 끼친다고 주장했다. 진보적인 비평가들은 기업의 사회적 책임은 기업이 저지르고 있는 좋지 않은 일들에 대해 고객의 주의를 딴 곳으로 돌리기 위한 홍보용 전략일 뿐이라고 주장한다. 이러한 비판들이 맞는 부분도 있지만 종종 이러한 기업의 노력들은 헛된 겉치레일 뿐이다.

실상을 들여다보면 좀 더 복잡하다. 예를 들어 다논은 방글라데시에서 요거트를 제조, 판매하며 진정으로 좋은 일을 하고 있다. 그리고 이 사업이 전세계에 유아용 분유를 판매하기 위해 공격적인 마케팅을 한 것에 대한 비판을 완화시키는데 도움을 줄 수 있다.

대기업은 어떤 경우든 거대한 자취를 남기며, 조금만 이동해도 현지에 엄청난 영향력을 미칠 수 있다. 사회적 문제해결이 목적이라면 비영리 단체들은 영리기업을 그들의 활동에 참여시켜야 하며, 그럼으로써 훨씬 더 많은

남편의 신체는 마비됐고 네 아들을 양육할 돈 한푼 없었던 라제다 베검은 아파라지타의 일원으로 '지타'의 지역 판매원이 되어, 많은 가정에서 따뜻하게 환대받는 비법을 찾았다.

것들을 달성할 수 있다. 이것이 방글라데시에서 비영리 단체인 '케어(CARE)'와 '다논'이 함께 협력한 이유다.

'케어'는 비누, 샴푸, 세제 등 생활용품 매장이 없는 외딴 지역의 가정에 판매여성들이 직접 방문해 제품을 판매하는 사업을 시작했다. 이 프로젝트를 위해 '케어'는 100만 달러의 자금이 필요했다. '다논'은 '케어'에 투자를 제안했는데, 이는 부분적으로 '케어'의 판매여성들을 활용해 '다논'의 쇼크티 도이를 판매하기 위해서였다. '케어'는 한번도 이러한 유형의 사업에 영리기업과 협력한 적이 없었지만, 심사숙고 끝에 2011년 후반 다논과 파트너십을 맺고 '지타 방글라데시(JITA Bangladesh)'를 설립했다. '케어'는 5,000명의 아파라지타(aparajitas), 즉 '패배를 절대 수용하지 않는 여성'으로 구성된 판매망의 67%를 소유하고 있고, 과거 '케어'에서 프로그램 매니저를 맡았던 사람이 사업을 운영하고 있었다.

방문판매 여성인 아파라지타들은 아이스박스를 가지고 다니지 않기 때문에 판매할 요거트를 차갑게 유지할 수 없었다. 그래서 '그라민다논식품회사'는 유통기한이 한달에서 세 달 가량 돼서 냉장보관하지 않아도 되는 새로운 요거트를 제조하기 위해 생산라인을 확장 중에 있다.(유럽에서 흔한 냉장보관이 필요 없는 초고온 우유를 만드는 과정과 비슷하다.) 이를 통해 방글라데시의 요거트 시장은 크게 확장될 수 있을 것이다. 궁극적으로 이들의 계획은 11,000명의 아파라지타를 확보하는 것이다.

서구인들은 '케어'가 공급자만 지원한다고 생각할 수도 있겠지만, '지타'를 설립하고 일자리를 제공하여 돈을 벌게 했다. 판매여성인 라제다 베검(Rajeda Begum)은 쉰다섯 살인데 주름살 때문에 열 살은 더 나이들어 보인다. 그녀는 열여섯 살에 결혼해 네 명의 아들과 손녀가 있고, 죽은 딸이 한 명 있다. 남편은 야채장사였는데, 10년 전 몸에 마비가 와 그녀가 먹고살 길을 찾아야 했다. 라제다는 방문판매여성으로 등록했다. 외판원이 그녀를

성장하면서 선행(善行)하기

데리고 다닌 첫날, 그녀는 수줍어했다. 하지만 이튿날 라제다는 25달러어치의 제품을 판매했고, 그 이후로 일을 훌륭하게 해냈다. 이제 그녀의 집에는 전기가 들어오고, 그녀는 의자와 머리판이 있는 퀸 사이즈 침대, 그리고 많은 사리(방글라데시의 여성 의상)를 갖게 됐다.

라제다는 그녀만의 비밀 무기가 있었다. 너무 부끄러워서 생리대를 어디에서 구할 수 있는지 묻지 못하는 여자들에게 생리대를 팔기 시작했다. 또 생리대 판매를 하면서 대부분의 마을사람들이 묻기 부끄러워하는 또 다른 제품인 콘돔을 팔아야겠다고 생각했다. 그 이후, 그녀는 일자형 면도날에만 의존하던 남자들에게 일회용 면도기의 대표주자라 할 수 있는 빅(BIC) 면도기를 판매물품에 추가했다. 아마 태양광 전등과 쇼크티 도이 신제품도 그녀의 판매물품에 추가될 것이다.

요거트 사업은 매끄럽게 운영되지 않았고, 자금회수 기간 역시 예상했던 것보다 늦어졌다. 영양면에서 효과는 긍정적이었지만 큰 변화를 일으키지는 못했다. 실험결과 요거트를 정기적으로 먹은 아이들이 요오드와 비타민 A의 섭취수준이 높았고 더 빨리 성장했지만, 아연 섭취수준은 요거트를 먹지 않은 아이들과 큰 차이를 보이지 않았다.

그럼에도 불구하고 방글라데시의 아이들은 '다논'이 단순히 구호단체에 후원금을 지원하는 것보다 이 프로젝트를 운영함으로써 더 큰 혜택을 받았다. 또한 방글라데시 국민들은 더 품질 좋은 젖소, 단백질과 미량영양소, 그리고 수많은 일자리를 얻었고, 이러한 변화의 노력은 오랫동안 유지될 것이며 계속적으로 방글라데시에 혜택을 줄 것이다. 이 프로젝트는 '다논'에게 기업의 자긍심을 가져다준 귀중한 근원이 됐다.

"나는 진심으로 사회적 사업이 세상을 바꿀 수 있다고 믿습니다."

코린 바지나(Corinne Bazina)가 말했다. 코린 바지나는 사업운영현황을 알아보기 위해 방글라데시에 2년 동안 파견 나왔다가 파견을 연장한 '다논'의 프랑스 간부다.

'다논'의 직원들은 이러한 사업이 대단히 고무적이라는 것을 깨달았고, 기업은 자본금의 10%를 사회적 사업에 사용하는 'danone.communities' 라 불리는 투자기금을 조성해 운영하기 시작했다. 다논이 '지타 방글라데시'에 투자한 자금도 바로 이 기금이며, 그 액수는 사업예산의 33%에 해당하는 금액이었다. '다논'은 2006년 'danone.communities' 펀드에 1,700만 유로의 종잣돈을 투입했고, 현재 제3자에 의해 운영되는 이 펀드는 그 이후로도 계속 성장해 다논의 직원들뿐 아니라 다른 투자자들의 투자금을 합쳐 7,000만 유로로 불어났다.

유누스는 이 모든 것은 시작에 불과하며, 사회적 기업이 구호단체나 순수 영리기업보다 사회적 문제를 다루는데 훨씬 더 효과적이라고 주장한다. 그에 따르면 순수 영리기업은 중요한 사회적 문제를 다루지 않고, 원조는 의존성을 높인다. 그라민은 다양한 나라의 대기업들과 파트너십을 형성했는데, 그 기업들 중 하나는 침대용 모기장을 만드는 'BASF'이다. '그라민인텔사회적기업(Grameen Intel Social Business Ltd.)'은 시골 지역의 가난한 농부들과 그들의 가족문제를 해결하기 위해 몇 가지 소프트웨어 프로그램을 운영했다. 슈마타(Shumata)는 의료종사자들이 사용하는 임신부에 대한 세부사항을 기록하는 소프트웨어인데, 의사들이 고위험군 임신부들에게 원격진료를 할 수 있는 제품이다. 2010년부터 이 프로그램은 1,000명이 넘는 여성들에게 합병증 여부를 알려주고, 현지의 의사와 연계시켜 주는 등의 도움을 주었다. '그라민인텔사회적기업'의 또 다른 소프트웨어인 돌나(Dolna)는 백신접종을 추적하는 스케줄러로, 의료종사자들이 부모가 자녀들에게 예방접종을 제때 하는지를 체크할 수 있게 해준다.

'아라빈드눈치료시스템(Aravind Eye Care System)'은 1976년 인도에서 설립된 가장 성공적인 사회적 기업의 하나다. 이 병원은 고빈타파 벤카다스와미

성장하면서 선행(善行)하기

(Govindappa Venkataswamy)가 설립했다. 고빈타파는 사회적 기업가이자 맥아더 지니어스 상(MacArthur 'genius' award) 수상자인 데이빗 그린(David Green)과 함께 안과병원 네트워크를 구축하고, 고품질, 저비용의 눈관리 기술과 제품을 개발했다. '아라빈드'는 부유한 환자들로부터 받은 치료비로 가난한 사람들에게 무료시술을 제공했으며, 4백만 번이 넘는 수술을 진행하고 3,200만 명의 환자를 도왔다. 비록 '아라빈드'는 비영리 단체지만 수익을 창출함으로써 재정적 자립을 기반으로 운영되고 있으며 그 규모를 확장하고 있다.

기업은 성장을 위한 강한 동력을 가지고 있다. 따라서 기업이 해를 끼치지 않는 한, 큰 재단이나 비영리 단체들보다 오랜 기간 동안 공익을 위해 더 큰 가치를 창출할 수 있는 잠재력을 가지고 있다. 2011년, IBM과 카네기재단이 100주년을 맞았을 때, 이코노미스트지는 두 조직 중 어느 조직이 사회에 더 큰 영향을 미쳤는지를 알아보기 위해 각 조직의 사회기여도를 평가했다. 카네기재단은 처음 25년 동안 2,500개의 도서관을 설립하고, 인슐린 개발을 위한 기금을 지원했다. 또한 카네기공과대학과 브루킹스연구소, 미국국립과학아카데미, 미국교직원퇴직연금기금(TIAA-CREF) 등과 같은 새로운 기관을 설립하기 위한 재원을 대는 등 사회에 엄청난 영향을 미쳤다. 그러나 카네기재단의 영향력은 시간이 지날수록 약해지고 있다. 반대로 IBM은 계속적으로 혁신을 거듭하고 성장하고 있다. 이코노미스트지는 전세계적으로 434,000명의 직원을 두고 기업 소프트웨어, 클라우드 컴퓨팅, 인공지능 등을 비롯한 폭넓은 혁신을 하고 있는 IBM이 더 큰 사회적 가치를 창출했다고 결론 내렸다.

로펌에서 정기적으로 무료법률상담 서비스를 제공하는 것처럼 기업들은 사회적 책임을 충실히 수행하고 있다는 사실을 외부에 보이기 위해 직원들에게 사회에 기여할 기회를 제공하고 있다. IBM은 평화봉사단을 본떠 기업

봉사단을 만들어 30개국이 넘는 나라에 컨설팅 서비스를 제공하기 위해 2,400명이 넘는 직원을 파견해 왔다. 2010년 IBM은 3년 동안 100개 도시에서 직원들이 사회문제 해결에 도움을 제공하는 '100개 도시지원기획'이라는 대형 프로젝트를 실시했다. IBM은 종합계획과 실행전략을 수립하기 위해 5~6명 정도의 직원들을 한 팀으로 꾸려 3주간 각 도시로 파견했다. IBM은 세인트루이스에서 형사사법체계 내에 들어온 모든 사람들을 추적할 수 있고, 다른 정부기관들이 이 전자정보에 접속할 수 있는 정보기술시스템의 개발을 지원했다. IBM에 따르면 이 시스템 덕분에 몇몇 지역에서 범죄율이 50%나 감소했다. 일본 기업 토요타는 자사의 수준 높은 생산전문가를 활용해 병원, 학교 등 비영리 단체의 사업효율성을 높이는데 기여했다. 한 예로 할렘에서 뉴욕시 푸드뱅크가 운영하는 무료급식소의 대기시간을 1시간 30분에서 불과 18분으로 줄였다.

우리는 더 많은 기업들이 직원들의 기술과 능력을 공익을 위해 사회적 문제를 해결하는 일에 사용하도록 해주기를 바란다. 비영리 세계는 기업의 역량을 절실히 원하고 있다. 기업 역시 이를 통해 사기가 고취되고 직원유지와 신규채용에 있어 더 긍정적인 효과를 거둘 수 있을 것이다. 같은 맥락으로 '다논'이 그라민과 함께 요거트를 만든 것처럼 때때로 사회적 합작사업을 수행하는 기업들을 더 많이 볼 수 있기를 기대한다. 우리가 비영리 단체와 영리기업을 따로 분리해야 한다고 계속해서 주장한다면, 우리는 모든 것을 잃을 것이다. 당신이 기업에서 일하고 있다면 기업이 사회적 문제 해결을 위해 어떤 일을 할 수 있을지, 또 기업이 공익을 위해 어떠한 봉사정책을 수립해야 할지 생각해 보고, 경영진들이 이에 관심이 있는지 살펴보라.

가장 좋은 프로그램은 해당 사회적 문제에 대해 기업이 해결할 수 있는 구체적인 방안을 가지고 있는 프로그램이다. '다논'의 미량영양소가 함유된 새로운 요거트나 IBM의 정보기술 시스템이 바로 그러한 프로그램이다. 금

성장하면서 선행(善行)하기

융계에서 민간기금을 활용한 가장 흥미로운 시도 중 하나가 사회영향채권(Social Impact Bonds)이다. 사회영향채권은 2010년 록펠러 재단의 도움을 받아 영국에서 시작됐고, 2년 후 미국에 전파됐다.

록펠러 재단 대표인 주디스 로딘(Judith Rodin)은 이렇게 말했다.

"자선활동이 급증했음에도 정작 이를 위한 재원은 충분하지 않으며, 사회악을 해결하기 위한 정부의 원조 역시 부족하다."

"돈이 모든 것을 해결할 수 있는 것은 아니지만, 때로는 큰 자본이 필요한 일들도 있다. 그렇기 때문에 사회적 선행을 행하기 위해 민간자본을 활용하는 것은 매우 중요하다."

사회영향채권의 개념은 채권 발행을 통해 결국 예산절감의 효과가 나타날 정부혁신을 위한 자금을 마련하고, 절약한 예산을 채권 소유자들에게 상환하는 데 활용하는 것이다. 약 5백만 유로의 국채가 '피터보로국립교도소(Her Majesty's Prison Peterborough)'의 새로운 재범방지 방안을 위한 기금 조성을 위해 영국에서 발행됐다. 이 방안은 재범률을 줄이기 위해 비영리단체가 개발한 프로그램으로, 감옥에서 가석방된 사람들이 주택이나 다른 도움을 얻을 수 있도록 지원해 주는 프로그램이다. 재범 발생률이 특정수준보다 낮아지면, 투자자들은 해마다 최대 13%까지를 돌려받는다. 이 돈은 감옥의 예산을 절약해 생긴 자금으로부터 상환된 것이다. 그러나 재범 발생률이 줄어들지 않으면, 투자자들은 아무것도 받지 못한다. 중간 결과에 따르면 재범 발생률이 전국 평균에 비해 21%가 낮아졌고, 이는 채권 소유자들이 꽤 괜찮은 수익을 낼 수 있다는 것을 의미한다. 이러한 희망찬 결과를 보고, 사람들은 다른 영역에서도 사회영향채권이 사회적 프로그램을 재정적으로 지원하는데 활용될 수 있을 것이라 생각하기 시작했다. 가능성 있는 한 예는 '큐어바이올런스(Cure Violence)'가 더 많은 차이나 조들을 고용해 범죄와의 전쟁을 하도록 돕는 것이다.

완벽한 제품
싸고 깨끗한 물

깨끗한 물을 주민들에게 공급하기 위해 노력하는 구호단체들은 가난한 사람들의 목숨을 구해주는 물에 비용을 부담하게 해서는 안 된다는 생각으로 비용을 부과하는 것을 주저해 왔다. 이런 사고방식은 일면 타당성이 있지만 비용청구를 하지 않으면 물이 필요한 주민들에게 결과적으로 깨끗한 물을 공급해 주지 못하게 되는 문제가 발생한다.

거대한 소비재 회사인 '유니레버'는 다른 해결방안을 강구했다. 2000년 '힌두스탄유니레버회사(Hindustan Unilever Ltd.)'의 상급 관리자인 유리 자인(Yuri Jain)은 인도 전 지역에 깨끗한 물을 공급하는 것이 매우 어려운 과제임을 깨달았다. 세계보건기구에 따르면 인도에서 발생하는 영양실조의 주요 원인은 설사를 유발하는 오염된 물이다. 인도에는 24시간 내내 깨끗한 물을 쓸 수 있는 곳이 거의 없다. 뉴델리에서는 배수관이 형편없이 관리되어, 공급하는 물의 40%가 사람들에게 전달되지 않고 있다. 그래서 깨끗한 물은 별도의 배급을 통해 제한적으로 공급된다.

자인은 어릴 때부터 오염된 물로 인해 생기는 다양한 질병에 시달려 왔다. "인도에서는 물 부족이 심각한 사회문제라는 점을 누구라도 다 알고 있습니다."

'유니레버'가 물과 관련된 사업을 전혀 하고 있지 않았지만, 자인은 지속가능한 사업계획의 일환으로 깨끗한 물을 제공하기 위한 회사 차원의 해결책을 찾아보도록 했다. 자인과 그의 동료들은 일련의 엄격한 기준을 만들었다. 깨끗한 물은 박테리아, 기생충, 바이러스 등이 걸러진 상태여야 함은 물론, 미국 환경보호국에 의해 설정된 가장 높은 기준에 부합해야 했다. 깨끗한 물을 제공하는 시스템은 이동 가능하고, 홀로 서 있을 수 있으며, 전기와 같

완벽한 제품

유리 자인과 힌두스탄 유니레버 퓨어잇 필터.

은 외부 자원 없이도 작동돼야 했다. 또한 교육을 받지 않은 사람들을 위해 물을 넣고 빼는 것이 매우 간단해야 하고, 그 자체 내에 저장장치가 필요했다. 더욱이 필터가 더 이상 더러운 물을 걸러낼 수 없을 때에는 자동적으로 전원이 꺼져야 하며, 일반 대중이 살 수 있을 만큼 가격이 적당해야 했다. 정수기를 제조하는 비용은 200달러에 가능했지만, 그것은 인도의 가난한 사람들에게는 너무나도 비싼 가격이었다.

자인과 그의 팀은 전세계 100명의 '유니레버' 전문가들에게 도움을 요청하여 5년간의 노력 끝에 시장에서 성공할 만한 적절한 제품을 개발했다.

"제 판단으로는 기업만이 이것을 성사시킬 수 있었어요."

'유니레버' 물 사업 담당 부회장이 된 자인이 말했다. 제품은 퓨어잇(Pureit)이라 불렸고, 리터당 0.5센트의 가격으로 깨끗한 물을 생산한다. 자인은 퓨어잇의 탄소 발자국(제품 생산시 발생된 이산화단소의 총량)은 물을 끓여서 정화하는 것보다 90% 더 적다고 말한다.

'유니레버'는 2004년, 35달러의 가격으로 퓨어잇을 출시했다. 수백만 대의 퓨어잇이 팔려나갔다. '유니레버'에 따르면 퓨어잇은 4,500만 명의 사람들에게 깨끗한 물을 제공하고 있다. '유니레버'는 시장을 아시아, 아프리카, 라틴 아메리카 등 수십 개의 나라로 확장하여 퓨어잇을 판매했다. 제3자 모니터 역할을 수행하는 '베러파이마켓(Verify Markets)'에 따르면, 퓨어잇은 세계에서 가장 잘 팔리는 가정용 정수기다. '유니레버'의 목표는 2020년까지 수억 명의 사람들에게 깨끗한 물을 제공하는 것이다. 퓨어잇이 수익률에 도달했는지를 밝히고 있지는 않지만, 인도에서의 정수 관련 시장점유율은 50%에 육박한다고 말한다. 자인은 그의 사무실에 '퓨어잇이 얼마나 많은 생명을 보호했는지'를 보여주는 색종이 테이프를 붙여 놓는다.

'유니레버'는 그 이후 260달러에 달하는 비싼 제품부터 19달러의 저렴한 제품까지 다양한 정수기 제품을 만들었다. 극빈층-신분계층 피라미드의 가장 아래에 있는-에게도 도움을 주기 위해 '유니레버'는 지역 단체들과 파트너십을 맺고, 극빈자들이 소액융자를 받아 정수기를 구입할 수 있도록 했다. 하지만 성장은 생각보다 더뎠고, 2013년 말까지 이러한 방법으로 겨우 89,000개의 정수기를 판매했다. 비평가들은 '유니레버'에게 '다논'이 했던 것처럼 '왜 처음부터 판매이익을 포기하지 않았냐'고 묻겠지만, '유니레버'의 방식은 기업자선활동도 아니며 사회적 기업도 아니다. 그것은 도움이 필요한 소비자를 찾아 도움을 제공하고, 이를 통해 수익을 창출하는 사업모형이다.

자인은 이렇게 답변한다.

"이것에 대한 우리의 입장은 매우 명확합니다. 이러한 사업을 하기 위한 방식은 확장가능하고 오랫동안 지속가능한 것을 확보하는 것입니다. 이를 통해 우리는 자선에 의존하지 않아도 되는 것이죠."

3부

베풀고, 받고, 살아가기

15

베풂의 신경과학—최고의 행복감

> 행복한 사람이 잘살고, 또 올바르게 행동한다
>
> 아리스토텔레스 《니코마코스 윤리학》 기원전 350

높은 천장의 넓고 황량한 흰색 방에는 기계 하나만 놓여 있고 텅 비어 있었다. 그 기계는 거의 13,000 파운드에 달하는 거대한 무덤 같은 하얀 튜브로 된 기계였다. 쉐릴(Sheryl)은 그 기계 앞의 컨베이어 벨트에 누워 하얀 헬멧을 썼다. 그녀는 작은 컴퓨터 화면을 볼 수 있는 액자형 틀에 눈을 바짝 붙였다. 기계를 조작하는 사람이 여러 차례 그녀의 몸 어디에도 금속이 없는지 확인했다. 그리고는 그녀가 미라처럼 될 때까지 싸개로 그녀를 둘러쌌다. 그녀가 완전히 감싸졌을 때, 컨베이어는 그녀를 크고 하얀 튜브 속으로 빨아들였다.

"눈을 깜빡이지 말고 잠들지 마세요."

그녀의 귀에 꽂힌 헤드폰을 통해 남자의 큰 목소리가 우렁차게 전해졌다. 기계조작자가 기계를 조종하고 컴퓨터 프로그램을 설정하는 동안 잠시 동안의 멈춤이 있었다. 그리고는 다시 남자의 목소리가 들렸다.

"14초 동안 큰소리가 들릴 거예요."

곧 고음의 소리가 그녀의 귀를 감쌌다. 그리고는 기계조작자가 다시 말했다.

"지금부터 해부학 정밀검사를 시작할 거예요."

기계부품들이 윙윙거리며 움직이고 튜브 안의 엄청나게 강력한 자석이 움직이기 시작하면서 기계가 부--웅 하는 소리를 냈다. 그리고는 우--움 하고 이전보다 더 긴 두 번의 소리가 났다. 270만 달러의 '기능적 자기 공명영상(functional magnetic resonance imaging device)' 기계는 쉐릴의 뇌 회전에 경수소를 보내면서 무선 주파수 펄스를 내뿜기 시작했다. 기계는 쉐릴이 뇌의 어느 부위를 사용하는지 보여주는 3D 영상을 2초마다 보내주기 시작했다. 쉐릴에게는 일련의 질문이 연달아 주어졌다.

적십자에 20달러를 후원하고 싶나요?

유나이티드웨이(United Way)에 40달러를 후원하고 싶나요?

헬렌켈러인터내셔널(Helen Keller International)에 20달러를 후원하고 싶나요?

각 질문마다 쉐릴은 후원할 것인지를 결정할 수 있었고, 그녀가 그러한

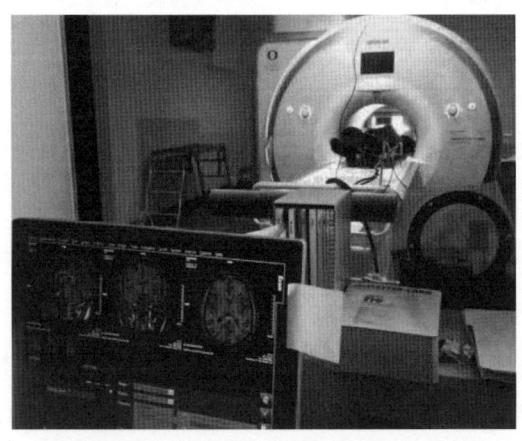

비영리 단체에 기부할 때 뇌의 행동을 관찰하기 위해
오리건대학교 실험실에서 뇌스캔 검사를 하고 있는 닉(저자).

결정을 할 때마다 뇌에 어떤 변화가 생기는지 영상에 나타났다.

이 기계는 오리건대학교의 '기능적 자기 공명영상(fMRI)'이라 불리는 기계다. 보통 자기공명영상(MRI) 기계는 아픈 환자를 검사하거나 질병을 진단하기 위해 사용하지만, 기능적 자기 공명영상 기계는 뇌를 연구하는데 사용한다. 우리는 사람들이 남을 돕기 위한 좋은 목적으로 후원할 때, 뇌가 어떻게 반응하는지 궁금했다. 심리학과 신경과학 분야의 많은 연구들이 이타심은 수혜자뿐만 아니라 후원을 베푸는 사람에게도 도움이 된다고 주장한다. 그 주장은 남을 돕는 일은 우리 자신을 행복하게 만들고, 이는 우리를 더 건강하게 해주며 더 오래 살도록 한다는 것이다. 그래서 우리는 실험실에서 후원하겠다고 결심했을 때의 뇌를-실제로 우리 자신의 뇌를-관찰했다.

우리를 안내해 준 사람들은 오리건대학교의 울리히 마이어(Ulrich Mayr)와 윌리엄 하버(William T. Harbaugh) 교수였는데, 이들은 미국에서 이타주의에 대한 신경과학 분야 연구에서 선구적인 존재들이다. 마이어는 머리 옆쪽에서 바람을 맞은 듯한 갈색 머리를 가진 키가 크고 몸이 마른 심리학 교수다. 우리를 넓고 밝게 불이 켜져 있는 그의 사무실로 초대한 마이어 교수의 눈빛이 반짝거렸다. 그의 사무실은 방 한쪽에 놓여 있는 대형 컴퓨터 모니터를 제외하고는 거의 비어 있었다. 철테 안경을 쓰고 얇은 회색머리의 친근한 얼굴을 한 하버는 사람들이 후원하는 동기를 연구하는 경제학부 교수다.

"우리는 이 연구를 약 10년 전부터 시작했어요."

마이어 교수가 말했다.

"그리고 그 때만해도 '이타심이란 무엇인가?' '왜 사람들은 이타적인 결정을 내리는가?' 등과 같은 중요한 질문에 답하기 위해 뇌 영상사진을 활용하려는 사람들이 많지 않았어요."

마이어와 하버 교수는 최신식의 신경촬영기계를 사용하고 있었지만, 몇 십년 동안 학자들은 다른 방법들을 사용해 후원과 행복의 상관관계에 대해 연구해 오고 있었다. 이 분야에 대해 우리가 관심을 갖게 된 계기는 10년 전 조나단 하이트(Jonathan Haidt) 교수를 만나서부터다. 행복에 대한 글을 써오고 있는 그는 지금은 뉴욕대학교 스턴경영대학원의 교수로 재직 중이다.

하이트 교수는 우리를 행복하게 해준다고 사람들이 믿는 대부분의 것들이 사실은 우리를 행복하게 해주지 않으며, 더 분명한 것은 아주 오랜 기간 동안 행복하게 해주지는 않는다고 말했다. 우리들 중 몇몇은 어떤 특정한 것으로 인해 큰 행복감을 느끼는 반면, 다른 사람은 그렇지 않은 것처럼 우리는 우리만의 개별적인 행복에 대한 기준을 갖고 있다. 하지만 행복에 대한 우리의 기준이 무엇이든 간에 행복감은 일정범위 안에서만 등락을 거듭한다. 만약 우리가 로또에 당첨되거나 스포츠카를 갖게 된다면, 잠시 동안은 매우 기쁘겠지만 곧 다시 이전의 행복수준으로 돌아가게 된다. 하이트 교수에 따르면 행복의 기준점을 실제로 높일 수 있는 몇 안 되는 방법 중 하나는 '우리 자신보다 더 큰 대의명분과 연결'하는 것이다.

하이트 교수와의 대화를 통해 우리는 이 분야에 대해 더 알고 싶은 관심이 생겼다. 우리가 가장 먼저 알아낸 사실은 아무리 많은 돈도 지속적인 행복을 가져다주지는 않는다는 것이다. 로또 당첨자들을 광범위하게 연구한 결과, 보통 그들은 처음 당첨된 순간 엄청난 기쁨을 느끼지만, 그 기쁨은 대개 1년 이내 사라진다. 그들은 포르쉐와 새로운 대저택에 금방 익숙해진다. 그리고 돈은 때때로 돈보다 더 의존할 수 있고 신뢰할 수 있는 만족감의 원천인 친구와의 관계에 균열을 일으키기도 한다.

웨스트버지니아 주의 스캇 디팟에 위치해 있는 소규모 사업체의 사장인 잭 휘테커(Jack Whittaker)가 걸어온 길은 돈이 얼마나 파괴적일 수 있는지

베풂의 신경과학 — 최고의 행복감

를 보여준다. 2002년 크리스마스 아침, 휘테커는 복권번호를 확인하고, 그의 1달러짜리 파워볼 복권이 1등에 당첨됐음을 알게 됐다. 복권의 총 금액은 3억 1,490만 달러였고, 이는 지금까지 분할해서 받지 않는 당첨금 중 가장 큰 금액이었다. 휘테커는 갑자기 유명해졌다. 그는 당첨금을 나눠받지 않고 일시금으로 수령했는데, 그가 받은 총액은 세금을 제외하고 9,300만 달러였다.

기특하게도 휘테커는 그의 부를 다른 사람들과 나눴다. 그는 복권을 판매한 편의점에서 일하는 여성에게 새집과 자동차를 사줬다. 그는 당첨금의 10%를 교회에 기부했고, 불우한 사람들을 도와주기 위해 1,400만 달러를 들여 잭 휘테커 재단을 설립했다. 성공한 55세의 사업가로서 그는 갑자기 생긴 부를 잘 다루는 것처럼 보였다. 그는 그 자신보다 아내 쥬웰, 딸 진저, 손녀 브랜디 브래그 등 그가 사랑하는 사람들을 행복하게 해주는 것을 사는 것에 더 관심이 있었다.

하지만 머지않아 모든 것이 틀어졌다. 복권에 당첨된 지 7개월 후, 휘테커는 스트립 클럽에서 마약 탄 술을 마시게 되어 강도를 당했다며 경찰을 불렀다. 그는 545,000달러의 현금과 자기앞 수표를 가지고 클럽에 갔다가 이를 도둑맞았다고 항의했다. 그런 일이 있고 얼마 지나지 않아, 그는 권총과 117,000달러의 현금을 갖고 음주운전을 하다 체포됐다.

"난 이런 것이 전혀 문제가 안 돼. 왜냐하면 모두에게 참견 말라고 할 수 있으니까."

그는 당시 기자에게 이렇게 말했다.

"얼마나 많은 비용이 들든 상관없어."

그 후 휘테커는 자신의 천박하고 자멸적인 행동으로 인해 일련의 사건과 소송들에 휘말리기 시작했다. 그가 나중에 확인해 보니 100만 달러가 넘는 금액의 부도수표를 사용해 카지노에서 고소를 당한 건을 포함해 총 460건의 소송에 연루돼 있었다. 그는 결국 알코올 중독을 극복하기 위해 재활치료소에 가게 됐고, 아내와는 이혼했으며, 재산분할 문제로 맞붙어 싸우기 시작했다. 딸 진저는 집에서 죽은 채로 발견됐고, 사인은 약물과다복용으로 추정됐다.

휘테커는 손녀인 브랜디와 각별한 사이였다. 주기적으로 100달러 지폐 묶음을 주고, 4대의 차를 사줬다. 브랜디의 차 안에는 무언가를 구매하고 남은 잔돈으로 보이는 현금이 흩뿌려져 있었고, 그녀는 결국 학교를 자퇴했다. 휘테커의 모든 가족들은 사람들이 자신들의 돈을 탐내고 있다고—꽤 정확하게—의심했고, 결국 지인들과의 관계를 끊게 됐다. 그들은 갑자기 생긴 부로 인해 오래된 지인들과 공통점이 없어졌고, 친구들과 벽이 생겼다. 엄청난 부는 자유보다는 소외감을 안겨줬다. 브랜디는 마약을 복용하는 것으로 이제는 사라져버린 우정의 빈 공간을 채웠고, 열여덟 살이던 친구는 그녀의 할아버지 휘테커의 집에서 약물과다복용으로 죽은 채 발견됐다. 그 후 오래 지나지 않아 열일곱 살이 되던 해, 브랜디 역시 약물과다복용으로 죽음을 맞았다. 손녀의 죽음에 대해 알았을 때, 휘테커는 흐느껴 울며 기자에게 말했다.

"내가 그 복권을 찢어버렸어야 했어요."

이런 이야기들로 정신이 번쩍든 우리는 어떻게 받는 것(또는 주는 것)이 행복을 가져 오는지 조사했다. 사람들이 오랫동안 잘살 수 있도록 하는 요인을 찾기 위해 한 연구는 268명의 하버드대학교 졸업생들의 청소년기, 중년기, 그리고 노년기를 추적조사했다. 연구 결과, 자선을 행한 사람들이 보다 젊고 기품 있어 보였으며, 건강 또한 양호하게 유지하고 있었다. 남을 돕고자 하는 의지가 콜레스테롤 수치보다 장수에 더 중요한 요인으로 보였다.

이는 예수가 성경에서 말한 것처럼 "받는 것보다 주는 것이 더 축복받는 것이다." 라고 표현한 종교적이고 정신적인 개념의 세속적 표현이라 할 수 있다. 다른 신앙들도 비슷한 금욕적 전통을 가지고 있으며, 다른 사람을 섬기는 행위의 중요성을 강조한다. 지난 수십 년 동안 이것은 단지 종교적 계율이 아니라, 스스로를 더 큰 행복으로 이끌 수 있도록 돕는 방법에 대한 실질적인 관찰이라는 증거들이 쌓여왔다. 연구자들은 반복해서 대규모 집단을 관찰했고, 자선단체에 후원을 하거나 봉사활동에 더 많은 시간을 할애하는 사람들이 더 행복하고 더 건강하다는 사실을 발견했다. 하버드대학교 경영대학원의 라린 아니크(Lalin Anik)와 마이클 놀튼(Michael Norton) 교수는 후원을 더 많이 하는 사람들이 자신을 더 행복하다고 여기는 반면, 자신이 쓴 돈의 총액과 행복은 상관관계가 거의 없다는 사실을 발견했다.

이와 비슷한 연구들에서 한 가지 눈여겨봐야 할 점은 '행복이 이타심'을 불러일으킨다기보다는 반대로 '이타심이 행복을' 불러일으킬 수 있다는 것이다. 이러한 상관관계의 인과관계를 밝혀내기 위해 학자들은 무작위로 선발한 학생들에게 6주 동안 일주일에 다섯 번씩 선행을 하라고 했다. 이 실험에 참여한 실험집단 학생들은 통제집단 학생들보다 통계적으로 유의미한 더 큰 행복감을 나타냈다. 또 다른 기발한 실험에서 연구자들은 공공장소에서 무작위로 사람들에게 다가가 돈(5달러 혹은 20달러짜리의 지폐)을 주었다. 돈을 받은 이들 중 몇몇에게는 그날 자신을 위해 돈을 쓰라고 했고, 나머지에게는 다른 사람을 위해 (선물을 사든지 후원을 하든지) 돈을 쓰라고 했다. 연구자들은 사람들이 자신을 위해 돈을 쓰면 더 큰 행복을 느낄 것이라 생각했지만, 결과는 그렇지 않았다. 연구원이 참가자들에게 전화추적조사를 해보니, 자신을 위해 돈을 쓴 사람보다 남을 위해 돈을 쓴 사람들이 훨씬 더 행복하다고 답했다.(5달러를 받았는지 20달러를 받았는지는 중요하지 않았다.)

이러한 연구결과는 대단히 흥미로운 가능성을 이끌어낸다. 우리는 다른 사람들에게 베푸는 것을 통해 더 큰 기쁨을 얻지만, 사실상 자신을 위해 돈을 쓰고 물질적인 것을 가질수록 더 행복할 것이라는 잘못된 생각을 가지고 있다는 것이다. 물론 이것은 명백히 증명된 사실이 아니다. 많은 연구들이 이러한 사실을 증명하기에는 너무 적은 규모의 대상을 조사했거나, 현실 세계에서는 그다지 적절치 않은 금액으로 실험을 하고 있다.(5달러나 20달러를 후원하는 것이 사람들을 행복하게 하는 것은 좋은 일이다. 그렇지만 1,000달러를 후원해야 한다면 어떨까?)

1974년, 경제학자인 리차드 이스터린(Richard Easterlin)은 소득이 높아진다고 해서 행복감이 항상 높아지는 것은 아니라고 주장해 세상을 놀라게 했다. 그의 주장이 시사하는 점은 사람들이 자신의 꿈을 달성하기 위해 더 많은 돈을 벌려고 계속 애쓰는 것은 무의미하다는 것이다. '이스터린패러독스(Easterlin Paradox)'라고 불리는 그의 논문의 핵심은 더 많은 소득은 기본적 욕구가 충족되기 전까지는 행복감을 증가시키지만, 그 이후에는 큰 변화를 일으키지 않는다는 것이다.

이러한 그의 주장은 많은 관련 연구들을 촉발시켰다. 프린스턴대학교의 다니엘 카너먼(Daniel Kahneman)과 앵거스 디턴(Angus Deaton) 교수는 45만 개의 설문지를 분석해, 소득은 모든 수준에서 전반적인 삶의 만족도와 연관이 있다는 것을 발견했다. 그러나 그들이 얼마나 행복한지 그리고 얼마나 자주 웃고 미소 짓는 지를 묻는 질문에 대한 응답은 소득이 약 75,000달러가 될 때까지는 행복감이 증가하지만, 그 이상이 되면 행복감은 큰 변화를 보이지 않음을 보여준다.

젊은 경제학자인 벳지 스티븐슨(Betsey Stevenson)과 저스틴 월퍼스(Justin Wolfers) 커플은 모든 국가에서 소득과 행복감 간에 강한 연관성이 있다는 사실을 밝혀냈다. 그들의 연구는 부자들의 경우, 큰 폭으로 소득이 증가하면 행복감도 높아지지만, 일정 이상으로 수입이 증가하면 행복감과 큰 연관이 없음을 밝혀냈다. 그들은 또한 미국의 일인당 국민소득이 크게 증가

베풂의 신경과학 - 최고의 행복감

했음에도 국민들 스스로가 생각하는 본인의 행복감 정도는 지난 수십 년과 비교할 때 큰 차이가 없음을 발견했다.

그렇다면 돈으로 행복을 살 수 있는 것일까? 그렇다, 부자 나라일수록 국민들이 더 행복하기 때문이다. 하지만 한편으로는 그렇지 않다, 매우 부자인 사람이 조금 덜 부자인 사람보다 반드시 더 행복하다는 것을 입증하기 어렵기 때문이다. 저스틴 월퍼스는 돈이 모든 것은 아니라고 말한다.

"사람들이 제게 주로 하는 질문 중 하나는, '아, 그러면 당신의 연구결과는 돈으로 행복을 살 수 있다는 것이니, 내 딸에게 세상을 바꾸는 사람이 되기보다는 투자은행가가 되라고 해야겠네요.' 입니다. 이에 대한 제 답은, '절대로 아니죠.' 입니다. 제 생각에 행복은 선택권의 범위가 얼마나 넓은가에 달려있는 것 같아요. 그것은 누군가가 옳은 선택이나 잘못된 선택을 한다거나, 마놀로 블라닉 브랜드의 신발 한 켤레를 더 가지는 것이 당신을 더 행복하게 한다는 뜻이 아니에요. 다만 소득이 많다는 것은 그만큼 광범위한 선택권을 가진 사람이라는 것을 표시해 준다는 거죠."

이러한 불확실성 속에서 우리는 현대의 스캐닝 기계를 사용하여 뇌 자체에 대한 직접적인 연구를 할 수 있다는 사실에 큰 흥미를 가지게 되었다. 이것이 더 확실한 과학적 신뢰도를 제공할 수 있을까? 우리는 이 질문의 답을 얻기 위해 뇌 속을 들여다보고자 오리건대학교으로 갔다. 마이어와 하버 교수는 측좌핵, 격막, 미상, 그리고 뇌도 등 뇌의 쾌락을 담당하는 부분들이 서로 매우 가까이 위치해 있음을 보여주었다. 이 부분들은 웃음, 사탕, 섹스 등 쾌락에 응답하는 주요 부분이다.

마이어와 하버 교수는 우리가 실제로 눈으로 확인할 수 있는 방법을 통해 베푸는 것이 사람들을 행복하게 만든다는 것을 최초로 보여주는 뇌 연구를 시도했다. 그들은 사람들이 돈으로 선물을 받거나 또는 자발적으로 좋은 일을 위해 후원했을 때의 뇌의 상태를 밝혀내기 위해 기능적 자기 공명영상(fMRI) 스캔을 사용했다. 측좌핵의 일부는 연구대상자들이 돈을 받았을 때, 더 많은 활동을 보였다. 반면 인접한 부분들은 대상자들이 돈을 후원할 때, 더 많은 활동을 보였다. 연구결과에 따르면 약 절반 이상의 연구대상자들의 쾌락중추가 그들이 받을 때보다 베풀 때 훨씬 더 강렬하게 밝아졌다. 이런 뇌스캔 결과는 베푸는 것으로 인해 얻는 즐거움은 사람마다 매우 다르다는 점을 시사한다. 어떤 사람들은 강력하게 일반적인 원칙을 지지한다. 그들이 우리와 매우 다르더라도 사람들이 어려운 지경에 처해 있을 때, 그들을 돕는 것은 중요하다. 이는 많은 신앙의 종교적 전통이며, 임마누엘 칸트의 정언명령, 즉 행복을 얻기 위한 수단이 아니라 행복한가 어떤가에 관계 없이 무조건 반드시 해야 하는 것이다. 이것이 내면화됐을 때, 우리 행동에 굉장한 영향을 미친다. 마이어는 이렇게 말한다.

"이러한 원칙을 지지하는 사람들은 많은 후원을 합니다."

다시 말해 후원은 습관이 될 수 있다.

후원은 습관이 될 수 있다는 말은 후원이 내면화되고 일상이 되면, 사

오리건 대학의 빌 하버(왼쪽)와 울리히 마이어 교수.

람들이 후원을 통해 얻는 기쁨이 줄어든다는 것을 의미하는 것인가? 후원은 양성 마약중독과 같아서 더 큰 기쁨을 얻으려면 점점 더 많은 후원을 해야 하는 것인가? 마이어와 하버 교수는 측좌핵이 중독과 연결되어 있기 때문에 사람들이 코카인이나 섹스에 중독되는 것처럼 이타주의에 중독될 수 있다고 가정했다. 이타주의 중독의 예를 하나 들어줄 수 있느냐고 하자, 마이어 교수는 생각에 잠겨 고개를 옆으로 기울이더니 말했다.

"테레사 수녀?"

신경과학자들이 답을 찾고자 하는 질문 하나는 후원을 해서 얻는 행복감이 타인이 잘사는 것을 보고싶은 순수한 갈망에서 생기는 것인지, 아니면 타인에게 베푼 너그러움을 통해 다른 이들의 존경을 받고 싶어하는 마음에서 오는 것인지이다. 하버 교수는 활짝 웃으며 벤자민 프랭클린의 친구인 버나드 맨더빌이 1723년에 적은 글을 인용했다.

"자부심과 허영심은 다른 모든 선행을 합친 것보다 더 많은 병원을 설립했다."

지금까지 베풂을 통한 행복감은 이러한 허영심과 사심 없는 이타주의 모두에서 비롯되었음을 보여주는 몇몇 사례가 있다. 남성들은 여성들이 지켜보고 있을 때 더 후하게 베풀고, 여성이 아름다울수록 남성은 더 후해진다. 반면 남자의 존재는 여성의 너그러움에 영향을 끼치지 않는다. 그러나 실험대상자들이 후원할 때 뿐만 아니라 그들의 통장에서 30달러가 인출되어(푸드 뱅크와 같은 곳에) 좋은 목적으로 쓰였을 때에도 뇌의 쾌락중추가 자극되는 것을 보여준다. 이는 대중의 존경과 상관없이 깊게 박힌 이타주의를 보여주는 것이다.

몇몇 학자들이 이타주의가 우리를 더 행복하게 만든다는 사실의 증거를 찾는 와중에 다른 학자들은 아마도 후원이 스트레스를 줄여 우리를 더 건강하게 만든다는 것을 입증하는 연구를 해오고 있다. 2006년 한 연구는 너그러운 사람들이 그렇지 않은 사람보다 혈압이 더 낮다는 사실을 밝혀냈다. 이는 이타주의자들의 수명을 더 연장시키는 많은 메커니즘 중 하나일 것이다. 스티븐 포스트와 질 니마크는 그들의 책 〈왜 좋은 사람들에겐 좋은 일이 일어날까?〉에서 "베풀어라. 그러면 당신은 건강해질 것이다." 라고 말했다.

"베풀어라. 그러면 당신은 더 오래 살 것이다."

이는 대담한 주장이지만, 스티븐 포스트는 많은 지지를 받고 있고, 이러한 연결고리를 조사하기 위해 연구소를 운영하고 있다.

한 연구는 고등학생 때의 후원행위와 너그러움은 심지어 반세기가 지난 이후 그 사람의 정신적, 신체적 건강을 예견할 수 있다고 밝혔다. 또 다른 연구는 거의 2,000명에 달하는 55세 이상의 사람들을 5년 동안 추적조사 하면서, 그 시대에 어떤 요인이 낮은 사망률과 연관이 있는지를 조사했다. 그들은 사망위험이 교회에 다니는 사람들은 29%, 매주 4번 운동을 하는 사람들은 30%, 그리고 놀랍게도 두 군데 이상의 기관에서 봉사활동을 하는 사람들은 44% 감소한다는 사실을 밝혀냈다. 65세 이상의 미국인들을 대상으로 한 텍사스대학교의 연구는 봉사활동하는 사람들이 우울함을 덜 느끼고 더 오래 산다는 사실을 밝혀냈다.

이 모든 연구들이 우리에게 말하고자 하는 바는 제퍼슨(Jefferson)이 말하듯이 '행복의 추구'일까?

행복 전문가 소냐 류보머스키(Sonja Lyubomirsky)는 "누군가의 행복지수를 바꾸는데 가장 좋은 방법"은 의도된 행위를 하는 것이라고 주장한다. 이는 운동, 사회적 활동, 매일 긍정적인 경험에 대해 적기, 더 베풀기 등을 포함한다. 마지막 요소인 '더 베풀기'는 우리가 본 것이 사실임을 입증해 준다.

브라이언 멀레니(Brian Mullaney)는 말한다.

"당신이 할 수 있는 가장 이기적인 행동은 바로 다른 사람을 돕는 것이다. 만약 많은 사람들이 젊을 때 남을 돕는 것과 선행을 베푸는 것의 기쁨과 유익함에 대해 경험하게 된다면 세상을 바꿀 수 있을 것이다."

세상에서 가장 지루한 원조

쉐릴(Sheryl)이 오리건대학교에서 뇌검사를 받고 있을 때, 모니터 상에 비춰진 질문은 '헬렌켈러인터내셔널'이라는 단체에 20달러를 후원하겠는가였다. 그녀의 마음속에 실명을 근절시키고 싶어하는 헬렌 켈러의 모습이 떠올랐고, 그녀는 '후원하겠다'고 클릭했다. '헬렌켈러인터내셔널'은 국제적인 단체로 성장해 왔고, 지금은 훨씬 더 많은 것을 매우 효과적으로 이루어내고 있지만, 대부분의 사람들에게 '지루하다'는 평가를 받는다.

'헬렌켈러인터내셔널'은 헬렌 켈러에 의해 창립되었다. 그 단체는 원래 공중보건이 비용 면에서 더 효율적이라는 사실이 밝혀지기 전까지 1대 1 임상을 통해 실명문제를 해결하기 위해 노력해 온 조직이다. 비타민A의 결핍으로 매년 약 67만 명의 아동이 사망하고, 이는 또한 아동 실명의 가장 일반적인 원인이 된다. 아이들에게 한 알에 2센트하는 비타민A 보충제를 주는 것이 비용이 적게 드는 해결책이다. 또한 아프리카에서 흔하게 볼 수 있는 희고 단 고구마보다, 비타민A가 풍부하게 함유되어 있는 호박고구마를 심도록 장려하는 것도 비용이 적게 드는 해결책이다.

또 다른 중요한 방법은 수십 년간 미국에서 보편적으로 행해져온 밀가루나 식용유 같은 음식에 미량영양소를 첨가하는 방법이다. 비타민과 미네랄을 좀 더 많이 함유하게 만든 변형된 품종을 재배하는 것도 한 방법이다. 마찬가지로 엄마들에게 모유수유를 권장하는 것도 아이들의 영양상태를 개선하고 생명을 구할 수 있는 매우 효과적인 방법이다.

'헬렌켈러인터내셔널'은 이러한 분야에서 엄청난 일을 해냈다. 하지만 미량영양소를 실제로 눈으로 확인하기 어렵기 때문에 이들의 노력은 거의 주목받지 못한다. 안타깝게도 미량영양소를 제공하거나 모유수유를 촉진하

세상에서 가장 지루한 원조

한 엄마가 '헬렌켈러인터내셔널'이 개최한 니제르에 있는 병원행사에서
최적의 모유수유와 아이의 영양관리에 대한 교육을 받고 있다.

는 것과 같은 '가장 효과적인' 지원활동과 '가장 보람 된' 지원활동들 간에는 때때로 부조화가 일어난다.

아연, 요오드, 엽산과 같은 미량영양소는 인간의 생명을 구하는 중요한 영양소인데, 이들 영양소의 연간 공급비용은 핫도그 하나 가격보다도 적다. 요오드는 사실상 마법의 미량영양소다.

란셋(THe Lancet)은 이렇게 말한다.

"세계적으로 요오드 결핍은 예방 가능한 지적장애의 가장 보편적인 원인이다."

전세계의 아동 중 1/3이 뇌가 형성되는 과정에서 충분한 요오드를 섭취하지 못함에 따라 전체적으로 약 10억 점 정도의 IQ 점수를 잃는 것으로 추정된다. 한 연구는 모든 임신부들이 자신의 몸에 충분한 요오드가 있으면(요오드가 첨가된 소금을 섭취하거나 또는 51센트짜리 요오드 캡슐을 임신 가능한 시기에 2년마다 한 번씩 복용함을 통해), 중·남부 아프리카 아이들의 교육 성취도가 7.5% 증가하고, 결국 이 아이들이 성인이 되었을 때 경제적 생산성의 상승으로 이어질 것이라는 사실을 밝혀냈다.

마찬가지로 아연은 설사나 감염으로 인한 아동사망을 감소시킨다. 철분 부족은 빈혈을 일으키고, 무기력하게 만들며, 여성들이 출산 중에 사망할 가능성을 높인다. 인도네시아에서 수행된 무작위실험은 가격이 7달러인 철분이 함유된 생선소스를 섭취한 남성들은 연간 46달러까지 돈을 더 번다는 사실을 밝혀냈다. 이들은 몇 번이고 되풀이해서 철분 첨가제를 구입했다. 그러나 우리가 말했듯이 이러한 미량영양소에 대한 주의를 이끌어내고 자금지원을 받는 것은 어려운 일이다.

같은 맥락으로 아프리카를 위한 미국 최고의 프로그램 중 하나는 '아프리카 성장 및 기회법(AGOA, the African Growth and Opportunity Act)'이라 불리는 무역관련 정책이다. 이는 아프리카에 투자하는 회사들에게 무역 인센티브를 제공해 빈곤과 맞서 싸울 수 있는 수십만 개의 일자리를 창출해내는 것이다. 그러나 이것은 무역에 국한되어 있기 때문에 호소력이 없어 대중들의 관심과 지지를 거의 얻지 못했다.

마찬가지로 지미 카터 전 미국 대통령과 카터센터는 심한 고통과 장애를 일으키는 기니벌레와 실명을 초래하는 사상충증과 같은 무관심하게 방치된 열대성 질환과 싸우기 위해 수년간 애를 썼다. 카터 대통령 덕분에 1986년 전세계적으로 350만 건이나 되었던 기니벌레 사례가 2013년에는 148건으로 99.99% 감소했다. 카터 대통령은 기니벌레가 머지않아 근절되기를 희망했고, 벌레보다 오래 살기 위해 건강을 유지해야 한다는 농담을 했다. 하지만 이러한 노력들은 사실 사람들의 관심을 끌 만큼 매력적이지 않기 때문에 후원자를 끌어오기가 쉽지 않다. 하지만 이것은 분명 비용 대비 효과가 높고 변화를 가져온다.

자전거타기 모금행사를 통해 아연, 요오드 또는 무역 인센티브를 위해 애쓰는 댄 팔로타 같은 사람은 없다. 그래서 '헬렌켈러인터내셔널'은 모호함 속에서 힘들게 일한다. 우리가 여기에서 이 단체를 언급하는 이유는 비록

이 단체가 매력적이지 않아 우리가 그 단체의 진가를 알아볼 수 없다 하더라도, 이 단체는 생명을 구하는 수단을 포괄하고 있는 대단한 조직이기 때문이다. 꼭 필요한 일들이 때로는 그리 매력적이지 만은 않다.

16

소셜 네트워크를 통한 우물 파주기 모금운동

"나는 우리의 운명을 알지는 못하지만, 한 가지만은 확실히 알고 있습니다. 정말로 행복할 수 있는 사람은 오직 봉사란 어떻게 해야 하는 것인지를 끊임없이 탐구하여 깨달은 사람이라는 점입니다."

노벨평화상 수상자, 알베르트 슈바이처 박사

아마 친구에게 자기 생일기념으로 에티오피아에 우물 만들어주기 성금을 모금한다는 이메일을 받아본 적이 있을 것이다. 혹은 트위터 메시지나 비디오와 같은 소셜 미디어를 통해 미국인들이 합심해 개발도상국에 우물 파주는 것을 본 적이 있을 것이다. 하지만 이러한 두 가지 일 모두 놀랍지는 않을 것이다. 왜냐하면 앞서 언급했던 역사상 가장 빠르게 성장하고 있는 자선단체의 하나인 '채리티:워터(charity:water)'가 엄청난 마케팅을 펼치고 있어 그 홍보력을 쉽게 접하기 때문이다.

이러한 '채리티:워터'의 성장은 스캇 해리슨이라는 청년의 헌신적인 삶에 의해 가능했다. 그는 혼자보다는 친구들과 함께 후원하는 것이 더 즐겁다는 본질을 활용해, 단체로 후원하는 것을 쉽고 보람 있는 일로 만들기 위해 소셜 네트워크의 힘을 이용했다. 그의 경험은 남을 돕는 것이 희생이 아니라 하나의 사회적 활동이며, 실제로 그래야 훨씬 더 매력적이라는 사실을 보여준다. 그는 변화를 이루기 위한 소셜 네트워크의 힘을 강조한다. 다른 많은 사람들처럼 스캇은 우리 모두가 생일이나 특별한 날에 변화를 불러일으킬 수 있는 방법을 창안했다.

'채리티:워터'는 2006년에 설립된 단체인데, 그 단체가 재정적인 지원을 하고 있고 우물파기 사업으로 많은 신망을 얻고 있는 구호단체인 '국제구조위원회(International Rescue Committee)'보다 오히려 젊은이들에게 더 많이 알려져 있다. 원조활동은 후원을 가능한 한 보람 있는 일이 되도록 변화해 왔는데, 스캇 해리슨보다 그 변화를 상징하는 사람은 없다.

해리슨이 네 살일 때 그의 인생을 송두리째 바꿔놓은 일이 일어났다. 집에 가스가 새어 나와 그의 어머니는 일산화탄소 중독으로 면역체계가 무력화되는 심각한 장애가 생겼다. 어머니가 책을 읽으려면 우선 오븐에 책을 구워 잉크 냄새를 제거한 후, 비닐봉지에 책을 넣어 장갑을 낀 채로만 책을 들고 볼 수 있었다. 이러한 어린 시절의 경험을 통해 해리슨은 더 큰 공감 능력을 습득한 것으로 보였다. 그는 아버지의 인내심, 사랑 그리고 회복탄력성(어려움에 직면했을 때 이를 극복하고 정신적으로 성장하는 능력)을 존경했다.

"나는 아버지가 어머니 곁을 지킨 것을 존경합니다."

뉴저지 남부에서 독실한 기독교인으로 성장한 해리슨은 방탕한 십대를 보냈다. 그는 밴드에 가입하고 머리를 길게 길렀는데, 커뮤니케이션을 전공하며 다녔던 뉴욕대학교에서는 모두 C학점을 받으며 음악에만 몰두했다. 그는 체구는 큰 편이 아니지만 패기만만하고 활발한 성격으로 옆에 있으면 재미있는 사람이라서 존재감이 컸다. 해리슨은 파티가 열릴 때마다 항상 중심에 있었고, 재미는 있지만 정상이 아닌 (아마도 불법적인) 무언가를 하고 있었다. 대학 재학 중에 그는 나이트클럽에서 라이브 쇼를 제작했고, 졸업 후에는 나이트클럽을 홍보하는 일을 시작했다.

그는 클럽에서 젊은이들을 몰고 다니는 피리 부는 사나이와 같은 존재였다. 그는 젊은 친구들을 몰고 다니며 고급 나이트클럽에 들어갈 수 있게 하여, 그들이 16달러짜리 칵테일이나 되도록이면 350달러의 그레이 구스 보드카를 사서 마시도록 했다. 그는 총 수익에서 일정 몫의 금액을 급여로 받았는데, 나이트클럽 행사에 오라고 연락할 수 있는 소위 '친구'라 부르는 15,000명의 이메일 주소를 포함한 데이터베이스를 개인적으로 구축하고 있었다.

그는 굉장히 성공했다. 그의 말에 따르면 자신이 마시는 것을 다른 사람들도 따라 마시기 때문에 버드와이저나 바카디 같은 주류 회사들이 자사 제품을 마셔달라고 돈을 주기도 했다고 한다. 그는 도박을 일삼고 스트립 클럽을 전전하면서 매일 담배를 두 갑씩 피우고 코카인과 엑스터시 같은 마약에까지 손을 대는 방탕한 삶을 살았다.

해리슨은 말한다.

"내가 지난 십년간 말하고 다닌 이야기는 '당신이 내가 만든 모임에 초대되어 오거나, 당신이 술에 취해 있거나 또는 누군가와 잠자리를 한다면, 당신의 인생은 의미 있다.'는 것이었어요."

그의 인생은 퇴폐적일 뿐 아니라 돈벌이가 되는 일이기도 했다. 해리슨은 맨해튼의 미드타운 아파트에서 풍족한 생활을 했고, 고급 시계를 차고 BMW를 몰고 다녔다.

28세가 되었을 때, 스캇 해리슨은 우루과이의 푼타 델 에스테 지역의 아름다운 리조트로 휴가를 떠났다. 그는 태양과 바닷바람 그리고 피부를 아름답게 그을린 사람들 사이에서 그의 인생이 공허하고 의미 없다는 생각이 들었다.

"나는 내가 가장 이기적인 존재이며, 남에게 아첨이나 하고 사는 보잘것없는 인간이라는 것을 깨달았어요. 나는 내가 아는 사람 중 가장 최악의 사람이었어요."

소셜 네트워크를 통한 우물 파주기 모금운동

해리슨은 맨해튼의 나이트클럽으로 다시 돌아가 밤에는 마약을 했지만 낮에는 성경을 읽기 시작했다. 하지만 이 역시도 그리 만족스럽지 못했다. 그는 자기 자신에게 지속적으로 되물었다.

'내가 내 자신에게 무슨 일을 하고 있는 거지?'

그리고 이에 따른 의문이 계속적으로 생겼다.

'내가 여기서 완전히 180도로 변하면 어떨까? 그렇게 되면 난 어떤 모습일까? 내가 하느님을 섬기고 어려운 이들을 돕는다면 어떻게 될까?'

이는 혁신적인 생각이었다. 왜냐하면 성인으로서 그의 인생은 봉사활동이나 자선단체에 후원하는 것과는 너무나도 거리가 멀었고, 세상에 기여하는 삶은 지금까지의 자신의 삶과는 완전히 다른 것이야 한다는 것 외에는 무엇을 해야할 지조차 전혀 알지 못했기 때문이다.

"나는 성인이 되어 매우 다른 방식으로 기독교인의 삶으로 다시 돌아왔습니다. 종교는 더 이상 내게 억지로 무언가를 수용하도록 강압하는 존재가 아니었어요. 나는 위선이 아닌 진정성을 가지고 종교적 신념을 실행하면서 살기를 원했습니다."

해리슨은 주요 자선단체에 일자리를 얻기 위해 지원했는데, 사람들은 그런 그를 비웃었다.

"나이트클럽 삐끼 출신이 빈곤한 사람들을 돕는다고? 조심해!"

해리슨이 살아온 과정과 배경은 오히려 심리상담을 받아야 되는 형편이었고, 개발도상국에 도움 줄 수 있는 어떤 기술도 없는 실패한 구호단체 종사자의 모습과 닮아 있었다. 자선단체들은 해리슨을 고용하고 싶어하기는 커녕 무급 봉사자로도 활용하길 꺼려 했다. 그러다 마침내 그는 '머시쉽스(Mercy Ships)'라는 곳에서 일자리를 구했다.

이 단체는 해상이동병원이라 할 수 있는 '아프리카머시(Africa Mercy)'라는 이름의 선박을 가난한 나라에 보내 수술을 시행하는 기독교 자선단체였다. 이 단체는 선박에서의 수술을 기록하기 위한 사진작가가 필요했고, 해리슨은 자신의 능력을 그들에게 잘 설득해 일자리를 얻을 수 있었다. 해리슨은 자원봉사자로서의 그 일자리를 위해 오히려 매월 500달러를 지불해야 했는데, 그 자금을 마련하기 위해 그가 소장하고 있던 음악CD 및 DVD 소장품과 카메라 장비 등을 팔았다.

'머시쉽스'는 자원봉사의 힘을 입증하는 곳이다. '아프리카머시'에 승선하여 수술을 하는 의사들은 구개파열, 질 누공(장시간의 난산으로 질-방광 또는 질-직장 사이가 벌어져 의지와 관계 없이 대소변이 배출되는 질병) 외에도 많은 다른 병들을 고친다. 수술 집도 의사인 개리 파커(Gary Parker) 박사는 26년 동안 이 선박에서 지냈다. 그는 봉사활동을 하러 온 현재의 아내를 만나 결혼했고, 자녀들 역시 이 선박에서 키웠다. '아프리카머시'의 직원은 의사, 간호사, 그리고 스캇 해리슨과 같이 자신의 휴가를 봉사활동으로 보내고 심지어 선박에 있는 동안 자신의 숙소와 식사 요금까지 스스로 지불하는 사람들로 이루어져 있다. 이들은 모두 자원봉사를 하기 위해 이 선박으로 계속 다시 돌아온다.

해리슨이 '아프리카머시'에 승선하여 첫 번째 도착한 지역은 아프리카 서부에 위치한 베냉(Benin)의 항구도시인 코토누(Cotonou)였다. 약 5,000여 명의 사람들이 수술을 받기 위해 필사적으로 줄을 섰다. 어떤 사람은 수술이 아이의 생명을 살릴 수 있을 것이라는 희망으로 아이를 데리고 몇 주 동안을 걸어와 줄을 서 있었다. 해리슨이 사진 찍은 첫 수술은 14세 소년인 알프레드 소슈(Alfred Sossou)의 수술이었다. 그 애는 입 안이 기괴한 종양으로 채워져 있고 턱이 있어야 할 자리까지 종양이 퍼져 있었다. 해리슨은 이렇게 기억했다.

"그 애는 자기 얼굴 때문에 숨이 막힐 지경이었어요. 전 차마 쳐다볼 준비가 되어 있지 않았어요. 전 그냥 구석으로 가서 울었어요."

소셜 네트워크를 통한 우물 파주기 모금운동

알프레드의 부모님은 자식의 병을 고치기 위해 전통적인 주술사들에게 돈을 주고 부탁해 보았지만, 주술사들은 알프레드의 종양을 짓이기고 상처를 입히는 것 외에는 아무것도 하지 못했다. 종양은 점점 자라 그의 입을 채워가기 시작했고, 밥을 거의 먹지 못할 정도가 됐다. 알프레드가 '머시쉽스'에 도착했을 때, 체중은 겨우 20Kg밖에 되지 않았고, 그 중 2.3Kg은 종양의 무게였다. '머시쉽스'에 있는 병리학자의 종양검사 결과, 알프레드의 종양은 양성으로 판명되었다. 그리고 파커 박사는 3시간의 수술을 통해 종양을 제거했다. 알프레드는 삶을 되찾았고, 회복실에서 빠르게 살이 붙어갔다.

"저는 몇 주 후에 완전히 새로운 얼굴을 갖게 된 알프레드를 고향마을에 데려다 주었어요. 저는 무서움과 분노로 가득 찬, 거의 죽음에 이른 아이를 보았죠. 의사들이 휴가를 포기하고 수술해준 덕분에 다시 그 애를 건강하게 집으로 데려다줄 수 있었어요."

해리슨이 찍은 사진들은 OnAMercyShip.com에 올라와 있다. '머시쉽스'와의 만남은 알프레드뿐 아니라 스캇 해리슨에게도 인생을 바꾸게 하는 계기가 됐다. 의사들이 잇따라 많은 생명을 살리는 것을 보았을 때, 해리슨은 상상할 수 없는 행복감에 젖었고 그 상황에 압도됐다. 동시에 그는 의사와 수술대가 충분하지 않아 수술을 받지 못하고 돌아가야만 하는 많은 환자들을 보며 너무나도 고통스러웠다. '머시쉽스'는 그들에게 이 말밖에 할 수 없었다.

"우리가 몇 년 뒤에 이 항구에 다시 돌아올 때, 그때 꼭 수술을 해줄게요."

8개월 후 '머시쉽스'는 수리를 위해 드라이독(건선거:선박수리를 위한 구조물)에 보내졌고, 해리슨도 휴식을 취하려고 뉴욕으로 돌아왔다. 그가 뉴욕에 도착한 지 2시간 후, 몇 명의 옛 친구들을 만났고, 한 친구가 그에게

르완다에 있는 '채리티:워터' 수도에서 스캇 해리슨.

16달러짜리 마가리타를 샀다.

"내 인생이 완전히 변했어. 이제 내게 이 16달러는 한가족이 한달 동안 먹을 쌀을 살 수 있는 금액이야. 그런데 내 앞에 아직 팁도 지불하지 않은 16달러짜리 술이 있네."

해리슨은 친구들을 설득해 '머시쉽스'에서 찍은 사진들을 전시해 주는 갤러리에 후원해 달라는 요청을 했고, 이메일 명단에 있는 15,000명의 사람들에게 전시된 사진을 보러 갤러리에 와달라는 초청장을 보냈다. 나이트클럽을 다니던 뉴요커들은 갤러리를 돌아다니며, 믿을 수 없다는 표정으로 사진들을 바라보았고, 성공적인 수술의 성과를 공유했다. 그 후 그들은 후원을 하기 시작했다. 해리슨은 또한 20곳의 출판물에 '머시쉽스의 노력과 성과에 대한 소식을 알리기 위해 친구의 도움을 받아 전화후원 요청을 했고, 이를 통해 96,000달러를 모금했다.

그것은 기독교 구호단체가 맨해튼의 나이트클럽에 뻔질나게 다니는 사람들로부터 모금했다고는 믿을 수 없는 깜짝 놀랄 만큼의 액수였다. 해리슨은 자신이 나이트클럽보다 더 원대한 무엇인가를 위해 사람들을 불러모으는

소셜 네트워크를 통한 우물 파주기 모금운동

피리 부는 사나이가 될 수 있겠다는 생각을 하기 시작했다.

선박 수리가 끝나자, 해리슨은 다시 8개월 동안 후원금이 사용되는 과정을 지켜보고 사진을 찍으며 후원자들에게 보고하는 사진작가로 복귀했다. 깨끗한 물은 많은 질병을 예방할 수 있기 때문에 '머시쉽스'는 주기적으로 우물파기 프로젝트를 진행했다. 해리슨은 친구들에게 그 사업을 위해 후원해 달라고 요청했다.

그는 인도주의적인 자선사업에 기본적인 문제가 있다는 사실을 우연히 발견했다. 즉 놀라울 만큼 선한 일을 하는 사람들은 종종 남들에게 자기 이야기를 하는 것에 형편없이 서툴다는 것이다. 또한 지구 반대편의 보통 사람들을 움직여야만, 좋은 일을 위한 성금모금이 가능하다는 사실을 깨닫지 못한 채, 중요한 일은 수술용 메스나 우물을 파는 장비뿐이라고 생각한다는 것이다. 애플사가 많은 제품을 판매할 수 있었던 것은 제품이 잘 만들어졌을 뿐만 아니라, 수준 높은 마케팅 팀이 제품의 우수성을 세상에 잘 알렸기 때문이다. 마찬가지로 구호단체들도 후원이 16달러짜리 칵테일을 마시는 것보다 더 큰 만족감과 행복감을 얻을 수 있다는 사실을 사람들에게 알려줄 필요가 있다.

해리슨은 선의를 가진 중산층 사람들에게 가난한 나라에 도움을 주면 큰 기쁨을 얻을 수 있다는 사실을 확신시켜 주는 일에 전문가가 됐다. '머시쉽스'에서 봉사활동 후, 해리슨은 새로운 유형의 자선단체를 만들겠다는 꿈을 안고 맨해튼으로 돌아왔다. 그가 생각한 자선단체는 후원자들에게 본인이 낸 후원금이 무엇을 성취하고 달성했는지를 정확하게 보여줌으로써 그들을 행복하게 만드는데 뛰어난 역량을 갖춘 조직이었다. 그는 영리를 추구하지 않으면서도 멋지고 매력적인 브랜드를 만들고 싶어했다. 해리슨은 우물파기 사업에 초점을 맞추기로 마음먹었다. 그 이유는 우물은 가시적인 성과를 보여줄 수 있고, 아직도 너무나도 많은 사람들이 깨끗한 물을 마실 수 없는 상황에 놓여 있기 때문이었다.

하지만 우물파기 사업을 시작하는 것은 너무나도 어려운 일이었다.

"친구의 소파에서 지내면서 아무런 돈도 없는 상태로 어떻게 자선단체를 시작할 수 있을까?"

해리슨은 또 다시 자신의 15,000명의 친구들을 활용해 나이트클럽에서 본인의 31번째 생일파티를 열었다. 그곳에서 '채리티:워터'라는 새로운 사업을 출범시켰다. 그날이 2006년 9월 7일이었다. 해리슨은 생일파티에서 모금된 전액을 모두 우물 파는 일에 쓸 것이라고 약속하고, 사업의 관리운영비용을 지원해 줄 몇 명의 부유한 독지가를 찾았다. 약 700여 명의 친구들이 파티에 참석했고, 각각 20달러 정도의 금액을 후원하여 총 15,000달러를 모았다. 해리슨은 우간다 북부지역으로 가서 3개의 우물을 파고, 3개의 고장난 우물을 고쳤다. 자원봉사자들은 이 모든 상황을 사진과 영상에 담았고, 해리슨은 노트북 앞에 앉았다.

"우리는 파티에 참석했던 700명의 모든 사람들에게 사진을 보냈습니다. '당신이 후원한 금액은 20달러지만, 그 후원금이 우간다 북부에 미친 영향은 이토록 큽니다.'……"

이것은 해리슨에게 매우 중대한 순간이었다. 그는 자신의 인맥을 동원해 파티를 열면 상당한 액수의 후원금을 모금할 수 있다는 사실을 깨달았다. 실제로 그러한 파티에 참석한 모든 사람들이 주변의 누군가가 아프리카에 깨끗한 물을 제공하기 위해 후원하는 것을 보게 되면 모두들 후원에 동참하게 된다. 해리슨은 생일 기념일을 후원을 위한 축제로 바꿨다. 그는 술을 함께 마시는 무리들을 후원을 함께하는 공동체로 바꿨다. 이것이 그의 마케팅 전략의 씨앗이 됐다. 의미 있는 일을 하면서 즐거움을 함께할 수 있는 효과적인 방법을 사람들에게 제공하는 것이다. 해리슨은 이러한 후원 공동체를 기반으로 하여 전세계적으로 '물제국(water empire)'을 건설했다. 그는 사람들이 온라인상에 각자의 생일을 등록하고, 서약을 통해서 아프리카 사람들이 깨끗한 물을 마실 수 있도록 가시적인 도움을 달라고 설득했다.

왜 사람들은 자기 생일파티 대신 후원을 하는 것일까? 무엇이 그들로 하여금 남을 돕도록 하는 것일까? 뇌 연구에 따르면 도움을 줘야겠다는 생각이 들게 하는 그 무엇인가를 우리가 봤을 때, 뇌에서 화학물질들이 분비된다고 한다. 클레어몬트 대학원의 폴 자크(Paul Zak) 교수는 암에 걸린 아이에 대한 영상을 보게 되면, 뇌에서 두 가지 화학물질이 분비된다는 것을 발견했다. 하나는 코르티솔인데, 이 물질은 사람이 아픈 아이를 보았을 때 느끼는 고통을 반영하는 스트레스 호르몬이다. 또한 이 호르몬은 도전에 집중할 수 있도록 한다. 또 다른 하나는 신뢰 분자라 불리는 옥시토신인데, 이것은 사람들로 하여금 남을 돕고 싶게 만드는 화학물질이다. 아픈 아이의 비디오를 시청한 사람들에게 자선단체에 후원할 기회를 제공했을 때, 옥시토신이 더 많이 분비되는 사람일수록 더 많은 후원을 했다. 사실상 혈액 속의 옥시토신의 양은 후원금을 예측하는 강한 변수다. 자크 교수는 이를 "뇌에서 분비되는 화학물질의 변화를 통한 행동의 변화"라고 지칭한다. 이는 마치 스캇 해리슨이 기록물 형식의 영상과 사진을 이용해 많은 양의 옥시토신이 분비되도록 하는 것과 같다.

옥시토신은 출산시 분만을 촉진시키는 과정에서 왕성하게 분비되지만, 남성과 여성 모두에게서 발견되는 생식 호르몬이다. 이는 단순히 대화를 하는 것을 넘어 성관계를 가지거나 서로 안아주거나 좋은 느낌을 함께 하는 것과 같은 사회적 상호작용에서 나타난다. 자크 교수는 결혼식 전과 후에 참석자들의 혈액을 채취하여 분석한 결과, 결혼식이 참석자 모두의 옥시토신 수치를 치솟게 한다는 것을 알아냈다. 다른 사람들에게 더 큰 너그러움을 보이고, 어려운 사람을 위해 더 많은 후원을 한 사람들에게 옥시토신 수치는 더 높게 나타난다. 자크 교수와 그의 연구진이 사람들의 코-뇌로

이어지는 길에 옥시토신을 뿌렸을 때, 바로 더 너그러워진다는 사실을 발견했다. 그는 "우리는 사람들의 행동반응을 정원에서 사용하는 호스처럼 켰다 껐다 할 수 있었다." 라고 기록했다. 그는 기도를 하거나 노래할 때 옥시토신이 분비되는 것처럼, '채리티:워터'가 새로운 후원자를 찾을 수 있도록 큰 역할을 한 소셜 미디어에 참여하는 것 또한 옥시토신을 분비하게 한다는 사실을 알아냈다.

해리슨이 다시 아프리카로 돌아온 후, 좋은 우물을 파는 것은 생각보다 어려운 도전이었다. 탄자니아의 한 연구는 현존하는 시골의 우물 중 54%만이 제기능을 하고 있다고 밝혔다. '지방 상수도 연계망'이 발표한 자료에 따르면, 기니와 우간다의 우물은 75% 이상이 제기능을 하고 있지만, 콩고에서는 단지 33%만이 제대로 작동하고 있다. 말리의 메나카 지역에서는 단지 20%의 우물만이 작동하고 있다. '지방 상수도 연계망'은 대부분 구호금으로 만들어진 우물의 35%가 제대로 작동하지 않는다고 추정한다. 아프리카에서는 해외 원조를 받아 만들어진 약 50,000개 정도의 우물이 더 이상 작동하지 않고 있어, 그 우물을 파기 위해 사용된 3억 달러의 돈이 낭비되고 있다. 짐바브웨로 가족여행을 갔을 때, 우리는 불과 2년 전에 미국의 종교자선단체에서 막대한 비용을 들여 만든 수도시설이 더 이상 작동하지 않아, 마을 사람들이 다시 개울에서 먹을 물을 길어오는 것을 보았다.

펌프에는 몇 개의 값싼 고무 부품들이 있는데, 이 부품은 몇 년이 지나면 낡아서 떨어지게 된다. 그래서 아무도 우물을 관리하지 않는다면, 이 부품이 고장이 나서 펌프 전체가 작동을 멈추게 된다. 민간 업계에서는 2년 이내에 작동하지 않을 우물을 파는 것이 아무 의미 없는 일이라는 것을 잘 알고 있다. 하지만 원조업계에서는 눈으로 볼 수 있고 대단해 보이는 그 무

소셜 네트워크를 통한 우물 파주기 모금운동

엇인가를 전달하는 일에만 종종 초점을 맞출 뿐, 수년 동안 유지되고 기능하는지에 대해서는 많은 관심을 두지 않는다. 그것이 바로 일부 구호단체들만 우물을 수리하는데 매진하는 이유다(새 우물을 파는 것보다 고장 난 우물을 고치는 것이 비용이 더 적게 든다). 우물에 대한 진실은 미국 국내외의 모든 유형의 원조에서도 마찬가지다. 즉 실행은 굉장히 어려운 일이다. 남을 돕는 것은 후원모금을 위한 호소처럼 결코 쉬운 일이 아니며 험난하고 불확실한 과정이다.

물론 이것이 원조가 효과적으로 활용될 수 없다는 뜻은 아니다. 우리는 형편없이 계획된 우물 프로젝트가 후원금을 낭비하는 것을 직접 눈으로 확인했다. 그러나 동시에 잘 계획되고 운영되어 온 식수 제공 프로젝트 덕분에 설사로 인한 유아 사망률을 크게 낮춘 사실도 목격했다. 2004년 세계보건기구는 식수제공 및 보건위생을 위한 프로젝트의 비용과 효과를 면밀히 분석했는데, 1달러의 투자가 보통 5~11달러 정도의 훌륭한 효과를 낸다는 사실을 밝혀냈다.

더러운 물을 비롯한 공중위생에 대한 위협은 단지 사람들을 죽음으로 내몰기만 하는 것이 아니다. 그것은 모든 사람들에게 일종의 세금을 부과한다. 더러운 물로 인해 아프리카의 아이들은 장내기생충에 감염되어 설사로 고통받고 학교를 결석하거나 빈혈에 걸려 정신집중하기가 어렵게 된다. 아프리카의 여성들은 멀리 떨어져 있는 우물에서 물을 길어오기 위해 매일 몇 시간씩을 소비한다.(개발도상국에서 물을 길어오는 일은 변함없이 여성들의 일이다). 그래서 이들은 돈벌이가 되는 일을 하는 것은 고사하고, 모유수유나 자녀를 돌볼 시간조차 충분하지 않다. 또한 부모들은 딸들에게 학교를 그만두고 가족을 위해 물을 길어오게 하기도 한다. 따라서 깨끗한 물을 제공하는 것이 단순히 목마름을 채우는 것만은 아니다. 그것은 기회를 제공하는 일이다.

스캇 해리슨은 한 가지 결심을 했다. 그의 조직인 '채리티:워터'는 직접 우물을 파거나 관리하지 않겠다는 것이었다. 대신에 국제구조위원회나 현지의 조직들처럼 우물을 팔 수 있는 장비를 이미 가지고 있는 파트너들과 협력하면서, 그 조직들이 우물을 팔 수 있도록 재정적 지원만을 한다. 해리슨은 케냐에서 처음으로 직접 우물 몇 개를 팠었다. 하지만 그 지역의 지하수에는 많은 양의 불소가 포함되어 있었다. 그는 우물을 파는 일에 거금을 투자했지만, 물은 마실 수 없는 상태였다.

"우리가 일을 망쳤어요. 사실 우리가 무얼 하고 있는지 몰랐어요."

해리슨은 이렇게 회상했다. 우물파기 사업을 후원한 사람들은 잘못된 관리 혐의를 제기하며 그를 고소했다. 해리슨은 엄청난 충격을 받았다. 소송의 굴욕감을 극복할 수 없을 것 같았다. 결국 그는 '채리티:워터' 웹사이트에 그간에 있었던 일에 대해 글을 올렸고, 자신의 실수에 대한 책임을 회피하지 않았다. 마침내 논쟁은 해결됐다.

해리슨은 후원금의 투명한 사용을 위해 최선의 노력을 다했다. 하지만 이것이 오히려 당혹스러운 일을 만들기도 했다. 2010년 '채리티:워터'는 기념일을 맞아 중앙아프리카공화국의 외딴 지역에 거주하고 있는 바야카 피그미족을 위해 우물을 파주기로 했다. 특히 그날 저녁에 후원자들을 위한 비디오 영상을 상영하여 후원금이 어떻게 사용되었는지 볼 수 있도록 하겠다고 발표했다. 인터넷상으로 많은 사람들이 기대와 긴장 속에 영상을 지켜봤다. 하지만 기껏 판 우물은 마른 우물이었다. 후원자들은 수천 달러의 돈을 실패작에 투자한 것이다. '채리티:워터'는 위성장치까지 사용해 실패로 끝난 우물파기 영상을 전세계에 충실히 방송한 것이다. 마침내 다섯 번째 시도 끝에 성공적으로 우물을 팠지만 이미 6개월이 지난 후였다.

해리슨은 구호단체가 모든 것을 숨김없이 밝힌다면, 후원자들은 실패 또한 과업이 어려운 일이었음을 알려주는 증표로써 기꺼이 수용할 것이라 믿

소셜 네트워크를 통한 우물 파주기 모금운동

는다. 실제로 우리가 맨해튼의 소호에 있는 '채리티:워터'의 본사로 해리슨을 찾아갔을 때, 그는 솔직하게 단체의 최근 실패를 인정했다. '채리티:워터'는 에티오피아의 파트너 조직이 사용할 굴착장비를 구매하기 위해 14,000명의 후원자들로부터 120만 달러를 모금했고, 구매한 굴착장비를 밝은 노란색으로 칠하고 GPS 위치 시스템까지 부착했다. 우물을 팔 때마다 소식을 알리기 위한 트위터 계정이 만들어졌는데, 굴착장치가 마을로 옮겨지는 과정에서 그만 넘어져서 고장 나고 말았다.

마을 사람들이 굴착장비가 마을에 들어올 수 있도록 길을 새롭게 닦는 일을 도왔다는 사실에 주목하면서, 해리슨은 말했다.

"그들은 정말 그 외딴 마을에 우물을 파려고 노력했어요. 우리는 고장 난 장비를 대체할 것이고, 2주 안에 우물을 파기 시작할 겁니다. 하지만 나는 이런 상황을 안 좋게 생각하지 않습니다. 오히려 사람들에게 '이것 보십시오. 우리는 이렇게 우물을 파겠다는 단호한 의지를 가지고 있습니다. 이것은 쉽지 않은 일이고, 뒷마당에 구멍을 파거나 수영장을 설치하는 것과는 전혀 다른 일입니다.' 라고 말할 수 있는 좋은 기회라고 생각합니다."

해리슨은 사업개선 계획에 유지보수에 대한 계획을 포함시키고 지속적으로 '채리티:워터'의 모형을 개선시켜 나갔다. 유지보수는 현지의 파트너에 따라 다르지만, 기본적으로 현지의 수리직원을 교육시키고 그들의 업무를 재정적으로 지원하거나 또는 물을 얻는 대가로 적은 금액의 비용을 지불하도록 함으로써 이후의 수리비용에 드는 기금을 미리 조성하는 것 등이 포함됐다. 보통은 우물(또는 더 정확하게는 시추공; 아프리카에서 우물은 보통 손으로 파서 만들어지는 반면, 시추공은 기계로 파기 때문에 훨씬 더 깊은 우물을 팔 수 있다.)을 책임지는 '지역물위원회〈local water committee〉'가 구성되어 있다. 한 예로 중앙아프리카 공화국에서는 수리보수 직원이 우물의 예방정비를 위해 일년에 두 번씩 '채리티:워터'가 만든 우물을 살펴보는

데, 지역사회는 우물이 자신들의 자산임을 분명히 하기 위해 유지비의 40%(때로는 현금이 아닌 닭이나 염소로)를 부담한다. 또한 지역사회는 반드시 노동력을 제공해 우물파기 프로젝트에 기여함으로써 우물이 외부인들에게 받은 선물이 아니라 자신들의 것임을 확실히 한다.

'채리티:워터'는 몇 가지 주요 전략 때문에 미국에서 가장 빠르게 성장하는 자선단체 중 하나가 됐다. 첫 번째로 해리슨은 모든 관리비용을 부담해 줄 주요 후원자 집단을 확보했고, 이를 통해 '채리티:워터'에 후원되는 모든 기부금은 1센트도 남김없이 우물을 파는데 사용된다. 관리비용을 부담하는 이들 주요 후원자 집단은(트위터의 잭 돌시와 페이스북의 션 파커와 같은 전설적인 사람들이 포함되어 있다.) 심지어 신용카드로 후원한 기부금의 은행수수료까지 부담해 준다.

두 번째 원칙은 모든 것을 사진과 영상으로 남기고, 모든 후원금을 특정 프로젝트와 연결시키는 것이다. 당신이 우물 전체를 만들 만큼 충분한 돈을 기부했다면(손으로 파는 우물은 약 6,000달러이고, 기계로 파는 우물은 약 10,000달러 정도다.), 당신의 이름이 새겨진 표지판, 스티커, 또는 명판이 그 우물에 붙을 것이다. 사실상 채리티:워터는 우물에 대한 작명권을 파는 것이다. 하지만 당신이 단지 5달러만 후원했더라도 특정 우물을 파는데 재정적 도움을 준 것에 대한 감사표시로 우물의 GPS 좌표와 우물의 사진을 볼 수 있는 링크를 얻게 된다. 당신은 그것을 구글 어스(Google Earth)에서 찾아볼 수도 있고 '채리티:워터' 웹사이트를 통해 계속 지켜볼 수 있다. '채리티:워터'는 구글에서 지원받은 500만 달러의 돈으로 후원자들에게 물의 흐름을 스마트폰 앱을 통해 전달하고 있고, 우물의 작동이 멈추면 관리인들에게 그 사실을 알려주는 원거리 물 센서를 개발하고 있는 중이다.

세 번째 원칙은 입소문을 위해 소셜 미디어를 포함한 창의적인 마케팅을 활용하는 것이다. '채리티:워터'는 트위터에 140만 명의 팔로워와 현재 상당한 인기를 얻고 있는 인스타그램 계정을 사용해 눈부신 홍보 캠페인을 벌여오고 있다. 인기 있는 비디오 중의 하나는 맨해튼의 부유한 미국 가족이 자신들이 사는 호화로운 건물에서 나와 센트럴 파크에 있는 호수의 더러운 물로 제리 캔(jerry can)을 채우려고 줄을 서 있는 모습을 보여 준다. 그리고 엄마는 자녀들에게 탁한 물을 준다. 하지만 대부분의 메시지는 긍정적이다.

'우리는 세상 모든 곳에서 이런 일이 발생하는 것을 막을 수 있습니다. 당신이 적은 액수의 돈이라도 후원을 한다면 에티오피아인들 역시 더러운 물을 먹지 않아도 됩니다.'

해리슨은 사람들이 죄책감을 느껴 후원하도록 하지는 않는다.

"죄책감은 결코 후원을 하게 하는 요소가 된 적이 없습니다. 대신에 후원은 사람들에게 기회를 제공한다는 기쁨으로부터 비롯됩니다. 우물을 만들 수 있는 굉장한 기회를 갖는 것입니다!"

해리슨의 가장 성공적인 혁신 중 하나는 생일날 후원을 약속하는 개념이다. 이것은 해리슨이 '채리티:워터' 설립의 계기가 된 자신의 생일파티의 반향이라 볼 수 있다. 당신은 '채리티:워터' 웹사이트에 가입하여 후원대상을 선정하고, 친구들에게 생일선물 대신 우물이 없는 마을에 우물을 만들어 주기 위한 후원금을 보내줄 것을 요청하는 이메일을 보낸다.(이는 어린 레이첼 벡위드가 운명적인 사고를 당하기 전에 했었던 일이다.) 친구들에게 도움을 요청하는 것은 굉장히 영향력 있는 방법이다.

예일대학교의 사회학자인 니콜라스 크리스타키스(Nicholas A. Christakis) 교수와 그의 동료인 제임스 파울러(James H. Fowler) 교수는 '사회적 전염 효과'가 행복감, 비만, 낙관주의, 외로움, 이기심 등에 미치는 영향에 대해 선구적인 연구를 수행해 왔다. 그들은 너그러움은 일종의 전염성이 있다는 사실을 밝혀냈다. 크리스타키스와 파울러 교수는 주로 '죄

수의 딜레마'에 기반한 분석틀을 사용했는데, 이는 참가자들이 자신의 경쟁자와 협력할 것인지(두 참가자 모두 적당한 양을 가지게 되는 경우), 아니면 협력하지 않을 것인지(한 참가자만이 모든 것을 가지고 다른 참가자는 모든 것을 잃는 경우)를 선택해야만 하는 상황을 의미한다. 크리스타키스와 파울러 교수는 참가자들이 협력하게 되면 그들의 협력이 다른 참가자들에게 전파된다는 사실을 밝혀냈다. 결과는 3단계의 분리로 이어지는 도미노 효과 또는 협력의 연속이었다.

또한 과학자들은 다른 사람들이 지켜보고 있을 때 사람들이 더 너그러워지고 협력하게 된다는 사실을 밝혀냈다. 그것이 바로 누가 후원을 하는지 모두 볼 수 있는 생일후원을 약속하는 이유다. 생일후원은 매우 이타적인 사람들에게도 영향을 미치지만, 단순히 생일파티를 여는 대신 무엇인가 유익한 것을 하길 원하는 사람들에게까지 영향을 미친다. 그래서 '채리티:워터' 외에 다른 몇몇 단체도 생일후원을 진행한다.

"우리는 이것이 모든 사람들을 신나게 하는 것이라 생각해요. 생일을 떠올려 보세요. 모든 사람들이 매년 생일을 맞이하잖아요! 15,000명 정도의 사람들이 자신의 생일에 1,500만 달러를 모금합니다. 그렇지만 15,000명으로는 아직 적어요. 백만 명의 사람들이 1,000달러씩 내면 10억 달러를 모을 수 있는 겁니다." 라고 해리슨은 말한다. 단체가 설립된 지 6년이 흘렀을 때, '채리티:워터'는 1억 달러의 누계수익을 올렸고, 3백만 명 이상의 사람들에게 물을 제공했다.

사회적 기업에 투자하는 아큐먼 펀드의 설립자인 재클린 노보그랏츠 (Jacqueline Novogratz)는 말한다.

"해리슨은 우리 시대에 가장 중요한 사안 중 하나를 매우 매력적이고 설득력 있게 제기한 마케팅의 달인이라고 할 수 있습니다. 그것이 그의 재능이죠."

소셜 네트워크를 통한 우물 파주기 모금운동

또한 해리슨의 목표는 더욱 높아져 간다. 그의 목표는 10년 내에 총 30억 달러의 후원을 받아 1억 명의 사람들에게 깨끗한 물을 제공하는 것이다. '채리티:워터'의 성공은 자선활동이 결국 공동의 사회적 활동임을 알리는 후원단체들의 성공을 의미한다. 그래서 우리는 이러한 후원단체들을 후원공동체 또는 후원서클이라 부른다. '채리티:워터'는 사람들을 결속시키고 적절한 금액으로 이타적인 무언가를 성취했으며, 심지어 누군가의 생명을 살리는 일을 했다는 느낌을 갖게 해준다. 그것은 실로 대단한 사회적 활동이다.

조나단 하이트는 말한다.

"인간은 어떤 면에서 벌과 같아요. 우리는 열정적으로 사회적 집단 속에서 살아가게끔 진화했기에 공동체로부터 떨어져 나와서는 살 수 없어요."

함께 후원에 동참하는 소셜 네트워크는 새로운 것이 아니다. 따지고 보면 그것은 기독교, 천주교, 유대교 등의 신도들이 수세기 동안 작동해 온 방식이다. 같은 맥락으로 미국의 사립대학교들은 모금활동의 달인들이다. 그들은 졸업생들을 후원공동체로 변화시킨다. 이는 졸업생 후원을 이끌어내는 가장 효과적인 방법이기 때문이다. 구호단체들은 그러한 일에 오히려 더 서툴다.

갑자기 생겨난 일부 후원공동체들은 마치 교회에 가지 않는 사람들을 위한 교회처럼 몹시 단순하며 노력조차 기울이지 않는다. 예를 들어 사우스캐롤라이나 주 그린빌에 사는 네 아이의 어머니인 마샤 윌리스는 이타적인 무언가를 하고 싶었지만 시간적 여유가 없었다. 그러다 그녀는 깨달음을 얻었다. 매달 각자 음식을 하나씩 장만해 와서 친구들과 함께 저녁을 먹고, 만약 그날 저녁에 식당에서 저녁을 사먹었다면 지불했을 돈을 전세계의 여성들을 지원하는 자선단체에 후원하는 것이다.

월리스와 친구들은 2003년 1월에 처음 저녁을 함께했고, 750달러를 모금했다. 이것이 '다이닝포위민(Dining for Women)'의 첫 지부였다. 오늘날 '다이닝포위민'은 미국과 해외 전역에 420개 지부, 8,000명의 회원을 두고 있다. 이들은 39개국 40,000명의 여성들을 지원할 수 있는 수백만 달러를 모금했다. 종교 의식처럼 그 모임을 통해 구성원들은 유대감이 높아졌고 정신적 보상을 받았으며 모두가 행복감을 느꼈다.

다이애나 맥도너(Diana McDonough)라는 학교 변호사도 비슷한 깨달음을 얻었다. 이 할머니는 8명의 손주를 두었는데, 새로 태어난 손녀의 아름다움과 장래성에 감탄했다. 하지만 이 할머니는 자기 손녀가 많은 것을 누리는 반면 세상의 많은 다른 아이들은 매우 열악한 삶을 살아간다는 사실이 마음에 걸렸다.

"운이 좋아 내 손녀는 세계에서 가장 부유한 나라의 행복한 가정에서 태어났지만, 똑같이 그러한 삶을 누릴 자격이 있는 아이들이 가난과 궁핍 속에 태어나게 되죠. 세상이 얼마나 불공평한 것인지, 그런데도 내가 지금껏 그들을 위해 한 것이 아무것도 없었어요!"

그때 맥도너에게 불현듯 묘안이 떠올랐다. 그녀는 할머니들로 구성된 새로운 단체를 조직하고, 자신들의 손주에게 무언가를 줄 때, 훨씬 더 어려움에 처해 있는 아이들에게도 무언가를 주겠다는 서약을 했다. 이를 통해 '글로벌그랜드마더스(Global Grandmothers)'가 탄생했다.

맥도너는 이렇게 설명한다.

"기본 개념은 단순해요. 자신의 손주에게 무언가를 줄 때 어려움에 처한 아이에게도 베푸는 거예요. 손주와 어려운 아이들을 연결하는 후원이라고 할 수 있죠. 전세계의 아이들이 할머니들의 배려와 너그러움의 혜택을 받는 겁니다."

후원공동체는 일반적으로 돈을 기부하지만 시간이나 재능을 후원하기도

소셜 네트워크를 통한 우물 파주기 모금운동

한다. 비영리 영역에서 가장 필요한 것 중 하나는 어느 정도 규모의 회사라면 모두 보유하고 있는 인사관리, 마케팅, 고객관리, 정보처리 시스템 등을 포함한 수준 높은 사업기술이다. 따라서 사업역량을 후원하는 공동체는 큰 영향력을 미치는데, 이것이 정확하게 샌프란시스코의 '풀서클펀드(Full Circle Fund)'에 내포된 발상이었다. '풀서클펀드'는 2000년 8명의 성공한 실리콘 밸리 사업가와 벤처 투자가들이 큰 금액의 돈을 후원하는 것보다 자신들이 더 많은 것을 제공할 수 있다는 것을 깨달으면서 시작됐다.

그래서 이들은 교육, 환경, 국제경제기회(global economic opportunity) 등 세 개의 전문 분야로 구성된 후원서클을 만들었고, 현재 200명의 회원과 5명의 직원을 두고 있다. 매년 그들은 각 분야에서 몇 개의 비영리단체를 선정하고, 그들에게 단체를 잘 운영할 수 있도록 면밀한 조언을 제공한다. 이러한 아이디어는 부유한 후원자들이 제공하는 자선방식의 변화를 통해 비영리단체의 효율성을 더 높여주기 위함이다. 지금까지 '풀서클펀드'는 80개 이상의 비영리단체에 1,000만 달러 이상을 전달했고, 더욱이 조직운영을 위한 귀중한 전문 컨설팅을 8만 시간이나 제공했다.

기술회사의 임원이며 '풀서클펀드'의 회원인 로빈 조이(Robin Joy)는 다음과 같이 말한다.

"비영리단체에 단지 후원금을 제공하는 것보다 내가 가진 마케팅 기술이나 사업 전문성을 전수해 주는 것이 그들에게 훨씬 더 큰 영향력을 미칠 수 있습니다."

사람들에게 깨끗한 물을 제공하기 위해 밤낮없이 매진해 온 설립된 지 오래된 구호단체들은 '채리티:워터'의 성공에 분개했다. 그들은 '채리티:워터'를 침입자로 간주했고, 우물은 파지도 않으면서 유명 인사를 끌어들이고 언론의 관심만 키우는 신생 단체로 치부했다. 그들은 '채

리티:워터'가 복잡하게 얽혀 있는 해결해야 할 문제들을 단지 수술과정을 찍은 사진과 GPS 위치로 모두 담아낼 수 있는 것처럼 축소시키면서, 마치 우물을 파는 것이 전세계의 보건문제 해결의 전부인 양 지나치게 단순화시키는 것을 우려한다. 이러한 그들의 염려를 간과해서는 결코 안 되며, 모든 문제가 이러한 방식으로 사진에 담겨질 수 없다는 것은 틀림없는 사실이다. 하지만 이들은 중요한 사실을 놓치고 있다.

우물은 아프리카 지역 사람들에게 정말로 필요하고, '채리티:워터'는 그 우물을 파기 위해 필요한 자원을 동원해서 활용할 수 있는 창의적인 방법을 찾아냈다. 사실상 전기도 없는 전쟁터에서, 그것도 반란군들이 직원을 납치하려고 하는 상황에서 우물을 파는 것은 결코 쉬운 일이 아니다. 또한 서구 세계의 무관심한 사람들로부터 지지를 얻어 내는 것도 해결해야 할 문제다. 부유한 나라의 많은 사람들이 타인을 돕고자 하고, 또한 개발도상국의 10억 명이 넘는 사람들(그리고 선진국의 많은 사람들 역시)이 도움을 필요로 한다. 하지만 이들을 연결해 줄 충분한 연계장치가 아직은 없다. '채리티:워터'는 이들을 연계해 줄 연결고리를 만들었기 때문에 성공할 수 있었다.

우리는 때때로 불만을 표하는 회의론자들로부터 이런 말을 듣는다. "너무 많은 구호단체들이 수혜자가 아닌 후원자를 우선으로 생각합니다. 구호단체들은 뉴욕이나 런던의 헤지펀드 매니저들을 신경 쓸 것이 아니라 라이베리아나 인도의 빈민들의 욕구를 충족시키는데 초점을 맞춰야 합니다."

이에 대해 우리는 가장 중요한 것은 당연히 라이베리아 아이들의 욕구지만, 이들에게 도움을 줄 수 있는 가장 좋은 방법은 헤지펀드 후원자들의 만족감을 높이는 것이라고 대답을 한다.

스캇 해리슨은 더 이상 사치스러운 삶을 살지 않는다. 그가 매년 90번 정도 이용하는 비행기 출장 중, 비즈니스 클래스 좌석에 앉는 경우는 항공사

소셜 네트워크를 통한 우물 파주기 모금운동

가 좌석 업그레이드를 해줄 때 뿐이다. 그는 도박, 스트립 클럽, 마약을 끊었다. 그는 광고 디자이너였던 부인인 빅(Vik)을 '채리티:워터'에서 봉사활동 하면서 만났고, 그녀는 현재 '채리티:워터'의 광고제작 감독을 맡고 있다. 해리슨 부부는 엘리베이터가 없는 4층짜리 건물의 방이 하나밖에 없는 아파트에 살고 있다. 그들은 매년 소득의 25%를 후원하고 있는데, 후원금의 일부는 곧바로 '채리티:워터'로 전달된다.(2014년에 이 부부의 아이가 태어나면 그들은 후원비율을 20%로 낮출 지도 모른다).

해리슨은 말한다.

"우리는 검소하게 살아요. 자가용도 없지만 우리는 행복해요! 사실 너무 바빠서 돈 쓸 시간이 없어요."

한 소녀를 기리며

레이첼 벡위드는 남을 돕는 것에 놀랄 만큼 관심이 많았다. 그것은 어머니의 노력의 산물일 수도 있는데, 레이첼의 어머니는 불우한 사람들에 대한 이야기를 해주고 연민의 사례들을 알려주면서 레이첼에게 공감능력이 스며들도록 했다. 물론 레이첼이 대단한 공감능력을 가지고 태어나도록 축복받았을 수도 있다. 레이첼이 벌인 캠페인 덕분에 '채리티:워터'에 1,265,823달러의 성금이 모금됐고, 37,000명의 사람들에게 깨끗한 물을 제공할 수 있게 됐다.

레이첼의 가족들은 다른 사람들의 삶을 구하겠다는 희망으로 레이첼의 장기를 기증했다. 캘리포니아의 반도체 장비 제조사의 매니저인 53세의 마크 제이(Mark J.)는 신장기능에 문제가 있었고, 새로운 장기를 받기 위해 6년간 대기 명단에 올라 있었다. 그러던 중, 그는 병원의 의사로부터 전화를 받았다. 레이첼의 어머니 사만다 폴에게 보낸 이메일에서 그는 이렇게 설명했다.

병원에서 저에게 제 혈액형에 완벽하게 맞는 신장이 있다고 했습니다. 그 신장이 워싱턴 주의 벨뷰(Bellevue)에서 비행기로 운송 중이라고 했어요. 그들은 그 신장이 9살짜리 아이의 것이라고 했죠. 저는 병원으로 가는 내내 떨었어요. 제가 이렇게 운이 좋다는 것을 믿을 수가 없었죠. 제 건강은 더욱 악화되고 있었고, 몸에 물이 너무 많이 차서 몸이 붓는 바람에 청바지를 거의 입을 수가 없었습니다. 새로운 신장을 찾은 시점은 이보다 더 완벽할 순 없었죠. 그래서 저는 더 뭉클했어요. 그 아이의 가족분들은 소중한 딸을 잃었지만, 저는 새 생명을 얻었습니다.

레이첼이 죽은 지 1년 후, 사만다 폴은 딸이 후원해 만들어진 우물을 보기 위해 에티오피아로 갔다. 우물이 만들어진 마을의 교회에서 레이첼을

한 소녀를 기리며

에티오피아에 만들어진 우물에 있는 레이첼 벡위드의 추모비.

위한 추도식이 진행되었고, 그녀의 사진이 제단에 놓여 있었다. 목사는 추도식 전날 밤새도록 그녀와 그녀의 어머니를 위해 기도했다. 다른 마을에서는 처음으로 깨끗한 물을 사람들에게 제공한 그녀를 기리기 위해 '레이첼 공원'을 만들었다.

에티오피아의 착정(우물파기)단체를 이끄는 수장인 테크로이니 아세파(Tekloini Assefa)는 레이첼의 어머니와 모인 사람들에게 이렇게 말했다.

"사만다, 당신의 어린 딸은 우리 모두에게 영감을 주는 존재입니다. 끔찍한 상황으로 인해 레이첼을 잃은 것이 어떤 것인지 상상하는 것만으로도 우리는 침울하고 비통합니다. 이는 어떤 부모님이든 겪기 싫을 뿐 아니라 생각조차도 하기 싫은 일일 것입니다. 무엇보다 더 놀랄 만한 것은 레이첼이 그렇게도 어린 나이에 너무나도 넓은 마음을 가졌다는 것입니다. 그녀는 반대편 세상에 있는 사람들의 고통을 이해하고 함께 느꼈습니다. 자신의 생일선물을 포기하고 다른 아이들이 더 나은 인생을 살도록 한 것은 인간이 줄 수 있는 가장 아름다운 선물입니다.

17

이타주의자들의 생존

> 한 인간의 가치는 그가 관심을 가지는 대상에 의해 결정된다.
> 마르쿠스 아우렐리우스

우리는 왜 타인에게 관대하고 너그러운가? 우리는 왜 이타적일 수밖에 없는가? 다윈이 주장하듯이 인간의 삶은 생존과 진화를 위한 경쟁 아니던가? 그렇다면 왜 이기적인 유전자는 타인에게 너그러운 유전자를 없애버리지 못했는가? 왜 '적자생존의 원칙'은 오히려 연민과 공감의 감정을 키웠는가?

태초부터 이타적인 크로마뇽인은 위험에 처한 동료를 구하려다 오히려 자신이 죽음을 맞거나, 비축한 곡식을 이웃에게 너무 많이 나눠주다 음식이 부족해져 기아로 자식을 잃는 반면, 자기 자신만을 생각하는 이기주의자는 생존 확률이 더 높고, 자신의 이기적인 유전자를 후대에 물려줄 가능성도 더 높다.

너그러움의 진화에 관한 가장 수준 높은 설명 가운데 하나는 저명한 생물학자이며 인류학자인 크리스토퍼 보엠(Christopher Boehm)의 견해다.

이타주의자들의 생존

그는 적자생존의 원칙은 개인에게만 국한된 것이 아니라 사회적 집단에도 적용된다고 주장한다. 만약 한 무리의 사냥꾼이 서로 더 협력하면서 다른 사냥꾼을 위해 위험요인을 서로 살펴봐 준다면 그 무리는 더 번창하고 더 넓게 퍼져나갈 것이다. 따라서 협력하는 사냥꾼의 반대편에 위치한다고 할 수 있는 이기적인 사냥꾼 무리는 멸종되는 반면, 협력과 나눔을 좋아하는 유전자는 계속 살아남아 후대에 전달될 것이다. 다시 말해, 다윈이 주장한 것처럼 적자생존의 원칙은 개인의 수준을 넘어 집단 수준에도 적용되게 되는 것이다. 더욱이 수렵인들은 협동과 나눔에 크게 의존하기 때문에 누구든지 그러한 규범을 위반하면 처벌받고 때로는 처형되기까지도 한다.

너그러움이 이처럼 집단의 생존에 도움이 된다면, 문화적으로 그리고 생물학적으로 후대에 계속적으로 전해질 수 있을 것이다. '경쟁적 이타주의'라고 일컫는 견해에 따르면 이타심을 보여주는 사람들이 집단에서 높은 지위에 올라가게 되고, 그들은(그리고 그들의 자식은) 배우자로서 인기가 많아지게 된다. 실제로 한 연구에 참여한 학생들에게 일정한 금액의 돈을 주고 자신이 원하는 대로 나누도록 했을 때, 자기 자신의 할당량을 적게 책정한 학생들이 다른 학생들에게 더 존경을 받았고, 대개 집단의 리더로 선정됐다.

경쟁적 이타주의는 자선활동을 하면서도 과시하고 싶은 마음이 배어 있는 뉴욕의 자선모금 만찬의 참석자들에게나, 그리고 아시아나 아프리카에서 호화 결혼식이나 장례식을 치르는 모든 사람들에게 적용할 수 있는 개념이다. 심지어 가난한 집안조차도 이러한 기념행사에 엄청난 비용을 써서 외부인들의 기분을 상하게 만든다. 왜 자녀를 위한 학비 대신 사치스러운 마을 연회에 돈을 소비하는가? 경쟁적 이타주의의 맥락에서 보면, 호화스러운 연회를 제공하는 사람은 지위를 얻게 되고, 자식을 위한 더 나은 배필감을 구할 수 있으며, 그 결과 자식의 생식 가능성을 높인다.

이타주의의 원리와 어떻게 너그러움이 대대로 후손에게 전달되고 계승되는지를 이해하기 위해 우리는 신경과학자인 사리나 새턴(Sarina R. Saturn) 교수의 일련의 실험 하나를 관찰했다. 코밸리스에 소재한 오리건주립대학교의 작은 방 안에서 한 학생이 컴퓨터 앞에 앉았을 때, 새턴 교수는 그 학생의 머리, 몸통, 얼굴 등 몸의 여러 부분에 다양한 전기선을 부착했다. 새턴 교수는 학생에게 감동적인 오프라 윈프리 쇼를 보여주고 다른 방으로 건너가서 영상을 시청하는 그 학생의 반응—그의 신경 활동, 심장박동수, 호흡, 땀, 그리고 혐오감, 행복감, 슬픔 등을 포함한 얼굴 표정 등—을 보여주는 신호를 관찰했다.

장비는 심전도나 거짓말 탐지기처럼 보였다. 새턴 교수는 그 학생과 또 다른 실험 대상자들이 이타적인 행동을 하는 감동적인 영상을 보면 어떤 반응을 보이는지 알고 싶었다. 그들도 역시 남에게 베풀고 도움을 주고 싶어하는 반응을 보일까? 아니면 한번 웃고 모든 것을 잊어버릴까? 사람들이 이타적인 행동을 하는 다른 사람을 볼 때, 그들의 뇌와 몸에서는 어떤 일이 일어날까?

우리가 언급했듯이 이타주의의 핵심 동인 가운데 하나는 '신뢰 분자

오리건주립대학교 조교수인 사리나 새턴 교수는 이타주의에 근간이 되는 생명활동을 연구한다.

(trust molecule)'라고 일컫는 옥시토신이다. 새턴 교수는 이런 말을 했다.

"옥시토신은 '최고의 선행을 베푸는 사람의 생존'을 촉진하는 '사회적 접착제'와 거의 같은 것입니다."

그녀는 이것을 '진정제'와 같은 '동정 분자(compassion molecule)'라 불렀다. 이는 스트레스 반응을 진정시키고, 다른 사람에게 더 관심을 갖도록 하며, 특히 다른 사람의 눈을 더 주의 깊게 살피도록 한다. 우리가 어떤 사람의 눈을 다정하게 들여다보면, 그 사람은 아마 옥시토신을 분비하고 더 큰 동정심을 느끼게 될 것이다. 자신의 개와 눈을 맞추면, 더 많은 양의 옥시토신이 주인에게서 분비된다. 연구자들은 개에게서도 옥시토신이 분비될 것이라고 추측한다.

"자신의 인생에 옥시토신을 분비하게 하는 원천을 가지고 있는 사람들은 스트레스를 덜 받고 더 친사회적인 성향을 보인다. 그 원천은 애완동물이 될 수도 있고, 사랑하는 사람 또는 자식이 될 수도 있으며, 전반적인 사랑이 될 수도 있다."

새턴 교수는 위와 같이 설명한다.

옥시토신은 착한 일을 하면 기분이 좋아지게 하는 도파민과 세로토닌이라는 두 가지 신경전달물질과 함께 작용한다. 세로토닌은 옥시토신 그리고 도파민과 상호작용하여, 이타적인 행위를 했을 때의 결과물로서 행복감을 느끼도록 주도한다. 도파민은 초콜릿을 먹을 때 느끼는 보상의 감정과, 남에게 베풀 때 느끼는 벅찬 감정이 발생되도록 돕는다. 이것은 마이어(Mayr)와 하보우(Harbaugh) 교수가 뇌 촬영을 통해 중격핵(nucleus accumbens)에서 확인한 결과다. 옥시토신은 뇌의 아래쪽에서 움직이기 때문에 자세한 촬영이 어렵지만, 따뜻한 물에 목욕을 할 때 느끼는 것과 같은 느긋한 기분을 느끼게 해준다.

"옥시토신 덕분에 우리가 친사회적이고 이타적이 되었을 때, 신체적 보상을 받도록 되어 있는 거예요. 우리는 마음을 안정시키고 감정을 따뜻하게 함으로써 간접적으로 이러한 혜택을 보게 되는 거죠."

새턴 교수는 옥시토신 반응 강도에 있어 유전적인 차이를 밝혀내 개인의 타고난 이타주의 정도를 알아냈다. 가장 공감을 잘하는 사람들은 두 개의 'G' 대립유전자(GG)를 가지고 있다. 'G' 대립유전자는 유전자 코드의 4개의 기본적인 뉴클레오티드(핵산의 구성성분) 중 하나로 유전자 변이를 가능하게 하는 특정한 위치에 있는 옥시토신 수용체에 자리잡고 있다. 'GG' 대립유전자를 가진 사람들은 공감능력이 뛰어나고, 다른 사람들의 감정을 매우 잘 읽는다.

그들은 또한 스트레스를 덜 받고 연민을 더 잘 느낀다. 종종 전문가들은 'GG' 대립유전자를 가진 사람들을 '동정심' 유전자를 가지고 있다고 말하기도 한다. 반면에 두 개의 'A' 대립유전자(AA)를 가진 사람들은 남의 입장에서 생각하는 능력이 떨어지고 쉽게 스트레스를 받는다. 대부분의 사람들은 'GG'도 'AA'도 아닌 그 중간 어디에 위치하는 'AG'나 'GA'를 가지고 있다.

진화의 압력이 특정 인구집단으로 하여금 'GG' 또는 'AA'의 유전자형을 특별히 더 많아지게끔 했을 수도 있다. 새턴 교수에 따르면 다른 어떤 사회보다 미국인 중에 'GG' 유전자형을 가지고 있는 사람들이 더 많다고 한다. 반면에 동아시아 인구 중에는 'AA'형 유전자를 가진 사람들이 더 많다. 그러나 당신의 유전자형이 마음에 들지 않더라도 걱정할 필요는 없다. 어떤 것도 확정적이지 않기 때문이다. 인생 경험 때문에 우리 성향이 이타적으로 변화할 수도 있다. 새턴 교수는 너그러움은 어릴 때 양육되어진 방식, 친구들의 태도, 인생에서 경험한 트라우마, 살아가면서 받은 옳고 그른 영향에 의해 주로 형성된다는 사실에 주목한다.

새턴 교수는 실험실에서 이 영향력을 증명했다. 감동적인 영상을 보고 있는 오리건주립대학교의 학생을 '기능적 근적외선 분광기'라 불리는 fNIRS 와 연결했다. '기능적 원적외선 분광기'는 몸의 반응을 나타내는 신호와 신경활동 등을 측정하는 기기다. 연구 참여자들이 영상을 본 직후, 새턴 교수는 감동적인 영상을 시청하는 것이 사람들을 더 이타적으로 만든다는 사실을 보여주는 증거로써 그런 영상을 본 사람들이 그렇지 않은 사람들보다 더 많은 돈을 타인에게 기부하려고 하는지 확인하기 위해 그들에게 게임을 시켰다. 새턴 교수는 감동을 주는 영상이 사람들을 더 이타적으로 만들고, 인생에서 애정과 배려를 많이 받은 참여자들이 도움을 더 많이 주는 성향이 있다는 것을 밝혀냈다. 지금까지 소위 '도덕성 상승'이라 일컫는 감동을 주는 영상의 효과는 20분에서 30분간 지속되는 것으로 보이지만, 도덕성 상승을 일으키는 요소들이 반복적으로 제공되었을 때, 그 영향력은 더 긴 시간 동안 지속될 수 있다.

하지만 지금까지 말한 그 어떤 것도 도덕적 행동이 유전자나 환경에 의해 전적으로 결정된다는 것을 의미하지는 않는다. 실제로 몇몇 사람들은 이타주의와 도덕성이 유전적으로 결정되어진다는 견해에 대해 회의적이다. 브라운대학교의 진화생물학자인 필립 리버만(Philip Lieberman) 교수는 이타주의나 도덕성이 종종 '지나치게 단순화된 유전적 결정주의'로 과장된다고 주장한다. 리버만 교수는 도덕적 행동에 있어 생물학적 근거를 너무 깊이 찾는 것에 대해 경고한다.

1932년 독일의 공원에서 옷을 단정하게 차려입고 산책하던 한 가족이 도움을 청하거나 신고할 일이 뜻밖에 생기면, 그들은 공손하고 정중한 경찰을 만났을 것이다. 심지어 그 가족이 유태인이라 할지라도 말이다. 8년 후 같은 경찰이 널빤지 위에 발가벗겨진

세 살짜리 유태인 여자애를 보고 있는데, 피로 가득한 웅덩이 속에는 그애의 엄마, 아빠, 오빠, 언니의 시신이 피범벅이 되어 눕혀 있다. 그 경찰은 가지고 있던 권총으로 그애의 머리에 대고 방아쇠를 당겼다. … 선택적 일소(selective sweep, 유태인 말살 정책)는 단명한 나치시대 독일인의 도덕적 유전자를 대체하지 않았고, 1945년에도 그들의 도덕적 유전자 또한 돌아오지 않았다.

리버만 교수는 더 높은 수준의 이타주의(예를 들면 일종의 부모의 본능을 넘어서는 그 어떤 것)는 우리가 물려받은 '유전적으로 전달된' 염기를 기반으로 학습되고 양육돼야 한다고 주장한다. 리버만 교수의 회의론은 이타주의에 관한 연구가 아직 초기 단계이고, 그렇기 때문에 섣부른 가정이나 독단적인 결론에 유의해야 한다는 것을 상기시켜주는 유용한 주장이다. 인간의 행동과 보상체계는 매우 복잡하다. 하지만 적절한 천성과 양육이 병행된다면, 우리는 개인과 사회에 더 많은 이타적인 습관을 길러내고 함양할 수 있을 것이다.

요즘은 타인을 돕고자 하는 사람들의 지원 네트워크라 할 수 있는 이타주의를 위한 기반시설이 생겨나고 있다. 이러한 지원 네트워크에는 고등학생에게 부여되는 지역사회 봉사활동, 종업원들을 위한 매칭 기프트 프로그램, 거물들에게 후원에 대한 조언을 제공하는 '클린턴글로벌이니셔티브(Clinton Global Initiative)'와 같은 컨퍼런스, 그리고 직원들이 비영리단체를 위해 일하고자 할 때 6개월간 휴직을 허용하는 기업의 사회적 책임노력과 같은 것들이 포함된다. 이는 또한 '긍정적 감정'을 연구하고 장려하는 UC버클리대학교의 '그레이터굿사이언스센터(Greater Good Science Center)'와 같은 기관들의 네트워크도 포함한다.

'그레이터굿사이언스센터'는 심리학 교수인 다처 켈트너(Dacher Keltner)

이타주의자들의 생존

UC버클리대학의 심리학 교수인 다처 켈트너는 동정심의 신경과학을 연구하는 '그레이터굿사이언스센터'를 설립했다.

가 설립했다. 그는 무엇이 사람들의 인생을 의미 있게 하는지에 대해 평생 동안 연구해 왔고, 자신이 그 질문의 정답을 알고 있다고 생각하는 사람이다. 켈트너 교수는 긴 머리에 함박웃음을 짓는 히피 기질을 가진 사람이다. 그는 현대과학실험과 신경과학 그리고 통계적 분석 등을 통해 그의 숨김없는 적나라한 면을 보여준다.

켈트너 교수는 1960년대의 로큰롤 음악의 반문화적 정서와 보헤미안 정신의 중심이라 할 수 있는 할리우드 힐스의 로렐 캐니언에서 유년시절을 보냈다. 프랑크 자파(미국의 작곡가 겸 기타리스트), 짐 모리슨(도어스의 리드 싱어), 잭슨 브라운(가수 겸 반핵 운동가) 등이 그곳에서 꽃을 피웠다.

"제가 증거, 증명, 측정 등을 좋아하는 이유는 부모님께서 무모하고 터무니없는 면이 있으신 분들이어서 제가 그 분들의 주장을 평가해야 했기 때문인 것 같아요."

켈트너는 스탠포드대학교에서 심리학을 잠깐 접하고, 인간의 감정을 측정하기 위해 안면 근육의 움직임을 7년 동안 연구해 온 폴 에크만 교수의 추종자가 되었다. 켈트너는 에크만 교수의 '인간 상호작용 실험실(Human

Interaction Laboratory)'에서 그와 함께 연구하기 위해 UC샌프란시스코대학교으로 갔다. 그는 그곳에서 사람이 놀라는 반응의 크기는 그 사람의 기질을 보여주는 지표이며, 그 사람이 얼마나 불안해하고 경계하는지를 반영해 준다는 사실을 알았다.

"와인 한잔 마시며 자리에 앉아 있는 사람의 뒤로 살짝 다가가서 무거운 책을 그의 옆 탁자에 떨어뜨려 보세요. 그 사람이 너무 놀라 팔을 마구 흔들며 와인잔을 던지고 큰 비명을 지른다면 당신은 그가 일상의 스트레스와 고난을 어떻게 다루는지를 충분히 보여주는 몇 초간의 행동을 목격한 겁니다."

켈트너 교수는 인간은 아마도 40%의 자비심과 60%의 이기심으로 이루어진 서로 경쟁하는 충동이 마구 섞여 있는 존재일 것이라고 주장한다.

"우리는 완전히 이타적일 수도 있고, 살아남기 위해 신생아를 죽일 만큼 이기적일 수도 있어요. 우리는 대량학살을 할 수도 있고, 자선을 베풀 수도 있죠. 인간은 이처럼 다양한 성향을 가지고 있어요."

켈트너 교수는 인간의 성향이 이처럼 넓은 스펙트럼을 형성하고 있다는 사실이 바로 이 세상에 특별히 높은 수준의 옥시토신과 도파민을 가지고 중격핵을 다량 보유한 테레사 수녀와 같은 성인들이 존재하는 이유를 설명해 줄 수 있는 근거라고 말한다. 그리고 이들과는 전혀 다른 반대쪽 끝에 위치해 있는 사람들이 있다.

"저는 사람들을 속이고 골탕먹이는 마키아벨리안들을 연구해 왔어요. 그들은 '앞으로 나아가기 위해 다른 사람을 해치는 것은 괜찮아.', '모든 사람들은 결국 자기 자신의 이익을 추구할 뿐이야.' 또는 '난 아무도 믿지 않아. 대부분의 사람들은 범죄자고 선한 사람으로 가장했을 뿐이야.'라는 말을 할 거예요…"

다행히도 마키아벨리안들은 테레사 수녀와 같은 이들을 없애버릴 수 없었다. 그 이유는 동정심, 배려심, 협동심 등은 전염성이 있기 때문이다.

"사람들이 달라이라마와 함께 있다면, 사람들은 아마 '왠지 다른 느낌이 들어. 뭐든 기부하고 싶은 생각이 들어.'라는 생각을 할 거예요."

그는 단순히 'GG'인 사람의 배려 있는 행동을 보는 것만으로도 나 자신이 더 배려 깊어진다는 사실을 실험결과가 보여준다고 말한다.

켈트너 교수가 주장하는 것처럼 새턴 교수와 다른 연구자들이 "인간은 다른 사람의 선행에 의해 영감을 받을 수 있다."는 사실을 증명했지만, 반대로 엄청나게 많은 재산은 남에게 도움을 주거나 친사회적인 행동을 불러일으키는 본능을 억제시키기도 한다. 이는 사람들을 경계하게끔 한다. 한 흥미로운 실험은 연구 참여자들이 컴퓨터 화면보호기에 돈이 보이는 상황과 물고기가 보이는 상황을 경험하도록 했다. 돈이 보이는 화면보호기에 노출된 사람들은 그 이후에 혼자 하는 활동을 더 선호했고 나누고자 하는 경향이 줄어들었다. 그리고 다른 사람이 방에 들어왔을 때, 그 사람과 멀리 떨어져 앉기를 더 원했다.

또 다른 실험에서는 연구 참여자들을 무작위로 선정해, 한 집단은 다음 날 계획을 생각해보도록 하고, 다른 집단은 부동산 취득게임인 모노폴리 게임의 돈뭉치를 보면서 환상적으로 부자인 미래를 상상해 보도록 했다. 그 후, 누군가가 옆을 지나 가다가 넘어질 듯하면서 '우연히' 연필묶음을 엎어버리도록 했다. 돈뭉치를 보았던 사람들은 더 적은 양의 연필을 주워줬다.

또 다른 실험에서도 돈에 대해 드러나지 않게 생각을 한 실험집단은 자신들에게 주어진 2달러의 단지 39%만을 후원한 반면, 통제집단은 67%를 후원했다. 이 연구는 왜 가장 부유한 미국인 20%가 하위 20%의 사람들보다 소득의 더 적은 몫을 후원하는지를 설명해 준다.

마이어와 하보우 교수가 주장하듯이 습관은 형성될 수 있고, 동정심의 확산을 통해 시작될 수 있다. 미국 건국의 아버지 토마스 제퍼슨 역시 같은 생각이었다고 새턴 교수는 주장한다. 토마스 제퍼슨은 배려심의 힘에 대해 주목한 적이 있다.

"어떤 사람의 자선활동이나 고마움에 대한 표현이 자신의 눈앞에서 일어나거나 혹은 상상속에 나타났을 때, 우리는 그런 행동의 아름다움에 크게 감동하면서 우리 역시도 자선을 베풀고 고마움을 표현하고자 하는 강한 욕구를 느끼게 됩니다."

가난한 사람들의 자선활동

인간의 진화가 실제로 우리를 사회적이고, 이타심으로부터 만족감을 얻는 존재가 되게 했다면, 명백히 부자들만 그런 존재가 되게 한 것은 아니다. 실제로 가난한 사람이 오히려 남을 도움으로써 보람을 느끼도록 하는 시도들이 있어 왔다. 그 가운데 가장 흥미로운 시도가 바로 우간다의 '리스토어리더십아카데미(Restore Leadership Academy)'다. 이곳에 다니는 우간다의 가난한 학생들은 최고 부국인 미국 아이들을 돕기 위해 성금을 모금한다.

이 아카데미는 자립과 자기효능감(self-efficacy, 목표에 도달할 수 있는 자신의 능력에 대한 스스로의 평가)을 열정적으로 믿고, 그러한 자질을 물씬 풍기는 미국인 밥 고프(Bob Goff) 변호사가 설립했다. 그는 학교로부터 법학대학원 입학을 거절당했을 때, 법학대학원장이 자신을 받아줄 때까지 일주일 동안 학장의 집무실 앞에서 텐트를 치고 버틴 적이 있다. 수년 후, 우간다 여행의 베테랑이었던 고프 변호사는 2007년 단지 4명의 학생들을 모아 '리스토어리더십아카데미'를 시작했다. 이제 이 아카데미는 40명의 교사와 전직 소년병과 고아를 포함한 350명의 남녀 학생들이 다니는 중학교와 고등학교를 운영하고 있다. 그들 모두는 오직 가난과 갈등만을 알며 자라왔다. 공식적인 시험성적을 기준으로, '리스토어리더십아카데미'는 우간다 북부지역에서 학업순위로는 두 번째로 좋은 학교이며, 체육 분야로는 가장 좋은 학교다. 학생들은 학비의 일부만 부담하고 있으며, 학비, 식사, 학용품, 약품, 운동 프로그램 등을 포함한 나머지 경비는 후원자들이 지원한다. 한달에 30달러로 한 명의 학생이 아카데미를 다닐 수 있도록 후원할 수 있다.

고프 변호사는 학생들이 타인에 대한 의존도가 높아질 것을 염려하여,

우간다의 '리스토어리더십아카데미'에서 밥 고프와 학생들.

학생들 스스로를 자선의 대상으로 절대 인식하지 않게끔 했다. 학생들은 본인의 교육비를 충당하기 위해 직접 곡물을 심고, 재배하고, 판매까지 했으며, 우물 정비와 같은 공공서비스 프로젝트에도 참여했다. 그리고 아카데미는 사람들이 놀랄 만한 일을 제안했다. 바로 도움이 필요한 미국 아동들을 위해 성금을 모금하는 것이었다. 아카데미를 감독하는 '리스토어인터내셔널(Restore International)'의 상임이사인 데보라 에릭슨(Deborah Eriksson)은 이렇게 설명한다.

"우리는 아카데미의 아이들에게 권한부여의 느낌을 갖도록 해주고 싶었어요."

"우리는 아이들이 단지 도움을 받는 존재에서 '나도 충분히 힘이 있고, 남에게 베풀 수 있는 존재'라는 생각을 갖도록 하고 싶었어요."

아카데미는 미국 오리건 주의 포틀랜드에 기반을 둔 '멘토링프로젝트'를 후원대상으로 선정했고, 아빠가 없는 위기소년들을 지원했다. 아카데미의 학생들 역시 그들이 사는 동네에 아빠 없이 자라고 있는 많은 아이들이 있었고, 직감적으로 그들에게 멘토가 필요하다는 사실을 잘 이해하고 있었기 때문에 같은 상황에 놓여 있는 미국 아이들을 도와주는 단체에 대한 후원을 적극적으로 찬성했다. 우간다 학생들에게 부자 나라의 아이들을 돕는다는 것은 새롭고 신기한 일이었다.

"우리 아이들은 우간다에 여행 오는 서양인을 보면서, 그들이 굉장히 부자라고 생각했습니다."

에릭슨이 말했다.

"아이들은 아마 '서양에서 온 사람들은 저렇게나 돈이 많으니 우리를 많이 도와줄 수 있을 거야.'라고 생각할지도 모르죠. 우리는 그러한 생각을 바꾸고 싶었습니다. 왜냐하면 우리는 아이들이 '미국에서 온 사람들은 나를 도와주고 동정하러 온 거야.'라는 식으로 생각하기를 원하지 않았기 때문입니다. 우리는 아이들이 우정이라는 측면에서 생각하기를 원했습니다. 그리고 세상 곳곳에는 도움을 필요로 하는 사람들이 있다는 것 역시요."

'멘토링프로젝트'의 대표인 존 소워스(John Sowers)는 전쟁의 상처를 극복하고 있는 우간다의 빈곤한 아이들이 자신들을 후원할 계획을 하고 있다는 이메일을 받고 매우 놀랐다. 그는 '어떻게 이 아이들이 우리를 도울 수 있지?'라는 의구심을 품었다.

"전 생각했죠. '잠깐만. 내가 아프리카에 후원을 해주고 있는데, 아프리카로부터 후원을 받을 수는 없잖아?'"

그는 고프 변호사에게 이렇게 말했던 것을 회상했다.

"밥, 우리가 그 아이들의 후원금을 받을 수 있을지 모르겠네요."

이에 고프 변호사는 답변했다.

"이 아이들이 누군가를 도울 수 있다는 사실을 알게 해주는 것이 우리가 그들을 위해 할 수 있는 최고의 일입니다."

'리스토어리더십아카데미'를 졸업하고 대학에 다니면서 변호사가 되기를 꿈꾸고 있는 사무엘 오보마(Samuel Oboma)는 아카데미 학생들이 미국 아이들을 돕는 것에 열성적이었다고 말한다. 사무엘의 아버지는 그가 태어나기 일주일 전에 우간다 북부지역의 전쟁터에서 사망했고, 어머니는 일자리가 없었다. 그래서 그는 남에게 베풀 여유가 전혀 없었고, 이것이 미국의 불우한 아이들을 도울 수 있는 기회를 더욱 특별하게 느끼게 해줬다.

사무엘은 이렇게 말한다.

"그것은 굉장히 놀랍고 멋진 일이죠. 아프리카나 세계의 어느 특정 지역에 있는 사람들만 도움이 필요한 게 아니잖아요. 어려움을 겪고 있는 사람에게 도움을 주는 것은 훌륭한 일이에요. 인종이나 피부색에 상관없이 세계 어디에서든 그들을 도와줄 책임이 있어요."

소워스는 점점 우간다의 학생들로부터 후원금을 받고자 하는 마음이 커졌다.

"저는 처음에 그 아이들을 희생자로 보려고 했었죠. 실제로 그들은 희생을 당했고요. 그런데 고프 변호사는 그 아이들에게 권한부여하는데 초점을 맞췄고, 그렇기 때문에 그 아이들이 우리에게 후원을 하게끔 한 것이었죠. 우간다의 학생들이 미국에 도움을 준다는 것이 얼마나 대단한 생각입니까. 그 아이들은 미국과 우간다, 그리고 세상 모든 사람들에게 영향을 미치는 것이죠. 이러한 생각이 저를 완전히 바뀌게 했어요."

지금까지 우간다의 아이들은 830달러를 모금해 미국의 아이들을 위해 멘토의 훈련, 지원, 모집 등에 필요한 자금을 후원한다. 매월 우간다 학생들은 25달러 정도의 돈을 모금한다.

18

기부를 통한 자기치유

> 치료는 시간을 다투는 사안이지만,
> 때론 기회의 문제이기도 하다.
>
> 히포크라테스

카탈리나 에스코바(Catalina Escobar)는 대단한 행운이 따라다니는 모든 것을 가진 여자처럼 보였다. 부친은 고향인 콜롬비아에서 시작한 철강사업의 성공으로 엄청난 부를 쌓았다. 그녀는 보스턴대학교를 졸업하고 보고타대학교(콜롬비아 국립대학교)에서 경영학 석사학위 취득 후 국제은행가로 일했는데, 얼마 안 되어 자신의 국제무역회사를 설립했다. 그녀는 콜롬비아의 어마어마한 재벌가 자제와 결혼해 화려한 부부의 연을 맺었다. 부부는 사랑스러운 자녀 둘과 함께 방탄 리무진을 타고 아메리카 대륙에서 가장 아름다운 도시 중 하나인 카르타헤나(콜롬비아 북부, 카리브해 연안도시)의 고대 거리를 활보했다.

카탈리나 부부는 카르타헤나에서 보고타로 이사했다. 그들이 이사한 8층 아파트에는 이삿짐 박스가 잔뜩 쌓여 있었다. 어느 날 아침 10시 30분, 카탈리나는 직장에서 17개월된 막내아들 후안 펠리페(Juan Felipe)의 유모로부터 충격적인 전화를 받았다. 막내아들 후안 펠리페가 박스더미에 올라가 놀다 8층 발코니에서 아래로 굴러떨어졌다는 것이다. 그 사고로 아들은 목숨을 잃었다.

그 뒤 헤어날 수 없는 슬픔으로 하루하루를 지내던 카탈리나는 이 비극 속에서 의미를 찾으려 했다. 하지만 그녀 자신을 다른 류의 죄책감으로 시달리게 하는 일주일 전의 사건이 계속 머리에 맴돌았다. 카탈리나는 공공병원의 산부인과 병동에서 일주일에 두 번씩 봉사활동을 했는데, 그곳에서 몇몇 환자, 직원들과 가까워졌다. 어느 날 카탈리나는 십대 미혼모를 만났는데, 그 십대 미혼모는 약값 단돈 30달러가 없어서 결국 아들을 잃고 울고 있었다. 아들을 잃은 십대 미혼모의 슬픔은 카탈리나를 울컥 치밀어 오르게 했다. 그녀는 "그 돈이 지금 내게 있는데…"라는 생각을 계속했다. 똑같이 자식을 잃은 슬픔을 겪은 카탈리나는 그 십대 미혼모와 강한 유대감을 느꼈다.

며칠 후 카탈리나는 가족들과 함께 고급 레스토랑에 갔는데, 식사 도중 그녀는 감정을 주체하지 못하고 울기 시작했다. 그녀는 우리 가족 한 사람의 밥값이 그 십대 미혼모의 죽은 아들을 살릴 수 있는 약값보다 훨씬 더 비싸다고 말했다.

"우리는 한 아이의 목숨을 먹고 있는 거예요."

카탈리나가 울부짖었다. 그 레스토랑에서 카탈리나와 남편은 종이 위에 막내아들 후안 펠리페를 추모할 수 있으면서 자식을 잃고 괴로워하는 또다른 엄마들의 수를 줄이기 위한 방안에 대해 계획을 세웠다.

이것이 카르타헤나에서 가난한 십대 미혼모 자녀의 사망률을 줄이고 아이들을 위한 보육환경을 개선하며 구직을 위한 직무기술을 가르치는 '후안 펠리페재단(Juan Felipe Foundation)'이 설립된 유래다. 2002년에 설립된 이 재단은 빠르게 성장해 카르타헤나의 여성 수천 명을 지원하고 있다. 재단은 머지않아 메델린과 다른 도시의 여성들도 지원할 예정이다.

카탈리나의 이런 노력은 자선활동이 바로 자신의 치유와 회복을 위한 활동이라는 것을 보여주는 좋은 예다. 베푸는 것은 받는 사람들에게 권한부여를 할 뿐만 아니라 베푸는 사람에게도 역시 권한부여를 한다. 이런 사실이 점차 증명될수록, 더 많은 사람들과 기관들이 베풂을 치유와 회복을 위한 전략으로 받아들이고 있다. 때때로 이것은 아동기에 부모에게 받은 학대를 극복하거나, 우울증이나 정신건강상의 문제들을 조금씩 사라지게 하는 방법이 되어 왔다.

사랑하는 사람을 잃거나 직장을 그만둬야 하는 위기가 닥치면, 사람들은 자신들이 훗날 물려줄 유산에 대해 더 깊이 생각해 보게 된다. 역설적이게도 사람들이 외부로 눈을 돌리고 다른 사람을 도우려고 할 때는 바로 자신이 마음의 상처를 받았거나 슬픔을 느낄 때다. 여기서 우리는 타인을 위한 삶을 사는 것이 어떻게 자신의 성장과 회복을 위한 길이 될 수 있는지를 알아보고자 한다.

카탈리나와 재단 사람들은 갱단이 실질적으로 지배해서 경찰도 어찌하지 못하는 카르타헤나의 가장 척박한 빈민가에서 활동한다. 우리가 한 빈

콜롬비아 카르타헤나에서 그녀의 프로그램에 참여한 십대 미혼모를 위로하는 카탈리나 에스코바.

민가를 방문했을 때, 갱단이 가까운 고속도로 쪽으로 갑자기 몰려나와 바리케이드를 설치하고 차량을 털었다. 우리는 왜 경찰이 출동하지 않느냐고 묻자, 주민 한 명이 불만이 가득한 목소리로 이렇게 말했다.

"제가 여기 사는 동안 누군가를 도우려 경찰이 출동한 것을 본 적이 없어요. 우리들 누군가 죽어야 오죠."

우리는 '후안펠리페재단'이 도움을 주고자 하는 십대 미혼모를 만나기 위해 빈민가로 갔다. 재단은 매년 1월과 7월, 200명이 넘는 위기에 처한 십대 소녀들, 즉 일반적으로 임신을 했거나 막 십대 미혼모가 된 소녀들을 지원한다. 이들을 재단으로 데려와 첫 6개월 동안 의료 및 건강관리, 상담, 직업 훈련 등의 도움을 제공한다. 이것은 위기에 처한 십대 미혼모에 초점을 맞춘다는 점에서 '간호사-가정 파트너십'과 비슷하다. 하지만 이들 간의 상호교류는 집이 아니라 대부분 카페, 회의실, 치료실, 아이 놀이방 등을 구비하고 있는 아름다운 재단의 캠퍼스에서 이루어진다. 십대 미혼모들은 매일 재단까지 오는 교통비를 지원받는다.

빈민가에서 잔인한 성폭행과 수년간의 폭력을 견딘 열일곱 살 소녀 록산나는 이렇게 말한다.

"저는 여기서 웃는 법과 제 자신을 소중히 여겨야 한다는 것을 배웠어요."

사실 '여권신장'은 구호단체에서 너무 많이 사용해 그 의미를 잃어가고 있는 슬로건의 하나다. 그러나 록산나의 사례는 '여권신장'이 실제로 무엇을 의미하는 것인지를 보여주는 좋은 예다. '후안펠리페재단'의 프로그램에 참여하면서 록산나는 성폭력은 절대 용납할 수 없는 일이고, 여성들이 어떻게 서로를 위해 일어서야 하는지에 대해 배웠다.

어느 날 그녀는 집에 가는 길에 공터를 지나다가 여자 아이의 비명을 들었다. 록산나는 가던 길을 멈춰 서서 여자 아이가 울면서 "안 돼! 안 돼!"라고 부르짖는 소리를 들었다. 그곳은 우범지역이라서 어떤 사람이든 황급히 피해 갔을 것이다. 하지만 자신 역시 어릴 적 성폭행당한 아픈 경험이 있던 록산나는 막대기를 집어들고 공터로 향했다. 그곳에서 그녀는 여섯 살짜리 여자 아이를 성폭행하고 있는 한 남자를 목격했다.

록산나는 "뭐하는 거야! 그러면 안 돼! 부끄러운 줄 알아!"라고 소리를 지르며 막대기로 남자를 후려쳤다. 그놈은 도망치기 시작했고, 록산나는 계속 그를 때리면서 쫓아갔다. 그런 후, 그녀는 다시 돌아와 그 여자 아이를 진정시키고 가족에게 무사히 돌아갈 수 있도록 도와주었다.

물론 카탈리나 에스코바는 결코 아들 후안 펠리페를 잃은 상처로부터 완벽하게 회복될 수 없을 것이다. 아마 어떤 부모도 자식을 잃은 충격을 완전히 극복하지는 못할 것이다. 처음에 카탈리나는 자기 아이를 자랑스럽게 안고 있는 수백 명의 엄마들에 둘러싸여 자식을 잃은 슬픔을 마음속에 간직한 채 다른 엄마들을 위해 일하기가 쉽지 않았다.

"제게는 어려운 시간이었어요. 처음엔 큰 걱정이었죠. 모든 아이들이 다 제 죽은 아들로 보였으니까요."

하지만 카탈리나는 록산나와 같은 빈민가 소녀들의 인생을 변화시키기 위해 자신을 내던졌고, 이 과정에서 그녀는 자신보다 훨씬 더 슬프고 불행한 이들을 보았다. 그녀는 이런 소녀들 중 많은 아이들이 기회가 주어진다면 그 기회를 잡기 위해 노력하고 자신의 인생을 바꾸려 한다는 것을 알게 됐다. 이제 록산나와 같은 카르타헤나의 소녀들은 잔잔한 물결을 일으키면서 다른 사람들의 인생을 변화시키려고 한다. 카르타헤나의 관광산업이 성장함에 따라 몇몇 소녀들은 훌륭한 호텔과 레스토랑에서 일을 하면서, 자신들이 결코 누리지 못했던 양육방식으로 자녀를 키우고 있다. 카탈리나는 후안 펠리페에 대해 이야기하거나 30달러가 없어 아이를 잃은 십대 미혼모 이야기를 할 때면 아직도 눈물을 흘린다. 하지만 그녀는 숭고한 목적으로 가득 찬 새로운 인생을 살고 있다.

율레이디스 페냘로사의 이야기를 들으며 상담실 바닥에 앉아 있는 카탈리나의 표정에서 어머니의 자신감 같은 것을 볼 수 있었다. 율레이디스는 밝은 갈색 피부와 까만 머리의 계란형 얼굴을 가진 어린 소녀인데 자신이 경험한 잔인함과는 전혀 어울리지 않는 침착함과 차분함을 보여주고 있었다.

"제 인생은 일곱 살 때 외삼촌에게 강간당하면서 바뀌었어요."

율레이디스가 말하기 시작했다. 성폭행은 3년 가까이 지속됐고, 아홉 살이 되면서 저항하기 시작했다.

"이렇게 오랫동안 셀 수 없이 성폭행당하는 것에 이제 지쳤어요."

그녀는 할머니에게 모든 것을 털어 놓았다. 할머니는 외삼촌에게 문제를 삼고 따져 물었지만 외삼촌은 성폭행을 부인했다. 가족들은 그렇게 역겨운 일이 사실일 리 없다고 오히려 율레이디스를 의심했고, 사건은 그대로 묻혀버렸다. 그 후 율레이디스가 외삼촌과 단 둘이 집에 있게 되었을 때, 외삼촌은 율레이디스에게 보복하기 시작했다.

"외삼촌은 큰 물탱크에 나를 처넣어 익사시키려고 했어요. 그는 '널 가만 안 둘 거야! 널 물에 빠트려 죽여버릴 거야!'라고 했어요."

율레이디스는 살려달라고 빌면서 이 말만 반복했다.

"아무에게도 말하지 않을게요!"

그제야 외삼촌은 그녀의 머리를 물탱크에 쑤셔 넣는 것을 멈췄다.

3일 후 율레이디스는 혼자서 마을 경찰서를 찾아갔다. 그녀는 미소 지으며 무슨 일이냐고 묻는 경찰관 앞에 섰다.

율레이디스가 말했다.

"저는 3년 동안 외삼촌에게 성폭행당했어요."

경찰관은 즉시 상사인 경위에게 알렸고, 경위는 율레이디스의 이야기를 들은 후, 자기 아내를 불러 율레이디스와 이야기를 나누도록 했다. 경위의 아내는 따뜻한 마음을 가진 편안한 사람이었다. 그녀는 율레이디스를 병원으로 데리고 갔으며, 그곳에서 성폭행이 자행되었음을 확인했다. 외삼촌은 체포됐다.

율레이디스는 그녀의 지갑에서 빛바랜 신문지 한 조각을 꺼냈다.

"저는 항상 이것을 가지고 다녀요."

그녀는 조심스럽게 신문지 조각을 펼치며 말했다. 살짝 누런 빛을 띠고 너덜너덜한 신문지 조각에는 그녀의 외삼촌이 미성년자를 성폭행해 체포되었다는 기사가 실려 있었다.

사회복지시설에서 몇 개월을 보낸 후, 율레이디스는 싱글맘인 엄마에게 돌아가 함께 정상적인 삶을 되찾으려 노력했다. 하지만 율레이디스가 열두 살이 됐을 때, 엄마가 병원에 입원해 400달러의 치료비가 필요했다.

"돈이 없어서 저는 어쩔 수 없이 몸을 팔기 위해 거리로 나갈 수밖에 없었어요. 저는 '나는 이미 이 전쟁에서 졌어. 난 이미 더럽혀졌으니 엄마를 지킬 수만 있다면 어떻게 되든지 상관없어.'라고 생각하고 10명의 손님을 받았죠."

율레이디스가 조심스레 회상했다.

율레이디스가 열네 살이 됐을 때, 포주는 더 많은 돈을 벌 수 있다고 하면서 마약밀매를 제안했다. 한 도시에서 다른 도시로 마리화나나 코카인을 옮길 때마다 그녀는 300달러를 받았다. 얼마 동안 이 일은 순조롭게 진행되는 것처럼 보였지만, 결국 그녀와 친구인 열아홉 살의 캐터리나는 10kg의 코카인을 옮기다 경찰에 적발됐다. 경찰이 쫓아오자 두 사람은 가방을 버리고 가까스로 도망쳤다. 어렵게 위기를 모면한 두 사람은 마약 밀매업자들에게 상황을 설명하기 위해 산타 마르타로 갔다. 그러나 마약 밀매업자들은 크게 화를 냈다.

"그들은 쇠몽둥이로 우리를 때리기 시작했어요."

율레이디스가 회상했다. 그들은 소녀들을 발가벗기고 시뻘겋게 달궈진 쇠막대기로 고문하기 시작했다.

"우리에게 왜 이러는 거예요?"

율레이디스는 악을 썼다.

"너희들이 마약가방을 그냥 내버리고 오는 바람에 모든 게 틀어졌단 말이야."

마약 밀매업자 한 사람이 율레이디스를 고문하며 소리쳤다.

율레이디스는 그당시 고문 때문에 생긴 다리 상처를 보여주었다. 그러나 그보다 더한 일이 발생했다. 그들 중 한 명이 캐터리나의 머리에 총을 쏴 그녀를 죽여 버렸다. 율레이디스는 기절한 척하고 마약 밀매업자들이 자신을 때리는 동안 꼼짝하지 않고 누워 있었다. 그들이 다 떠나고 난 후, 율레이디스는 알몸으로 피범벅이 된 채 들판을 지나 길가로 도망쳤다. 지나가던 트럭기사가 알몸 상태로 미친 듯이 뛰고 있는 열네 살짜리 소녀를 보고 속도를 낮춰 차에 태운 후 재킷으로 덮어줬다.

율레이디스는 몹시 허약해진 상태로 카르타헤나에 돌아와 학교로 복귀했다.

"저는 새로운 삶을 원했어요."

율레이디스가 말했다.

그녀는 '후안펠리페재단'을 통해 웨이트리스가 되고 싶어 공부를 시작했고, 좋은 호텔의 커피숍에서 인턴생활을 했다. 인턴십을 하는 율레이디스를 찾아갔을 때, 그녀는 우리에게 카푸치노를 만들 수 있고, 디저트 포크와 식사용 포크를 구분할 수 있으며, 샴페인잔과 와인잔을 구분할 수 있다고 자랑스럽게 말했다.

"호텔 일을 배우는 것이 너무 좋아요."

기부를 통한 자기치유

그녀는 진심으로 말했다.

우리와 함께 있던 카탈리나는 자부심으로 가득 차 있었다. 율레이디스가 자리를 뜨자 카탈리나는 우리에게 이렇게 속삭였다.

"율레이디스와 같은 친구들이 오히려 내 멘토예요. 그들은 내게 많은 것을 가르쳐 주죠. 그들은 정말 내게 많은 것을 줬어요."

우리는 카탈리나와 일주일을 보냈는데, 빈민가 소녀들을 위한 그녀의 헌신적인 희생과 소녀들의 인생에 불러일으킨 변화에 경외심을 느꼈다. 콜롬비아는 전통적으로 부유한 엘리트들이 가난한 사람들에게 어떠한 관심이나 동정심도 보이지 않는 나라다. 그것이 콜롬비아에서 계속해서 내전이 일어나고 있는 이유 가운데 하나다. 그러나 이곳에도 변화가 시작됐으며, 카탈리나는 이 변화의 상징이다. 이제 콜롬비아의 부자들은 혹독한 경험을 통해 제 아무리 가장 높은 담벼락과 최고의 경비원들이 있어도 가난과 절망에서 야기된 격동으로부터 자신들을 완전히 보호할 수 없다는 사실을 깨달았다. 비록 너무나도 느린 속도지만 콜롬비아 엘리트들은 불평등, 빈곤, 교육기회 결여 등과 같은 사회적 문제들을 해결하기 위한 조치를 취하기 시작했다. 가장 놀랄 만한 일은 콜롬비아의 부자들이 서민들을 위한 사회안전망을 개선하기 위해 세금을 더 내는 것에 동의했다는 점이다. 콜롬비아는 여전히 갱단의 폭력과 매우 높은 십대 임신율 등을 포함한 많은 사회 문제를 안고 있지만, 지금까지 문제해결을 위한 노력에 상당한 진전이 있어 왔다.

최근 학계에서는 남을 도와주는 것이 자신에게도 힐링이 된다는 주장을 지지한다. 봉사활동은 사망률을 낮추고, 신체기능과 건강상태를 향상시켜 주며, 우울증상과 고통을 완화시키고, 더 큰 삶의 만족도를 가져다준다. 세인트루이스에 위치한 워싱턴대학교의 낸시 모로우-하웰 교수는 60세가 넘은 사람들을 대상으로 조사를 실시했다. 조사결과, 비록 봉사활동 시간이 한 주에 약 3시간을 넘어가면 그 결과에 별 차이는 없지만, 더 많은 시간을 봉사에 할애한 사람들이 더 높은 행복감을 느낀다는 사실을 밝혀냈다. 또 다른 연구도 한 해에 40~100시간의 봉사활동을 하는 것은 건강에 도움이 되며 사망률도 낮춘다는 사실을 밝혀냈다. '외상후 스트레스 장애'와 다른 중병을 앓고 있는 미국의 참전용사들의 경우에도 사회적 활동이 치유에 특히 효과적이라는 것을 보여준다.

티모시 스미스는 이라크에서 사제폭발물에 의해 8명의 전우를 잃은 2004년 4월 29일의 사건에 대해 이야기하기를 여전히 어려워한다. 스미스는 아직도 유황 냄새를 견디지 못하며 독립기념일의 폭죽 소리조차 듣지 못한다. 그는 아직도 한밤중에 깨어나 본능적으로 침대 밑의 무기를 찾는다.

스미스는 2007년 2월에 전역했지만 6개월간 직업을 찾지 못했다. 전쟁의 기억이 그를 뒤집어 엎어버릴 것만 같던 그 무렵이 그에게 가장 힘든 시기였다.

"저는 그때 생각할 시간이 너무 많았어요."

그가 말했다. 스미스가 찾을 수 있는 유일한 일자리는 우체국의 아르바이트뿐이었다. 그래서 그는 학사학위 취득을 위해 몇 과목의 수업을 들었고, 가족들과 잘 지내려고 힘겨운 노력을 했다.

"나는 짜증이 났고 화가 났어요. 아내가 무슨 말을 하면 난 입을 닫았죠."

그는 전문가의 도움을 청했고, '외상후 스트레스 장애'라는 진단을 받았다. 누군가가 공공서비스 일을 하는 참전용사들에게 급료를 주는 '미션컨티뉴즈(The Mission Continues)'라는 단체를 그에게 소개했다. 스미스는 가족을 먹여살리기 위한 돈이 필요했기에 그곳에 지원했고 회원으로 가입했다.

기부를 통한 자기치유

'미션컨티뉴즈'는 2007년 로즈 장학생(Rhodes scholar)이자 해군 특수부대 네이비씰의 일원인 에릭 그라이튼스(Eric Greitens)가 조직했다. 그라이튼스는 허리가 꼿꼿하며 몸이 호리호리한 전직 권투선수다. 그가 열정적으로 말할 때면, 그의 파란 눈은 레이저처럼 집중했다가 활짝 웃으며 부드러워진다. 그라이튼스와 38명의 직원들은 6개월짜리 프로그램을 만들었는데, '미션컨티뉴즈'가 수용할 수 있는 수의 10배에 달하는 참전용사들이 관심을 보일 만큼 아주 훌륭한 프로그램이었다. 이 프로그램은 그라이튼스가 대학 시절인 1990년대에 보스니아와 르완다의 난민수용소를 방문한 경험을 바탕으로 형성한 철학을 담고 있다. 그라이튼스는 보스니아의 수용소에 있는 사람들 중 부모와 조부모들은 돌봐야 할 자식과 손자들이 있기 때문에 수용소생활을 가장 잘해낸다는 사실에 주목했다. 가장 최악은 십대들이었다.

"그들 십대들은 사회적 목적을 가지고 있지 않았어요."

그라이튼스는 말했다.

수용소의 리더들이 난민들에게 도전의식을 북돋우려고 했을 때, 다양한 활동을 조직하고 아이들을 가르치는 데 열의를 보이면서 적극적으로 참여한 난민들은 자신들을 이끌어 갈 동기를 발견하고 더 잘해내는 경향을 보였다.

"봉사활동 참여요청에 응한 십대들은 이를 통해 적응하고 변화하며 회복할 수 있었어요."

힐링을 위한 인도주의적 지원과 지역사회 전략에 대한 논문으로 박사학위를 취득한 후, 그라이튼스는 네이비씰에 지원했다. 그는 아프가니스탄, 동남아시아, 케냐, 이라크 등에 파견되었는데, 얼마 되지 않아 폭력사태와 맞닥뜨렸다. 이라크의 팔루자에서 그와 동료들이 잠자리에서 일어난 어느 날 아침 6시, 그들은 박격포 공격을 받았고, 그의 막사는 폭발로 날아가 버렸다. 그의 친한 전우 한 명이 머리에 부상을 당해 그의 피가 그라이튼스에게 튀었다. 그라이튼스는 군인들이 이러한 전쟁통을 벗어나 다시 일상생활로 돌아가 적응하는 것이 얼마나 어려운 일인지를 잘 알고 있었다. 그는 일상생활로의 복귀 여부는 목적의식을 찾는 것에 어느 정도 달려 있다고 말한다. 군인들은 전투에서의 사명감을 부여받고 있지만, 일상생활로 돌아오게 되면 갑자기 목적을 잃어버리게 된다는 것이다. 그라이튼스는 전역 후 사명감을 북돋아줌으로써, 전역 후 참전용사들이 일상생활에 더 잘 적응하도록 할 방법이 있다고 주장한다.

그라이튼스는 '미션컨티뉴즈'의 동료들을 위해 새로운 프로그램을 운영하기 시작했다. 그 프로그램은 유대감을 돈독히 하기 위해 팀워크를 이뤄 문제를 해결하는 극한의 육체적 도전이 수반되는 것이었다. 그들은 함께 먹고, 공부하고, 봉사했다. 오리엔테이션이 끝날 무렵, 그들은 사회에 봉사를 하겠다는 맹세를 한다. 그리고 그들은 자신이 선택한 기관에서 6개월간 공공서비스 업무를 한다. 매달 그들은 사무실과 각자의 집에서 개별적인 목표를 세우고 달성하면서 자신의 생애진로계획을 세운다. 프로그램이 끝나면 퇴역 군인들은 어떤 일자리나 교육 프로그램 또는 봉사 조직의 한 자리

에릭 그라이튼스(왼쪽), 팀 스미스(오른쪽)와 그의 부인 테리(가운데).

에 진출하기를 기대한다. 2011년과 2012년, 프로그램 참가자 중 84%가 프로그램을 끝마친 후 6개월 내에 이러한 목표를 달성했고, 이제는 남을 도와주는 일에 전념함으로써 회복의 길로 접어들었다.

이라크의 참전용사 티모시 스미스는 바로 이러한 성공을 거둔 사람이다. 그는 2008년 3월, 프로그램을 시작했고 지역의 참전용사병원에서 또래 상담자로 활동하면서 다른 참전용사들에게 재향군인관리국의 관료체계를 다루는 방법에 대해 조언했다. 처음에 그는 혹시라도 다른 참전용사들에게 잘못된 정보를 줄까봐 긴장하고 두려워했다. 그러나 프로그램을 진행하면서 그는 자신이 "드디어 한 사람의 인격체로서 성장했다."고 말한다. 스미스는 자신과 같은 문제를 갖고 있거나 더 심한 문제를 안고 있는 사람들을 보았다. 이를 통해 그는 자신의 문제를 더 정확하게 볼 수 있게 됐고, 사명감과 목적의식을 갖게 됐다.

프로그램이 끝난 후, 스미스는 새로운 사업(참전용사들을 야간에 고용해 낮에는 학교에 다닐 수 있게 하는 청소회사)에 관한 27장 분량의 사업계획서를 작성했다. 그가 사회복지 석사학위를 취득한 2010년 말, 그는 사업자등록을 냈다. 2011년 1월, 그는 자신에게 도움을 주고자 하는 베트남 참전용사와 첫 계약을 맺었다. 스미스는 계약을 맺자마자 퇴역기금에서 5,300달러의 노후대비자금을 인출했다. 그는 재향군인을 위한 작업선(作業船)이라는 의미의 '워크베셀즈포베테랑(Work Vessels for Veterans)'이라는 단체를 통해 추가로 지원금을 받기도 했다. 스미스의 회사가 출범했다.

그는 이렇게 말한다.

"인생은 짧아요. 그러니 계획이 있다면, 꿈을 위해 전진해 나가야 합니다."

현재 스미스는 네트워크를 형성해 참전용사들을 모집한다. 15명의 회사 직원들은 오후 3시 30분부터 밤 11시 30분까지 주로 학교에서 바닥을 벗겨내 새로 깔거나, 복도, 화장실, 교실 등을 청소하고 다른 관리업무들을 수행한다. 그들은 모두 참전용사이기 때문에 그들만이 사용하는 은어를 쓰면서 굳건한 유대감을 형성하고 있다. 그들은 자신들을 한 부대에 속한 대원들로 생각하며 회사 내에 그들만의 명령체계를 수립해 놓고 있다.

스미스는 그의 회사를 '미션컨티뉴즈'의 축소판으로 여겼고, 직원들이 전쟁터에서 일상생활로 문제 없이 복귀하는 것을 돕는 일에 초점을 맞췄다.

그라이튼스는 이렇게 설명한다.

"팀(Tim:티모시 스미스)이라는 친구는 스스로를 이렇게 말하지 않겠지만, 사람들에게 일자리를 제공할 뿐만 아니라, 자기 인생을 롤모델로 제공해 그들의 인생에서 다음에는 어떤 단계를 밟아 나가야 할지에 대해 매우 효과적이고 영향력 있는 조언을 해줍니다."

스미스가 걸어온 길은 남을 돕는 행위가 어떤 면에서는 자기 자신의 상처를 극복할 수 있게 해준다는 사실을 반영한다. 이 분야는 사회과학자들이 아직도 탐구 중이다. 우리가 육체적으로나 심리적으로 상처를 입었을 때, 우리는 몸을 웅크리고 숨고 싶어한다. 하지만 역설적이게도 그때가 바로 밖으로 나가 남을 돕기 위해 노력해야 할 때다. 이것은 한번쯤 의문을 가져볼 만한 일이다. 많은 사람들이 타인을 돕는 일에 조금 더 참여함에 따라 그 혜택이 오히려 자신들에게 돌아온다면, 우리는 왜 재앙이나 비극이 타인을 돕는 촉매제가 될 때까지 기다리는가?

경력 활용을 통한 인생 이모작

우리가 제1장에서 살펴봤던 레스터 스트롱은 TV 방송국의 간부이자 기자로서 성공적인 직장생활을 해왔고, 보스턴에 있는 방송국에서 뉴스 앵커로 직장생활을 마쳤다. 이런 그의 직장경력은 펜실베이니아 브래독에서 보낸 그의 어린 시절과는 전혀 다른 것이었다. 어린 시절 초등학교 3학년 때 담임선생님은 스트롱의 책상을 복도로 치워버리고, 배울 능력이 없다고 하면서 육체노동 외에 어떤 것도 할 수 없는 존재로 간주했다. 이제 스트롱은 보스턴에서 중요한 존재이며 백악관에서도 환영받는 인물이 됐지만, 쉰 살이 되자 그는 사람들에게 무언가를 돌려줄 수 있는 새로운 일을 할 준비를 했다.

스트롱은 TV 앵커를 그만두고 비영리 단체에서 다시 일을 시작했다. 2009년, 그는 55세 이상의 봉사자들을 불러모아 저소득층 아이들이 다니는 학교에서 읽기와 다른 과목의 공부를 도와주는 단체인 '익스피어리언스코프스(Experience Corps)'를 조직하고 최고책임자가 됐다. 또한 스트롱은 더 많은 봉사자들을 모을 수 있기를 바라며 '전미퇴직자협회(AARP: American Asociation of Retired Persons)'와의 합병을 진두지휘했다.

훈련과 소정의 급료를 받는 '익스피어리언스코프스'의 봉사자들은 일반적으로 유치원생부터 초등학교 3학년 학생들을 대상으로 학교에서 매주 15시간씩 자원봉사를 했다. 봉사자들은 아이들에게 읽기나 도서관 이용방법뿐만 아니라 멘토링을 제공할 수 있을 만큼 정서적 유대감을 형성하기 위해 특정한 아이들에게 도움을 제공한다.

많은 연구들은 '익스피어리언스코프스'가 아이들의 읽기능력을 향상시킨 것은 물론, 봉사자들에게도 도움이 된다는 사실을 밝혔다. 봉사자들은 평소에는 하지 않을 학교계단을 오르락내리락하면서 운동을 하고 강한 목적의식을 얻는다. 그들은 학생, 선생님 그리고 다른 봉사자들과 함께 일을 하면서 사회적으로 더 많이 관여하고 참여한다.

존스홉킨스대학교의 미셸 칼슨(Michelle C. Carlson) 교수는 무작위 대조군연구를 통해 '익스피어리언스코프스' 봉사자들의 총명함이 통제집단에 비해 향상되었다는 사실을 밝혀 냈다. 일반적으로 노인들은 공항의 항공관제 시스템이 수행하는 기능과 비슷하게 계획과 조직을 수행하는 정신적 과정을 의미하는 집행기능에 장애를 보인다. 그러나 칼슨 교수는 이러한 집행기능이 손상되기 시작한 사람들이 자원봉사를 시작한지 6개월 후, 통제집단과 비교해 44%에서 51%의 향상을 보였다고 밝혔다.

두 번째 연구에서는 '익스피어리언스코프스'에 참여하고 있는 사람들의 63%가 이전보다 더 활동적으로 변했다고 응답한 반면, 통제집단은 단지 43%만이 더 활동적으로 변했다고 답했다. 특히 '익스피어리언스코프스' 참가자들의 44%가 이전보다 더 강해진 것처럼 느껴진다고 한 반면, 통제집단은 18%만이 그같이 답했다. 또한 자원봉사자들은 이전보다 넘어지는 횟수가 절반 이하로 줄었지만, 통제집단은 오히려 약간 더 증가한 것으로 나타났다. 칼슨 교수는 '익스피어리언스코프스'의 봉사자들과 봉사활동에 참여하지 않은 사람들의 뇌를 살펴봤는데, 봉사자들에게서 인간의 뇌가 경험에 의해 변화하는 능력을 의미하는 신경가소성((神經可塑性, Neuroplasticity)이 향상되었다는 사실을 발견했다.

"흥미로운 사실은 나이 먹은 노인의 뇌일지라도 우리가 풍요로운 환경을 제공하면, 그들의 전전두엽 피질(prefrontal cortex)의 기능을 향상시킬 수 있는 무언가를 우리가 할 수 있고, 이를 통해 노년을 더 잘 보낼 수 있게 도움을 줄 수 있다."

칼슨 교수에 따르면 실행제어와 기억력 향상의 한 가지 장점은 치매발병을 늦출 수 있다는 것이다.

경력 활용을 통한 인생 이모작

칼슨 교수의 뇌 검사 실험대상 중 한 명은 66세의 로디 힐이었다. 그녀의 어머니, 언니, 오빠들이 모두 연달아 사망했기 때문에 그녀는 깊은 우울증에 빠졌다. 하지만 그녀는 '익스피어리언스코프스'에서 자원봉사활동을 함으로써 가족 잃은 슬픔을 극복할 수 있게 됐고 지역사회로 복귀할 수 있었다고 말한다.

"전 그 아이들을 너무너무 사랑해요. 그 아이들에게 베푸는 만큼 나도 되돌려받아요."

결과는 공생하는 관계다. 우리가 앞서 언급했던 노인봉사자들에 대한 연구를 하고 있는 머로우-하웰 교수는 이렇게 말한다.

"공립학교는 도움이 필요하고, 노인들은 경험, 시간, 열정 등을 가지고 있어요. 중요한 사실은 노인들이 도움을 줄 수 있다는 겁니다. 그들은 아이들이 글을 읽을 수 있도록 가르칠 수 있다는 거죠. 그러나 정말로 좋은 건 무엇인지 아세요? 바로 부수적인 이득이 있다는 거예요. 즉 그것은 자원봉사를 하는 사람들에게도 역시 좋은 일이라는 것이죠. 그것은 아마 가장 좋은 건강증진 프로그램 중 하나일 거예요."

그러므로 노인들이 스트롱처럼 '경력 활용을 통해 인생 이모작'을 함으로써 사회적 기업 혁명에 합류하는 것은 놀라운 일이 아니다. 이는 유급일 수도 있고 무급일 수도 있지만, 개인적 성취가 중요한 요소다.

'경력 활용을 통한 인생 이모작'의 이론가인 마크 프리드먼은 'Encore.org'라는 단체를 운영하면서, 두 번째 직업을 가져 인생의 큰 변화를 이룬 소수의 남녀에게 해마다 10만 달러의 '목적상(Purpose Prize)'을 수여한다. 프리드먼은 인생의 새로운 단계가 그 실체를 드러낸다고 말한다. 프리드먼이 보기에 이 새로운 단계는 어떤 사람의 주된 직장생활이 끝나고 난 후, 10년, 20년, 심지어 30년이 지난 뒤의 시기지만, 그 사람이 병약해지기 전까지의 시기다. 이 기간에 사람들은 여전히 종일제나 시간제로 일할 수 있고,

대체로 급여 수준보다는 일이 주는 의미에 더 관심을 갖는다. 그런 사람들은 비영리 분야에서 매우 필요로 하는 평생 갈고 닦은 사업역량을 보유하고 있다. 은퇴자들이 골프나 치며 여생을 보내기보다는 더 많은 사람들이 레스터 스트롱처럼 경력 활용을 통해 인생 이모작을 실천한다면, 우리들 베이비붐 세대는 우리가 젊은 시절에 해왔던 것처럼 이 사회에 엄청난 결실을 안겨줄 것이다.

19

백만 송이의 꽃을 피우다

> 누군가의 이야기가 마음에 들지 않는다면,
> 자기 자신의 이야기를 써라.
>
> 치누아 아체베 (1930.11~2013.3 나이지리아 시인, 소설가, 교수. 2007 맨부커상 인터내셔널 부문 수상.
> 현대 아프리카 문학의 아버지.)

엘리자베스 샤프는 하버드대학교 경영대학원과 케네디스쿨에서 공동학위과정을 밟고 있었다. 그녀는 아프리카 남부에 위치한 모잠비크의 수도, 마푸토에서 여름방학 동안 일할 기회를 얻었다. 그곳의 여성 상사는 여직원들이 생리기간 동안 결근하는 것에 대해 불만을 터뜨렸다. 마푸토의 여성들은 생리대를 구매할 여력이 없어 생리기간 중 남의 눈에 띄지 않도록 집 안에서 지낼 수밖에 없었다. 가을이 되어 다시 하버드대학교로 돌아온 샤프는 방글라데시, 니카라과 등 다른 나라에서 온 친구들에게 생리대 문제에 대해 들어본 적이 있는지 물어보았다. 그들은 당연히 알고 있다고 대답했다. 그 중 한 명은 여학생들이 집에서 지내는 이유에 대해 설명했다.

"만약 칠판 앞으로 불려나갔는데, 치마 뒤에 얼룩이라도 묻어 있으면 어떡하겠어? 생리대를 살 수 없으니 집에 있어야지."

이 문제에 대해 생각할수록 샤프는 더욱 분노가 치밀었다. 어린 여학생들이 생리대를 살 여력이 없어서 학교를 결석한다고? 여성들이 생리대가 없어 출근을 못한다고? 더구나 이런 문제를 논의하는 것조차 안 된다고? 결국 샤프는 변화를 일으키는 혁명에 동참했다. 그것은 실패의 위험을 감수하더라도 자신들의 손으로 더 나은 세상을 만들기 위해 노력하는 사회적 기업가들의 운동이었다.

남을 돕는 것이 오히려 자기 심신을 회복시키고 힐링된다면, 왜 그것을 생활의 일부분으로 삼지 않는가? 이러한 접근방식은 더 큰 행복과 사회적 목적을 찾는 청년들과 노인들에게 공감을 얻고 있다.

변화를 만드는 전통적인 방식은 대개 보수적이고 수동적이며 위험을 무릅쓰기보다는 회피한다. 과거에는 크리스마스 시즌을 앞둔 12월에, 수표책을 꺼내서 마음에 드는 자선단체에 후원을 했다. 하지만 그것으로 끝이었다. 요즘은 점점 더 많은 사람들이 엘리자베스 샤프처럼 온몸을 던져 활동하고, 자선단체나 사회적 기업에 관여하면서 가족과 친구들까지 참여하도록 유도한다. 개리 슬럿킨은 그 어떤 누구도 실행한 적이 없는 것에 대한 비전을 가지고 있었다. 그래서 그는 '큐어바이올런스(Cure Violence, 폭력을 근절하려는 목적을 가진 단체)'라는 단체를 설립해 폭력근절을 위한 사업을 시작했다. 이는 소말리아 의사인 하와 압디 박사도 마찬가지였다. 우리에게 계속적으로 떠오른 생각은 이러한 변화를 이끄는 사람들이 너무나도 부유하거나 좋은 인맥을 가진 사람들이 아니라 가장 끈질긴 민초들이라는 것이다. 그렇다. 대법원의 수석 재판관인 얼 워런은 차별을 종식시키기 위해 큰 영향을 미쳤다. 로사 파크스도 역시 마찬가지였다.

변화를 일으키기 위해 앞장선 이들은 많다. 그 대표적인 인물들로는 '그라민 은행'의 무하마드 유누스와 그의 방글라데시 동포이자 '브락(BRAC: 방글라데시의 서민금융을 지원하는 세계적인 비영리단체)'의 설립자인 파즐 하산 아베드 경, 현재 전세계 1,700만 명의 사람들에게 안과치료 서비스를 제공하고 있는 '유나이트포사이트(Unite for Sight)'를 대학교 2학년 때 창립한 제니퍼 스테이플-클라크, 보건 분야 자선조직 중 최우수 단체로 여겨지는 '파트너즈인헬스(Partners in Health)'의 폴 파머 박사, 세계에서 가장 큰 풀뿌리 민간단체 중 하나인 인도의 '자영업여성연합(Self Employed Women's Association)'을 창립한 엘라 바트 등을 들 수 있다.

이들 단체들은 사회적 기업가들이 놀랄 만한 성과를 올릴 수 있고, 국제적으로 존경받을 만큼 큰 영향력을 가질 수 있다는 사실을 우리에게 보여준다. 경제 영역에서 대기업은 물론 새로운 사업영역을 개척하는 벤처사업가들이 필요한 것처럼, 인도주의 영역에서도 '케어', '세이브더칠드런', '국제구호위원회', '머시콥'과 같은 주요 비영리 구호단체들의 전문성뿐만 아니라 새로운 인도주의적인 프로그램이 필요하다.

샤프는 하버드대학교에서 석사과정을 마치자마자 아프리카와 아시아에서 프랜차이즈 시스템을 구축해 현지 여성들에게 저렴한 생리대를 만들어 판매할 회사를 구상하기 시작했다. 샤프는 생리대 10개가 들어있는 1팩이 1.10달러에 불과한 가장 값싼 중국산을 구할 수 있는 르완다를 방문했다. 샤프는 마을사람들에게 컨설팅을 해줄 수 있는 일꾼, 농업 전문가, 섬유공학 교수 등으로 이루어진 팀을 꾸렸다.

그들은 스스로에게 질문을 던졌다.

'흡수력이 정말 좋고 쉽게 구할 수 있으며 값도 싼 재료가 어떤 것이 있을까?'

그들은 많은 재료들 중에서 카사바 나뭇잎, 바나나 나뭇잎, 바나나 나무의 섬유질, 감자 뿌리, 발포 고무 매트리스, 직물 조각 등으로 선택대상을 좁혔다.

샤프가 말했다.

르완다에서 바나나 섬유질 생리대의 원자재 옆에 선 엘리자베스 샤프.

"우리는 분쇄기를 르완다에 가지고 와서 감자와 카사바 나뭇잎 등을 끓이고, 재료들을 이것저것 섞어보기 시작했어요. 흡수력을 측정하기 위해 콜라를 부어 봤는데, 바나나 섬유질이 콜라를 쭉 빨아들이더라고요."

하버드대학교 경영대학원 졸업동기들이 금융권에서 여섯 자리 숫자의 연봉을 받고 있을 때, 샤프는 훌륭한 아이디어를 가진 사회적 기업들에게 재정적인 지원을 해주는 '에코잉그린(Echoing Green)'에서 일하며 불과 3만 달러의 연봉을 받았다. 그녀는 바나나 나무의 섬유질을 주원료로 하여 마침내 생리대를 만들어 냈다. 그 생리대는 자연분해되면서 10개 묶음의 1팩이 단지 60센트에 불과한 매우 저렴한 생리대였다. 샤프가 설립한 '지속가능한 건강 기업(Sustainable Health Enterprises: SHE)'은 바나나 섬유질 생리대를 제조하기 시작했고 르완다에서 시범판매를 했다. 샤프의 팀은 생리대 공급망을 구축했는데, 이 공급망은 대부분이 여성들로서 600명에 달하는 소규모 바나나 재배 농가의 농부들로 구성되어 있다. 구호단체들은 이 공급망을 통해 고아원, 학교, 난민수용소 등에 생리대를 나눠주기 위한 기금을 마련하는 일을 한다.

바나나 섬유질 생리대는 아직 갈 길이 멀다. 특히 전문 제조기술이 사실상 존재하지 않고, 생리대를 판매할 만한 명확한 시장이 형성되어 있지도 않은 나라에서는 더욱 그렇다. 대부분의 신규 벤처기업들이 실패하는 것처럼 많은 사회적 기업들 역시 실패한다. 샤프의 '지속가능한 건강 기업' 역시 그럴지도 모른다. 아프리카 빈민들에게는 60센트의 생리대 1묶음이나 1.10달러짜리 생리대 1묶음이나 비싸기는 마찬가지일 수 있다. 물론 모든 것이 잘 진행되어 생리대 프랜차이즈가 전국에 널리 퍼져서, 생리관리가 어려워 자퇴하는 딸을 위해 생리대를 쉽게 사줄 수도 있다. 그렇다고 해서 이 소녀들이 모두 학교를 계속 다닐까? 그 역시 확신할 수 없다.

네팔의 한 연구에 따르면, 소녀들이 생리대의 중요성은 인정하지만, 그것 때문에 학교 출석률이 더 높아지는 것은 아니다. 인구협회가 수행한 말라위의 연구에 따르면, 생리대보다 오히려 자전거 덕분에 더 많은 아이들이 학교에 간다. 반면에 가나의 한 연구는 시골 소녀들이 생리대를 구할 수 있게 되자 학교 결석률이 현저히 감소한 사실을 보여준다. 다른 사람들은 생리통이 생리대만큼 장애가 되기 때문에 오히려 아스피린이 생리대보다 결석률을 감소시키는 데 더 효과적이고 저렴한 방법이라 생각한다. 결국 이 모든 것은 복잡한 문제다. 샤프는 숭고한 실험을 하고 있다. 하지만 벤처 사회적 기업가들은 종종 실패한다. 국내외에서 빈곤문제 해결을 위해 애쓰는 모든 사람들은 좋은 의도와 열심히 일하는 것만으로는 충분하지 않다는 것을 알게 된다. 생리대가 문제를 완전히 해결하지는 못할지라도 완화시키는 것은 분명하다. 그것이 일반적으로 현실세계에서 문제를 해결해 가는 방법이다. 점진적 개선을 통해서 말이다.

벤처사업을 시작하는 사회적 기업가가 증가하면서 대규모 빈곤퇴치 조직들은 오히려 실망감을 느낀다. 빈곤퇴치 조직들은 자신들이 전문성, 경험, 회계기준을 보유하고 있고, 특히 변화를 가장 효과적으로 일으킬 수 있는 일정 이상의 조직규모를 갖추고 있다고 생각한다. 그럼에도 일반 대중은 증명된 성과가 전혀 없는 사회적 기업을 지지한다는 것이다. 여기에는 그럴 만한 무엇인가가 있다. 스스로 만들어 가는 벤처들은 대개 배경이 되는 매력적인 스토리와 사람들을 끄는 단순함을 가지고 있다. 하지만 사회적 기업가들은 실리를 좇는 사업경험이 없기 때문에 어려움을 겪는다. 스스로 무언가를 시작하는 것은 낭만적이고 대단한 일처럼 보인다. 하지만 그것은 말라리아에 걸리기라도 하거나, 자신이 도와주려는 사람에게 오히려 강도를 당하게 되면 곧바로 사라질 수도 있다. 새로운 사업들은 대부분 실패하고 영향력을 거의 확장하지 못하는 것이 사실이다. 사업 실패는 자신이 도우려 했던 바로 그 사람들을 저버리게 되는 것이다.

플레이펌프(PlayPump)는 아이들이 뛰노는 힘을 이용해서 동력을 얻어 양수기를 작동시켜 물을 끌어올린다는 기발한 아이디어가 만들어낸 제품이다. 하지만 이 제품은 좋은 의도를 가지고 시작한 벤처사업이 잘못될 수 있다는 것을 보여주는 가장 대표적인 예다. 광고책임자였던 트레버 필드는 플레이펌프 사업을 하려고 다니던 직장을 퇴사했다. 그는 아프리카 시골 지역에 혁신적으로 물을 공급하겠다는 꿈을 가지고 회사를 창립해 플레이펌프를 만들기 시작했다. 플레이펌프는 작은 회전목마처럼 생겼다. 아프리카 마을에 있는 우물 위에 설치해 아이들이 이 주위를 돌며 재미있게 밀면서 물을 끌어올리도록 설계돼 있다. 플레이펌프의 홍보자료에는 이렇게 적혀 있다.

"마을 여성들은 더 이상 멀리서 힘들게 물을 길어오지 않아도 되고, 아이들은 새로운 장난감이 생겨 굉장히 즐거워합니다."

백만 송이의 꽃을 피우다

플레이펌프는 2000년 세계은행으로부터 그해의 '개발시장상(Development Marketplace Award)'을 받을 만큼 주목받았다. 또한 미국 정부는 민-관 파트너십을 발표하고 아프리카 전역에 플레이펌프를 설치하기 위해 6천만 달러를 지원했다.

플레이펌프의 공학적인 기술과 사업계획은 훌륭했다. 하지만 계획된 대로 일이 진행되기 위해서는 아이들이 거의 밤낮으로 플레이펌프를 가지고 놀아야 했는데, 실제로 그런 일은 일어나지 않았다. 결국 물을 길어오던 여성들이 스스로 회전목마를 돌려야 했다. 이는 굉장히 힘든 일이었고, 수동으로 펌프를 작동하던 것보다 훨씬 비효율적이었다. 플레이펌프는 원래 쓰던 펌프보다 몇 배 더 비쌌고, 이를 수리하는 일도 복잡했다. 민-관 파트너십은 급격히 무너졌다.

이상주의가 실생활에 효과적으로 활용되려면 결과에 대한 현실적 감각과 상황에 대한 이해가 바탕이 되어야 한다. 최근 들어 사회적 기업이 폭발적으로 증가하면서 새로운 사업시도와 원조가 넘쳐나고 있다. 사실상 모든 사람들이 새로운 것만을 시작하려 할 뿐, 기존 프로그램에는 참여하려 하지 않는다. 공익을 위한 자선사업을 시작하는 데 장애물은 거의 없으며—국세청(Internal Revenue Service)은 새로운 사업지원자의 99.5%를 승인해준다.—작은 기관들에 대한 정밀검토는 거의 이루어지지 않는다. 사실 너무 많은 자선단체들이 있는데, 이들 대부분은 매우 작고 비효율적이며 미미한 존재들이다. 우리는 우리가 믿고 있는 대의명분을 위해 후원금을 모금하는 재단이나 구호단체를 처음부터 아예 설립하지 않았다. 대신 우리는 독자들에게 현재 훌륭한 일을 하고 있는 많은 기관들을 알려준다. 세상에 마지막으로 필요한 것은 이미 운영되고 있는 미국의 140만 개의 구호단체들 위에 한 개의 구호단체가 더 만들어지는 것이라고 우리는 믿는다.

펜실베이니아의 스워스모어대학교를 방문했을 때, 우리는 학생 신분의 사회적 기업가들에게 깊은 감명을 받았다. 그들은 중국, 페루, 시에라리온, 가나, 에콰도르 등 여러 나라들이 안고 있는 사회문제를 해결하기 위해 사회적 기업을 결성했다. 이들이 결성한 사회적 기업들은 모두 지난 3년 내에 설립된 것이었다. 만약 우리가 6년 일찍 방문했다면, 그때도 놀라운 사회적 기업을 많이 볼 수 있었을 것이다. 하지만 그 사회적 기업들은 관여했던 학생들이 졸업하면서 대부분 와해되어 지금은 존재하지 않는다. 현재의 사회적 기업들도 아마 비슷한 전철을 밟을 것이다.

"이건 악몽이에요."

사회적 기업가들을 지원하는 '에코잉그린'의 대표인 쉐릴 돌시(Cheryl Dorsey)가 말했다.

"저는 대학에서 강연을 할 때마다 '제발 사회적 기업을 더 이상 만들지 마세요!'라는 말로 강연을 시작합니다. 젊은이들은 성공하는 것을 창업자가 되는 것과 동일시합니다. 바로 이 점이 우리가 추진하고 있는 운동의 아킬레스건이에요. 만약 우리가 백만 송이의 꽃을 피우려고 한다면, 그렇게 새로운 사업을 마구 시작하는 것은 잘못된 방향으로 가는 겁니다. 어떤 것도 결코 달성하지 못할 작은 회사들을 마구 설립해서는 안 됩니다. 그 회사들이 너무 각각 분열돼 있어서 상황을 변화시킬 수 없습니다. 지금 우리에게 가장 필요한 것은 현존하는 기업이나 기관들을 일깨워 생산성을 높이는 '사내기업가'입니다."

몇몇 인도주의자들은 사회적 영역에서 일하는 것이 반드시 사회에 기여하는 가장 효과적인 방법은 아니라는 사실에 주목한다. 만약 당신이 숫자에 재능이 있다면, 월스트리트에서 일하면서 큰돈을 벌고 능력을 쌓은 뒤, 자선단체에 재정운영에 대한 자문을 해주면서 기여하면 된다. 빌 게이츠와 워렌 버핏은 모두 기업을 일궈 상상을 뛰어넘는 엄청난 성공을 거두었는데, 지금은 자선단체에 평생을 헌신한 일반인보다 사회에 훨씬 더 많이 기여할

백만 송이의 꽃을 피우다

케냐에서 5세 학생과 함께한
'브리짓인터내셔널아카데미'의 공동 설립자인 샤넌 메이.

수 있다.

모두들 사회적 기업가들이 세상의 문제를 실질적으로 해결할 수 있는 창의적인 아이디어를 가지고 있다고 말한다. 우리는 사회적 기업가들의 의욕과 열정을 꺾을 생각이 전혀 없다. 다만 주의를 주고 싶은 것뿐이다. 샤넌 메이(Shannon May)는 중국 동북부 지역의 가난한 시골마을에 있는 초등학교에서 가르치던 경험을 바탕으로 새로운 벤처사업에 자신의 모든 것을 쏟아부었다. 샤넌은 박사학위 논문을 쓰기 위해 생태학 연구를 하고 있었는데, 마을의 초등학교에서 아이들을 가르쳐야만 자신과 남자친구인 제이 키멜먼이 그 마을에 머물 수 있다는 말을 들었다. 하지만 아이들을 가르치게 되면 연구 수행이 어려워지기 때문에 그녀는 고민했다. 하지만 한 해가 지나면서 샤넌은 박사학위 논문의 주제가 잘못됐다는 결론을 내렸다. 그곳에서의 경험은 아이들에 대한 교육이 그 어떤 것보다 더 중요하다는 사실을 그녀에게 가르쳐 주었다.

"그때의 경험은 가난이 무엇인지, 또 가난이 어떻게 세습되는지를 이해하는데 큰 도움을 줬어요."

그곳의 학교는 교육이 잘못됐을 때 발생할 수 있는 모든 것들을 보여주고 있었다. 교장은 점심시간에 술을 마시고, 다른 두 명의 술 취한 교사들은 오후수업에 거의 나타나지 않았다. 열 명 중 아홉 명의 교사가 학생들을 가르칠 만한 자격을 갖추지 못했고, 몇 명은 주기적으로 결근했다. 가르칠 만한 자격을 갖춘 교사조차도 한 과목 이상 가르치는 것을 거부했다. 학교에 딱 한 대 있는 컴퓨터는 교장이 집에 가져가 버렸다. 마을 사람들 대부분은 거의 문맹이었고, 고등학교를 졸업한 사람이 거의 없었다. 하지만 교육을 받은 극소수의 사람들은 경제적으로 매우 부유했다. 그들은 바뀌는 농업규칙을 읽고 이해할 수 있으며, 기술을 활용할 수 있기 때문이다.(한 예로 모피를 팔아 이윤을 취할 수 있는 털 있는 동물을 기르는 것 등).

"사춘기가 되기 전에 아이들의 교육에 대해 근본적이고 과감한 조치가 취해지지 않는다면, 나머지 모든 것은 뒤처진 것을 단지 따라잡는 일에 불과하게 됩니다."

메이는 이렇게 단정한다.

메이와 키멜먼은 빈곤국가에 수준 높은 교육을 도입하는 방법에 대해 골똘히 생각했다. 특히 그것은 과거에 교육공학회사를 설립하여 운영하다가 매각한 경험이 있는 키멜먼에게 특별히 관심이 가는 일이었다. 중국에서 결혼한 후, 메이와 키멜먼은 빈곤국가의 시골지역에서 기본교육이 실패한 사례들을 조사하기 위해 6주간의 신혼여행을 말라위, 탄자니아, 케냐, 우간다, 르완다, 나이지리아 등으로 갔다. 그 후 그들은 저소득가정 자녀들의 교육지원을 위해 빈곤국가의 사립학교를 대상으로 영리사업 모델을 만들어냈다.

빈곤국가의 교육문제를 해결하기 위한 대책으로 영리 추구를 목적으로 하는 사립학교 구상이 이상해 보일 수도 있다. 사실 서구에서는 사립학교가 부잣집 아이들을 위한 곳이기 때문이다. 아프리카와 아시아의 많은 나라에서는 공립학교를 거의 구제불능의 형편없는 교육기관으로 여긴다. 교사들은 일을 하든 안 하든 상관없이 중앙부처에서 급여를 받기 때문에 거의 출근하지 않는다. 몇몇 '유령학교'들은 단지 문서로만 존재하고, 존재하지도 않는 이런 학교들에 배정된 기금은 관료들의 주머니로 들어간다. 설령 학교가 실제로 존재하고 교사들이 학교에 출근한다 해도 학교에는 한 학급에 100명이나 되는 학생들이 들어차 있고, 학생 10명당 1권의 교과서를 나눠 쓰고 있는 실정이다. 때때로 교사들은 아이들을 성적 노리갯감으로 보기도 한다. 공립학교들은 너무나도 절망적이어서 가난한 가정에서조차 자녀를 사립학교에 보내는 것이 보편적이다. 인도 정부에서 실시한 설문조사에 따르면, 1학년부터 8학년까지의 학생들 중 30%가 사립학교에 다니며, 몇몇 학생들은 매달 몇 달러만 내고 학교를 다니고 있다. 학생들의 3/4이 사립학교에 다니는 하이데라바드에서는 사립학교 학생들의 수학시험 성적이 공립학교 학생들에 비해 22%포인트 더 높다.

그래서 메이와 키멜먼은 사립학교 체인이랄 수 있는 '브릿지인터내셔널아카데미'(이하 '아카데미')를 설립했다. '아카데미'는 하루 1인당 2달러 미만을 버는 가정의 아이들을 위한 교육기관이다. 메이와 키멜먼은 공동 설립자 중 한 사람인 필 프레이와 함께 케냐에서 '아카데미'를 처음 시작했다. 이는 믿음의 도약이었다. 메이는 중국에서 경험을 쌓았고, 모건 스탠리에서 직장생활도 했었다. 하지만 현재 그녀는 그보다 훨씬 더 실패할 가능성이 높은 위험한 일을 시도하고 있다. 친구들도 실패할 거라고 하면서 그녀를 만류했다. 메이 역시 성공에 대한 확신은 없었지만 그대로 밀고 나갔다.

"배우지 못하고 버려진 많은 아이들이 있기 때문에 시도하는 것만으로도 가치 있는 일이었어요."

'아카데미'는 약 5천만 달러를 들여 기술, 연구, 운영체계, 커리큘럼, 교사훈련자료, 부지취득 등 새로운 교육혁신을 위한 사업을 출범했다. 소요된 자금은 '신기업협회(New Enterprise Associates),' '런캐피탈(Learn Capital: Pearson Education과 긴밀히 연결되어 있음),' '코슬라벤처(Khosla Ventures),' '오미다이 아르네트워크(Omidyar Network)' 등으로부터 지원받았다.

'아카데미'는 교사의 강의내용을 추적할 수 있는 컴퓨터 태블릿을 통해 표준화된 강의내용, 교사훈련자료, 학습계획안 등이 무선으로 전달되는 '스쿨인어박스(school-in-a-box)' 전략을 개발했다. 학생들은 매주 55시간을 학교에 출석하고, 가족들은 한달 평균 6달러를 교육비로 지불한다. 현재 '아카데미'는 유치원 입학전 아동부터 7학년 학생까지를 위한 학급이 있는데, 2015년에 8학년 학급을 추가로 개설할 예정이다. 또한 나이지리아와 우간다를 포함한 다른 나라로 분교를 확장할 계획에 있다.

이들의 성장속도는 매우 빠르다. '아카데미'는 학교설립을 위한 새로운 부지를 2.5일마다 하나씩 확보하고 있고, 교직원까지 모두 선발해 5.5개월마다 학교를 하나씩 개교한다. '아카데미' 연구원들은 최적의 학교 부지를 찾기 위해 모바일 서베이 기술, 위성사진, 지역의 인구학적 자료 등을 모두 활용하고, 그 후 부지인수팀이 일에 착수한다. 학교를 세울 부지가 확보되면 교사들과 관리인들을 모집한다. 이들은 두 달간의 교육에 참석해 출석률, 학생발달평가 등을 추적하는 소프트웨어 사용법을 배운다. '아카데미'가 설립하는 학교에는 교사, 학부모, 학생들이 질문하고 도움받을 수 있는 고객센터도 있다. 대부분의 학교들은 교장과 10명의 교사, 그리고 2명의 직원을 선발해 개교하는데, 수지를 맞추려면 300명 이상의 학생이 등록해야 한다.

학교 증설은 메이와 공동 창업자들에게 큰 어려움이었다. 학교설립 후 1년이 지나 담벼락이 무너지기 시작하면서, 구입한 시멘트의 절반만이 학교를 짓는데 사용되었고 나머지는 되팔렸다는 사실을 알아냈다. 비슷한 일이 지붕의 함석판에도 일어났다. 공사현장 감독이 함석판을 팔아먹은 것이다. 교직원들은 하루에 10번씩이나 휴식시간을 원했고, 강의시간이 길다고 불평했다.('아카데미' 분교의 강의시간은 현지 학교의 거의 2배다.) 교사들은 수업시간에 신문을 읽었다. 메이는 그들에게 '일에 대한 열정과 직업의식 그리고 일하는 조직문화를 심어주는 것'이 매우 힘들었다. 교사들이 일할 능력이 없는 것이 아니라 지금까지 그런 조직문화가 만들어진 적이 단 한 번도 없었다.

'아카데미'는 교육방법을 수정했다. 교사들 자신이 수업계획과 강의교재를 짜도록 하지 않고, 강의내용이 이미 적혀 있는 태블릿을 사용해 수업을 진행하게 했다. 그렇게 하자 강의경험이 없어도 학교와 가까운 거리에 살고 마을에서 신뢰를 얻고 있는 사람을 교사로 모집하는 것이 가능해졌다.

자선업계는 '아카데미'를 의심과 열광이 뒤섞인 눈초리로 바라봤다. 어떤 이들은 '아카데미'의 영리적 접근에 회의적인 시각을 보인 반면, 다른 이들은 '아카데미'가 가능성과 공립학교와 선의의 경쟁을 할 수 있는 계기를 불러일으킨 점을 환영했다. 지금까지의 결과는 희망이 있어 보인다. '아카데미'는 학력측정시험에서 주변 지역의 공립학교 학생들과 비교하여 수학과 읽기에서 눈에 띄게 앞서 있다는 사실을 보여준다. 예를 들어, 2013년 '아카데미'의 4학년 학생 기준으로 보면 1분당 60% 이상 단어를 더 읽고, 수학 용어 문제에서 44% 이상 정답을 더 맞혔다.

몇몇 사람들이 주장하는 것처럼 일생의 첫 1/3은 공부하는데 사용하고, 그 다음 1/3은 돈 버는데 사용하며, 마지막 1/3은 베푸는데 써야 한다는 견해에 우리가 반대하는 이유는 바로 메이와 샤프 같은 용감한 영혼을 가진 사람들 때문이다. 만일 앞에서 언급한 몇몇 사람들이 말하는 것처럼 인생을 산다면, 여러분은 일생의 2/3동안 여러분을 위하는 것보다 더 큰 명분 있는 일을 하면서 얻을 수 있는 모든 만족감을 스스로 포기하는 것이 된다.

1억 권의 책

카일 지머(Kyle Zimmer)는 타고난 리더이자 자발적으로 행동하는 사람이었다. 그녀는 열두 살 때 이미 보수적인 도시인 오하이오 주 제네스빌의 YWCA 최연소 임원을 지냈고, 고등학교에서는 학생회장을 했다. 그녀는 사회정의를 추구하는 부모님에게 영향을 받았다. 그녀는 〈마더 존스(Mother Jones)〉와 〈소비에트 라이프(Soviet Life)〉를 구독했으며, 사회정의를 위해 싸운 세자르 차베스(Cesar Estrada Chavez, 미국의 농장 노동운동가.)와 랄프 네이더(Ralph Nader, 미국의 변호사, 소비자 보호·반공해운동(反公害運動)의 지도자.)를 롤모델로 삼았다.

"저에게는 세상 사람들이 더 나은 세상을 만들기 위해 자신들이 할 수 있는 일을 다할 것이라는 기대가 뿌리 깊게 박혀 있었어요. 그리고 교육이 사회적 변화를 일으키는 탁월하고 궁극적인 수단이라는 정말 깊은 신념이 있었죠."

훗날 지머는 오하이오 주 주지사와 일했고, 1984년 대통령 선거에서는 월터 먼데일의 후보 선거운동을 했다. 조지워싱턴대학교의 법학대학원 졸업 후, 그녀는 워싱턴에 있는 회사에서 변호사로 일했는데, 그때 아이들에게 독서지도하는 일을 시작했다.

아이들 집을 방문했을 때, 그녀는 집 안에 책이 거의 없다는 것을 알았다. 그녀가 아이들 몇 명에게 책을 주면, 그들은 "이 책이 저의 첫 번째 책이에요."라고 말했다. 이런 경험이 그녀가 불우한 아이들에게 책을 전달하고 독서를 장려하는 '퍼스트북(First Book)'이라는 비영리 단체를 설립하는 계기가 됐다. 처음에 그녀는 두 명의 동료와 함께 취미삼아 이 단체를 시작했는데, 이러한 단체에 꼭 필요한 실력 있는 관리자를 고용하는 것이 너무나도 어렵다는 사실을 알게 됐다.

"우리는 은행계좌에 겨우 1달러 30센트의 잔고를 가지고 있었어요."

그래서 그녀는 기업변호사직을 그만두고 '퍼스트북'의 최고경영자 역할을 수행하기 시작했다.

지머는 도서구입을 위한 성금모금을 시작했고, 글을 읽고 이해하도록 하는 문해(文解)프로그램에 후원금을 전달했다. 수년 동안 그녀는 미국의 50개 주 모두에 '퍼스트북' 지부를 설립해 후원금을 모금했다. '퍼스트북'은 이제 '리치아웃앤리드(Reach Out and Read)'를 통해 교회, 저소득층 지역의 도서관, 헤드스타트프로그램(Head Start program, 빈민구제사업의 일환으로 빈곤의 악순환을 근절하기 위해 취학전 저소득층 아동을 대상으로 시행하는 미국의 교육지원제도.), 노숙자 쉼터, 청소년 아웃리치센터, 소아과 진료소 등에 책을 나눠준다. 20년이 지난 후, '퍼스트북'은 9만 개의 기관에 1억 1,500만 권의 책을 나눠줬다. 2013년, 미국 전역에 배포된 아동도서의 2%가 '퍼스트북'을 통해 전달됐다. 이것은 비영리단체 치고 나쁘지 않은 성과다.

지머는 종업원들에게 기업마인드를 심어 주기 위해 노력했다. 동시에 기관 예산의 절반에 가까운 수익을 창출할 수 있는 '퍼스트북'의 새로운 사업을 개발했다. 그녀는 지금보다 더 많은 수익을 창출하고자 하는 목표를 가지고 있다.

"우리는 자립할 수 있는 방향으로 빠르게 전진하고 있어요. 이것이 우리가 처음부터 계획했던 방향입니다."

그녀는 기회를 포착하기 위해 출판시장의 동향을 끊임없이 예의주시한다. 1999년 출판사에 반품이 많이 되어 도서재고가 크게 쌓인다는 것을 알게 됐을 때, 지머는 출판사들로 반환되는 모든 책들이 '퍼스트북'에 후원되어 활용될 수 있도록 '국가도서은행(national book bank)'을 시작했다. 그녀는 미국연안경비대의 창고에 후원받은 책을 보관할 수 있도록 허락받았다. 그곳 미국연안경비대의 사령관은 제임스 로이 제독이었다. 그는 지머의 뜻을 지지하고 지머와 팀원들에게 도서물류교육을 해주었다. 또 문해프로그램을 운영하는 몇 천 곳의 기관에 효과적으로 책을 보낼 수 있도록 도와줬다.

퍼스트북도 처음에 많은 실수를 했다. '퍼스트북'이 처음 도서후원 요청을 시작했을 때, 지머는 책을 운반할 몇 대의 트럭만 준비했다.

"전 여기 앉아서 제가 무슨 일을 하는지 다 알고 있다고 생각했고, 책을 후원받기 위해 여기저기 전화를 걸었어요. 출판사들은 놀라울 만큼 너그러웠고 책이 물밀듯이 전달돼 왔죠."

지머가 말했다. '퍼스트북'은 책을 기증받아 운반할 이동수단 확보에 정신없이 동분서주했다. 직원 한 명이 책을 운반해 줄 배급업자를 어렵게 찾았고, 지머는 매우 기뻐했다. 하지만 책상자를 내리려고 학교 앞에 트럭을 세웠을 때, 그들은 맥주회사 로고가 찍혀 있는 트럭이 왜 학교 앞에 서 있는지를 해명하기 위해 진땀을 흘려야 했다.

도서배급이 전문적으로 이루어지면서 이제 책 수령인들은 배달되는 한 권의 책마다 45센트를 지불하게 됐는데, 이것은 '퍼스트북'의 운영비용을 충당하는데 도움이 됐다.

"모든 것에서 우리는 효율성을 추구해 나갔어요."

'퍼스트북'의 최고 재무책임자인 제인 로빈슨이 말했다. 도서분류체계를 더욱 정교하게 함으로써 이제 문해프로그램의 아이들은 요구하는 주제(공룡, 동물, 스포츠 등)에 따라 책을 선택할 수 있게 됐다.

지머는 다음과 같이 말한다.

"당신이 미국 동북부에 위치한 메인 주에서 아이들을 위한 유치원을 운

1억 권의 책

워싱톤 D.C.에 있는 공립학교 아이들과 함께한 퍼스트북의 회장이자 CEO인 카릴 지머.

영한다면, 당신은 온라인상에서 무료로 우리 시스템에 가입할 수 있습니다."
"도서은행에 책 후원이 이루어질 때마다 당신은 통지를 받게 됩니다. 예를 들면 '사이먼앤드슈스터가 25만권의 책을 기부했습니다. 3월 3일에 어떤 책들이 들어왔는지 확인하세요.'라는 안내를 받게 되죠. 안내를 받은 후 시스템에 로그인하여 목록에 있는 일부 또는 모든 책을 수락하거나 거부할 수 있는 것이죠. 만약 당신이 지리적으로 가까운 곳에 있다면, 도서수령 날짜와 시간을 온라인상으로 알려줍니다. 그럼 그 시간에 맞춰 차를 갖고 오면 도서를 수령해 갈 수 있고, 이 모든 것이 무료입니다."

'퍼스트북'은 이러한 방식으로 아이들에게 수천만 권의 새 책을 나눠준다. 그 결과, 출판사들은 비용 절감이 됐고, 도서 인쇄부수를 줄이기 시작했다. 이는 반품 도서를 줄이는 결과를 낳았다. 2008년 지머는 제2의 사업을 시작했다. 그녀는 문해프로그램을 운영하는 수천 개의 작은 기관들의 도서구매력을 모두 한데 모아 그들을 위해 출판사와 큰 폭의 가격협상을 실시했다. 반품 도서가 없는 것을 보장해 주는 대신, 종종 50% 대폭 할인 받는다. 몇몇 문해프로그램 운영기관들은 절반의 할인을 받은 도서조차도 구매할 능력이 되지 않는 경우가 있기 때문에 '퍼스트북'은 기금모금을 위해 지역 지부를 활용한다.

이런 책들의 평균 판매가격은 배송비를 포함해 2.50달러이다. 이는 권당 45센트에 불과한 후원받은 책보다 훨씬 비싸지만 모두 베스트셀러들이다. 판매 금액이 8.95달러인 〈괴물들이 사는 나라(Where the Wild Things Are)〉는 2.79달러에 팔리고, 판매 금액이 5.50달러인 〈백과사전 브라운과 잠자는 개 사건(Encyclopedia Brown and the Case of the Sleeping Dog)〉은 1.85달러, 그리고 7.99달러인 〈앵무새 죽이기(To Kill a Mockingbird)〉는 3.50달러다.

'퍼스트북'은 책 출판에까지 사업영역을 넓혀 더 크게 확장하고자 한다. 그들의 첫 주문제작 대역판인 에릭 칼의 〈배 고픈 애벌레(The Very Hungry Caterpillar)〉는 3.25달러에 9만 부가 팔렸다. 그 후 '퍼스트북'은 하퍼콜린스, 리앤로출판사와 협력해서 라틴계와 아시아 지역 작가도 섭외해 소수 계층의 아이들이 더 많은 책을 읽도록 새로운 책을 출판하고 있다.

'퍼스트북'은 아동후원기관에 매년 1,500만 권의 책을 공급하고 있는데, 이들 기관들은 총 200만 명이 넘는 아동을 지원하고 있다. 하지만 지머는 책이 필요한 아이들이 무려 3,200만 명이 넘는다고 추정한다. 따라서 그녀는 하루속히 자립해 외부로부터의 지원필요성을 줄이면서, 사업을 확장해 성장하고자 한다.

지머는 말한다.

"저는 오래전부터 항상 민간영역의 머리와 공적영역의 마음을 가진 사람이었어요."

20

베풂의 코드

> 수백만 명의 사람들이 빈곤이라는 감옥에 갇혀 있습니다. 이제 그들을 해방시킬 때가 왔습니다. 이 일은 한 세대에게 위대해져야 할 책임을 안겨 줍니다. 여러분이 그 위대한 세대가 될 수 있습니다.
>
> 넬슨 만델라

어느 해 어버이 날, 우리 아이들은 아빠인 닉에게 세상의 모든 아버지들이 감동할 만한 완벽한 선물을 했다. 그것은 바로 쥐였다. 더 정확히 말하면, 아프리카의 거대한 주머니쥐였다. 이 쥐는 땅에 숨겨진 지뢰를 발견할 수 있을 만큼 놀라운 후각을 가진 동물이다. 우리 아이들은 닉의 이름으로 한 마리의 주머니쥐를 훈련시키는 데 드는 비용을 후원했다. 주머니쥐는 머리에서 꼬리까지 이르는 길이가 30인치에 달하며, 시력은 나쁘지만 매우 훌륭한 후각을 가지고 있다. "아포포(Apopo)"라 불리는 벨기에의 구호단체는 사람의 생명을 구하기 위해 이 동물을 훈련시키는 방법을 알아냈다. 이 쥐들은 체중이 가벼워서 지뢰를 밟아도 터질 염려가 없었고, 훈련시키기가 쉬웠다. 더욱이 이 쥐들의 수명은 8년이어서, 훈련비용을 상쇄하고도 남을 만큼 능력을 발휘할 충분한 여명을 갖고 있다. 이 쥐들 중 한 종류의 쥐('영웅 쥐'라고 별명이 붙은)는 400 평방미터의 땅에 묻혀 있는 지뢰를 하루 만에 모두 찾아내 깨끗이 제거할 수 있도록 해준다. 영웅 쥐들은 지뢰제거를 위해 모잠비크와 앙골라에 배치된다. 이들은 사람이 하면 이틀이 걸릴 지뢰제거 작업을 단 20분 안에 끝낼 수 있도록 도와준다.

우리 아이들의 후원이 도움이 꼭 필요한 사람들에게 변화를 일으켰기 때문에 우리는 닉이 그렇게 의미 있는 선물을 받았다는 사실에 굉장히 감동했다.*

그것이 우리가 이 책을 통해 주장하고자 하는 기본적인 요지다. 후원을 일상화하여 후원이 희생이 아니라 기회이며 신나는 기쁨이 되도록 하는 방법들이 있다.

'룸투리드(Room to Read)'는 마이크로소프트 기업의 임원인 존 우드가 설립한 세계에서 가장 빠르게 성장하고 있는 자선단체의 하나다. 우드는 중년의 위기를 맞았는데, 스포츠카를 구입하거나 바람을 피우는 대신 '룸투리드'를 설립했다. 이를 통해 그는 빈곤국가에 천만 권 이상의 책을 배포하고, 15,000개가 넘는 도서관과 1,600개의 학교를 세웠다. 배움에 목마른 아이들을 위해 학교나 도서관 설립을 지원해 주는 '룸투리드' 사업에 만 명이상의 자원봉사자들이 몰려들었다. 한 커플은 약혼반지 살 돈을 학교를 짓는데 사용하기로 결정했다. 또 다른 후원자는 2009년 '비어스포북스(Beers for Books)'라는 일종의 '룸투리드'의 지원 분파를 만들었다. '비어스포북스'는 특정한 날에 그날 판매하는 술 한 잔마다 1달러를 '룸투리드'에 후원을 약속한 술집에서 친구들을 초청해 파티하는 모임이다.

우드의 친구 한 명이 자신이 생각하는 인생의 비밀을 말했다.

---

*당신이 누군가의 이름으로 영웅 쥐를 훈련시키는 일에 후원하고 싶다면 www.apopo.org를 방문하라. 비용은 연간 84달러 또는 60유로이고 당신은 '입양 증명서'를 받게 된다.

베풂의 코드

"네가 죽기 전에 이 세상에 남기고 싶은 게 뭔지 한번 생각해 봐. 그리고 임종을 맞이하게 됐을 때 무슨 말을 할 것인지도 미리 생각해 보고... 거기서부터 거꾸로 일을 해나가는 거지." 이것은 우리가 인생에서 갖고자 하는 영향력에 대해 생각해 보기 위한 유용한 도구다.

우리는 '기회 확대'에 대한 이야기를 하면서 시작했다. 그리고 "재능과는 달리 기회는 특정한 사람에게만 주어진다."라는 격언에 대해서도 함께 이야기했다. 우리는 숨겨진 재능이 기회를 얻게 되면 어떤 일이 발생할지 잘 알기 때문에 희망을 갖고 낙관적일 수 있다. 폴 로렘(Paul Lorem)은 전기도 학교도 병원도 없는 아프리카 남수단 시골 출신의 고아다. 그의 고국은 내전으로 찢겨졌고, 폴은 성인의 보호도 없이 케냐 국경 바로 너머에 있는 카쿠마의 난민수용소에서 유년기 대부분을 보냈다. 그는 자신보다 겨우 몇 살 더 나이 많은 같은 처지의 난민수용소 형들에 의해 길러졌다. 전쟁과 빈곤은 좀 더 나이가 많은 아이들에게 책임감을 갖도록 했다. 그들은 자신들이 제대로 된 교육을 결코 받지 못할 것이라는 것을 알고 있었다. 또 그들은 나이가 많아 난민수용소에서 제공하는 학교교육도 받을 수 없었다. 다행히도 폴은 학교교육을 받을 수 있었다. 그 형들은 매일 아침 폴을 깨워 UN이 운영하는 난민수용소 학교에 가도록 했다. 폴의 '학급'은 300명의 학생들로 이뤄져 있었고, 나무 그늘 아래가 바로 그들의 교실이었다. 아이들은 연필과 노트가 없었기 때문에 먼지 위에 글 쓰는 연습을 했다. 교사들과 형들의 도움으로 폴은 점점 자신이 글과 숫자에 타고난 재능이 있다는 사실을 알게 됐다.

"저는 난민수용소 학교 덕분에 제가 분명 무언가를 할 수 있을 거라는 생각을 했습니다."

폴은 이렇게 회상했다.

A PATH APPEARS

 루터교 구호단체에 의해 세워진 작은 난민수용소 도서관에서 폴은 책을 집어삼킬 듯이 읽어댔다. 교사들은 폴의 엄청난 지적능력을 알아봤고, 7학년 때 케냐의 학교로 전학할 기회를 마련해 줬다. 폴은 2년간 케냐의 중학교에 다니면서 자신도 고등학교에 갈 수 있다는 희망을 가졌다. 그러나 한 가지 장애물이 있었다. 케냐의 고등학교 입학시험 문제가 스와힐리어로 출제되는데, 폴은 스와힐리어를 할 줄 몰랐다. 그는 반 친구들의 적극적인 도움을 받으며 정말로 열심히 공부했다. 폴은 고등학교 입학시험에서 케냐의 전체 응시자 중 차석을 차지했다. 덕분에 그는 나이로비 최고의 기숙학교인 얼라이언스(Alliance)에 입학했다.

 폴은 나이로비에서 재정적으로 어려움을 겪었고 또 외로웠다. 하지만 독일인 수녀 루이스 레들메이어(Luise Radlmeior)가 그를 사랑으로 감싸고 학비를 지원해 줬다. 루이스 수녀는 폴과 같은 남수단의 셀 수 없는 고아들을 어머니처럼 보살폈다. 루이스 수녀의 도움과 각고의 노력으로 폴은 성적이 점점 올랐다. 3학년이 됐을 때, 폴은 고등학교를 마칠 수 있는 장학금을 받게 됐다. 그 장학금은 2004년 아프리카의 미래 지도자 양성 위해 미국인 후원자들의 도움으로 남아프리카공화국에 설립한 '아프리카리더십아카데미(African Leadership Academy)'에서 주는 것이었다.

 폴은 이 좋은 기회를 감사히 여겼다. '아프리카리더십아카데미'의 방학을 맞은 폴은 고향으로 돌아가기 위해 아프리카의 여러 지역을 거쳐 가는 긴 여정을 떠났다. 그는 여정 중에 학교에 다니지 않는 남동생과 여동생을 만나, 카쿠마 난민수용소로 가서 교육을 받으라고 권유했다. 할아버지와 할머니가 이를 거부하자, 폴은 3주 동안이나 강력히 설득해 마침내 동의를 얻어냈다. 남동생과 여동생을 난민수용소 학교에 입학시킨 후, 폴은 '아프리카리더십아카데미'로 돌아왔다. 그곳에서 폴은 예일대학교 출신의 상담선생님을 만났다. 그는 폴의 재능을 키우고 예일대학교에 입학할 수 있도록 도움을 줬다. 폴이 예일대학교에서 입학허가를 받았을 때, 코네티컷 주에 있는 호치키스학교는 아이비리그 대학교에서 공부하기 위해 필요한 것들을 준비할 수 있는 일년간의 예비과정을 제공했다.

난민수용소의 고아는 현재 예일대학교의 학생이 됐고, 5번째 언어를 공부하고 있다. 우리는 그의 멘토인 전 예일대학교 입학책임자인 제프리 브렌젤의 서재에서 폴과 이야기를 나눴다. 폴은 눈물을 참으며, 그에게 없어서는 안 될 큰 도움을 준 사람들에 대해 이야기를 했다. 폴은 자신을 남수단의 다른 사람들과 다르게 만든 요인은 그가 직면한 불리한 조건이 아니라, UN과 루터교 구호단체의 직원들, 가톨릭 수녀, '아프리카리더십아카데미'의 상담선생님, 호치키스학교의 교사들, 예일대학교 입학처와 교수 등 많은 사람들로부터 받은 놀라운 기회였다고 말한다. 이들의 도움 덕분에 폴은 다음 단계로 도약할 수 있었다. 지난 일을 되돌아보면서 그에게 떠오른 생각은 자신과 매우 비슷한 처지의 수많은 아이들이 단 한 번도 이와 같은 기회를 얻지 못하고 있다는 것이었다.

신경과학계에서는 인간이란 선천적으로 타인을 돌보고 도움을 주도록 태어난 존재라고 이야기한다. 하지만 우리 중 많은 사람들이 그렇지 않다. 특히 우리가 엄청난 부자라면, 도움이 필요한 사람들로부터 우리 자신을 스스로 차단시킨다. 오히려 중산층 미국인이라면, 아마 기쁜 마음으로 남에게 도움을 줄 것이다. 노숙소녀 출신으로 하버드대학교에 입학한 카디자에게 내민 손길처럼 말이다. 그러나 여러분이 사는 주변에는 카디자와 같은 사람이 없을 것이다. 사람들은 해외여행에서 폴 로렘처럼 교육의 기회를 찾는 아이가 아닌 호텔의 도어맨이나 택시기사들 하고만 대화를 한다. 왜 부자들이 중산층이나 가난한 사람들보다 수입의 더 적은 몫을 후원하는가? 그것은 부자들이 본질적으로 동정심이 적어서가 아니라, 도움이 필요한 사람들을 만날 기회가 훨씬 더 적기 때문이다. 같은 이유로 경제적으로 다양한 계층이 섞여 있는 지역에 사는 부유한 사람들은 부자들만 모여 사는 동네의 사람들보다 더 많은 후원을 한다.

우리는 세상의 가장 빈곤한 지역들을 다니면서, 그 가난한 나라에 남에게 베풀면서 사는 사람들이 오히려 미국보다 더 많은 것을 보며 겸허함을 느낀다. 전쟁으로 피폐해진 다르푸르에는 집 있는 사람들이 막사가 불타버린 이들에게 쉴 곳을 제공한다. 콩고에서는 잔인한 전쟁에서 생존한 사람들이 자기 자식을 먹일 식량도 부족하면서 고아들을 거둬 먹인다. 소말리아 난민수용소에서는 심지어 어린 아이들조차 본능적으로 목말라하는 사람들과 부족한 물을 나눠 마신다. 크라우드-소스 도서인 〈무작위적으로 베푼 선행, 그 이전과 그 이후(Random Acts of Kindness Then and Now)〉에는 베풂에 대한 놀라운 짧은 글이 포함돼 있다.

> 도미니카 공화국에서 사랑의 집짓기 운동인 해비타트 운동에 참여한 한 친구가 에틴이라는 어린 소년과 친구가 됐다. 그는 에틴이 항상 더럽고 다 헤진 똑같은 셔츠를 입고 있다는 사실을 알아차렸다. 그는 수용소에 있는 헌옷 담는 상자에서 꽤 괜찮은 티셔츠 두 벌을 찾아 에틴에게 줬다. 며칠 후 그는 에틴에게 준 티셔츠 중의 한 벌을 다른 아이가 입고 있는 것을 봤다. 다음 번에 에틴을 만났을 때, 그는 자신이 준 티셔츠들은 에틴에게 입으라고 준 것이었다고 이야기했다. 그러자 에틴은 그를 바라보며 이렇게 말했다. "그렇지만 저한테 티셔츠 두 개를 주셨잖아요."라고.

서구에 사는 우리들이 가끔 타인에게 덜 너그러운 이유는 우리와 처지가 다른 사람들을 "우리와는 다른 외계인이나 아주 다른 부류의 인간으로

베풂의 코드

간주하도록" 배우기 때문이다. 이것은 너무나도 많은 문제와 요구가 있는 지구상에서 우리가 가지는 방어기제일 수 있다. 또한 텔레비전 화면을 통해 전해지는 먼 나라의 집단적 고통에 대한 적응일 수도 있다. 아니면 세상이 겪고 있는 문제들이 너무나도 많고 해결하기 힘들기 때문에 우리가 할 수 있는 것은 아무것도 없다는 식으로 스스로를 세뇌하는 것일지도 모른다.

아마 우리는 그러한 개념을 믿고자 했을 것이다. 그러던 우리는 캄보디아의 정글 속을 걸어가다 으스스하고 비현실적인 비명 소리를 들었다. 우리는 그것이 사람의 것인지 동물의 것인지도 모른 채 조심스레 다가가 보았다. 우리는 나무 판잣집이 있는 공터에 도착하게 됐다. 그곳에는 요크 욘(Yok Yorn)이라는 이름의 수척한 남자가 어린 아들의 시신을 붙잡고 울부짖고 있었다. 아들 카이셋(Kaiset)은 말라리아로 막 숨을 거둔 상태였다. 그는 자신의 가슴을 내리치며 울면서 소리 질렀다.

"이 애는 우리 가족 중에 가장 똑똑한 아이였어요."
"나는 이 애를 구할 수 없었어요."

요크 욘은 슬픔을 가누지 못하며 중얼거렸다.

한 소말리아 난민 어린 아이가 케냐의 다답난민캠프에서
다른 어린 아이와 자신의 부족한 물을 나눠먹고 있다.

야가레 트라오레가 수술을 집도한 말리 지역의 간호사와
함께 트라코마의 극심한 고통을 끝내줄 성공적인 수술을 축하하고 있다.

이토록 극심하게 비통함을 겪어 본 사람들이라면 어느 누구도 빈곤한 나라의 국민들이 고통에 익숙해 있다고 생각하지 않을 것이다. 시간이 지나면서 우리는 고통에 무감각한 사람은 가난한 나라의 국민이나 빈곤한 이웃이 아니라 형편이 나은 우리 자신이라는 것을 깨닫게 됐다. 가난한 나라의 국민들에게 그것은 피할 수 없는 일상이기 때문에 그들은 자신들이 할 수 있는 대응을 하는 것이다. 그러나 안전하고 편안한 사회에 살고 있는 우리는 훨씬 더 많은 자원을 가지고 있지만 타인에게 거의 도움을 주지 않는다. 문제는 우리가 몰인정하다는 것이 아니라, 우리가 직접적으로 그러한 어려움을 겪고 있지 않다는 것이다. 또 머리로만 알고 있는 먼 나라의 문제를 어떻게 다뤄야 할지 모른다는 것이다. 우리는 어지간한 노력으로는 사실상 변화를 일으킬 수 없다고 회의적인 경향을 보인다. 하지만 우리의 긴 여정을 통해 얻을 수 있는 명백한 한 가지 교훈은 보통의 노력으로도 분명히 변화를 일으킬 만한 영향력을 가질 수 있다는 것이다.

우리의 여정 중에 본 가장 고통스러운 질병 중 하나는 반복되는 안구 감염으로 인해 발생하는 트라코마(trachoma)다. 눈꺼풀이 안쪽을 향해 있어 점차적으로 속눈썹이 각막을 긁기 시작한다. 이는 견딜 수 없을 만큼 고통스럽고 모래 알갱이가 끊임없이 눈을 마모시키는 것 같은 느낌이 든다.

야가레 트라오레(Yogare Traor'e)는 말리의 중년 여성인데, 이 고통을 6년간 참아왔다.

"그것은 아이를 낳는 것과 같은 고통이에요. 하지만 이 고통은 계속 지속되죠."

그녀는 미망인이었고, 시력을 잃은 채로 오두막에 앉아 고통 속에서 시간을 보냈다. 그녀는 11명의 자식을 돌볼 수도, 농사 지을 수도 없었다. 그 결과 자식 6명을 잃게 되었다. 트라코마는 미국에서도 흔한 질병이었던 적이 있다. 하지만 이제 트라코마는 가난한 나라에서만 발병하고 있고 점차 사라지고 있는 추세이다.

왜냐하면 트라코마는 쉽게 예방할 수 있고 쉽게 치료할 수 있기 때문이다. 세수 등 위생에 대해 마을 사람들에게 가르치는 것이 큰 도움이 되며, 트라코마가 고질적인 지역에서는 아지트로마이신(지스로맥스)이라고 불리는 항생제를 매년 지역의 모든 사람에게 제공하면 보통 3년 후에 병이 사라지게 된다. 지스로맥스는 파이저 제약회사가 후원하는데, 사람들에게 나눠주는 비용은 매년 1인당 25센트에 불과하다. 이것은 트라코마로 인한 실명방지를 위해 운영하는 3년짜리 프로그램의 총 비용이 1인당 75센트밖에 들지 않는다는 것을 의미한다.

75센트를 이보다 더 좋은 일에 사용할 수 있을까?

야가레처럼 트라코마가 이미 진행된 상태고, 눈꺼풀이 안으로 휘었더라도(첩모난생증이라 불리는 상태) 수술은 여전히 필요하다. 하지만 그 수술은 한 명의 전문간호사가 하루에 20번 정도의 수술을 할 수 있을 만큼 간단한 과정이다. 첩모난생증 수술은 국소마취 상태에서 15분 정도면 끝나고, 비용도 1인당 40달러도 들지 않는다. 야가레가 수술 후 붕대를 풀었을 때,

소년이 그녀를 집에 데려다주기 위해 앞으로 나아갔다.
"비켜 봐! 난 이제 앞을 볼 수 있어! 난 이제 혼자서 걸을 수 있어!"
그녀가 말했다.
40달러를 이보다 더 좋은 일에 사용할 수 있을까?

우리는 때때로 전세계가 안고 있는 문제들은 해결가능성이 없다는 생각에 빠져 스스로를 무력하게 만든다. 그러나 우리는 매우 희망적인 시대에 살고 있다. 문둥병, 기니벌레병(Guinea-worm disease, 기니충을 옮기는 작은 물벼룩이 포함된 고여 있는 물을 마심으로써 감염. 몸 속에서 유충이 성충이 되고, 1미터까지 자람. 기니벌레병은 오직 인간에게만 전이되는 질병임.), 소아마비 등과 같은 심각한 손상을 주는 질병들은 다 사라져 가고 있고, 앞으로 20년, 30년 후에는 말라리아와 에이즈 역시 사라질 것으로 예상된다.(비록 이러한 질병들의 사례가 이곳저곳에서 여전히 나타나고 있을지라도.) 아동숫자가 증가했지만 1990년 이후 5세 이전에 사망하는 아동의 수는 거의 절반으로 줄었다. 1980년까지만 해도 개발도상국 인구의 절반이 극심한 가난 속에서 연명했다. 세계은행에 따르면 오늘날의 화폐가치로 환산했을 때, 1인당 하루에 1.25달러 미만으로 살아갔다. 이 비율이 이제 20퍼센트로 내려갔다. 세계은행은 2030년까지 이 비율을 '0' 수준에 가깝게 낮추는 목표를 잡고 있다. 그때가 오면 세계의 거의 모든 아이들은 초등학교에 갈 수 있고 글 읽는 법을 배울 수 있을 것이다. 인류 역사에서 거의 1950년이 될 때까지도 대부분의 성인은 문맹이었고, 딱 한 번 전세계의 성인 문맹률이 약 16퍼센트까지 떨어진 적이 있었다. 앞으로 다가올 수십 년 이내에 우리는 인류의 조상이 직립하기 시작하면서부터 인간생존에 가장 큰 위협이 되어 온 문맹, 기아, 기생충병, 그리고 가장 절망적인 빈곤 등과 같은 문제를 해결할 수 있는 기회를 갖게 된다.

베풂의 코드

인류역사를 통틀어 인간은 가진 재능의 극히 일부분만을 배우고, 창조하고, 세상에 기여하기 위한 기회를 갖는데 사용했다. 버지니아 울프는 만약 셰익스피어에게 굉장히 글을 잘 쓰는 여동생이 있었더라도, 그녀는 여성이라는 이유 때문에 절대로 대단한 극본을 만들어내지 못했을 것이라고 생각했다. 마찬가지로 많은 잠재적인 셰익스피어들과 아인슈타인들이 아동기에 죽음을 맞이했거나 문맹상태의 노동자로 생을 마감했다. 하지만 이제 그것은 변하고 있다.

전세계의 교육과 문맹률이 개선되고 있다. 그 외에도 우리가 희망을 갖는 또 다른 근거는 오랫동안 지속되어 온 문제들을 해결할 수 있는 새로운 기술이 개발됐기 때문이다. 과학기술이 기후변화, 안전, 사생활 침해 등과 같은 새로운 문제를 낳는 것도 인정한다. 하지만 모든 것을 감안할 때, 모바일폰, 인터넷, 그리고 여러 혁신적인 기술문명의 확산은 우리가 희망을 가질 수 있게 해 준다. 한 가지 흥미로운 발명은 발전기 기능도 하는 축구공이다. 일명 소켓(the Soccket)이다. 공을 잠시 동안 차고 다니면 운동 에너지가 전기를 발생시켜 핸드폰을 충전하거나 작은 전구를 밝힐 수 있다. 소켓의 한쪽 판 뒤에 콘센트가 있다. 이 소켓은 몇 명의 대학생이 만들었는데, 그들은 '언차티드플레이(Uncharted Play: 지금껏 없었던 놀이)'라는 사회적 기업을 설립해 소켓을 대량생산하고 있다. 이러한 노력이 궁극적으로 성공할지는 모르겠다. 하지만 이는 극심한 빈곤을 해결할 대표적인 시도 중 하나인 것은 분명하다.

세상에는 우리가 이 책에서 기술한 것보다 훨씬 더 많은 명분과 조직, 그리고 후원할 수 있는 방법들이 있다. 우리는 기후변화에 대해 거의 언급하지 않았다. 또한 일자리 창출, 노숙자 문제, 약물남용, 정신질환, 그리고 미국 공교육을 지원하기 위한 좀 더 공정한 메커니즘의 필요성에 대해서도 충분히 논의하지 않았다. 특히 우리는 인권운동이 좀 더 공정한 사회를 이룰 수 있는 방법인 것을 깊게 믿고 있지만 이에 대해 언급하지는 않았다. 우리는 단지 가장 빈곤한 나라 중 몇 곳의 핵심적인 문제인 갈등과 평화유지에 대해서만 간단히 언급했다.

우리는 변화를 일으킬 수 있는 여러 방법 중 일부를 선보였고, 제일선에 있는 몇몇의 사람만을 소개했다. 그러나 이는 매우 적은 사례에 불과하다. 우리는 변화를 위해 가장 효과적인 방법이 무엇인지를 보여주는 훌륭한 사례가 점점 더 나타나고 있다는 사실을 말하고 싶다. 동시에 많은 자선활동이 특별히 효과적이지 않으며, 비영리 단체에 대해 흔히 하는 열광적 응원도 피하라고 당부하고 싶다. 우리는 이에 대한 굳은 신념이 있기 때문에 이 책의 수익금 일부를 이러한 명분을 위해 사용할 것이다.

만약 여러분이 한 발짝 더 나아가고 싶다면, 몇 가지 조언을 하고 싶다.

첫째. 당신의 관심사를 찾고, 이를 조사해 보라. 가장 중요한 단 하나의 인도주의적 문제라는 것은 없다. "가장 중요한 사안이 무엇인가?"라는 질문에 대한 답은 정해져 있지 않다. 마음에 끌리는 주제를 선택하라.

후원하고 싶은 단체를 찾고 있다면, 전세계에서 기회를 창출하기 위해 노력하고 있는 기관들을 부록에서 찾을 수 있다. 또한 '기브웰(GiveWell)'과 '포커싱필랜스로피(Focusing Philanthropy)'의 웹사이트에서 좋은 기관에 대한 정보를 얻을 수 있다. 자선사업을 제대로 운영하는지 철저하게 주의와 감시를 기울이고 있는 '증거기반정책연합(Coalition for Evidence-Based Policy)' 웹사이트에서도 좋은 기관에 대한 정보를 얻을 수 있다. 우리도 좋은 기관들을 트위터(Twitter.com/NickKristof, Twitter.com/WuDunn)와 페이스북(Facebook.com/Krisof, Facebook.com/SherylWuDunn)에 게시한다.

　마음에 드는 기관을 찾았다면 인터넷에서 그들의 평점, 논평, 사업운영에 대한 비평을 확인해 보라. 후원하는 것을 새로운 소파, TV, 자동차 등을 사는 것과 마찬가지로 신중하게 생각해야 한다. 기업의 주식을 단순히 홍보전화 한 통화받고 구입하지 않는 것처럼, 아무 생각 없이 맹목적으로 후원하는 것을 조심하라. 너그러워진다는 것이 잘 속는다거나 호락호락한 사람을 의미하는 것은 결코 아니다.

　후원하는 기관의 수를 줄여라. 1년에 5곳의 기관에 후원하는 것이 75곳에 후원하는 것보다 당신과 당신이 지지하는 명분에 더 효율적이다. 당신의 시간과 돈이 더 많은 사람들에게 전달될 것이다. 당신은 그 5곳의 기관이 무엇을 하는지 더 잘 이해하게 될 것이고, 이는 장기적인 관계로 발전될 가능성이 크다.

　입증할 수 있는 성과를 찾아라. 자선단체가 몇 명에게 도움을 주는가? 그 자선단체들은 사업성공의 가시적인 지표를 제시하는가? 외부평가(필수적이진 않지만 무작위 실험을 진행하는 등)를 시행하는가? 또는 웹사이트에 신뢰할 수 있는 학자들이나 기자들의 논평이 게시되어 있는가? 만일 자선단체들이 자신들의 주장을 뒷받침할 만한 가시적인 증거를 제시하지 않고 그럴듯해 보이는 일화들만 제시한다면, 그것은 아마 그 이상으로 내보일 만한 것이 없어서 일 것이다.

　한 가지 기본적인 질문은 멀리 있는 가난한 국가들의 문제에 초점을 맞출 것인가, 아니면 가까운 나의 이웃의 문제에 초점을 맞출 것인가이다. 둘 다 타당한 선택이라고 생각한다. 우리는 국제적인 문제에 개입하기 전에 "우리 자신의 문제를 먼저 해결해야 한다."는 생각을 잠시 뒤로 제쳐놓고자 한다. 국제적인 문제들이 의심할 여지없이 더 크다. 미대륙과 유럽에도 영양실조에 걸린 아이들이 있다. 하지만 말리나 에티오피아에는 비교할 수 없을 정도로 더 많은 아이들이 충분한 모유나 음식을 섭취하지 못해 신체성장이 저해되고 있다. 당신이 내는 후원금은 멀리 있는 나라를 돕기 위해 외국으로 나갈 수 있다. 모든 생명이 같은 가치를 지니고 있다고 보면, 우간다나 파키스탄의 아이의 생명을 살리거나 교육하는데 소요되는 비용이 뉴욕에서 같은 일을 하기 위해 드는 비용보다 분명히 저렴하다.

미국인들은 때때로 자신의 나라에서 발생하는 문제들은 평범하거나 진부하게 생각한다. 반면 멀리 떨어진 나라의 문제를 해결하기 위해 서둘러 움직이는 것을 매력적으로 생각한다. 하지만 그것은 잘못된 견해다. 그 어떤 것도 더 '쿨'하지 않고, 그 어떤 것도 더 '옳지' 않다. 둘 다 너무 중요해서 서로 견줄 수 없는 일들이다. 우리의 조언은 당신의 마음이 향하는 곳으로 가돼 심사숙고하라는 것이다.

둘째, 단순히 후원금만 전달하지 말고 봉사하고 참여하라. 당신이 가진 능력이 무엇이고, 열정이 어떠한지, 그리고 그것을 어떻게 좋은 곳에 활용할 수 있을지 생각해 보라. '그라민다논'의 칸도커 모하마드 아부 소헬이나 그의 프랑스인 상사인 코린 바지나와 같은 사람들을 거울삼아 후원하는 것도 좋은 대안이다. 자신의 능력과 영향력을 정확히 파악하고, 그것을 통해 혜택받을 수 있는 대상을 확인하는 것이다. 만약 당신이 좋은 교사라면, 멘토링이 좋은 수단이 될 수 있다. 당신이 재능 있는 사업가라면 '풀서클펀드(Full Circle Fund)'와 같은 동료집단을 만들어 주변에 있는 비영리단체에 무료로 컨설팅을 제공할 수도 있다.

www.idealist.org와 www.omprakash.org를 통해 자원봉사 기회를 찾아보고 영감을 얻도록 하라. 우선 친구들과 함께 후원을 하거나 봉사활동을 하는 비공식적인 모임을 만드는 일부터 해보라. 또는 '다이닝포위민(Dining for Women)'의 지부를 만들어 다른 이들과 가끔 포트락 디너(potluck dinner, 각자 음식을 하나씩 만들어 와 함께 만찬을 하는 모임)를 진행할 수도 있다. 또는 '포커포맨(Poker for Men)' 클럽을 만들어 포커 게임을 통해 획득한 상금을 레스토랑에서 사용하는 대신 후원할 수도 있다. 아니면 독서모임에 가입해 있다면 그곳에서 후원할 수 있는 방법을 찾을 수도 있다.

이상적으로는 당신의 노력에 대한 결과를 보려하는 것이 중요하다. 자선단체들은 당신이 그렇게 할 수 있도록 기꺼이 도울 것이다. 인도에서 수행되고 있는 문해프로그램이 잘 운영되고 있는지를 직접 확인하기 위해 수십 명의 인도 아이들을 일년 간 학교에 보낼 수 있는 돈을 써가며 인도까지 가는 것이 이치에 맞는 일일까?

그에 대한 우리의 대답은 여행비용이 후원하려고 한 돈이 아니라 유흥이나 오락에 쓰려던 돈이라면 '그렇다'이다. 사실 앞에서 언급했던 마이클 놀튼과 엘리자베스 던의 행복에 관한 연구는 그런 경험을 하기 위해 사용한 돈이 물건을 구입하는데 쓴 돈보다 행복을 가져다주는데 더 효과적이라고 주장한다.

당신의 주변에서도 똑같은 일을 할 수 있다. 예를 들어 이웃이나 주위에 있는 경제적으로 어려움을 겪는 학생들에게 멘토링을 제공할 수 있다. 그것은 지역의 이발사와 목사가 레스터 스트롱에게 후원한 것과 같은 일이다. '빅브라더스 빅시스터스(Big Brothers Big Sisters),' '아이멘토(iMentor)' 등을 통해 멘토 역할을 하면서, 이민자들에게 영어를 가르치거나 교도소에서 글을 가르칠 수도 있다. 부모님들은 자식들이 좋은 멘토링을 받기를 원한다. 특히 많은 어머니들은 아들을 제대로 멘토링해 줄 남자멘토를 특별히 필요로 한다.

사회적 문제를 해결하는 것을 지원해 주는 여러 기관들이 생겨나고 있다. '발런티어매치(VolunteerMatch),' '캐치어파이어(Catchafire),' '무빙월즈

(MovingWorlds)' 등은 전문성을 가진 사람들과 그들의 전문성을 필요로 하는 사업들을 서로 연결시켜 준다. '머시콥'에 의해 운영되는 '마이크로멘토(MicroMentor)'는 사회적 기업가들을 포함해서 이제 막 회사를 시작하는 사람들과 이들을 기꺼이 돕고자 하는 베테랑 사업가들을 서로 연결해 준다.

셋째. 세상에 널리 알리기 위해 목소리를 높이고, 그런 목소리를 낼 수 없는 사람들을 위해 옹호하라. 아무리 용기가 있고 열정이 있다 해도 후원과 봉사활동만으로 모든 문제가 해결될 수 없다. 정부가 역할을 다 하도록 책임을 물을 필요가 있다. 개인 후원자들의 힘으로 국가의 도로망이나 보건체계를 구축할 수 없다. 선출된 공무원들이 제대로 일을 하지 않으면 유아교육정책을 수립할 수 없고, 아동밀매업자들을 단속할 수도 없다. 우리의 목소리를 크게 내야만 변화를 일으킬 수 있다.

어떤 사람들에게는 이것이 목소리를 내지 않았다면 무시될 수 있는 사안들에 대해 친구들이나 가족들과 대화하는 것일 수도 있다. 다른 사람들에게는 페이스북이나 트위터 캠페인에 합류하는 것일 수도 있고, 편지를 쓰거나, 전화하는 일일 수도 있다. 에티오피아의 사람들을 도울 수 있는 한 방법은 레이첼 벡위드를 기리기 위해 후원자들이 한 것처럼 우물을 만드는 것일 수도 있다.

또 다른 방법은 '휴먼라이츠워치(Human Rights Watch),' '국제엠네스티' 등의 캠페인에 참여하는 것일 수도 있다. 물론 '언론인보호위원회(Committee to Protect Journalists)'의 캠페인에 참여할 수도 있다. '언론인보호위원회'는 조작된 테러누명을 쓰고 기소당해 18년형을 받은 에스킨더 네가(Eskinder Nega) 기자와 같은 반체제 인사를 지원하는 위원회다. 인권 변호사들과 언론인들은 정부가 사회 전체에 혜택을 줄 수 있게 책임감과

정직함을 유지하도록 영향을 미치는데, 그들은 우리의 지지를 필요로 한다.

인간은 '해답'을 찾고자 하는 깊은 열망이 있다. 하지만 이쯤 되면 한 가지 해답만 있는 것이 아니라는 것은 명백해질 것이다. 오히려 산 정상에 도달하는 길은 수천 가지가 있고, 자신에게 가장 알맞은 길은 본인의 관심과 배경에 달려 있다. 사실 지금까지 우리가 찾아낸 방법들은 각각 별개의 대안이라기보다는 서로 시너지를 일으키는 수단이다. 각각의 방법이 다른 방법들을 더 효과적으로 만드는 점진적인 이득을 가져 온다. 우리는 하룻밤의 성공과 같은 마법을 기대하지만, 그것이 일반적인 패러다임은 아니다. 가장 중요한 변화들도 대개 천천히 진행된다.

미국의 중요한 공공의료 성공사례 중 하나도 교통사고로 인한 인명손실을 막기 위한 거의 1세기에 걸친 캠페인을 통해 달성됐다. 만약 현재 미국의 교통사고 사망률이 1921년과 같다면, 매년 715,000명이 교통사고로 목숨을 잃을 것이다. 하지만 현재 우리는 10억 마일 당 교통사고 사망자 숫자를 95퍼센트 이상 줄였다. 그로 인해 현재 교통사고 사망자는 연간 30,000명을 약간 상회하는 수준에 머물고 있다. 물론 이는 여전히 높은 수치지만, 매 1분마다 1명 이상의 목숨을 구한 것이고, 연간 50만 명 이상의 목숨을 구한 것이다.

이러한 변화는 하나의 극적인 큰 사건을 통해 이루어진 것이 아니다. 오히려 힘들게 공들인 연구와 개혁을 거쳐 이루어낸 결과다. 우리는 그동안 교통사고 사망자 수를 줄이기 위한 방법으로 안전벨트, 에어백, 눈에 잘 띄는 정지등, 패드가 장착된 계기판, 개선된 범퍼 등을 소개했다. 또한 도로설계, 차선표시, 신호등을 개선했고, 클로버형 인터체인지를 설치했으며, 차가 절벽 아래로 떨어지는 것을 막기 위해 보호벽을 세웠다. 그 외에도 음주 운전자를 엄중 단속하고, 어린 운전자를 위해 단계별 운전 면허제를 도입했다. 이 중 어느 것도 교통사고 사망을 줄일 수 있는 '해답'은 아니었다. 하지만 전체적으로 증거에 기반을 둔 반복적이고 지속적인 개선과정이 변화를 가져왔다. 마찬가지로 우리는 기회를 만들기 위한 일회성 묘책을 찾는 것을 그만둬야 한다. 대신에 지속적인 효과를 낼 수 있는 방법을 찾아야 한다.

더 크고 광범위한 문제의 해결은 단지 기술적인 해답뿐만이 아니라 더 큰 공감이 필요하다. 사회가 불행이라는 것을 단지 게으르거나 부도덕한 사람들의 업보로 보는 한, 우리는 이러한 문제들을 해결할 수 없다. 다른 측면에서 보면, 성공한 사람들은 그 근본 원인이 열심히 일하고 타고난 높은 지능을 가졌기 때문만이 아니라, 금수저를 물고 태어난 행운 덕분일 수도 있다는 사실을 이해할 필요가 있다.

워렌 버핏이 말했다.

"내가 가진 재산의 상당히 많은 몫이 이 사회 덕분이에요. 만약 내가 방글라데시나 페루 같은 곳에 있었다면, 그런 곳에서 내 능력을 얼마만큼이나 발휘할 수 있었겠어요? 아마 30년 후에도 여전히 그곳에서 어렵게 살고 있을 겁니다."

얼마나 더 멀리 걸어갈 것인지는 당신 자신에게 달렸다. 우리는 변화를 일으키기 위해 매 순간을 보내지는 않는다. 또 모든 사람들이 더 나은 세상을 만들기 위해 자신의 모든 시간을 쏟아부어야 한다고 생각하지도 않는다. 이미 언급했듯이, 직장생활을 하는 데에는 많은 이유가 있다. 직장생활을 통해 기술을 쌓고, 잔여시간에는 그 기술을 활용해 타인을 도우며 영향력을 발휘할 수 있다. 또한 남을 도우면서 동시에 수익도 내는 '유니레버' 기업의 유리 제인처럼 이타적인 동기를 부를 창출하는 자신의 생업으로 만들기 위해 한발 더 나아갈 수도 있다. 누가 제2의 스캇 해리슨이나 카일 지머가 될 것인가? 어떤 벤처사업이 제2의 '레볼루션푸드'나 '베터월드북스'가

될 것인가?

물론 일상생활에서 절약하고 소득의 절반을 후원하면서 영웅처럼 살고 있는 멋진 사람들도 있다. 옥스퍼드대학교의 젊은 철학자인 토비 오드는 이러한 부류의 사람들 가운데 리더격이다. 벗겨지기 시작한 검은 머리에 몸이 야윈 오드는 회상했다.

"학부생이었을 때, 나는 종종 정치적, 도덕적 사안에 대해 친구들과 논쟁을 벌이곤 했어요. 논쟁 중에 자주 반박을 당했죠. '네가 그렇게 믿는다면 수입의 대부분을 아프리카의 굶주린 사람들에게 줘야 하는 거 아니야?' 그런 말은 내 주장이 불합리하게 보인다는 의미였죠. 시간이 지나면서 나는 윤리에 대해 더 깊이 생각해 보게 됐고, 매우 합리적인 결론을 얻었어요. 내 수입이 나를 돕는 것보다 훨씬 더 많은 사람들을 도울 수 있다면, 내가 번 돈을 다른 사람에게 못 줄게 뭐가 있나?"

오드는 자신의 도덕적 이상을 실생활에 적용하기 위해 점점 더 헌신했다. 그는 자신의 미래 수익이 약 150만 프랑 정도 될 것이라 계산하고, 100만 프랑을 후원하겠다고 약속했다.

그의 말을 빌리면 이렇다.

"나는 이미 학생 시절의 급료만으로도 인생에서 가치 있게 여기는 것들을 대부분 가질 수 있었어요. 그래서 내 돈은 나 자신보다 오히려 다른 사람들에게 훨씬 더 필요하고 요긴하게 쓰이겠다는 생각이 들어 자선단체에 후원을 하겠다고 결정했죠."

오드는 '기빙왓위캔(Giving What We Can)'이라는 조직을 구성했는데, 이는 남은 여생 동안 수입의 적어도 10퍼센트 이상을 후원하겠다고 약속한 사람들의 조직이다. 오드는 마치 채식주의자와 같은 절제된 삶을 살면서, 수입의 많은 부분을 후원하는 것이 일상화되어 있는 사회를 꿈꾼다. 그는 그런 삶이 사람들이 생각하는 만큼 큰 희생이 아니라고 주장한다.

"세상을 더 나은 곳으로 만드는 일은 제게 있어 새로운 각종 기기나 더 큰 집을 갖는 것보다 훨씬 더 가치 있는 일입니다."

우리는 토비 오드와 같은 거물 후원자들을 경이롭게 생각하지만 모든 사람이 그와 같은 일을 할 수 있는 것은 아니다. 사회는 많은 문제를 안고 있고, 자선단체들은 가끔 비영리단체에서 봉사활동하는 사람들에게서 혜택을 받는다. 이들 봉사자들은 회계, 재정, 공학, 마케팅 등의 분야에서 자신의 직업을 통해 쌓은 다양한 기술을 보유하고 있다. 우리는 치명적인 주혈흡충병(기생충 감염질환)을 근절시키는데 유용할 수 있었을 돈을 별 생각 없이 저녁식사나 유흥을 위해 흥청망청 쓴다. 옳은 일을 하고자 하는 우리의 노력은 우리 인생의 일부이지만 전부는 아니다. 의미 있는 인생은 종착역이 아닌 여정일 뿐이다.

이타주의를 향한 우리의 노력은 타인을 돕는데 있어 성공과 실패가 혼재된 결과를 보였다. 하지만 우리 자신을 돕는 것에 있어서는 거의 완벽한 성공을 가져왔다. 그것은 우리의 가치를 주장하는 방법이 될 수도 있고, 인간성에 대한 더 높은 기준을 재차 확인함으로써 고통과 공포에 대응하는 방법이 될 수도 있다. NBC 뉴스의 앤 커리는 2012년 12월, 코네티컷 주의 뉴타운에서 발생한 총기난사 사건으로 20명의 어린 학생들이 목숨을 잃은 끔찍한 사고를 전할 때, 매우 분노하고 좌절했다.

그러한 악몽에서 벗어나 긍정적인 무엇인가를 할 수 있는 방법을 찾다가 그녀는 백만 명이 넘는 자신의 트위터 팔로워들에게 "뉴타운에서 목숨을 잃은 아이들을 추모하기 위해 우리 모두가 20가지의 선행을 베푸는 것은 어떨까요? 저와 동참하실 분들은 20가지의 선행을 댓글로 남겨주세요."라는 글을 게시했다. 사람들은 이에 크게 호응했고, 그녀의 메시지는 여기저기로 퍼져나갔다.

미국인들은 선을 행함으로써 사악함에 대응하고자 했다. 그들은 자신이 베푼 작은 선행을 트위터에 공유하기 시작했다. 어떤 이는 퇴근길에 동료를 집까지 데려다주었고, 노숙자를 위해 커피를 샀으며, 성질 못된 이웃을 파티에 초대하기도 했다. 노숙자 보호시설에서 지내는 아이들을 위해 장난감을 사주기도 했다. 또 어떤 이는 춥고 비 오는 날에 건설인부들에게 따뜻한 음료를 가져다주기도 했다.

이 운동은 대중의 요구에 따라 목숨을 잃은 아이들을 기리는 20가지의 선행에서 아이들을 구하려다 목숨을 잃은 어른들까지 포함하여 상징적으로 26가지의 선행운동으로 확장됐다. 몇몇 사람들은 총기난사범에 의해 살해된 난사범의 어머니를 포함시켜 선행을 27가지로 확장하는 것을 제안하기도 했다. 어떤 이들은 총기난사범까지 포함시켜 선행을 하나 더 확장해, 선행이 살인을 이길 수 있기를 원했다.

보스턴 마라톤 폭발사고 이후, 커리는 사망자들을 추모하기 위해 마라톤 총 거리(약 26마일)를 상징하는 또 다른 26가지의 선행을 제안했다. 이번에도 그녀의 메시지는 여기저기로 유행처럼 퍼져나갔다. 커스틴이라는 한 여성은 "전 집에서 아이들을 돌보는 일을 하는데, 이번 주의 남은 날 동안 아이들을 무료로 돌봐드릴 예정입니다… :-)"라는 메시지를 트위터에 남겼다. 또한 닉이라는 남성은 "방금 와플 하우스의 모든 테이블을 계산했어요. 총 7테이블에 24분이 계셨어요."라는 메시지를 남겼다. 질리안은 "가장 인정을 못 받는 회사의 관리인들에게 커피를 사드렸어요."라고 했다.

커리를 놀라게 한 것은 학교 총기난사와 마라톤 폭발사고를 통해 나타난 증오의 해독제로서 선행을 하고자 하는 열망이었다. "선행을 베푸는 것은 사람들의 기분을 더 좋아지게 하죠. 선행은 당신이 할 수 있는 가장 이기적인 행위입니다."라고 그녀는 말했다. 비극을 경험한 후, 사람들은 치유받기를 원했고, 그러기 위한 한 방법이 솔선수범해 남을 돕는 일이었다. 테러와 살인이 뉴스를 뒤덮었을 때, 선행은 우리의 인간성, 타인과의 관계, 인간으로서의 기본적인 품위와 진실성을 주장하는 하나의 방법이었다.

여러분이 6분 동안 읽고 실행할 수있는 기부 6단계

1. 친구들에게 이메일을 보내 비공식적인 후원모임을 만드는 것에 관심이 있는지 물어보라.

이런 모임은 한달에 한 번 정도 만나 변화를 일으킬 수 있는 방법을 찾아보는 모임이 될 것이다. 재미를 위해 술을 한잔하거나 식사를 함께 할 수도 있다. 또 당신이 속해 있는 독서모임에 후원을 가미할 수 있을지 살펴보라.

2. 아동 프로그램을 후원하는 것을 고려해 보라.

20달러로 아이들에게 독서의 즐거움을 알려줄 수 있는 '리치아웃앤리드(Reach Out and Read)'를 후원할 수도 있다. 또는 월 30달러의 돈으로 '세이브더칠드런(Save the Children)'이나 다른 프로그램을 통해 미국이나 다른 나라의 아동을 후원할 수도 있다.

3. www.againstmalaria.com에 접속하여 말라리아 예방 침대 모기장이 필요한 가족을 후원하는 것에 대해 생각해 보라.

모기장 값은 5달러 정도지만 말라리아를 강력하게 막아준다. 이는 얼마나 가치 있는 일인가?

4. '글로벌기빙(GlobalGiving)' 웹사이트를 탐색해 보라.

그곳에는 이 책에 언급한 프로젝트를 포함해 세계의 다양한 프로젝트가 소개되어 있다. 케냐의 케네디오데드학교에 다니는 소녀를 후원할 수도 있고, 지뢰를 감지하는 영웅 쥐의 훈련비용을 지원할 수도 있다. 그 외에도 수천 가지 후원 프로그램이 있다.

5. 옹호자가 돼라.

www.results.org에서 의회가 빈곤문제에 대해 더 많은 관심을 기울일 것을 촉구하는 공공청원에 동참하라. 또는 www.one.org에서 지구촌 보건위생을 위해 증거에 기반을 둔 예산지출을 지지하는 청원에 동참할 수도 있다.

6. 사람의 목숨을 최대 8명까지 구할 수 있는 사후 장기기증에 등록하라.

당신은 www.organdonor.org에서 또는 운전면허를 갱신할 때 장기기증자로 등록할 수 있다. 페이스북에서 온라인상의 친구들에게 장기기증에 대해 알려주고, 그들도 같은 선행을 베풀도록 할 수 있다. 가족들에게도 그 사실을 알려 당신이 원하는 바가 무엇인지를 가족들이 알도록 하고, 필요하다면 의사와 그 사실을 공유할 수도 있다.

위에 말한 여섯 가지 모든 것을 반드시 할 필요는 없다. 이 목록들은 어떤 단체를 보증하거나 홍보하는 것이 아니라 조사를 위한 시작점이다. 이것을 초대 정도로 생각하라. 우리는 세계의 어려운 사람들뿐만 아니라 당신에게도 도움이 될 수 있는 더 큰 참여의 길로 안내하는 관문으로 위의 여섯 단계를 제시한 것이다.

역자 후기

●

우리들 삶을 바꾸고 새로운 기회를 만드는 놀라운 이야기

일러두기 | 홍영만 1장~10장 번역, 권 승 11장~20장 번역

우리들 삶을 바꾸고 새로운 기회를 만드는 놀라운 이야기

작은 기부가 어떤 선을 행할 수 있을까?

물통 안의 물 한 방울을 우습게 보지 마라. 물 한 방울이 모여서 물통이 채워진다. 그것이 삶이 바뀌는 이치이며 기회가 만들어지는 방식이다.

20세기 유명한 철학자 존 롤스는 '무지의 장막'의 뒤에서 사회의 공정성을 판단할 것을 주장했다. 무지의 장막이란 우리가 투자은행가의 집안에서 태어날지, 십대 미혼모에게서 태어날지, 나무가 많은 교외에서 태어날지, 아니면 갱이 활개치는 도심에서, 건강하게 또는 장애인으로, 똑똑하게 아니면 지능이 모자라게, 많은 것을 누리며 아니면 가진 것이 없이 태어날지 모른다는 것을 의미한다. 또 워렌 버핏은 인생의 결과는 종종 어머니 뱃속에서 결정된다고 했다.

즉 가난하게 되는 사람을 결정하는 가장 확실한 요인은 가난하게 태어난 사람이라는 것이다. 가난한 사람 자신의 잘못이 아니라는 것이다. 그래서 우리는 각자 가지고 있는 것을 서로 나눌 필요가 있는 것이다.

만약 우리가 학교를 다니고 싶어하는 가난한 어린이라고 가정한다면 우리 중 누가 학교에 자금지원하는 것을 반대하겠는가?

우리는 이 책을 통해 학습부진아였다가 훌륭한 멘토들을 만나 영향력 있는 방송 앵커로 성장한 후, 저소득층 자녀들을 위한 1,700명의 멘토들로 구성된 자원봉사단을 이끌고 있는 레스터 스트롱(Lester Strong), 전염병 전문가에서 폭력예방자로 변신한 후, 폭력 확산 방지를 위한 단체를 결성하여 헌신하고 있는 게리 슬러트킨(Gary Slutkin) 박사, 마약중독자와 노숙자들의 자활을 위해 빵공장을 설립하여 운영하고 있는 버나드 글래스맨(Bernard Glassman), 자녀를 사고로 잃은 후 뜻한 바 있어 미혼모 자녀들의 보육환경을 개선하고 미혼모의 자활을 위해 공익재단을 설립하여 성공적으로 운영하고 있는 대 부호 카탈리나 에스코바(Catalina Escobar), 희망의 가능성을 비롯하여 자선의 효과에 대한 새로운 진실들을 밝힌 선구적인 연구를 진행한 MIT의 개발 경제학자인 에스더 더플로(Estehr Duflo) 박사, 그리고 여자 아이들의 교육 기회를 확장시킴으로써 케냐의 가장 악명 높은 빈민가를 변화시킨 제시카 포스너(Jessica Posner)와 케네디 오데드(Kennedy Odede)와 같은 사람들을 만난다.

특히 교통사고로 숨을 거두기 직전까지 식수 부족으로 고통받는 지구 반대편의 사람들을 위해 자신의 머리카락을 잘라 기부를 하고, 많은 사람들이 그 후원에 동참하도록 영향을 미친 아홉 살 소녀 레이첼 백위드(Rachel Beckwith)의 이야기는 깊은 감동과 함께 남을 돕는 것이 학식이 높고 부유한 사람들만의 전유물이 아니라는 사실을 우리에게 알려준다.

〈기부 수업〉이 우리에게 주는 또 하나의 귀중한 교훈은 우리를 행복하게 해준다고 사람들이 믿고 있는 대부분의 것, 특히 돈이 우리를 그리 오랜 시간 동안 행복하게 해주지 않는다는 것이다. 오히려 후원이나 재능기부와 같은 이타적인 행동이 행복을 가져다준다고 몇몇 매우 과학적인 사례를 통해 알려준다.

뉴욕대학교의 하이트 교수는 "행복의 기준점을 실제로 높일 수 있는 몇 안 되는 방법 중 하나는 '우리 자신보다 더 큰 대의명분과 연결'하는 것이다."라고 이 책에서 말한다.

"베풀어라. 그러면 당신은 더 오래살 것이다."

인간의 뇌를 관찰한 한 연구는 자선단체에 후원을 하거나 봉사활동에 더 많은 시간을 할애하는 사람들이 더 행복하고 건강하다는 사실을 발견했다. 이러한 연구는 '행복이 이타심'을 불러일으킨다기보다는 반대로 '이타심이 행복을' 불러일으킬 수 있다는 것이다.

이처럼 이 책은 봉사활동하는 사람들이 우울함을 덜 느끼고 사망위험이 감소하여 더 오래 산다는 과학적 연구결과들을 제시한다. 이러한 결과들은 이타적인 행위가 결국은 자신에게도 가장 이로운 숭고한 이기주의임을 입증해 준다.

이 책 〈기부 수업〉에서 저자들은 꼼꼼한 연구와 현장보도를 통해 기부의 기술과 과학에 대해 분석하고, 현지 및 세계적으로 성공적인 시도들을 발견하며, 사회적 진전의 최전선에서 일어나는 놀라운 이야기들을 공유한다. 한 개인이 변화를 만들어낼 수 없다는 생각이 완전히 잘못된 것임을 확인하면서, 우리는 어떻게 사람들이 실제로 세계를 바꾸는지에 대한 놀랍고도 영감을 주는 진실을 보게 된다. 이 책에서 저자들은 세상의 변화를 일으키고 있는 혁신가들의 경험과 그 방법을 제시하고, 세상을 변화시키는 것이 결코 불가능한 일이 아님을 우리에게 확실히 보여준다.

또한 이 책은 효과적인 후원모금을 위해 후원모금기관의 운영방식에 대한 인식 전환의 필요성을 우리에게 이야기한다. 실제로 댄 팔로타(Dan Pallotta)의 사례는 후원모금기관들이 지금처럼 낮은 급여를 주고 역량이 떨어지는 직원을 채용하기보다는 더 많은 돈을 인건비와 홍보비에 지출하더라도 우수한 인력을 채용하고 모금홍보를 더욱 강화하는 것이 후원모금에 훨씬 더 효과적이라는 것을 분명히 보여 준다. 그런 차원에서 댄 팔로타는 후원모금기관의 종사자들은 높은 임금을 받아서는 안된다는 일반 대중의 인식이 반드시 변화되어야 한다고 역설한다.

이처럼 이 책이 지닌 또 하나의 가치는 똑똑한 기부, 올바른 기부, 효과적인 기부를 강조하면서 그 방법을 제시하고 있다는 데 있다. 실질적인 도움이 필요한 사람들에 대한 후원, 어떻게 부자들의 호의를 이끌어 낼지, 그 후원금이 좋은 일에 쓰이는 지 알 수 있도록 후원단체나 개인이 책임감을 가지고 일하는지 등 이 책은 기부하는데 대한 근본적인 질문들에 명쾌한 해답을 준다. 이 책 〈기부 수업〉은 우리 각자가 보답으로 얻은 지속적인 혜택을 어떻게 가장 잘 줄 수 있고 드러낼 수 있는지에 관한 실질적이고 결과 중심적인 조언을 제공한다.

이 책 '기부 수업'의 영문 제목은 'A Path Appears(길이 나타난다)'이다. 루쉰의 에세이 "희망이란 시골길과 같다. 처음엔 아무것도 보이진 않지만 계속 걷다보면 새 길이 나타난다."에서 가져온 것이다. 이 책은 원제의 의미처럼 기회를 잃고 신음하는 우리의 많은 지구촌 이웃들에게 빛을 비춰주고 이 세상을 희망이 보이는 더 나은 곳으로 바꾸고자 꿈꾸는 사람들을 위한 안내서 역할을 하고 있다.

이 책이 앞으로 이 사회에 자신의 것을 기부함으로써 보람과 행복을 느끼고, 더불어 사는 삶의 고귀함을 실천하고자 하는 모든 이들에게 안내서로서 큰 도움이 되기를 바란다.

홍영만 | 권 승

A Gift List

For holidays and birthdays, we sometimes inflict on each other neckties and scarves that do little more than fill up a closet. One of the problems of affluence is that when we have money to give presents, we often have little to give that is meaningful. So instead of getting Aunt Mildred a box of chocolates, or your brother a little tool kit that he will roll his eyes at, think about these suggestions for gifts of meaning. Here you can get a gift in someone's name that will truly have a transformative impact.

$25 at www.care.org
Supply a village savings and loan group with a lockbox, ledger, and other start-up tools to help them save and manage loans.

$25 at store.thistlefarms.org
Buy a spa kit of lotions and balms made by survivors of U.S. sex trafficking.

$25 at www.greyston.com
Buy a brownie gift box from Greyston Bakery, which employs and supports the homeless and formerly incarcerated in Yonkers, New York.

$50 at www.evidenceaction.org
Deworm 100 students and increase their chances of staying in school.

$50 at www.stopteenpregnancy.com
Fund a student's savings account in the financial literacy component of the Carrera Adolescent Pregnancy Prevention Program in the United States.

$50 at www.firstbook.org
Give one child in need twenty books for a year of bedtime stories.

$100 at www.aarp.org/experience-corps
Provide one year of books and supplies for Experience Corps volunteers to use in K–3 classrooms.

$120 at hki.org
Provide micronutrient powders to enrich the food of ten children in Cambodia for one year, preventing the detrimental effects of anemia on their health and education.

$125 at www.givetonfp.org
Provide a week of support for a team of Nurse-Family Partnership nurse home visitors, or browse their website (www.nursefamilypartnership.org) to find and support a local NFP agency.

$125 at www.cureviolence.org
Fund one inner-city community workshop that engages ten high-risk youth in addressing neighborhood conflicts nonviolently.

$250 at www.youthvillages.org
Provide five at-risk young adults with life skills training in personal budgeting, writing résumés, and interviewing for jobs.

$300 at www.springboardcollaborative.org
Sponsor a needy child in Springboard Collaborative summer school in Philadelphia

List of Useful Organizations

Here are some groups that do strong work in education, crime and violence prevention, family planning, public health, and quite a bit more. This is not a screened list based on a set of criteria. For evaluations, please check Charity Navigator, CharityWatch, Philanthropedia, or the Better Business Bureau's Wise Giving Alliance. There are many more organizations doing impressive work. This is a list of the groups we have seen in action or taken the time to learn about, and it is meant to be only a launching pad for your own personal research.

Abdul Latif Jameel Poverty Action Lab, www.povertyactionlab.org, conducts rigorous randomized controlled trials to determine the most cost-effective interventions in fighting poverty.

Acumen Fund, www.acumen.org, raises charitable donations to invest in companies that are tackling poverty.

African Leadership Academy, www africanleadershipacademy.org, is a high-quality secondary school with strong American connections.

Against Malaria Foundation, www.againstmalaria.com, is a cost-effective intervention that provides bed nets to populations with a high risk of malaria. A single net costs about $5.

Amnesty International, www.amnesty.org, is a global network of supporters, members, and activists in over 150 countries and territories who campaign to end human rights abuses.

Apopo, www.apopo.org, uses mine-detection rats (and existing demining technology) to help clearing teams detect mines.

Aravind Eye Care System, www.aravind.org, is a network of hospitals, clinics, community outreach programs, and research and training institutes in India that provides eye care.

Bead for Life, www.beadforlife.org, supports Ugandan artisans by selling their jewelry in America and helping the artists set up savings accounts and launch businesses.

List of Useful Organization

Becoming a Man, www.youth-guidance. org, is a school-based counseling, violence prevention, and educational enrichment program for at-risk male youth.

Beers for Books, www.beersforbooks.org, helps individuals organize and attend events at bars that agree to donate $1 to the literacy organization Room to Read for every beer consumed on a specific night.

Better World Books, www.betterworldbooks.com, sells new and used books and accepts donations of used books for resale, giving a portion of revenues to literacy programs.

Big Brothers Big Sisters, www.bbbs.org, matches adult volunteers with children between the ages of six and eighteen to provide mentorship in communities around the United States.

Bill & Melinda Gates Foundation, www.gatesfoundation.org, works on global health, global development, and education issues to improve the quality of life for individuals around the world.

BRAC, www.brac.net, is a terrific Bangladesh-based aid group that works in Africa and Asia. It has an office in New York City and accepts interns.

Bridge International Academies, www.bridgeinternationalacademies.com, is a large chain of high-quality private schools serving families living on less than $2 a day per person.

CARE, www.care.org, an international humanitarian organization, sets up microsavings programs in developing countries.

Carrera Adolescent Pregnancy Prevention Program, www.stopteenpregnancy.com, uses a holistic approach to help low-income students learn about pregnancy prevention, health and sexuality, jobs, and financial literacy.

The Carter Center, www.cartercenter.org, seeks to prevent and resolve conflicts, advance democracy and human rights, and improve health around the world.
Catchafire, www.catchafire.org, matches professionally skilled volunteers with nonprofits and social enterprises that can use their help.

List of Useful Organization

Catholic Relief Services, www.crs.org, is an international humanitarian organization that has reached more than 100 million disadvantaged people in ninety-one countries.

Center on the Developing Child, www.developingchild.harvard.edu, led by Jack Shonkoff at Harvard University, conducts research on early childhood development and evaluates innovative programs.

charity:water, www.charitywater.org, funds the construction and maintenance of wells in developing countries. You can pledge your birthday at www.charitywater.org/birthdays.

Chess in the Schools, www.chessintheschools.org, sends part-time chess tutors into underprivileged public schools. Or donate directly to the IS 318 chess program at www.is318chessteam.com.

Child First, www.childfirst.com, provides home visitation to low-income families with at-risk children.

Cincinnati Early Learning Centers, www.cclcinc.org, runs seven early childhood centers in Ohio that support needy children.

Citizen Schools, www.citizenschools.org, partners with low-income public high schools to provide a second shift in the school day with the help of AmeriCorps fellows and volunteer teachers.

Coalition for Evidence-Based Policy, www.coalition4evidence.org, seeks to increase government effectiveness by identifying programs in education, poverty reduction, and crime prevention that have scientifically rigorous evidence of success.

College Advising Corps, www.advisingcorps.org, places recent college graduates as college advisers in underserved schools to increase the number of low-income, first-generation students who complete higher education.

Committee to Protect Journalists, www.cpj.org, promotes press freedom worldwide.

Compassion International, www.compassion.com, provides a platform for donors to sponsor individual children around the world. Sponsored children receive special tutoring and counseling, retreats, and coaching in goal setting.

Cure Violence, www.cureviolence.org, trains ex-convicts and former gang members to prevent the spread of gun violence in rough inner-city neighborhoods.

Dining for Women, www.diningforwomen.org, runs chapters of women who meet for monthly potlucks and donate the saved "dining out" dollars to carefully selected organizations that empower women worldwide.

DonorsChoose, www.donorschoose.org, allows donors to sponsor specific projects in schools around the United States.

DoSomething.org, www.dosomething.org, helps motivate young people to take action around social change through grant-making and national campaigns.

Echoing Green, www.echoinggreen.org, supports early-stage social entrepreneurs.

Eden House, www.edenhousenola.org, is a two-year residential program with counseling, education, and job training for women who have been commercially and sexually exploited.

Educare, www.educareschools.org, is a research-based program that prepares young, at-risk children for school.

Encore, www.encore.org, helps older adults realize a productive "encore career" that provides personal fulfillment, social impact, and ongoing income.

Evidence Action, www.evidenceaction.org, invests in programs that have been proven in randomized controlled trials to effectively address poverty.

Experience Corps, www.aarp.org/experience-corps, run by AARP, engages older adults as reading tutors for struggling students in public schools. A $100 donation can help provide books and supplies for

List of Useful Organization

volunteers to use in the classroom throughout the school year.

FAIR Girls, www.fairgirls.org, uses prevention education, care for survivors, and advocacy to combat and prevent the sexual exploitation of girls in Washington, D.C.

Family Check-Up, www.thefamilycheckup.com, assesses high-risk families and tailors interventions to meet the specific needs of the family and child.

First Book, www.firstbook.org, a nonprofit organization, connects book publishers and community organizations to provide access to new books for children in need.

First Five Years Fund, www.ffyf.org, provides data, knowledge, and advocacy to help encourage federal policymakers to invest in the first five years of a child's life.

FirstStep, www.1ststep.org, finances clubfoot treatment in

Focusing Philanthropy, www.focusingphilanthropy.org, identifies nonprofit organizations for personal philanthropy to help assure donors that contributed funds and time are achieving great impact.
Full Circle Fund, www.fullcirclefund.org, a group of Silicon Valley professionals, provides funding and consulting to high-impact, early-stage Bay Area nonprofits working on education, economic empowerment, and environmental issues.

GEMS Girls, www.gems-girls. org, provides support for young female trafficking survivors in New York City.

George Kaiser Family Foundation, www.gkff.org, invests in proof-of-concept initiatives against poverty in Oklahoma.

Girls2Women, www.girls2women.org, teaches Ethiopian students how to make their own sanitary pads in order to increase school attendance.
GiveDirectly, www.givedirectly.org, gives cash directly to extremely poor families to allow them to pursue their goals.

GiveWell, www.givewell.org, conducts thorough research to find cost-effective charities with evidence-based models that are in need of funding.

Giving What We Can, www.givingwhatwecan.org, evaluates charities that are fighting against extreme poverty and encourages people to pledge 10 percent of their income to those that are most cost effective.

Givology, www.givology.org, allows donors to give directly to students and grassroots projects around the world.

GlobalGiving, www.globalgiving.org, connects donors with social entrepreneurs and nonprofits around the world that are raising money to improve their communities.

Global Grandmothers, www.globalgrandmothers.org, organizes grandmothers to give to those in need each time they give to their own grandchildren.

Grameen Bank, www.grameen.com, founded by Muhammad Yunus, is a microfinance organization and community development bank in Bangladesh.

Greater Good Science Center, www.greatergood.berkeley.edu, conducts research on the psychology, sociology, and neuroscience of well-being and compassion.

Greyston Bakery, www.greyston.com, a social enterprise in Yonkers, New York, provides jobs in a bakery to formerly incarcerated and homeless people. Greyston brownies are available at Whole Foods and on Greyston's website.

Haitian Education and Leadership Program (HELP), www.uhelp.net, offers university scholarships to outstanding high school graduates from across Haiti.

Head Start, www.nhsa.org, along with Early Head Start, offers educational programs for children through age five and a variety of support services for their parents. Go to www.nhsa.org/find_a_head_start_program to find your local Head Start program and donate or volunteer there.

List of Useful Organization

Healthy Families America, www.healthyfamiliesamerica.org, is a national evidence-based home visiting program that works with children at risk for adverse childhood experiences.

Healthy Steps, www.healthysteps.org, builds close relationships between health care professionals and parents to address the physical, emotional, and intellectual growth of children from birth to age three.

Helen Keller International, www.hki.org, works to reduce malnutrition and prevent blindness through highly effective food fortification and vitamin A supplementation programs.

Human Rights Watch, www.hrw.org, is an international organization that conducts research and advocacy on human rights.
Idealist.org, www.idealist.org, aggregates volunteer opportunities, nonprofit jobs, internships, and organizations that are focused on social change.

iMentor, www.imentor.org, matches college graduates with low-income high school students to serve as in-person and online mentors for several years.

International Justice Mission, www.ijm.org, rescues victims of violence and slavery, and works with police around the world to hold human traffickers to account.

International Rescue Committee, www.rescue.org, responds to the world's worst humanitarian crises in more than forty countries.

JITA, www.jitabangladesh.com, a Bangladesh-based social business, employs rural women to sell socially responsible products such as soaps, seeds, and solar lamps to underprivileged consumers.

Juan Felipe Gómez Escobar Foundation, www.juanfe.org/en, a residential program in Cartagena, Colombia, supports impoverished teen moms, provides counseling and health care, and teaches improved child care and job skills.

Kiva, www.kiva.org, lets individuals lend as little as $25 to help

List of Useful Organization

entrepreneurs launch small businesses around the globe. Learn about an individual's story, lend to her new business, and watch it grow as your loan gets paid back.

Landesa, www.landesa.org, gains secure property rights for the world's poor, especially women.

Magdalene, www.thistlefarms.org, offers trafficking survivors therapy, job training, and help staying off drugs and away from dangerous social networks in a two-year
residential program.

MDRC, www.mdrc.org, conducts rigorous experiments on how best to address problems of poverty in the United States.

Mercy Corps, www.mercycorps.org, is an international development organization that helps people around the world survive after conflicts, crises, and natural disasters.

Mercy Ships, www.mercyships.org, sends professionally trained and highly qualified volunteers to provide free medical care on a hospital ship that travels to port cities around the world.

MicroMentor, www.micromentor.org, carefully connects mentors with specific business skills to individual entrepreneurs in need of their expertise.

Mothers Against Drunk Driving, www.madd.org, works to prevent families from drunk driving and underage drinking and supports drunk driving victims.

MovingWorlds, www.movingworlds.org, is a paid subscription community that matches members based on their skills and interests to a verified social impact organization abroad. It's like Match.com meets the Peace Corps.

Nurse-Family Partnership, www.nursefamilypartnership.org, provides important nurse home visits to first-time mothers from pregnancy until the child turns two years old.

List of Useful Organization

Omprakash, www.omprakash.org, connects volunteers and donors with grassroots social impact organizations in more than thirty countries around the world.

ONE, www.one.org, a campaigning and advocacy organization, raises public awareness and works with political leaders to back evidence-based spending on global health.

Opportunity International, www.opportunity.org, provides small business loans, savings, insurance, and training to millions of people working their way out of poverty in developing countries.

Options for Youth, www.options4youth.org, a Chicago-based organization, helps adolescent mothers return to the education system and delay a second pregnancy.

Oxfam International, www.oxfam.org, is a global development organization that identifies innovative and practical ways for people to lift themselves out of poverty.

Partners in Health, www.pih.org, is a global health organization committed to improving the health of poor and marginalized people around the world.

Plan, www.planusa.org, connects donors to sponsor children in developing countries.

Planned Parenthood, www.plannedparenthood.org, works to improve women's health and safety, prevent unintended pregnancies, and advance the right and ability of individuals to make informed choices about parenthood.

Polaris Project, www.polarisproject.org, combats and prevents U.S. human trafficking through a national human trafficking hotline, services for survivors, and efforts to pass antitrafficking legislation around the country.

Population Institute, www.populationinstitute.org, promotes universal access to family planning information, education, and services around the world.

Reach Out and Read, www.reachoutandread.org, runs a network of pediatricians who provide books to young patients and their parents to promote early literacy. A $40 donation supports a child for two years, and a $100 donation ensures that a child graduates after five years with at least ten books.

ReadyNation, www.readynation.org, is a network of business leaders, organizations, and other individuals who advocate for greater federal investment in early childhood development programs.

Red Cloud Indian School, www.redcloudschool.org, provides an excellent education to young people who live on the Pine Ridge Indian Reservation.

Restore Leadership Academy, www.restoreinternational.org/uganda, is a top-tier school in Northern Uganda for students who grew up during the civil war there.

RESULTS, www.results.org, recruits and trains volunteer citizen lobbyists on global and domestic poverty issues.

Revolution Foods, www.revolutionfoods.com, makes and sells nutritious school meals and snack packs at affordable prices for underprivileged children.

Robin Hood Foundation, www.robinhood.org, takes a results-driven approach to ending poverty in New York City.

Room to Read, www.roomtoread.org, led by former Microsoft executive John Wood, builds schools and libraries in Asia and Africa to promote literacy and gender equality in education.

Rotary International, www.rotary.org, is a membership organization that provides humanitarian services worldwide.

Save the Children, www.savethechildren.org, in its U.S. Early Steps to School Success program, provides at-home early education services to at-risk children from birth to age five.

Schistosomiasis Control Initiative, www3.imperial.ac.uk/schisto, works with governments in sub-Saharan Africa to scale up deworming programs.

Self Employed Women's Association, www.sewa.org, is a huge union for poor, self-employed women in India. It accepts volunteers.

Shining Hope for Communities, www.shininghopeforcommunities.org, in the Kibera slum in Kenya, provides health services, a school for young girls, microsavings initiatives, a gender violence program, and job training to residents. You can sponsor a female student for $1,200 a year.

Smoking Cessation and Reduction in Pregnancy Treatment (SCRIPT), www.sophe.org/SCRIPT.cfm, is an evidence-based program that helps pregnant women quit smoking.

SOPUDEP, www.sopudep.org, a Haitian grassroots organization, provides free education to kids and adults and supports women's rights and economic empowerment for underserved Haitians.

South Central Scholars Foundation, www.southcentralscholars.org, helps high-achieving, low-income Los Angeles high school students become successful college students.

Springboard Collaborative, www.springboardcollaborative.org, offers attendance at a summer program to help low-income students replace typical summer reading losses with reading gains.

Sustainable Health Enterprises (SHE), www.sheinnovates.com, designs affordable banana fiber sanitary pads in Rwanda to improve feminine hygiene and increase school attendance.

TAMTAM, www.tamtamafrica.org, distributes bed nets to underserved areas through cost-effective methods.

The Mission Continues, www.missioncontinues.org, provides public service fellowships and mentorship for returning post-9/11 veterans.

Thirty Million Words Initiative, www.tmw.org, coaches parents to engage their children in conversation, interact with them, and ask them questions.

List of Useful Organization

Thistle Farms, www.thistlefarms.org, a social enterprise, provides jobs to trafficking survivors who run a café and make and sell candles, soap, and fragrances.

Tinogona Foundation, www.tinogona.org, founded by Dr. Tererai Trent, rebuilds schools in rural Zimbabwe.

Uncharted Play, www.unchartedplay.com, creates products that harness the energy of play into electricity. For each purchase of a Soccket soccer ball, Uncharted Play donates one to a child living without reliable electricity.

Unite for Sight, www.uniteforsight.org, supports eye clinics worldwide by investing in social ventures to eliminate barriers to eye care for underserved patients.

Valentino Achak Deng Foundation, www.vadfoundation.org, increases access to education in postconflict South Sudan by building schools, libraries, teacher-training institutes, and community centers. A $300 donation supports a girl for a year of high school.

VisionSpring, www.visionspring.org, hires and trains local "vision entrepreneurs" to sell eyeglasses in remote parts of developing countries to keep children in school and support productivity in the workplace.

Vital Voices, www.vitalvoices.org, identifies, invests in, and brings visibility to extraordinary women around the world.

VolunteerMatch, www.volunteermatch.org, provides volunteer information and listings in your local community. WonderWork, www.wonderwork.org, supports life-changing surgeries and treatments for underserved populations in need of medical care for clubfoot, burns, and blindness.

World Assistance for Cambodia, www.cambodiaschools.com, provides educational opportunities for children and medical care for the rural poor in Cambodia.

World Vision, www.worldvision.org, allows donors to sponsor a child for $1 a day to provide clean water, nutritious food, health care, and education.

Youth Villages, www.youthvillages.org, provides highly successful mentorship, home visitation, and evidence-based therapy to troubled children, young adults, and their families.

• 역자 소개

홍영만

현재 YTN 라디오(FM 94.5) 「생생경제」 "홍영만의 뉴스 경제수업" 코너를 담당하고 있는 역자는 35년간 기획재정부 과장, 금융위원회 상임위원, 한국자산관리공사 사장까지 금융전문가로 활동하고 지금은 육군사관학교와 서울여자대학교에서 거시경제학과 화폐금융론을 강의하고 있다. 연세대 정외과를 거쳐 미국 워싱톤대학(시애틀)에서 경제학박사를 받았으며 그동안 〈자본시장법 유권해석(편저)〉 〈구조조정 개설(공저)〉 〈스트레스테스트(공역)〉 〈대통령의 토론법(번역)〉을 출간했다. 지식격차를 줄여 더불어 잘 사는 행복한 세상을 만들기 위하여 '경제현상 쉽게 설명하기'를 '알기 쉬운 경제강연'을 재능기부로 실천하려고 노력하고 있다.

권승

연세대학교 정치외교학과를 졸업하고 오하이오 주립대학교와 컬럼비아 대학교 사회복지대학원에서 각각 사회복지학 석사학위와 박사학위를 취득한 후, 2004년부터 현재까지 동의대학교 사회복지학과 교수로 재직 중이다. 교수로 재직하는 기간 중, 여성가족부 산하 공공기관인 한국청소년상담복지개발원 이사장 직을 3년 간 수행했으며, 행정고시 1차 시험(PSAT)과 민간경력 5급 공채 시험 출제위원장(운영위원), 여성가족부 정책자문위원, 지적장애우 지원을 위한 사회적 기업 "PPANGJIP" 대표, 부산복지개발원 이사 등을 역임했다.

기부 수업

초판 1쇄 발행 _ 2017년 10월 30일

지은이　　| 니콜라스 D. 크리스토프, 쉐릴 우든
옮긴이　　| 홍영만, 권승
펴낸이　　| 김용준
펴낸곳　　| ㈜인빅투스미디어
등록　　　| 2014년 2월 28일(제2014-123호)
주소　　　| 서울시 강남구 언주로 165길 7-10(신사동 624-19) 우)135-895
내용문의　| 02-3446-6206
구입문의　| 02-3446-6208
팩스　　　| 02-3446-6209

ISBN　979-11-86682-17-3

* 값은 뒤표지에 있습니다. 잘못 만든 책은 교환해드립니다.
* 이 책은 ㈜인빅투스미디어가 저작권자와의 계약에 따라 출판한 것이므로 본사의 서면 허락 없이는 어떤 형태로도 이 책의 내용을 사용하지 못합니다.